Stober   Verkehrssicherheitspartnerschaften

Recht der Sicherheit
Private, Public & Corporate Security

Verkehrssicherheitspartnerschaften

Zur Kooperation zwischen der öffentlichen Hand und Privaten bei der Überwachung des fließenden Verkehrs

Von
Professor Dr. iur. Dr. h.c. mult. Rolf Stober
Direktor des Forschungsinstituts für Compliance, Sicherheitswirtschaft und Unternehmenssicherheit (FORSI) an der Deutschen Universität für Weiterbildung, Berlin

unter Mitarbeit von

Oberregierungsrat Dr. iur. Frank Braun
Fachhochschule für öffentliche Verwaltung des Landes Nordrhein-Westfalen (FHöV), Abteilung Münster

Band 50

 Carl Heymanns Verlag 2012

Bibliografische Information der Deutschen Nationalbibliothek
Die Deutsche Nationalbibliothek verzeichnet diese Publikation in der
Deutschen Nationalbibliografie; detaillierte bibliografische Daten sind
im Internet über http://dnb.d-nb.de abrufbar.

ISBN 978-3-452-27724-4

www.wolterskluwer.de
www.heymanns.com

Druck und Weiterverarbeitung: SDK Systemdruck Köln GmbH & Co. KG

Gedruckt auf säurefreiem, alterungsbeständigem und chlorfreiem Papier.

Vorwort

Die hier vorgelegte Studie beruht auf einem Gutachtenauftrag eines international agierenden Industrieunternehmens. Sie soll ausloten, ob und inwieweit Privatunternehmen, die Sicherheitsleistungen für die Überwachung des fließenden Verkehrs entwickeln, produzieren und vertreiben, in die Aufgabenerfüllung staatlicher und kommunaler Stellen einbezogen werden können. Diese Thematik wurde bislang nicht vertieft untersucht, weshalb die Arbeit eine Lücke im Schrifttum schließt.

Bei der Erstellung des Rechtsgutachtens hat der in Fragen des IT-Outsourcings erfahrene Oberregierungsrat Dr. jur. Frank Braun, Dozent an der Fachhochschule für Öffentliche Verwaltung des Landes Nordrhein-Westfalen, mitgewirkt, der Beiträge zu den Gliederungspunkten G II, IV, V; H III bis VI und J II 2 erstellt hat. Er wurde unterstützt von Sebastian Dienst, der bei der datenschutzrechtlichen Bewertung wertvolle Mitarbeit leistete. Der Wiss. Mitarbeiter Ass. jur. Bennet Lodzig war bei der manchmal nicht einfachen Materialbeschaffung behilflich. Die redaktionelle Betreuung lag bei Dipl. Päd. Svetlana Charushnikova und die Schreibarbeiten wurden von den studentischen Hilfskräften Nikolaus Haack, Julius Engel, Jessica Grimm und Stephanie Behrens ausgeführt. Allen Beteiligten gebührt ebenso Dank für ihr Engagement wie den öffentlichen Stellen und Personen, die uns mit der Übersendung von Erlassen und der Erteilung von Auskünften geholfen haben. Rechtsprechung, Literatur und Rechtspraxis sind bis Herbst 2011 berücksichtigt.

Berlin, im Oktober 2011   *Rolf Stober*

Inhaltsübersicht

Inhalt

A. Die Industrie als Partner für die Verkehrssicherheit

I. Geschwindigkeitsüberwachungstechnik als industrielle Kernkompetenz

Industrieunternehmen entwickeln, produzieren und vertreiben Schlüssellösungen für die öffentliche Hand. Das gilt auch für die Sparte Verkehrssicherheit, für die einige Unternehmen eine langjährige Kernkompetenz aufgebaut haben, die deshalb zu den führenden Anbietern im Bereich der automatisierten Verkehrsüberwachung zählen, die sich mit stationären und mobilen Geschwindigkeitsmessanlagen und Rotlichtüberwachungssystemen beschäftigen. Nach der erfolgreichen Einführung im Ausland liegt es nahe, dass diese Firmen ihre Leistungen nunmehr auch der öffentlichen Hand in Deutschland anbieten, wobei sich die weiteren Ausführungen auf ein Dienstleistungsmodell im Bereich der stationären Geschwindigkeitsüberwachung konzentrieren. Dabei besteht im Rahmen sogenannter Public Private Partnerships[1] und unterschiedlicher Arbeitsteilungen zwischen kommunalen Behörden und Polizei die Wahl zwischen einzelnen, aufeinander abgestimmten Modulen oder Komplettlösungen, welche die gesamte Prozesskette innerhalb der Verkehrssicherheitstechnik abbilden. Im Einzelnen handelt es sich – chronologisch geordnet – um folgende zu würdigende Prozessschritte und Tätigkeiten:

– Unfallanalyse/Evaluierung der Überwachungstätigkeit

– Beratung, Konzeption und Finanzierung

– Aufbau lokaler Betreibergesellschaften

– Entscheidung über Messort (Messstellenverzeichnis)

– Entscheidung über Messzeit

– Einrichtung der Messstelle (Aufbau, Kalibrierung, Probemessung, Dokumentation, Betrieb, Wartung und Instandhaltung)

– Festlegung der Toleranzeinstellung am Messgerät

– Messung (Dokumentation, Zeugenbenennung, Abbruch) – Messprotokoll

– Aufbereitung und Ergänzung der Rohdaten (KFZ-Kennzeichen, Handy- oder Gurtverstöße, Geschlecht Fahrer gemäß Vorgabe der beauftragenden Behörde)

---

1 Siehe dazu *Stober*; in: Wolff/Bachof/Stober/Kluth, Verwaltungsrecht II, 7. Aufl. 2010, § 93.

1

– Entnehmen des Messspeichers/Datenträgers und Online-Datenübertragung

– Auswertung des Datenträgers nach Verwertbarkeit des Messergebnisses

– Entscheidung über weitere Verfolgung/Ahndung als Verwarnungs-/Bußgeldtatbestand/Abgabe an Staatsanwaltschaft bei Verdacht einer Straftat

– Entscheidung über weitere Ermittlungen (z. B. Fahrerermittlungen, Zeugen, Sachbeweise)

– Ahndung (Einstellung, Anhörung, Verwarngeld, Bußgeldbescheid, Fahrverbot)

– Fristenüberwachung, Vereinnahmung Verwarn- bzw. Bußgeld

– Kostenzuordnung (insbesondere Auferlegung der Kosten für die Einschaltung privater Unternehmen).

II. Motive für das Angebot von Produktlösungen für die öffentliche Hand

Ausgangspunkt der von der Industrie angebotenen technischen Produktlösungen ist die auf Grund polizeilicher Verkehrssicherheitsarbeit und gerichtlicher Erkenntnisse festgestellte[2], durch Studien nachgewiesene und von der Industrie aufgegriffene Tatsache, dass zu schnelles Fahren bzw. „nicht angepasste Geschwindigkeit" weiterhin eine der Hauptunfallursachen im deutschen Straßenverkehr ist. Rund 15 % aller Verkehrsunfälle mit Personenschaden, fast 27 % aller Schwerverletzten und nahezu 40 % aller Verkehrstoten werden ihr zugeordnet. Die Entwicklung der letzten Jahre lässt dabei grundsätzlich einen positiven Trend erkennen: So ist die Zahl der Geschwindigkeitsunfälle mit Personenschaden in den vergangenen Jahren (2000/2009) um ca. 5 % zurückgegangen (-30.477) während im Jahre 2009 erstmals wieder ein Anstieg zu verzeichnen war (+2.1 % im Vergleich zum Vorjahr)[3]. Konkret heißt dies, dass im Jahr 2009 aufgrund zu hoher Geschwindigkeiten im deutschen Straßenverkehr 76.136 Verletzte und 1.632 Unfalltote zu beklagen waren. Im so genannten Verkehrszentralregister sind knapp 5,2 Millionen Führerscheinbesitzer wegen Geschwindigkeitsdelikten eingetragen. Unabhängig von dieser Entwicklung wird durch das wachsende Verkehrsaufkommen der Druck auf die öffentliche Hand erhöht, nachhaltige Maßnahmen zur Unfallvermeidung und zur Senkung der gefahrenen Durchschnittsgeschwindigkeiten zu ergreifen, um die Sicherheit im Straßenver-

---

2 Siehe stellvertretend Richtlinie über die polizeiliche Verkehrsüberwachung des Bayerischen Staatsministeriums des Innern v. 12.5.2006, Punkt 1; Verkehrssicherheitsarbeit der Polizei NW, Runderlass des Innenministeriums v. 19.10.2009; OLG Frankfurt, DAR 1992, 185 f.

3 Statistisches Bundesamt (Hg.), Verkehrsunfälle, 2009, Ausgabe v. 15.7.2010, S. 11.

kehr zu steigern. So plant die Bundesregierung eine Offensive für mehr Sicherheit auf deutschen Straßen. Im Entwurf des neuen „Verkehrssicherheitsprogramms" finden sich unter anderem mehr Blitzer gegen Raser. Nach den Plänen des Bundesverkehrsministeriums soll die Zahl der Verkehrstoten bis 2020 um weitere 40 Prozent gesenkt werden[4]. In diesem Sinne sprechen u.a. folgende Motive dafür, dass sich die öffentliche Hand des Mehrwertes industrieller Konzeptlösungen versichert:
Schnelle Umsetzung durch zügigen Aufbau einer flächendeckenden Verkehrskontrolle

– Entlastung der öffentlichen Haushalte bei der Finanzierung der Überwachungsmaßnahmen wegen Nichtinanspruchnahme von Budgets

– Gewinnung finanzieller Freiräume für Investitionen etwa in den Aufbau der Verkehrsinfrastruktur und in die Unfallprävention durch niedrigen Kostenaufwand

– Administrative, personelle und organisatorische Entlastung des Verwaltungsträgers

– Einsatz neuester Überwachungstechnik

– Sicherung eines nachhaltigen Erfolgs des Betriebs von Verkehrssicherheitsanlagen

– Erhöhung der Verkehrssicherheit (Entschärfung von Unfallbrennpunkten, Verringerung des Verkehrsrisikos, Steigerung der Verkehrsdisziplin) und dadurch Verbesserung der staatlichen und kommunalen Aufgabenerfüllung.

III. Finanzierung der Public Private Partnerships

Die genannten Ziele können dadurch erreicht werden, dass der private Dienstleister entweder die komplette Investition, Errichtung sowie den Betrieb stationärer und mobiler Anlagen übernimmt oder bestimmte Prozessschritte für den öffentlichen Auftraggeber erledigt. Insoweit bieten sich grundsätzlich zwei Modelle an:
Bei dem ersten Modell muss der öffentliche Auftraggeber keine eigenen Investitionsmittel einsetzen. Vielmehr liegt die Investitions- und Betriebslast bei dem privaten Auftragnehmer. Außerdem kann dieses Finanzierungsmodell so ausgestaltet werden, dass nur die Vorgänge abgerechnet werden, die sich dem Ordnungswidrigkeitenverfahren zuführen lassen. Dabei ist nicht entscheidend, ob die übergebenen Datensätze in einen Bußgeldbescheid einmünden oder ob das Bußgeld auch beigetrieben werden kann.

---

4 Westfälische Nachrichten v. 18.7.2011 Nr. 164, S. 1.

Bei dem zweiten Modell besteht die Tätigkeit neben Projektmanagement, Installation, Inbetriebnahme und Eichunterstützung lediglich in der Datenaufbereitung für die amtliche Kontrollauswertung.

IV. Gutachtenauftrag

Das hiermit vorgelegte Rechtsgutachten im Auftrage eines weltweit agierenden Industrieunternehmens soll prüfen, ob und inwieweit auf privaten Geschäftsmodellen beruhende Sicherheitsleistungen in die staatliche und kommunale Aufgabenerfüllung einbezogen werden können. Diese Thematik auf dem Feld der Verkehrssicherheitstechnik wurde bislang nicht wissenschaftlich vertieft. Die maßgeblichen Erkenntnisse zur Überwachung des fließenden Verkehrs unter Einschaltung Privater gehen auf einige Gerichtsentscheidungen zurück, die aber vor längerer Zeit ergangen sind und jüngere Entwicklungen nicht berücksichtigen konnten. Insofern schließt die Untersuchung eine Forschungslücke im Spannungsfeld zwischen Verfassungs-, Verwaltungs- und Privatisierungsrecht.

B. Die Zulässigkeit von Verkehrssicherheitspartnerschaften zur Geschwindigkeitsüberwachung als Gegenstand der Untersuchung

I. Die Industrie als Verwaltungshelfer

Die Beschreibung der einzelnen Prozessschritte und die Offenlegung der Motive hat verdeutlicht, dass es sich um einen Fall von Outsourcing von Aufgaben der öffentlichen Hand an Private handelt. In diesem Kontext kann vor allem angestrebt werden, Kommunen und der Polizei im Rahmen der Geschwindigkeitsüberwachung als sog. Verwaltungshelfer bestimmte Leistungen anzubieten. Dazu rechnen etwa weder die amtliche Kontrollauswertung noch der Kameraplatzwechsel. Vor diesem Hintergrund sind Service-Pakete lediglich im Sinne einer Lösung zu verstehen, die nur nicht-hoheitliche Tätigkeiten einschließt. Unbeschadet dessen ist die Verkehrstechnik herstellende Industrie aber daran interessiert, das gegenwärtige Leistungsangebot im Rahmen der Geschwindigkeitsüberwachung zu erweitern und auf weitere Prozessschritte zu erstrecken.

II. Verkehrsüberwachung und Einbeziehung Privater als Rechtsproblem

Aus dieser Gesamtperspektive stellt sich ganz generell die Frage, ob und wenn ja inwieweit es rechtlich zulässig ist, dass öffentliche Hände (Staat, Kommunen und Polizei) im Rahmen von Verkehrssicherheitspartnerschaften einzelne Teilaufgaben im Sinne von Prozessschritten oder die gesamte Überwachung des fließenden Verkehrs durch Geschwindigkeitskontrollen auf Private übertragen[5]. Immerhin handelt es sich bei der Verkehrsüberwachung um eine öffentlich-rechtliche Aufgabe, deren Erfüllung zuallererst der öffentlichen Hand selbst obliegt und die nicht ohne Weiteres an Private ausgelagert oder abgegeben werden darf (s. u. G I). Allerdings handelt auch die Exekutive nicht nach einheitlichen Mustern und sie bedient sich selbst teilweise privatrechtlicher Gestaltungsmittel. Vor diesem Hintergrund bedarf es einer differenzierenden Analyse und juristischen Bewertung der einzelnen Prozessschritte im Rahmen der Gesamtprozesskette aus verfassungs- und verwaltungsrechtlicher Sicht unter Be-

---

5 Siehe dazu allgemein jüngst *Jens Sobisch*, Richtlinien der Bundesländer zur Geschwindigkeitsüberwachung, DAR 2010, S. 48 ff.

rücksichtigung unterschiedlicher Landesregelungen. Hierauf konzentrieren sich die weiteren Ausführungen, weil vor allem geklärt werden soll, ob von der Verkehrsindustrie angebotene Geschäftsmodelle in der Verwaltungspraxis umgesetzt werden können.

Gegenstand der Untersuchung sind stationäre Geschwindigkeitsüberwachungen, bei denen die Messeinrichtungen während des Messvorganges nicht in Bewegung sind. Die stationären Messungen werden sowohl mit mobilen Anlagen, bei denen die Messeinrichtungen nach dem Messvorgang leicht umsetzbar sind, als auch mit ortsfesten Anlagen, sogenannte „Starkästen",[6] durchgeführt, bei denen die Messeinrichtung fest mit dem Untergrund verbunden ist.

6 Siehe zu dieser Definition Erlass des Wirtschaftsministeriums Mecklenburg-Vorpommern zur Geschwindigkeitsüberwachung im öffentlichen Straßenverkehr v. 22.12.1995, Punkt 1.

C. Abgrenzung der Untersuchung

I. Beschränkter Gegenstand der Untersuchung

Wegen der Fokussierung auf diverse Prozessschritte und Tätigkeiten werden Rechtsfragen und Themenbereiche ausgeklammert, welche die rechtliche Zulässigkeit der Zusammenarbeit zwischen Polizei, Kommunen und Privaten nicht unmittelbar tangieren und keinen spezifischen Bezug hierzu aufweisen. Sie können jedoch bei der Projektrealisierung gleichwohl eine Rolle spielen, da die Zulässigkeitsproblematik lediglich ein Rechtsausschnitt aus einem komplexen Rechtsgeflecht ist. Insoweit wird empfohlen, gegebenenfalls ergänzende juristische Stellungnahmen einzuholen, um Unternehmensrisiken und -schäden zu vermeiden.

II. Konzentration auf die Rechtslage in Deutschland ohne Vergabe- und Haushaltsrecht

Die Regulierung der Verkehrssicherheit und die Aufgabenübertragung an Private sind nationale verwaltungsrechtliche Angelegenheiten, weshalb in unterschiedlichen Staaten unterschiedliche Regelungen und Praktiken existieren können. Da das Public Private Partnership-Konzept jedoch in Deutschland eingeführt werden soll und der Sektor Verkehrssicherheit auch unionsrechtlich kaum vorgeprägt ist, wird nachfolgend allein auf die Rechtslage in der Bundesrepublik Deutschland abgestellt, während ausländische Erfahrungen nur hinsichtlich verwertbarer rechtsvergleichender Aussagen berücksichtigt werden[7]. Aus dieser Perspektive ist zwar bei der Begründung von finanziell wirksamen Public Private Partnerships und der Beschaffung von Überwachungsanlagen stets das Vergaberecht zu beachten. Dabei handelt es sich aber um eine allgemein zu berücksichtigende wettbewerbsrechtliche Problematik[8], die nicht auf die hier zu vertiefende Zulässigkeitsproblematik ausstrahlt. Ähnlich verhält es sich mit den haushaltsrechtlichen und haushaltswirtschaftlichen Aspekten, die bekanntlich bei sämtlichen Investitionen der öffentlichen Hand in Kooperation mit Privaten entstehen und deshalb im vorliegenden Untersuchungskontext ver-

---

7 Siehe etwa *Johann Schlatzer*, Verkehrsüberwachung durch Private, 2007, S. 49 ff.
8 Siehe dazu *Stober*, Gesetzlich normierte Kooperation zwischen Polizei und privaten Sicherheitsdiensten, 2007, S.169 ff.; *Artelt*, Verwaltungskooperationsrecht, 2009, S. 167 ff.; *Burgi*, in: Stober/Olschok (Hg.) Handbuch, J II Rn. 24.

nachlässigt werden können. Das gilt ferner für den insbesondere an Kommunen gerichteten Vorwurf, Geschwindigkeitsmessungen seien rechtswidrig, da sie dazu dienten, Gelder in die Haushaltskassen zu spülen und nicht, um für die Sicherheit und Leichtigkeit des Verkehrs zu sorgen[9]. Diese Gefahr ist erkannt und gelegentlicher Bestandteil von Erlassen, die darauf hinweisen, dass die „Verfolgung rein fiskalischer Interessen" unzulässig ist[10]. Davon ist die im Rahmen dieser Untersuchung zu klärende Frage zu trennen, ob die Entgeltseite der erwähnten Geschäftsmodelle mit dem geltenden Recht kompatibel ist, sofern ein Privatunternehmen in die Vereinnahmung von Verwarnungs- und Bußgelder eingebunden ist (s. u. H VI 8).

III. Keine Berücksichtigung föderaler organisationsrechtlicher Ausgestaltungen

Hinsichtlich der Adressaten einer geschäftlichen Zusammenarbeit mit der Industrie kommen insbesondere Verwaltungseinheiten in Betracht, die sich auf Landes- und Kommunalebene mit der Straßenverkehrssicherheit befassen. Angesichts der föderal ausgestalteten Bundesrepublik ist die Verwaltungsorganisation und die Zuständigkeitsverteilung Ländersache (Art. 30, Art. 83 ff. GG). Vor diesem Hintergrund werden unterschiedliche Modelle praktiziert, die auch eine Übertragung von Zuständigkeiten zur Geschwindigkeitsüberwachung auf Kommunen vorsehen[11]. So wird etwa in einem Runderlass des Innenministeriums von Brandenburg unter Punkt 3 auf Folgendes hingewiesen:

„Neben der polizeilichen Verkehrsüberwachung erhält die Verkehrsüberwachung durch die Ordnungsbehörden zunehmende Bedeutung. Die Ordnungsbehörden übernehmen vorrangig die Überwachung der zulässigen Höchstgeschwindigkeit in Straßenbereichen, in denen ein Anhalten der Fahrzeuge nicht möglich ist oder unverhältnismäßig wäre".

Die Bundesländer regeln ferner das Verwaltungsverfahren einschließlich der Bußgeldverfahren, soweit nicht Bundesrecht greift. Diese organisationsrechtlichen Ausgestaltungen sind jedoch primär von verwaltungsinterner Bedeutung und sagen darüber hinaus nur etwas dazu aus, wer der richtige Ansprechpartner für Bedienstete und Betroffene ist. Sie haben deshalb keinen Bezug zu der allein zu würdigenden Problematik, ob die Verwaltung innerhalb der gegebenen Zu-

---

9 *Christoph Steinbach*, NJW-aktuell 7/2011, S. 14 m. w. N.
10 Richtlinie zur Verfolgung und Ahndung von Geschwindigkeitsverstößen durch Gemeinden des Bayerischen Staatsministeriums des Innern v. 12.5.2006, Punkt 1.1.
11 Siehe näher OLG Frankfurt, DAR 1992 , 185 ff.; *Janker*, DAR 1989, 172 ff.; *Sobisch*, DAR 2010, S. 48 ff.; Burhoff/Neidel/Grün (Hg.), Messung im Straßenverkehr, Teil 3 Rn 23 m. w. N. und exemplarisch Runderlass des brandenburgischen Ministeriums des Innern zu § 47 Abs. 3 und 3a OBG v. 15.9.1996 sowie AG Alsfeld, NJW 1995, S. 1503 ff.

ständigkeiten Private an der Wahrnehmung von Aufgaben zur Überwachung des fließenden Verkehrs beteiligen darf.

IV. Zur unterstellten Verfassungs- und Rechtmäßigkeit der amtlichen Erfassung von Geschwindigkeitsverstößen im Straßenverkehr

Darüber hinaus wirft jede Geschwindigkeitsmessung zur Ermittlung von Verstößen grundrechtliche und insbesondere datenschutzrechtliche Fragen auf. Immer wieder stehen Messverfahren für Geschwindigkeitskontrollen auf dem Prüfstand. Hierzu existiert eine nahezu unüberschaubare Rechtsprechung. Erinnert sei nur an die Entscheidung des Bundesverfassungsgerichts zur Verfassungsmäßigkeit der Videoüberwachung des Verkehrs[12], an die Diskussion um hinreichende Rechtsgrundlagen (s. etwa § 100h Abs. 1 Nr. 1 StPO i.V.m. § 46 Abs. 1 OWiG) für bildgebende Messverfahren zur Ermittlung von Verkehrsverstößen[13] oder an Anforderungen bei Geschwindigkeitsmessungen mit bestimmten Messgeräten wie dem „PoliScan Speed"[14] bzw. der Messanlage „ES 3.0"[15]. Diese Spruchpraxis betrifft zwar auch eine Zulässigkeitsproblematik, da Geschwindigkeitsmessungen als solche Grundrechte der davon Betroffenen tangieren. Mit anderen generalisierenden Worten: Polizei und Kommunen dürfen im Rahmen ihrer Verkehrssicherheitsarbeit in öffentlich-rechtliche bzw. hoheitliche Maßnahmen Private nur einbeziehen, wenn sie selbst rechtmäßig handeln und das geltende Recht durch die Einschaltung privater Unternehmen nicht umgangen wird. Insoweit ist jedoch daran zu erinnern, dass das Bundesverfassungsgericht erst kürzlich die Verfassungsmäßigkeit und Verhältnismäßigkeit der fotographischen Erfassung von Geschwindigkeitsverstößen im Straßenverkehr mit der Begründung bestätigt hat, Zweck derartiger Maßnahmen der Verkehrsüberwachung sei die Aufrechterhaltung der Sicherheit des Straßenverkehrs und damit – angesichts des zunehmenden Verkehrsaufkommens und der erheblichen Zahl der Verkehrsüberwachungen – der Schutz von Rechtsgütern mit ausreichendem Gewicht[16].

---

12 Beschluss v. 11. August 2009, 2 BvR 941/08; BVerfG, NJW 2009, 3293 = DVBl. 2010, 1237 ff. und dazu Burhoff/Neidel/Grün (Hg.), Messungen im Straßenverkehr, 2 Aufl., 2010, Teil 1, Rn. 227 ff.

13 OLG Jena, Beschluss v. 6. Januar 2010, 1 Ss 291/09, NJW 2010, 1093, und dazu *Roggan*, NJW 2010, S. 1042 ff.

14 OLG Karlsruhe, Beschluss v. 17. Februar 2010, 1 (8), SsBs 276/09, NJW 2010, 1827 (LS) sowie die Rechtsprechungsübersicht bei Burhoff/Neidel/Grün (Hg.), Messungen im Straßenverkehr, Teil 3, Rn. 14.

15 OLG Brandenburg, Beschluss v. 22. Februar 2010, 1 Ss (OWi) 23Z/10, NJW 2010, 1471; s. ferner *Schrey/Haug*, NJW 2010, 2917 ff.

16 BVerfG, NJW 2010, 2717 f. sowie BVerfG, Beschluss v. 12.8.2010 – 2 BvR 1447/10 zu Aufnahmen bei Abstandsmessungen.

Auch im Übrigen steht im Mittelpunkt der ergangenen Entscheidungen der generelle Schutz persönlicher Daten vor Eingriffen der öffentlichen Hand[17] und nicht die davon zu unterscheidende und im Rahmen des Gutachtenauftrages allein interessierende Frage nach der Zulässigkeit der Beteiligung Privater an der Verkehrsüberwachung und ihrer Mitwirkung an der Erhebung und Verarbeitung von Daten zur Geschwindigkeitskontrolle. Die Herausnahme der rechtlichen Bewertung technischer Überwachungsanlagen ist aber auch deshalb erforderlich, weil sich der Stand der Technik auf diesem Gebiet permanent und rasant verändert, weshalb gegenwärtig getroffene Aussagen für neue Modelle nicht verwendbar wären[18]. Deshalb wird nachfolgend die grundsätzliche Rechtmäßigkeit und Verwendbarkeit der vorgesehenen Messsysteme im Straßenverkehr unterstellt. Nichts Anderes gilt für die eventuell nach Landesrecht bestehende Notwendigkeit, zum Abschluss von Verkehrssicherheitspartnerschaften Genehmigungen einer übergeordneten Dienststelle einzuholen oder Anzeigen zu erstatten

Mit diesen Ausführungen ist der zu beurteilende Sachverhalt ausreichend skizziert, weshalb man sich mit dem Gang der Untersuchung befassen kann.

---

17 Siehe dazu *Klaus P. Becker*, Geschwindigkeitsüberschreitung im Straßenverkehr, 7. Auflage, 2010; Burhoff/Neidel/Grün (Hg.), Messungen im Straßenverkehr, Teil 1, Rn. 227 ff. und Teil 3, Rn. 3 ff.; BVerfG, NJW 2009, 3293.
18 Siehe näher Burhoff/Neidel/Grün (Hg.), Messungen im Straßenverkehr, Teil 1, Rn. 1 ff.

D. Gang der Untersuchung

Die Sachverhaltsdarstellung und Gegenstandsbeschreibung hat sich vornehmlich mit der Sichtweise der Verkehrstechnik produzierenden Industrie und den damit verbundenen Realisierungsvorstellungen beschäftigt, während die Interessen der öffentlichen Hand als angedachter Auftraggeber nur ansatzweise erwähnt wurden. Bevor deshalb die juristischen Möglichkeiten und Grenzen einer konkreten Umsetzung von Geschäftskonzepten im Sinne einer Verkehrssicherheitspartnerschaft näher beleuchtet werden, ist zunächst generell auf die gegenwärtige Privatisierungsdiskussion und das aktuelle Privatisierungsumfeld unter Berücksichtigung der rechts- und parteipolitischen Situation einzugehen. Sie entscheidet nämlich letztlich darüber, ob und inwieweit Privatisierungen überhaupt von Gesetzgebung und Verwaltung akzeptiert werden und als Lösungsalternative in Betracht kommen (E). Diese Debatte hängt verständlicherweise eng mit der Definition der Schlüsselbegriffe Sicherheit und Privatisierung zusammen. Sie müssen schon deshalb vorab näher erörtert werden, weil sie in Politik, Praxis und Literatur häufig nicht exakt auseinandergehalten werden und unter Einschluss der verschiedenen Erscheinungsformen präzise abgegrenzt werden müssen (F). Wenngleich die Aufgabe Sicherheit zweifellos eine Staats- und Kommunalaufgabe ist, so steht damit noch nicht fest, inwieweit dieser Sektor einer Privatisierung zugänglich ist. Insoweit kommen die Stichworte Gewaltmonopol und Wahlfreiheit von Legislative sowie Exekutive ins Spiel, die wesentliche Maßstäbe für die Vereinbarkeit von Privatisierungsakten mit der Verfassung und die Zulässigkeit von Sicherheitsmärkten liefern, die es Privaten ermöglichen, an der Staatsaufgabe Sicherheit zu partizipieren (G). Die hierbei gewonnenen Feststellungen sind der Ausgangspunkt für eine konkrete Untersuchung einzelner Prozessschritte und Geschäftsmodelle (H). Sie können realisiert werden, sofern das Unternehmen als Auftragnehmer bestimmte Anforderungen und Voraussetzungen für eine Zusammenarbeit mit der öffentlichen Hand erfüllt (I). Dabei ist aufgrund der unter B dargelegten Beschreibung hinsichtlich der Prüfung der Zulässigkeit der Übertragung einzelner Prozessschritte und Tätigkeiten zu differenzieren. Zum einen ist das erwähnte Dienstleistungskonzept zu würdigen (H V). Zum anderen ist zu klären, ob kommunale Behörden und Polizei private Unternehmen darüber hinaus in weitere Prozessschritte einbeziehen können (H VI). Eine Zusammenfassung der wichtigsten Ergebnisse rundet die Arbeit ab (J). Wichtige Quellen sind im Anhang (K) abgedruckt.

E. Zur ordnungspolitischen Entscheidung einer Privatisierung öffentlicher Aufgaben als Grundlage für Verkehrssicherheitspartnerschaften

I. Allgemeine Privatisierungs- und Antiprivatisierungsargumente

Die hier zu untersuchenden Verkehrssicherheitspartnerschaften zur Geschwindigkeitsüberwachung sind eine Ausprägung von Public Private Partnerships oder im Hinblick auf die konkrete Aufgabe Verkehrsüberwachung von Police Private Partnerships[19], die aufgrund unterschiedlicher Kooperationsmodelle in vielen Variationen vornehmlich als Ordnungspartnerschaft oder Sicherheitspartnerschaft vorkommen. Diese Erscheinungsformen erhalten dann eine besondere juristische Qualität, wenn die Zusammenarbeit zwischen der öffentlichen Hand und Privaten über unverbindliche Abreden und Absichtserklärungen hinausgeht und in Rechtsverhältnisse einmündet. Ähnlich verhält es sich, wenn sich die Kooperation auf die eigentliche Aufgabenerfüllung der Exekutive im Bereich der Planungs-, Leistungs- und Eingriffsverwaltung erstrecken soll. Bei derartigen Konstellationen ist zunächst zu bedenken, dass öffentlich-private Zusammenarbeit keine unbestrittene Selbstverständlichkeit ist, sondern aus unterschiedlichen Richtungen kontrovers diskutiert wird. Damit ist die rechtspolitische Seite angesprochen, die letztlich in Gestalt von Gesetzgeber, Regierung, Verwaltungsträger und Kommune über das „Ob" und das „Wie" einer Zusammenarbeit entscheidet. Denn zu Recht weisen Sicherheitsexperten darauf hin, dass der präventive Aufbau eines Systemverbundes der Inneren Sicherheit, der private Sicherheitsfirmen einschließt, eine Frage des politischen Willens ist[20].

Vor diesem Hintergrund ist es zunächst erforderlich, sich mit dieser Debatte näher zu befassen, um die Realisierungschancen und die politische Umsetzbarkeit für eine Partnerschaft und damit auch eine Verkehrssicherheitspartnerschaft zur Geschwindigkeitsüberwachung auszuwerten. Privatisierungs- und Antiprivatisierungsargumente wiegen – je nach Zeitgeist – einmal schwerer und einmal leichter. Die Ambivalenz kommt exemplarisch in folgenden Aussagen zum Ausdruck:

---

19 Siehe zur Begriffsbildung, *Stober*, NJW 1997, S. 889 ff.
20 *Joachim Wieland*, in: Privatisierung öffentlicher Aufgaben, Referat auf dem 67. DJT 2008, Sitzungsbericht Band II 1, Teil M, S. 11 ff.; *Schoch*, in: FS für Stober, 2008, S. 559 ff.; *Arne Schönbohm*, Deutschlands Sicherheit, 2010, S. 117.

- Einerseits hat Privatisierung in der Verwaltungspraxis und im Schrifttum[21] Konjunktur. Andererseits wird ein Ausverkauf des Staates befürchtet und eine stärkere Kommunalisierung oder Rekommunalisierung vorangetrieben.

- Einerseits steht Privatisierung als Megatrend gegen den überforderten und für den schlanken, aktivierenden Staat. Andererseits wird der Rückzug des Staates bis hin zu seiner Unsichtbarkeit moniert und ein starker Staat gefordert[22].

- Einerseits wird Privatisierung als verwaltungsorganisatorischer und haushaltspolitischer Königsweg in Zeiten leerer Staatskassen (Abbau von Staatsdefiziten, Gewinnung privaten Kapitals für den gewaltigen Innovationsbedarf der Verwaltung, Kostenersparnis) gepriesen[23]. Andererseits wird die ökonomische sowie funktionale Leistungsfähigkeit bezweifelt.

- Einerseits ist Privatisierung ein gesellschaftspolitisches Reiz- und Schlagwort[24]. Andererseits handelt es sich um einen Rechtsbegriff mit facettenreichem Erkenntnisinteresse.

Stellvertretend für diese Meinungsvielfalt soll eine Position der Evangelischen Kirche von Westfalen zitiert werden, die im Rahmen der Landtagswahl 2010 vertreten wurde[25].

„In der Finanz- und Wirtschaftskrise erleben wir den Ruf nach dem starken Staat…"

„Klamme Finanzen setzen aber politischen Handlungsspielräumen enge Grenzen […]. Die Grenzen der finanziellen Möglichkeiten werden dann geradezu als Sachzwang erscheinen, die den Staat zwingen, sich selber schlank zu machen und auf Marktmechanismen zu setzen. Public Private Partnerships könnten dabei zum Zauberwort werden."

---

21 *Stober*, in: Wolff/Bachof/Stober/Kluth, VerwaltungsR II, 7. Aufl., 2010, §§ 89 ff.; *Burgi*, Privatisierung öffentlicher Aufgaben, Gutachten für den 67. DJT, 2008, A und B IV. m. w. N.; *Oehlerking*, Private Auslagerung von Funktionen der Justiz und der Gefahrenabwehr, 2008, S.12.
22 Siehe zu diesem Wandel *Burgi*, Gutachten für den 67. DJT, a. a. O., A II 1; *Peter M. Huber*, in: Calliess/Paqué (Hg.), Deutschland in der EU, 2010, 25 ff.
23 *Lämmerzahl*, Die Beteiligung Privater an der Erledigung öffentlicher Aufgaben, 2007, S. 23.
24 Siehe *Osterloh*, VVDStRL 54 (1995), 204 (206 f.).
25 Landeskirchenamt der Evangelischen Kirche von Westfalen (Hg.), „Zukunft bewegen", Positionen der Evangelischen Kirche von Westfalen zur Landtagswahl 2010 in NRW, S. 7.

II. Privatisierungs- und Antiprivatisierungsargumente für den Sektor Sicherheit einschließlich Verkehrssicherheit

Spiegelt man diese rechts- und gesellschaftspolitischen Aussagen an dem Sektor Sicherheit und dem politischen Bedürfnis nach Sicherheitspartnerschaften, dann ergibt sich folgendes Argumentationsbild[26]:

- Einerseits werden öffentlich-private Partnerschaften angesichts wachsender Anforderungen und zur Schonung polizeilicher Ressourcen für polizeiliche Kernaufgaben als neue Option des Staates bei der Gewährleistung von Sicherheit gefordert[27]. Andererseits gibt es starke Widerstände gegen die Übertragung von Polizeiaufgaben auf andere Berufsgruppen, etwa bei den Gewerkschaften der Polizei[28], da eine Aufgabenreduzierung für die Polizei befürchtet wird[29].

- Einerseits wird die Erhöhung der Dichte und damit der Effizienz der Kontrolle gewünscht, welche die Exekutive mit begrenzten personellen Ressourcen nicht leisten könne[30]. Andererseits wird darauf hingewiesen, dass Sicherheit keine Ware werden dürfe und deshalb eine Privatisierung staatlicher Sicherheitsaufgaben abzulehnen sei und der Einfluss privater Sicherheitsdienstleister zurückzudrängen sei[31].

- Einerseits wird die Nutzung privater professioneller Potentiale unter Federführung der Polizei als künftiger Trend ausgemacht und die koordinierende Rolle der Polizei betont[32]. Andererseits wird auf das Frieden und Sicherheit gewährleistende Gewaltmonopol hingewiesen, das auch in einer sichtbaren staatlichen Präsenz zum Ausdruck kommen müsse[33].

26 Siehe umfassend zum Meinungsspektrum *Peilert*, in: Peilert/Stober (Hg.), Die Regelung der Zusammenarbeit zwischen Polizei und privaten Sicherheitsdiensten, 2006, S. 15 ff.
27 Siehe etwa *Steiner*, DAR 1996, 272 ff.; die Nachweise bei *Rolf Stober*, Gesetzlich normierte Kooperation zwischen Polizei und privaten Sicherheitsdiensten, 2007, S. 166 f.; *Uwe Christian Fischer*, in: Heiko Borchert (Hg.) Wettbewerbsfaktor Sicherheit, 2008, S. 27.; *Klaus Stüllenberg*, in: Kreissl/Barthel/Ostermeier (Hg.) Policing im Kontext, 2008 S. 17,19; *Arne Schönbohm*, Deutschlands Sicherheit, 2010, S. 106.
28 Securitas (Hg.), Entwicklung des Sicherheitsmarktes: Die Hauptantriebskräfte und ihre Auswirkungen, 2009, S. 9.
29 Siehe auch *Janker*, DAR 1989, 172 f.
30 *Johann Schlatzer*, Verkehrsüberwachung durch Private, 2007, S. 49.
31 Regierungsprogramm der SPD 2009, S. 69 und 90.
32 *Arne Schönbohm*, Deutschlands Sicherheit, 2010, S. 101, 105.
33 Programm Innere Sicherheit Fortschreibung 2008 der Ständigen Konferenz der Innenminister und -senatoren der Länder Kapitel V; Koalitionsvertrag zwischen CDU, CSU und FDP für die 17. Legislaturperiode Punkt IV, Präambel, S. 98; *Steiner*, DAR 1996, 272, 275.

15

– Einerseits werden die Unternehmen aus dem Dienstleistungsspektrum der privaten Sicherheit als wichtiger Bestandteil der Sicherheitsarchitektur angesehen. Andererseits sollen spezialgesetzliche Regelungen, nach denen Sicherheitsdienstleister hoheitliche Befugnisse wahrnehmen, die Ausnahme bleiben[34].

III. Nord-Süd-Sicherheitspartnerschaftsgefälle

Neben diesen allgemeinen sicherheitspolitischen Erwägungen sind bei der Partnerschaftsdiskussion föderale Aspekte zu berücksichtigen, die tendenziell ein Nord- Süd- Sicherheitspartnerschaftsgefälle erkennen lassen. Dafür lassen sich vornehmlich folgende Entwicklungen aufführen, die für das Thema der Geschwindigkeitsüberwachung noch konkretisiert werden müssen (s. u. H II):

– Im Süden der Bundesrepublik gibt es keine Studiengänge für Sicherheitsmanagement oder eine gemeinsame Ausbildung von Sicherheitsmanagern und Polizeibeamten[35].

– Im Süden der Bundesrepublik existieren kaum Vereinbarungen oder Grundsatzerklärungen zur Zusammenarbeit zwischen Polizei und privaten Sicherheitsdienstleistern[36].

– Vorschläge für einen Ausbau der Zusammenarbeit zwischen Polizei und privaten Sicherheitsdienstleistern stoßen im Süden der Bundesrepublik auf geringere Resonanz und größere Skepsis als im Norden.

---

34 Beschluss der Innenministerkonferenz v. 15.3.2000; Empfehlung des Rates der EU v. 13.6.2002; Programm Innere Sicherheit a. a. O.
35 Peilert/Stober (Hg.), Zur Qualifizierung von Sicherheitsgewerbe und Sicherheitsmanagement, 2008; Peilert/Artelt/Stober (Hg.), Der Studiengang Sicherheitsmanagement an der Hochschule der Polizei Hamburg, 2007.
36 Dokumente, in: Stober, Gesetzlich normierte Kooperation zwischen Polizei und privaten Sicherheitsdiensten, 2007, S. 225 ff. sowie in Stober/Kochen (Hg.), Kooperationsvereinbarungen zwischen Polizei, Sicherheitsdiensten und Unternehmen, 2011.

F. Privatisierung und Sicherheit als offene Brücken- und Verbundbegriffe

I. Klärungsbedarf hinsichtlich der Übertragungsfähigkeit von Polizeiaufgaben auf Private

Zusammenfassend lässt sich angesichts dieses gegensätzlichen Befundes feststellen: Gegenwärtig ist nicht mit hinreichender Sicherheit zu erkennen, auf welche Seite die Privatisierungswaage ausschlägt. Das gilt umso mehr als unvorhergesehene Ereignisse, Wahlaussagen und gesellschaftliche Anstöße die Ausgangssituation für Kooperationen schlagartig ändern können und deshalb eine Prognose unmöglich machen. Typisches Beispiel für einen derartigen abrupten Paradigmenwechsel in der Sicherheitspolitik ist die Bekämpfung der Seepiraterie vor der Küste Somalias. Bislang galt der Einsatz als staatliche Aufgabe, die insbesondere mit militärischen Mitteln (Projekt Atalanta) durchgeführt wurde[37]. Im Sommer 2011 bestand in der Regierungskoalition sowie bei den betroffenen Reedereien plötzlich Einigkeit darüber, dass die eigentlich vorgesehene Bundespolizei diesen Auftrag nicht erfüllen könne, weshalb private Sicherheitsdienste von der Bundespolizei für diese Tätigkeit nach einer Ausbildung zertifiziert werden sollen[38].

Angesichts dieser Unsicherheit bedarf es zur Lösung der hier im Vordergrund stehenden Thematik einer Rückbesinnung auf die juristischen Eckpunkte. Stellvertretend für die damit verbundenen Herausforderungen an das Privatisierungsrecht aus der Perspektive der Sicherheit steht der vom Präsidenten des Bundeskriminalamts, *Jörg Ziercke*, angemahnte Klärungsbedarf:

„Es muss geklärt werden, welche Aufgaben und Tätigkeiten als polizeiliche Muss- oder Kann-Aufgaben zu definieren sind…, wo der Einsatz von Verwaltungshelfern, Hilfspolizisten, Beliehenen oder Privaten … möglich erscheint. (…) Darum benötigen wir eine Debatte über Art und Umfang der Aufgaben, die übertragungsfähig erscheinen"[39].

Bezogen auf die Einbeziehung Privater in polizei- und ordnungsbehördlichtechnische Fragestellungen hat *Jörg Ziercke* ausgeführt:

„Sicherheitsunternehmen sollten noch stärker technische Präventionsspezialisten sein. Der Stellenwert nicht nur einer eng verstandenen fachtechnischen Beratung auf hohem

---

37 Siehe noch die Ausführungen in der Antwort auf die Große Anfrage, BT-Drs. 17/6780 v. 5.8.2011.
38 FAZ v. 26.8.2011, Nr. 198, S. 6; FAZ v. 9.09.2011, Nr. 210, S. 4.
39 *Jörg Ziercke*, in: Stober/Olschok (Hg.), Handbuch des Sicherheitsgewerberechts, 2004, S. 79.

technologischem Niveau wird wachsen, sondern er kann von der Polizei auch nicht nennenswert geleistet werden".

Und er stellte im Anschluss daran die in dieser Untersuchung aus der Perspektive der Verkehrsüberwachung zu beantwortende Frage:

„Sind Sicherheitsunternehmen in der Lage, ein Rundum-Sorglos-Paket für kommunale Sicherheit ... anzubieten und dabei die Schnittstellen zur Polizei genau zu definieren, um den eigenen Mehrwert besser vermarkten zu können?"[40]

Die weiteren Ausführungen setzen sich mit dieser Debatte aus verfassungs- und verwaltungsrechtlicher Perspektive einschließlich der existierenden rechtstatsächlichen Ausformungen sowie mit den verwaltungswissenschaftlichen Gestaltungsoptionen auseinander. Diese Thematisierung verlangt zunächst eine Konkretisierung und Typisierung der hier im Mittelpunkt stehenden Begriffe „Privatisierung" und „Sicherheit".

II. Privatisierung als unbestimmter Rechtsbegriff

Auf den ersten Blick ist zweifelhaft, ob dem Begriff „Privatisierung" juristische Relevanz beizumessen ist. So wird im Schrifttum teilweise angenommen, die Bezeichnung habe lediglich heuristische Funktion[41]. Dieser Ansicht ist jedoch entgegenzuhalten, dass das Wort Privatisierung inzwischen Eingang in zahlreiche Gesetze gefunden hat und es auch in den Nachbarwissenschaften Abgrenzungsfunktion besitzt[42], weshalb es als typischer unbestimmter Rechtsbegriff zu qualifizieren ist[43]. So spielt der Privatisierungsbegriff – wie etwa die Positivierung in § 7 Abs. 1 BHO und den landesrechtlichen Entsprechungen hinsichtlich einer Entstaatlichung staatlicher Aufgaben oder die Erwähnung der privatrechtlichen Organisationsform der Luftverkehrsverwaltung in Art. 87 d Abs. 1 GG belegt – bei der Bewältigung moderner Grundversorgung mit Gütern und Dienstleistungen eine Schlüsselrolle. Gleichwohl werden die dabei verwendeten Begriffe weder an diesen Stellen noch in anderen Sachzusammenhängen näher erläutert. Es handelt sich um offene Brücken- und Verbundbegriffe, deren Gehalt sich nur im jeweiligen Kontext erschließt. Eine überzeugende Begriffsbestimmung mit Abgrenzungsfunktion scheitert unter anderem daran, dass sich permanent neue Formen herausbilden, die allenfalls eine Arbeitsdefinition ge-

---

40 *Jörg Ziercke*, in: Stober (Hg.), Jahrbuch des Sicherheitsgewerberechts, 2007, S. 1 ff., 14 ff.

41 *Bauer*, VVDStRL 54 (1995), 243 (251); s. auch *Gramm*, Privatisierung und notwendige Staatsaufgaben, 2001, S. 27.

42 *Budäus/Grande/Kißler*, in: Gusy (Hg.), Privatisierung von Staatsaufgaben, 1998, S. 12 ff.

43 *Di Fabio*, JZ 1999, 585; *Kämmerer*, Privatisierung, 2001, S. 8 ff.; *Oehlerking*, Private Auslagerung von Funktionen der Justiz und der Gefahrenabwehr, 2008, S. 13 ff.

statten. Danach bedeutet Privatisierung die Verlagerung herkömmlich von der öffentlichen Hand erbrachter Güter und Dienstleistungen auf private Träger oder die Privatwirtschaft oder deren Einschaltung in die Erledigung öffentlich-rechtlicher Aufgaben[44].

Die potenziellen Privatisierungsfelder sind weit gestreut und erfassen im Rahmen der infrastrukturellen Grundversorgung unter anderem auch die Sektoren Justiz und Sicherheit einschließlich der damit verbundenen Betriebe und Einrichtungen[45].

Die begrifflichen Unklarheiten setzen sich bei der Typisierung und Systematisierung der beiden Rechtsinstitute fort, die auch für sich betrachtet Überschneidungen und Kombinationsformen kennen. Deshalb besitzen die nachfolgenden Kategorisierungen primär informierenden und empirischen Charakter.

Bei der Privatisierung wird hauptsächlich unterschieden zwischen formeller Privatisierung (Organisationsprivatisierung), materieller Privatisierung in Form einer Entstaatlichung und Entkommunalisierung im Sinne einer Entlassung einer Aufgabe in den wettbewerblich strukturierten Markt (Aufgabenprivatisierung) und funktionaler Privatisierung, die als Beleihung, Verwaltungshilfe und Public Private Partnership in Erscheinung tritt[46], wobei jeweils eine Teil- oder Vollprivatisierung in Betracht kommt.

III.   Die Multifunktionalität des Sicherheitsbegriffs

Auch der Sicherheitsbegriff versammelt verschiedenartige Ausprägungen, deren Konturen in jüngerer Zeit eher verschwimmen, als dass sie einer präzisierenden Abgrenzung zugeführt werden. Es sei nur an das am Luftsicherheitsgesetz entzündete Verhältnis zwischen innerer und äußerer Sicherheit oder an die Differenzierung zwischen Safety und Security erinnert[47]. Darüber hinaus steht das Stichwort Sicherheit für öffentliche Sicherheit und Raum der Sicherheit, Recht auf Sicherheit und Verkehrssicherheit, Anlagen- und Produktsicherheit, Arbeits- und Unternehmenssicherheit, um nur einige Erscheinungsformen zu nennen. Unbestritten handelt es sich bei der Sicherheit um ein hohes, sensibles, fragiles und komplexes Rechtsgut, dessen Rang der Soziologe *Wolfgang Sofsky* in der staatlichen Werteordnung wie folgt skizziert hat:

44 *Stober*, Allg. WirtschaftsverwaltungsR, 17. Aufl. (2011), § 3 III 2, und zust. *Sanden,* Die Verwaltung 38 (2005), 367 (370).
45 Siehe näher *Stober*, in: Wolff/Bachof/Stober/Kluth, VerwaltungsR II, 7. Aufl., 2010, § 89 VI.
46 Siehe näher zu diesen und anderen Einteilungen *Stober*, in: Wolff/Bachof/Stober/ Kluth, VerwaltungsR II, 7. Aufl., 2010, § 89 IV, §§ 90 ff.; *Burgi*, in: HdbStR IV, 3. Aufl., 2006, § 75 Rn. 6 ff.
47 Siehe näher *Stober*, in: Stober/Olschok/Gundel/Buhl (Hg.), Managementhandbuch Sicherheitswirtschaft und Unternehmenssicherheit, 2012, A I.

„Nicht Freiheit, Gleichheit oder Solidarität sind die Leitideen heutiger Politik, sondern Sicherheit – jederzeit, überall. Der heutige Staat ist vor allem ein Sicherheitsstaat."[48]

Bezieht man diese Einteilungen auf das hier zu vertiefende Problem der Einbindung Privater in die Geschwindigkeitskontrolle, dann stellt sich die Grundsatzfrage nach der Privatisierungsfähigkeit von Sicherheitsaufgaben im Besonderen. Blickt man in die Literatur und die untergerichtliche Spruchpraxis, dann drängt sich der Eindruck auf, dass sich die Auseinandersetzung häufig darauf beschränkt, die Privatisierungsgrenzen zu beleuchten[49]. Typisch sind etwa pauschale Äußerungen dahin: „Jede Privatisierung lockert öffentlich-rechtliche Bindungen".[50] Dagegen führte der Gutachter der öffentlich-rechtlichen Abteilung des 67. Deutschen Juristentages im Jahre 2008 zu Recht aus, dass durch Privatisierungen auch etwas gewonnen werden könne[51]. Eine zuverlässige Antwort hierauf verlangt deshalb eine detaillierte und differenzierte Analyse der einzelnen eingangs beschriebenen Prozessschritte, die entweder dem privaten Sektor zuzuschlagen oder für eine Privatisierung in Aussicht genommen sind. Sie wird dadurch erschwert, dass Privatisierungen jenseits der literarischen Diskussion nur ausnahmsweise gesetzlichen Niederschlag erfahren haben oder als nicht verallgemeinerungsfähige Einzelfälle zu bestimmten Konstellationen durch Gerichte entschieden wurden[52] und das polizei- und ordnungsrechtliche Schrifttum die Thematik meist unter Hinweis auf ältere untergerichtliche Rechtsprechung ohne nähere Begründung ablehnt[53] oder gar nicht erwähnt[54]. Hinzu kommt, dass es in jüngster Zeit keine neuen Impulse in diesem Sektor gegeben hat. Insofern fehlt es an verwertbarem und systematisierbarem Anschauungsmaterial, das juristischen Boden für die Prüfung liefert, ob und inwieweit Privatisierungen im Einklang mit dem Grundgesetz stehen, das den juristischen Rahmen für Privatisierungen bildet.

---

48 *Sofsky*, Das Prinzip Sicherheit, 2006, S. 84; s. zu dieser Wertung auch *Di Fabio*, NJW 2008, 421: „...scheint vielen Menschen Sicherheit wichtiger als Freiheit".
49 Siehe zu einem Beispiel für diese Auseinandersetzung *Scherer*, in: Festschr. f. Frotscher, 2007, S. 617 ff.
50 So *Gregor Kirchhof*, AöR 132 (2007), 215.
51 *Burgi*, Privatisierung öffentlicher Aufgaben, Gutachten für den 67. DJT, 2008, B vor I Fußn. Nr. 17.
52 AG Alsfeld, NJW 1995, S. 2576; OLG Frankfurt, NJW 1995, S. 2570; BayObLG, DÖV 1997, S. 601.
53 *Schenke*, Polizei- und Ordnungsrecht, 7. Aufl., S. 292; *Götz*, Allgemeines Polizei- und Ordnungsrecht, 14. Aufl., § 16 IV.
54 *Gusy,* Polizei- und Ordnungsrecht, 7. Aufl., S. 76 ff.

G. Sicherheit als Staatsaufgabe und Privatisierungen im Sicherheitssektor

I. Sicherheit als staatliche Kernaufgabe und formelle Staatsaufgabe in einer offenen Sicherheitsverfassung

Wie verhält es sich aber bei der hier interessierenden Einschaltung Privater in die Wahrnehmung staatlicher Aufgaben? Eine pauschale Lösung kommt wegen der aufgezeigten unterschiedlichen Privatisierungsformen kaum in Betracht. Vielmehr ist an der verfassungsrechtlichen Ausgangslage anzusetzen.

Die Bundesverfassung und die Landesverfassungen sind hinsichtlich des Begriffs „Privatisierung" wenig ergiebig. Es existiert kein Staatsaufgabenkatalog, sondern nur eine hier nicht weiterführende Aufgabenverteilungsregel zwischen Bund und Ländern (Art. 30 GG). Die detaillierte Kompetenzordnung wiederum nimmt zu Sicherheits- und Privatisierungsaspekten nur rudimentär Stellung. Insbesondere fehlt ein ausdrückliches Privatisierungsverbot oder Privatisierungsgebot. Allenfalls kann man aus einer Zusammenschau unter Berücksichtigung historischer und staatstheoretischer Überlegungen ableiten, dass das Verfassungsrecht die Sorge um die Sicherheit stillschweigend voraussetzt und ihr den Rang einer zentralen Staatsaufgabe oder Kernaufgabe zuweist, weil der Staat jederzeit und überall für die Sicherheit seiner Bürger einstehen muss[55]. Insoweit kann auf das klassische Zitat von *Wilhelm von Humboldt* hingewiesen werden, wonach

„die Erhaltung der Sicherheit sowohl gegen auswärtige Feinde als innerliche Zwistigkeiten den Zweck des Staates ausmachen und seine Wirksamkeit beschäftigen muß"[56].

Bezogen auf die moderne Staatspolitik heißt es stellvertretend in der Koalitionsvereinbarung der amtierenden Bundesregierung:

„Der Staat hat die Aufgabe, die unveräußerlichen Freiheiten jedes Einzelnen durch politische, rechtliche und gesellschaftliche Rahmenbedingungen umfassend zur Geltung zu bringen. Zugleich hat er mit seinem Gewaltmonopol Frieden und Sicherheit zu gewährleisten".

---

55 *Markus Möstl,* Die staatliche Garantie für die öffentliche Sicherheit und Ordnung, 2002, S. 1 ff.; *Schuppert,* Staatswissenschaft, 2003, S. 293 ff.; ähnl. *Di Fabio,* NJW 2008, 421; *Schoch,* in: FS für Stober, 2008, S. 559, 566 f.
56 *W. v. Humboldt,* Ideen zu einem Versuch, die Grenzen der Wirksamkeit des Staates zu bestimmen, Reclam Ausgabe 1995, S. 59; s. jüngst zu den Herleitungen *Schewe,* Das Sicherheitsgefühl und die Polizei, 2009, S. 57 ff.

Ähnlich formuliert das Programm Innere Sicherheit Fortschreibung 2008/2009, indem es im Kapitel V unter der Überschrift Grundsätze festhält:

„Die Gewährleistung der Inneren Sicherheit ist staatliche Aufgabe. Das Grundgesetz weist dem Staat das Gewaltmonopol zu; es steht nicht zur Disposition."

Und im Beschluss Nr. 13a der Abteilung Öffentliches Recht des 67. Deutschen Juristentages 2008 wird der Satz festgehalten:

„Im Kernbereich der öffentlichen Sicherheit und der Justiz verbieten sich Privatisierungen."

Mit dieser unbestimmten Charakterisierung ist aber schon deshalb wenig gewonnen, weil sie lediglich das Gewaltmonopol betont und auf den unklaren Begriff Kernbereich[57] rekurriert, während andere Privatisierungsbeiträge ausgeklammert werden. Deshalb hat sich die auch vom Verfasser des DJT-Gutachtens geteilte Rechtsansicht durchgesetzt, dass es keinen materiellen, sondern lediglich einen formalen Aufgabenbegriff gibt. Demnach ist entscheidend, ob der Staat auf eine Aufgabe zugreift[58]. Insoweit ist es gerechtfertigt, von einer offenen Staatsaufgabenverfassung zu sprechen. Sie erstreckt sich auch auf die Sicherheitsverfassung des Grundgesetzes. Zu Recht weist *Burgi* darauf hin, die Aufgaben der Gewährleistung der inneren Sicherheit seien nicht deswegen „unverzichtbare" und folglich nicht privatisierungsfähige Staatsaufgaben, weil sie „untrennbar" mit der Staatlichkeit verbunden und daher wie diese nach Art. 79 Abs. 3 GG auf ewig unantastbar wären[59].

II. Verkehrssicherheit und Geschwindigkeitsüberwachung als Aufgabe der Polizei

1. Geschwindigkeitskontrolle unter hoheitlichem Regelungs- und Überwachungsvorbehalt

Zu diesen formalen Staatsaufgaben zählen auch die Aufgaben Verkehrssicherheit und das Tätigkeitsfeld Geschwindigkeitsüberwachung. Ausweislich der Polizeiorganisationsgesetze (§§ 11 f. NWPOG) und der dazu erlassenen Erlasse

---

57 Zustimmend *Susanne Baer*, in: Hoffmann-Riem u.a. (Hg.), Grundlagen des Verwaltungsrechts I, 2006, § 11 Rn. 28.
58 BVerfGE 12, 205 (243) = NJW 1961, 547; *Schuppert*, Staatswissenschaft, 2003, S. 337 ff.; *Burgi*, in: HdbStR IV, 3. Aufl. (2006); § 75 Rn. 8; *Burgi*, Privatisierung öffentlicher Aufgaben, Gutachten für den 67. DJT, 2008, A II 1; s. zur Diskussion ferner *Lämmerzahl*, Die Beteiligung Privater an der Erledigung öffentlicher Aufgaben, 2007, S. 41 und S 114 ff.
59 *Burgi*, in: HdbStR IV, 3. Aufl. (2006), § 75 Rn. 11.

der Innenminister[60] ist die Überwachung des Straßenverkehrs Bestandteil der Verkehrssicherheitsarbeit, die vornehmlich präventive und repressive Maßnahmen erfasst. Da nicht angepasste Geschwindigkeiten oder das Überschreiten der zulässigen Höchstgeschwindigkeit als Hauptunfallursachen gelten, verfolgt die Polizeiarbeit u.a. die Reduzierung von Verkehrsunfällen sowie die Förderung des normgerechten Verhaltens[61]. Unter dem Aspekt „Technische Verkehrsüberwachung" hält der beispielhaft zitierte nordrhein-westfälische Erlass u.a. fest, dass die Geschwindigkeitsüberwachung vorrangig an Unfallhäufungsstellen und auf Unfallhäufungsstrecken sowie in schutzwürdigen Zonen erfolgen soll, wobei Einsatzorte und Einsatzzeiten zwischen Polizei und Ordnungsbehörden abzustimmen sind. Ferner wird darauf hingewiesen, dass von einer Verfolgung abzusehen ist, wenn bei Geschwindigkeitsmessungen nach Abzug der Toleranzwerte eine Überschreitung der zulässigen Höchstgeschwindigkeit von nicht mehr als 5 Km/h vorliegt (Punkt 3.5.1). Die Schwelle der Verkehrsfehlergrenze und die Geschwindigkeitstoleranzgrenze ist in den einzelnen Bundesländern unterschiedlich geregelt. Teilweise besteht bei der Geschwindigkeitstoleranz eine 5 Km/h-Grenze, teilweise wird keine Toleranz zugebilligt, während bei der Gerätefehlertoleranz meistens von einem Wert von 3 Km/h ausgegangen wird[62].

Diese Ausführungen belegen, dass Geschwindigkeitskontrollen und die Feststellung einschlägiger Ordnungswidrigkeiten zu dem festen Bestand der hoheitlich zu erledigenden Polizeiaufgaben gehören[63]. Sie sind Bestandteil des „hoheitlichen Funktionsbereichs" des Staates, denn das System des Straßenverkehrsrechts untersteht nach Maßgabe des StVG und der StVO einem hoheitlichen „Regelungs- und Überwachungsvorbehalt"[64]. Verletzungen straßenverkehrsrechtlicher Anordnungen können im Wege der Verfolgung und Ahndung sanktioniert werden. Die Sanktionssysteme gehören ebenso wie die verkehrsrechtlichen Regelungen und der damit bezweckte Rechtsgüterschutz zum Gesamtkomplex der Öffentlichen Sicherheit und stellen insoweit typisches „hoheitliches Handeln" dar.[65]

---

60 Siehe näher *Jens Sobisch*, Richtlinien der Bundesländer zur Geschwindigkeitsüberwachung, DAR 2010, 48 ff.

61 Siehe ferner die Übersicht bei *Sobisch*, DAR 2010, 48 ff.; Runderlass des NW Innenministeriums v. 19.10.2009 Punkt 3; Richtlinie des Bayerischen Staatsministeriums des Innern v. 12.5.2006, Punkt 1.

62 Siehe näher zu den einzelnen Bundesländern *Sobisch*, DAR 2010, 48 ff.

63 *Janker*, DAR 1989, S. 172, 175; OLG Frankfurt, NJW 1995, S. 2570; OLG Frankfurt, NStZ-RR 2003, 342; AG Alsfeld, NJW 1995, S. 1503; Richtlinie des bayerischen Staatsministeriums des Innern v. 12.5.2006, Punkt 2.5.3.

64 *Scholz*, NJW 1997, 14 (15).

65 *Scholz*, NJW 1997, 14 (15).

Geschwindigkeitskontrollen bleiben auch dann staatlich, wenn sie von Kommunen durchgeführt werden[66], weil die Berechtigung hierzu mindestens von staatlichem Recht abgeleitet wird und deshalb meistens als übertragene Aufgabe qualifiziert wird, die von einer unteren Behörde wahrgenommen wird[67].

2. Geschwindigkeitsmessungen zwischen Prävention und Repression

Ob dagegen Geschwindigkeitsüberwachungen repressiver oder präventiver Natur sind, ist umstritten[68]. Geschwindigkeitskontrollen dienen, wie festgestellt, der Aufrechterhaltung der Verkehrssicherheit und damit der Gefahrenabwehr im weiteren Sinne. Zugleich ist ihnen aber ein repressives Moment immanent, indem Überschreitungen der zulässigen Höchstgeschwindigkeit konsequent erfasst, verfolgt und geahndet werden. Derartige Kontrollen können deshalb sowohl als präventivpolizeiliche Aufgabe als auch als repressive Verfolgung von Straftaten oder Ordnungswidrigkeiten aufgefasst werden.

Kaum vertretbar ist die Ansicht, dass der Zweck von Geschwindigkeitskontrollen primär darin liegt, Ordnungswidrigkeiten und Straftaten zu ahnden[69]. Vielmehr stellen die Kontrollen im Schwerpunkt präventiv-polizeiliche Maßnahmen dar, die auch zur Schaffung eines Anfangsverdachts für das Ordnungswidrigkeitenverfahren dienen. Bei offenen Kontrollen ist deren Gefahren abwehrender Zweck evident. Zum Zeitpunkt der Kontrolle sollen die Verkehrsteilnehmer zur Einhaltung der Geschwindigkeitsbegrenzung bewegt werden. Aber auch mit verdeckten Maßnahmen sollen nach einem beachtlichen Teil der Rechtsprechung ausschließlich präventive Ziele verfolgt werden: Deren Funktion sei es nämlich, zur Abwehr künftiger Gefahren verkehrserzieherisch auf jene Verkehrsteilnehmer einzuwirken, die Geschwindigkeitsbegrenzungen missachten, wenn sie sich unbeobachtet wähnen; es ginge also um eine nachhaltige Mahnung mit Blick auf die zukünftige Teilnahme am Straßenverkehr[70]. Absolut überzeugend ist diese Ansicht indes nicht, die in der Literatur vorgebrachten Einwände sind nicht unbeachtlich[71]. Denn die präventive Wirkung verdeckter Kontrollen resultiert ausschließlich aus der konsequenten Verfolgung und Ahndung von Geschwindigkeitsüberschreitungen. Insofern handelt es sich bei ver-

---

66 Siehe näher *Ludger Stienen*, Privatisierung und Entstaatlichung der inneren Sicherheit, 2011, S. 203.

67 Siehe etwa Richtlinie des bayerischen Staatsministeriums des Innern v. 12.5.2006 für die Verfolgung von Geschwindigkeitsverstößen der Gemeinden, Punkt 1.1; Verwaltungsvorschrift des sächsischen Staatsministeriums des Innern i. d. F. v. 20.08.2003, Punkt 5.

68 Zum Meinungsstand *Bernstein*, NZV 1999, 316 (317 f.).

69 Vgl. *Denninger*, in: Lisken/Denninger, HdbPolR, 4. Aufl. 2007, Kap. E Rn. 26.

70 OVG Münster, NJW 1997, 1596; VG Aachen, NVwZ-RR 2003, 684; VG Saarlouis, DAR 2004, 668 (669); *Bertrams*, NWVBl. 2003, 289 (292).

71 Siehe *Bernstein*, NZV 1999, 316 ff.; *Hartmann*, JuS 2008, 984 (986 f.).

deckten Geschwindigkeitskontrollen nicht um rein präventive, als vielmehr eher um repressive Maßnahmen, die – um dem Problem der massenhaften Geschwindigkeitsüberschreitungen Herr zu werden – zweckgerichtet zur Verbesserung der Verkehrsdisziplin eingesetzt werden. Dies ist nicht nur „intendierte Nebenfolge staatlicher Repression", sondern vielmehr ihr Zweck; es geht hier der Sache nach um nichts anderes als um „Prävention durch Repression".

Letztlich kann verdeckten Kontrollmaßnahmen ein repressiver Zweck nicht abgesprochen werden. Ob diese Zwecksetzung den Schwerpunkt der Maßnahme darstellt, kann indes dahinstehen.

Richtiger Weise ist zwischen den einzelnen Phasen einer Geschwindigkeitsmessung zu unterscheiden: Die Messplatzauswahl, die Einrichtung einer Kontrollstelle, die Einstellung des Geräts und dessen Inbetriebnahme sind als präventive Maßnahmen der Gefahrenabwehr bzw. Gefahrenvorsorge anzusehen[72]. Mangels eines konkreten Anfangsverdachtes, der Voraussetzung für jede „Verfolgung" ist, kann jedenfalls bei der Einrichtung von Kontrollstellen und der bloßen Verkehrsbeobachtung nicht von einer repressiven Verfolgungstätigkeit gesprochen werden. Die Geschwindigkeitsmessung ist bis dahin vielmehr Bestandteil der allgemeinen Überwachung des Straßenverkehrs, aus der sich möglicherweise überhaupt erst ein Anlass zur Verfolgung ergeben kann[73]. Für eine solche Sichtweise spricht auch, dass sich die Auswahl der Standorte von Geschwindigkeitskontrollen an den Erfordernissen der Verkehrssicherheit auszurichten hat (dazu näher unter H VI 1a). Repressiven Charakter bzw. einen ordnungswidrigkeitenrechtlichen Bezug erhält der Vorgang erst in dem Moment, in dem ein Anfangsverdacht für eine Verkehrsordnungswidrigkeit vorliegt, der mit Auslösung des Geräts („Blitzen") begründet werden kann.

Für die Begutachtung, ob Geschwindigkeitsmessungen „als solche" eine hoheitliche Aufgabenerfüllung darstellen, ist diese Differenzierung zwar von geringem Belang. Die vorstehend als „rein präventiv" qualifizierten Tätigkeiten stellen gesammelt eine hoheitliche Tätigkeit dar, die ein selbständiges, eigenverantwortliches Handeln Privater ausschließt, wie auch die repressiv motivierte Tätigkeit nach Auslösung des Radargeräts. Allerdings gibt die Differenzierung Aufschluss über die Art und Weise der zulässigen Einbindung Privater in die Gesamtaufgabenerfüllung. So unterliegen die „präventiven" Tätigkeiten – von der Messplatzauswahl bis zur Auslösung des Geräts – anderen rechtlichen Determinanten, als die nach Auslösung des Geräts ausschließlich auf die Ordnungswidrigkeitenverfolgung ausgerichteten Handlungen (vgl. etwa unten H III 5 c bb).

72 OLG Frankfurt, NJW 1992, 1400; DAR 1992, 185 (186); *Bick/Kiepe*, NZV 1990, 329; *Joachim/Radtke*, NZV 1993, 95; *Radtke*, NZV 1995, 429.
73 *Bernstein*, NZV 1999, 316 (317 f.).

III. Keine Privatisierung „des" Sicherheitssektors

Diese Darlegungen belegen aber zum einen zugleich, dass der Staat bei der Wahrnehmung der Aufgabe Sicherheit auch wegen des permanenten Wandels seines Aufgabeninhalts über einen großen Gestaltungsspielraum verfügt. Diese legislative und administrative Entscheidungsfreiheit berechtigt ihn aber zum anderen nicht, die Sicherheit insgesamt zu privatisieren. Stattdessen kommt, wie auch der Gutachter des 67. Deutschen Juristentages, *Burgi*, herausarbeitet, nur die Privatisierbarkeit einzelner Aufgabenfelder in Betracht[74], weil Private den Staat im Sicherheitssektor nicht ersetzen, sondern nur ergänzen und unterstützen können. Anders ausgedrückt: Es geht nicht um eine Privatisierung „des" Sicherheitssektors, sondern um die Frage der Privatisierung „im" Bereich der Gefahrenabwehr[75].

IV. Prinzipielle Wahlfreiheit bei der Aufgabenerledigung im Gewährleistungsstaat

Streiten kann man folglich nur über eine Privatisierung innerhalb des Sicherheitssektors oder eine Teilprivatisierung unter dem Motto: Wie viel Privatisierung verträgt der Staat des Grundgesetzes? Ausgangspunkt der Überlegung ist die Feststellung, dass das relativ flexibel und gestaltungsoffen formulierte Verfassungsrecht einer Zusammenarbeit mit Privaten und einer Privatisierung einzelner Staats- und Verwaltungsaufgaben nicht entgegensteht[76]. Insbesondere beschränkt sich das Verwaltungsorganisationsrecht des kooperativ-arbeitsteilig ausgerichteten Staates[77] nicht auf die Vorhaltung öffentlich-rechtlicher Organisationsformen. Vielmehr kommt der auch vom Gutachter des 67. Deutschen Juristentages fruchtbar gemachte Gedanke des Gesamtrechtssystems als wechselseitige Auffangordnung zum Tragen[78]. Insoweit ist das Organisationsrecht im auf Reform und Modernisierung angelegten Verwaltungsstaat eine zentrale Steuerungsressource sowie ein zentraler Baustein für eine gute Verwaltung im

---

74 *Voßkuhle*, in: VVDStRL 62 (2003), 268 (275); *Burgi*, in: HdbStR IV, 3. Aufl. (2006), § 75 Rn. 4; *ders.*, Privatisierung öffentlicher Aufgaben, Gutachten für den 67. DJT, 2008, A I 2.

75 *Stober* (Hg.), Privatisierung im Strafvollzug, 2001, S. 2; zustimmend *Oehlerking*, Private Auslagerung von Funktionen der Justiz und der Gefahrenabwehr, 2008, S. 33.

76 *Stober*, in: *Wolff/Bachof/Stober/Kluth*, VerwaltungsR II, 7. Aufl. 2010, § 89 Abs. 1 2 Fußn. 15.

77 *Schuppert*, Verwaltungswissenschaft, 2000, S. 443 ff.

78 Siehe ferner *R. Schmidt*, VerwArch 91 (2000), 149 (152 f.); BVerwG, NVwZ 1999, 653; VGH Mannheim, DVBl. 2010, 1583.

Sinne einer umfassend zu verstehenden Good Governance[79], die auch vom Unionsrecht eingefordert wird (s. etwa Art. 41 der Europäischen Grundrechte-Charta)[80]. Diesen Trend bekräftigt auch die jüngere Gesetzgebung (§ 7 BHO, § 1 Abs. 1 IFG, § 98 GWB, § 16 KrW-/AbfG).

Bezieht man diese Aussagen auf den modernen Sicherheitsstaat, dann ist er auf die Beteiligung Privater angewiesen, weil er nicht in der Lage ist, die wachsenden Sicherheitsbedürfnisse mit eigenen Mitteln zu befriedigen. Deshalb besitzt der Staat prinzipiell Wahlfreiheit dahin, wie er seine Aufgabe wahrnehmen will und inwieweit er dazu Private einbeziehen möchte[81]. Dementsprechend obliegt ihm keine Aufgabenerfüllungsverantwortung, sondern lediglich eine Aufgabengewährleistungsverantwortung[82]. Es kommt bei dieser Sichtweise also weniger auf den staatlichen Aufgabenbestand oder das Kriterium der Kernaufgabe als vielmehr auf eine funktionale Betrachtung der Staatsaufgaben an. Bezweckt wird die staatliche Gewährleistung einer funktionsfähigen, effizienten Ordnung der Sicherheit, die in der Lage ist, das Recht auf Sicherheit zu garantieren[83].

V. Zur Vereinbarkeit von Privatisierungen im Sicherheitssektor mit den Staatsstrukturprinzipien und den Grundrechten

1. Sozialstaatliche, demokratiestaatliche, rechtsstaatliche und grundrechtliche Erwägungen

Folglich ist allein darauf abzustellen, ob Privatisierungen mit den Staatsstrukturprinzipien einschließlich des hier einschlägigen Gewaltmonopols und den Grundrechten einschließlich der hier relevanten staatlichen Schutzpflichten vereinbar sind[84]. Insoweit ist festzuhalten, dass der Sozialstaat einer Privatisierung einzelner Sicherheitsaufgaben nicht entgegensteht. Er verlangt nicht die Übernahme konkreter Sicherheitsaufgaben, sondern nur die Gewährleistung einer qualitativ angemessenen, flächendeckenden Versorgung mit Sicherheitsleistun-

---

79 *Theobald*, Zur Ökonomik des Staates, 2000, S. 231 ff.; *M. König*, VerwArch 96 (2005), 44.

80 BVerwG, DVBl. 2010, 1434, 1438.

81 *Tettinger*, NWVBl 2005, 1 (4).

82 *Zippelius/Würtenberger*, Deutsches Staatsrecht, 32. Aufl. (2008), S. 362; *Pitschas*, Polizei und Sicherheitsgewerbe, 2000, S. 96; *Stober*, in: *Wolff/Bachof/Stober/Kluth*, VerwaltungsR II, 7. Aufl. (2010), § 89 Fußn. 24; *Burgi*, Privatisierung öffentlicher Aufgaben, Gutachten für den 67. DJT, 2008, E II 2.

83 Ähnl. *Voßkuhle*, VVDStRL 62 (2003), 268 (275); *Scherer*, EuZW 2005, 268 (271) zum Luftverkehr.

84 Siehe im Überblick, *Rittner/Dreher*, Europäisches und deutsches Wirtschaftsrecht, 3. Aufl. 2008, § 7 E III 3.

gen[85]. Aus dem Demokratiegebot lässt sich keine Pflicht zu einer staatlichen Aufgabenerledigung[86], sondern nur das Erfordernis einer ausreichenden Legitimation zur Ausübung von Staatsgewalt ableiten, die bei einer gesetzlichen Ermächtigung und einer Einbindung in die Exekutive zu bejahen ist[87].

a. Demokratie- und Rechtsstaatsprinzip

Verwaltungsentscheidungen bedürfen einer rechtsstaatlich-demokratischen Legitimation. Hohe Hürden für die Einbindung Privater in die öffentliche Aufgabenerfüllung ergeben sich daraus aber nicht. Aus dem Demokratieprinzip ergibt sich zwar, dass jede staatliche Entscheidung durch eine unmittelbare Legitimationskette zum einzelnen Bürger rückführbar sein muss[88]. Für die Verwaltung gelten jedoch abgeschwächte Anforderungen im Vergleich mit den Gubernativorganen[89]. Die Delegation von Aufgaben an Verwaltungshelfer darf hiernach nur soweit gehen, wie spezifische Interessen den Einsatz externen Personals rechtfertigen sowie die „Letztentscheidung" einem mit Beamten besetzten Verwaltungsapparat obliegt.[90] Ferner hängen die Anforderungen an die demokratische Legitimation von der Bedeutung der übertragenen Aufgabe[91] und ihrem Grundrechtsbezug ab.[92] Nach dem Rechtsstaatsprinzip schließlich unterliegt die Exekutive einer umfassenden Bindung an das geltende Recht, deren Einhaltung durch die obligatorische Rechtsaufsicht über die Verwaltung gewährleistet werden soll.[93] Insoweit sind Outsourcingmaßnahmen nur gestattet, soweit weder die Gesetzesbindung noch der Rechtsschutz erschwert bzw. aufgelöst werden.[94]

Soweit sich die Beteiligung Privater in der Erbringung „rein technischer" Tätigkeiten erschöpft, wird diesen Bindungen zweifellos entsprochen. Die Legitimationsverantwortung des Staates wird aber auf den Prüfstand gestellt, wenn das Outsourcing eine privat verantwortete Entscheidungsvorbereitung darstellt.

---

85 Ähnl. allg. *Burgi,* Privatisierung öffentlicher Aufgaben, Gutachten für den 67. DJT, 2008, D I; *Ludger Stienen,* Sicherheit, 2011, S. 79 ff.

86 Siehe zuletzt zur Aufgabendiskussion BVerfGE 107, 59 (93) = NVwZ 2003, 974.

87 Siehe *Heintzen,* VVDStRL 62 (2003), S. 42; *Scherer,* in: Festschr. f. Frotscher, 2007, S. 617, 633; *Katrin Stein,* DVBl. 2010, 563 ff.; *Ludger Stienen,* Privatisierung und Entstaatlichung der inneren Sicherheit, 2011, S. 75 ff.; BremStGH, NVwZ 2003, 81; BerlVerfGH, NVwZ 2000, 794.

88 BVerfGE 93, 37 (66 f.); 107, 59 (87); *Dreier,* in: ders. (Hg.), GG, Art. 20 Rn. 113 ff.

89 BVerfGE 107, 59 (92 ff.); BVerwG NVwZ 2005, 1185 (1185); *Musil,* DÖV 2004, 116 ff; *Becker,* DÖV 2004, 910 ff.

90 BVerfGE 111, 191 (217 f.); *Sachs,* in: ders. (Hg.), GG, Art. 20 Rn. 43.

91 *Kruis,* ZRP 2000, 1 (4).

92 *Kruis,* ZRP 2000, 1 (4); BVerfGE 93, 37 (73); *Sachs* in: ders. (Hg.), GG, Art. 20 Rn. 41.

93 *Dreier,* Hierarchische Verwaltung im demokratischen Staat, 1991, S. 287 ff.; *Schröder,* JuS 1986, 371 (372).

94 *Schultze-Fielitz,* in: Dreier (Hg.), GG, Art. 20 Rn. 191.

Dies gilt insbesondere, wenn die Anteile des formal Entscheidenden (die Behörde) und des Vorbereiters (der Private) am Verwaltungsergebnis nicht mehr unterscheidbar sind.

Die h. M. lässt derartige Fallkonstellationen in einer strikt „formalen" Verfassungsinterpretation unberücksichtigt; ungeachtet des faktischen Einflusses vorbereitender Aktivitäten müsse rechtlich zwischen der Vorbereitung und der Teilhabe am Entscheidungsakt getrennt werden.[95] Solange also die „Letztentscheidungskompetenz" (und sei es bloß formal) beim Staat liegt, bestünden keine unmittelbaren verfassungsrechtlichen Bindungen privater Träger, die mit der Entscheidungsvorbereitung befasst sind[96].

Seiner Leitungsverantwortung kann sich der Staat aber nicht mittels Outsourcings entziehen. Gelten demokratische und rechtsstaatliche Bindungen nicht unmittelbar, so hat der Staat nach hier vertretener Auffassung[97] sie zumindest mittels ausreichender vertraglicher Regelungen abzusichern. Ihn trifft diesbezüglich eine Strukturschaffungspflicht (dazu I II 2 bb.).

b. Datenschutz und grundrechtliche Schutzpflichten

aa. Sensibilität der erhobenen Daten – Das Grundrecht auf informationelle Selbstbestimmung

Auf den ersten Blick erscheinen die durch Geschwindigkeitsmessungen erhobenen Daten von eher geringer Sensibilität. Neben dem Kfz-Kennzeichen sind auf den angefertigten Bildern die Insassen des „geblitzten" Fahrzeuges erkennbar. Ein konkreter Personenbezug besteht vorerst nicht (erst nach der Halteranfrage), sodass es sich insoweit nur um „personenbeziehbare Daten" handelt. Allerdings unterliegen bereits diese Daten einem umfassenden Schutz durch das Grundrecht auf informationelle Selbstbestimmung, wie das BVerfG[98] festgestellt hat. Denn der Schutzumfang des Rechts auf informationelle Selbstbestimmung beschränkt sich nicht auf Informationen, die bereits ihrer Art nach sensibel sind und schon deshalb grundrechtlich geschützt werden. Auch der Umgang mit personenbezogenen Daten, die für sich genommen nur geringen Informationsgehalt haben, kann, je nach seinem Ziel und den bestehenden Verarbeitungs- und Verknüpfungsmöglichkeiten, grundrechtserhebliche Auswirkungen auf die Privatheit und Verhaltensfreiheit des Betroffenen haben. Insofern gibt es unter den Bedingungen der elektronischen Datenverarbeitung keine schlechthin, also un-

---

95 BVerfGE 47, 253 (273); BVerfGE 83, 60 (73); *Böckenförde*, in: Isensee/Kirchhof (Hg.), HdbStR Bd. I, § 22 Rn. 13; *Emde*, Die demokratische Legitimation in der funktionalen Selbstverantwortung, S. 215.

96 *Reidt*, NVwZ 1996, 1156 (1157) m. w. N.

97 *Burgi*, Die Verwaltung 33 (2000), 184 (201 f.); *Braun*, juris AZO 16/2008; *Heckmann*, in: Bräutigam, IT-Outsourcing, 2. Aufl. 2008, Kap. X.

98 BVerfG, 1 BvR 2074/05 vom 11.3.2008, Absatz-Nr. 66 – Kfz-Kennzeichenerfassung.

geachtet des Verwendungskontextes existierende, belanglose personenbezogene Daten mehr[99].

Das Grundrecht auf informationelle Selbstbestimmung gewährleistet dem Einzelnen die Befugnis, „selbst über die Preisgabe und Verwendung persönlicher Daten zu bestimmen"[100]. Durch die im Zuge eines Outsourcings erfolgende Weitergabe der betreffenden von der Kommune bzw. der Polizei erhobenen personenbezogenen Daten an externe Stellen wird der Kreis der mit personenbezogenen Daten befassten Personen erweitert, was insoweit einen eigenständigen Eingriff in den Schutzbereich des Grundrechts auf informationelle Selbstbestimmung vermittelt. Daneben würde die Tätigkeit der in die öffentliche Aufgabenerfüllung eingebundenen privaten Diensteanbieter selbst Eingriffe in das Recht auf informationelle Selbstbestimmung bewirken. Es besteht zudem die abstrakte Gefahr einer missbräuchlichen Verwendung der betreffenden Daten des privaten Dienstleisters oder auch nur eine versehentliche Eröffnung des Zugangs an Dritte, sowie die Gefahr eines Datenverlustes und einer Verfälschung der Datensätze durch etwaige Datenverarbeitungsvorgänge.

bb.　Grundrechtliche Schutzpflichten und Grundrechtsschutz durch technische Verfahren

(1)　Zur Gewährleistungsverantwortung der Verwaltungsbehörden

Die Verwaltungsbehörden tragen als staatliche Stellen die Gewährleistungsverantwortung dafür, dass die personenbezogenen Daten, die vom Bürger erhoben wurden, vertraulich und integer behandelt und nur im Rahmen des gesetzlich Zulässigen verwendet werden. Für das Recht auf informationelle Selbstbestimmung ist von Rechtsprechung und Literatur anerkannt, dass dieses Grundrecht in der Lage ist, sog. grundrechtliche Schutzpflichten mit dem Ziel zu begründen, die grundrechtlichen Schutz- und Rechtsgüter vor Beeinträchtigungen nichtstaatlichen Ursprungs zu sichern.[101] So spricht das BVerfG ausdrücklich von dem staatlichen Auftrag, „das Recht auf informationelle Selbstbestimmung auch vor Beeinträchtigungen von privater Seite zu bewahren."[102]

99　BVerfG, 1 BvR 2074/05 vom 11.3.2008, Absatz-Nr. 66 – Kfz-Kennzeichenerfassung.
100　BVerfGE 65, 1 (43).
101　BVerfGE 49, 89 (142); BVerfGE 46, 160 ff. Zu den verschiedenen Begründungsansätzen: *Stern,* Staatsrecht III/1, S. 947 ff. und *Szczekalla,* Die sogenannten grundrechtlichen Schutzpflichten, 2002, S. 143 ff. jeweils m. w. N.
102　*Di Fabio,* in: Maunz/Dürig/Herzog/Scholz (Hg.), GG, ^2 Abs. 1 Rn. 189. Zur ausdrücklichen Anerkennung der Ausstrahlungswirkung des allgemeinen Persönlichkeitsrechts vgl. BVerfG, Urt. v. 23.10.2006 – 1 BvR 2027/02, juris Rn. 29, das mit seiner Argumentation in dieser Entscheidung – zumindest terminologisch – nahe an die Begründung einer Schutzpflicht heranrückt.

Es ist darauf zu achten, dass die Aufgabenwahrnehmung der Überwachung des fließenden Verkehrs und der Ahndung festgestellter Ordnungswidrigkeiten in einen normativen Rahmen verfassungsrechtlicher und einfachgesetzlicher Regelungen über Organisation, Aufgaben, Handlungsmaßstäbe und Verfahren eingebunden ist, die den notwendigen Ausgleich von Freiheit und Sicherheit des Bürgers durch die Absicherung rechtsstaatlicher Handlungsgrundsätze sicherstellen. Konsequenter Weise kommt eine Übertragung nur in Betracht, soweit die Beachtung der verfassungsrechtlichen Grundparameter auch bei den nicht oder nicht unmittelbar den verfassungsrechtlichen Bindungen unterliegenden nichtstaatlichen Handlungsträgern gesichert bleibt[103]. Diese Voraussetzung erscheint bei privaten Handlungsträgern – zumindest auf den ersten Blick – nicht unproblematisch, da sie aufgrund ihrer fehlenden übergreifenden Verfassungsbindung zunächst außerhalb des unmittelbaren verfassungsrechtlichen Verantwortungszusammenhangs stehen. Insoweit können andere Handlungsträger nur unter Beachtung eben jener Grenzen eingesetzt werden. Eine Übertragung von Teilaufgaben an private Handlungträger kommt demnach dann in Betracht, wenn die Gesamtverantwortung gewahrt und die Zielverwirklichung gesichert ist. In diesem Sinne ist es die Aufgabe des Staates, die notwendigen (institutionellen) Maßnahmen zu ergreifen, um im Sinne einer Auffangverantwortung die Gewährleistung abzusichern[104]. Diese Bedingung ist im Rahmen von Maßnahmen der Auftragsverarbeitung durch Schutz- und Kontrollmaßnahmen nach § 11 BDSG gesetzlich teilweise bewerkstelligt (dazu unten I II 2 d). Im Übrigen gilt es, ggf. weitere Sicherungsstrukturen im Rahmen des Outsourcingvertrages zu implementieren, deren Einhaltung von den staatlichen Verantwortungsträgern zu garantieren ist.

(2) Grundrechtsschutz durch technische Verfahren

Das BVerfG hat hinsichtlich grundrechtsintensiver Datenerhebungs- und verarbeitungsmaßnahmen durch die staatlichen Sicherheitsbehörden zuletzt vermehrt gefordert, spezifische Gefährdungen, die aus dem Technikeinsatz hervorgehen, seinerseits mit Technikeinsatz zu begegnen (Schlagwort: „technikkonformes Recht – rechtskonforme Technik")[105]. Es gilt insoweit das Paradigma „Grundrechtsschutz durch technische Verfahren"[106]. Durch Systemdatenschutz und durch gezielte Steuerung der eingesetzten technischen Systeme kann (im Optimalfall) etwa erreicht werden, dass Daten unbeteiligter Dritter zwar verarbeitet,

---

103 Allgemein BVerfGE 57, 79 (96); *Szczekalla,* Die sogenannten grundrechtlichen Schutzpflichten, S. 166.

104 *Möstl,* Die staatliche Garantie für die öffentliche Sicherheit und Ordnung, S. 665.

105 BVerfG, Urt. v. 11.03.2008 – 1 BvR 2074/05 – automatisierte Kfz-Kennzeichenerfassung; BVerfG, Urt. v. 27.02.2008 – 1 BvR 370/07 – Onlinedurchsuchung.

106 So schon früh *Heckmann*, IT-Einsatz und Gefahrenabwehr, in: Kommunalpraxis-Spezial 2/2005 S. 52 ff.

aber nicht gespeichert werden, sodass diesbezüglich schon keine Grundrechtseingriffe vorliegen. Für den Einsatz von Kennzeichenerkennungssystemen stellte das BVerfG fest, dass kein Grundrechtseingriff vorliegt, wenn Daten unmittelbar nach ihrer Erfassung technisch wieder spurenlos, anonym und ohne Möglichkeit einen Personenbezug herzustellen, gelöscht werden[107]. Ebenfalls „Grundrechtsschutz durch Verfahren intendiert" das Gericht, wenn es im Rahmen einer sog. Quellentelekommunikationsüberwachung fordert, dass die eingesetzten Systeme und Programme so gestaltet sein müssen, dass ein Zugriff auf andere Daten als solche einer laufenden Telekommunikation gar nicht erst erfasst werden[108].

Derartige aus den Grundrechten, dem Verhältnismäßigkeitsgrundsatz und dem Rechtsstaatsprinzip abgeleitete Forderungen können zwar keine Allgemeingeltung für alle Datenverarbeitungsmaßnahmen der öffentlichen Hand beanspruchen. Allerdings ist das für grundrechtsintensive staatliche Eingriffe geltende Dogma des flankierenden Grundrechtsschutz durch Organisation und Verfahren dahingehend zu erweitern, dass die eingesetzten technischen Verfahren im Sinne eines Optimierungsgebotes möglichst grundrechtsschonend nach dem neuesten Stand der Technik gestaltet und dementsprechend programmiert zum Einsatz kommen. Dass bedeutet, dass vorliegend sowohl die eingesetzten Messtechniken als auch die für die nachfolgenden Datenverarbeitungsschritte erforderlichen technischen Systeme und Programme anhand technischer Schutzvorkehrungen möglichst so beschaffen sein müssen, dass Eingriffe in das Grundrecht auf Informationelle Selbstbestimmung auf das absolut erforderliche Maß minimiert werden. Daneben ist stets sicherzustellen, dass im Sinne einer effektiven IT-Sicherheitsstrategie die verarbeiteten Daten vor Verlust und vor einer Zweckentfremdung Dritter („Hacker") umfassend geschützt sind.

Die vorstehenden Optimierungspflichten sind durch die Kommune/die Polizei durch entsprechende Regelungen im Outsourcingvertrag sicherzustellen (s. u. I II).

2. Staatliches Gewaltmonopol versus Gewaltregulierungsmonopol

Der Rechtsstaat setzt zwar als Garant für Rechtsfrieden und Rechtssicherheit – wie dargelegt – die Innehabung des Gewaltmonopols voraus[109]. Es wird aber nur bei Privatisierungen tangiert, die mit der Ausübung physischen Zwangs verbunden sind[110], während die Heranziehung dieses Kriteriums etwa bei vorbe-

---

107 BVerfG, Urt. v. 11.03.2008 – 1 BvR 2074/05 Abs.-Nr. 68 – automatisierte Kfz-Kennzeichenerfassung.
108 BVerfG, Urt. v. 27.02.2008 – 1 BvR 370/07 Abs.-Nr. 189 f. – Onlinedurchsuchung.
109 *Eckart Klein*, in: Depenheuer/Grabenwerter, (Hg.), Verfassungstheorie, 2010, S. 635 m. w. N. und S. 650 ff.
110 *Max Weber*, Wirtschaft und Gesellschaft, 5. Aufl. (1972), S 821 f.

reitenden Tätigkeiten oder bei Privatisierungen, die sich auf die Erbringung von Leistungen oder technischer Unterstützung der Exekutive beschränken, ausscheidet[111]. Aber selbst für gewaltanwendungsrelevante Privatisierungen besteht weitgehend Einigkeit darüber, dass das Gewaltmonopol weder als Sicherheitsmonopol noch als Gewaltausübungsmonopol interpretiert werden darf[112]. Seine eigentliche Bedeutung besteht darin, dass der Legislative das Gewaltmonopol zusteht und bei der Ausgestaltung rechtsstaatliche und grundrechtliche Standards nicht geschmälert werden[113]. Insbesondere ist die Autorisierung einer Privatisierung als Gewaltgestattung, Gewaltübertragung oder Gewaltermächtigung zulässig[114], wenn sie als vom Staat abgeleitete Befugnis die Funktionsfähigkeit des Staates nicht beeinträchtigt, sondern optimiert. Denn aus dem Grundgesetz lässt sich die Regel entnehmen, dass Verwaltungsangelegenheiten möglichst richtig, das heißt von den Organen wahrgenommen werden, die dafür nach ihrer Organisation, Funktion, Zusammensetzung und Verfahrensweise über die besten Voraussetzungen verfügen[115]. Dieses auch atypische Ausgestaltungsformen rechtfertigende Optimierungsgebot[116] kann man zusätzlich auf das Verfassungspostulat der Wirtschaftlichkeit stützen[117], das unter anderem Privatisierungsprüfpflichten aufrichtet und Interessenbekundungsverfahren vorsieht.

111 *Lämmerzahl,* Die Beteiligung Privater an der Erledigung öffentlicher Aufgaben, 2007, S. 124; *Katrin Stein;* DVBl 2010, 563 ff.

112 Siehe *Kämmer,* in: Stober/Olschok (Hg.), Handbuch des Sicherheitsgewerberechts, 2004, D II Rn. 9 und jüngst detailliert *Scherer*, in: Festschr. f. Frotscher, 2007, S. 617, 633; *Daniel Heck*, Grenzen der Privatisierung militärischer Aufgaben, 2010, S. 118; *Ludger Stienen*, Privatisierung und Entstaatlichung der inneren Sicherheit, 2011, S. 61 ff.; weitergehend und für eine Verabschiedung des Begriffs Gewaltmonopol *Kämmerer,* in: FS Stober, 2008, S. 595 ff.

113 *Bodo Pieroth*, in: Thomas Gutmann/Bodo Pieroth (Hg.), Die Zukunft des staatlichen Gewaltmonopols, 2011, S. 53 ff.

114 *Burg*i, in: HdbStR IV, 3. Aufl. (2006), § 75 Rn. 20; *ders.,* Privatisierung öffentlicher Aufgaben, Gutachten für den 67. DJT, 2008, D I 2; *Krebs*, in: HdbStR V, 3. Aufl. (2007), § 108 Rn. 92; *Scherer*, in: Festschr. f. Frotscher, 2007, S. 617, 632 ff.; *Markus Thiel*, Die „Entgrenzung" der Gefahrenabwehr, 2011, S. 166 f.

115 BVerfGE 49, 89 = NJW 1979, 359; BVerfGE 68, 1 (86) = NJW 1985, 603; *Stober*, in: *Wolff/Bachof/Stober/Kluth,* VerwaltungsR I, 12. Aufl. (2007), § 20 Rn. 23 m. w. Nachw.

116 BVerfGE 63, 1 (34 u. 43) = NVwZ 1983, 537, und im Anschluss *Krebs*: in: HdbStR V, 3. Aufl. (2007), § 108 Rn. 90.

117 *Kämmerer*, Privatisierung, 2001, S. 354; *Sanden*, VerArch 38 (2005), 367 (374); *Burgi*, in: HdbStR IV, 3. Aufl. (2006), § 75 Rn. 22.

VI. Vereinbarkeit von Privatisierungen mit Verwaltungsorganisationsbestimmungen

1. Verwaltungsträgervorbehalt

Diese Zusammenstellung zeigt, dass sich nur im Einzelfall aus Präambeln und dem Text des Grundgesetzes oder der Landesverfassungen Schranken ergeben, weil eine bestimmte Aufgabe auf Grund einer Interpretation der einschlägigen Bestimmungen nicht oder nur bei einer Verfassungsänderung einer Privatisierung zugänglich ist.

In diesem Zusammenhang sind insbesondere die Vorschriften über die Verwaltungsorganisation zu beachten (Art. 83 ff. GG), die allerdings nur bestimmte Privatisierungssachverhalte erfassen und hier nicht einschlägig sind. So kommt in manchen Verwaltungsbereichen auch eine Teilprivatisierung in Betracht. Das gilt etwa für die Bundeswehrverwaltung, weil Art. 87 b GG einer formellen Ausgliederung bestimmter Verwaltungssektoren (Beschaffung, Gebäude- und Flottenmanagement) nicht entgegensteht, die unter der als Holding firmierenden Gesellschaft für Entwicklung, Beschaffung und Betrieb (GEBB) zusammengeführt sind[118].

2. Beamtenvorbehalt

Darüber hinaus schreibt Art. 33 Abs. 4 GG vor, dass die Ausübung hoheitsrechtlicher Befugnisse als ständige Aufgabe in der Regel den Angehörigen des öffentlichen Dienstes zu übertragen ist, die in einem öffentlich-rechtlichen Dienst- und Treueverhältnis stehen. Diese Klausel hat sich unbeschadet gegenteiliger Äußerungen der Literatur bislang in der Verfassungspraxis nicht als ernsthaftes Privatisierungshindernis erwiesen[119], wie auch der DJT-Gutachter bekräftigt. Vielmehr sind die in dieser Vorschrift enthaltenen Potenziale noch nicht ausgeschöpft und können auch für den Sicherheitssektor fruchtbar gemacht werden[120]. Zum einen ist dieser Artikel nicht tangiert, soweit es um eine technische Unterstützung geht, bei der keine Hoheitsbefugnisse ausgeübt werden[121]. Zum anderen hat der *BremStGH* zu Recht ausgeführt, Art. 33 Abs. 4 GG

---

118 Siehe näher *Lorse*, RiA 2002, 16; *Gramm*, DVBl 2003, 1366; *Durner*, VerwArch 96 (2005), 18.

119 *Oehlerking*, Private Auslagerung von Funktionen der Justiz und der Gefahrenabwehr, 2008, S. 26 ff.

120 *Burgi*, Gutachten, S. 155; Krit. zur Nichtbeachtung *Kämmer*er, Privatisierung, 2001, S. 215, und im Anschluss *Lämmerzahl*, Die Beteiligung Privater an der Erledigung öffentlicher Aufgaben, S. 155.

121 *Nitz*, NZV 1998, 13, 15.

setze einer Flucht aus dem Beamtenrecht, nicht aber einer Entstaatlichung von Handlungsfeldern eine Grenze. Einer auch großflächigen Ausgliederung staatlicher Aufgabenbereiche aus der staatlichen Verwaltungsorganisation stehe diese Vorschrift nicht im Wege[122]. Anders gewendet ist demnach Art. 33 Abs. 4 GG nur verletzt, wenn die ständige Ausübung hoheitlicher Befugnisse in größerem Umfang auf Nichtbeamte übertragen wird, während eine Auslagerung für bereichsspezifische Gruppen zulässig ist[123]. Das wäre bei der Übertragung von Aufgaben im Rahmen der Geschwindigkeitskontrolle auf Verwaltungshelfer der Fall, sofern dafür sachliche Gründe streiten, auf die bereits eingegangen wurde (s. o. E I und II). Deshalb hält der Gutachter für den 67. Deutschen Juristentag expressis verbis fest:

„Bei Sicherheitsaufgaben stieße namentlich die Heranziehung Privater als Beliehene zur Überwachung des fließenden sowie des ruhenden Verkehrs einschließlich der erforderlichen ordnungsrechtlichen Befugnisse noch nicht an die durch Art. 33 Abs. 4 GG gezogene Privatisierungsgrenze"[124].

Ähnlich argumentiert *Schoch* für die sogenannte funktionale Privatisierung von Polizeiaufgaben in Gestalt einer Beleihung Er führt aus:

„Damit ist die selbstständige Aufgabenwahrnehmung durch den Privaten sichergestellt, die mit Art. 33 Abs. 4 GG grundsätzlich vereinbar ist. Ein Systembruch liegt darin nicht; Im Gegenteil, die Aufgabenzuordnung als solche bleibt unangetastet"[125].

Diese Aussage bedeutet gleichzeitig, dass gegen die lediglich bei der Vorbereitung und Durchführung aktivierte Verwaltungshilfe erstrecht keine verfassungsrechtlichen Bedenken aus Art. 33 Abs. 4 GG bestehen, da diese Unterstützung noch weniger als die Beleihung den Beamtenvorbehalt tangiert, der vollinhaltlich eingehalten wird[126].

Nicht tangiert wäre die Norm bei einer Einschaltung von Privaten, die als Hilfspolizeibeamte ernannt werden und deshalb einzelne polizeiliche Befugnisse wahrnehmen dürfen[127], da sie in einem speziellen Dienst- und Treueverhältnis stehen.

---

122 BremStGH, NVwZ 2003, 81 (86); ebenso *Scholz*, NJW 1997, 14; *Waechter,* NZV 1997, 329; *Karin Bieback*, Zertifizierung und Akkreditierung, 2008, S. 322 ff.
123 NdsStGH, Urt. v. 5.12.2008, StGH 2/07; *Katrin Stein*, DVBl. 2010, 563 ff.
124 *Burgi*, in: Stober/Olschok (Hg.), Handbuch des Sicherheitsgewerberechts, 2004, J II Rn. 22; *ders.*, Gutachten 2008 D I 2 b m. w. N.; ebenso *Klüver*, Zur Beleihung des Sicherheitsgewerbes, 2006, S. 154 und 270.
125 *Schoch*, in: FS Stober, 2008, S. 559, 568 f.
126 *Kämmerer*, in: Stober/Olschok (Hg.) Handbuch des Sicherheitsgewerberechts, 2004, D II Rn. 6; *Nünke*, Verwaltungshilfe und Inpflichtnahme des Sicherheitsgewerbes, 2005, S. 97.
127 Kritisch *Waechter*, NZV 1997, 329 ff.

Allerdings ist eine trennscharfe Ausfüllung des Begriffs der „hoheitlichen Befugnisse" i. S. d. Art. 33 Abs. 4 GG noch nicht erfolgt[128]. Dies ist von Bedeutung, da „hoheitliche Befugnisse" Privaten nur im Wege einer Beleihung (vgl. G VII) übertragen werden können. Zudem kann durch eine modernen Kooperationsformen angemessene Interpretation ein kohärentes Begriffsumfeld geschaffen werden, das im Einklang mit wesensgleichen datenschutzrechtlichen Abgrenzungsmodi („Auftragsdatenverarbeitung contra Funktionsübertragung", dazu unten H III 5 c) steht, und die Grundlage für Lösung im Einzelfall schwieriger Abgrenzungsfragen bilden kann.

Art. 33 Abs. 4 GG enthält nicht nur eine institutionelle Garantie des Berufsbeamtentums[129], sondern ist auch freiheitssichernde Strukturvorgabe gegen einen zu weitgehenden Rückzug des Staates aus seiner Verantwortung zu eigener Aufgabenwahrnehmung.[130] Handelt es sich um die „Ausübung hoheitsrechtlicher Befugnisse", besteht aufgrund der organisationsrechtlichen Sperrwirkung des Art. 33 Abs. 4 GG keine Möglichkeit einer privatberuflichen oder gewerblichen Betätigung im Wege der sog. Verwaltungshilfe.

Teilweise wird der Terminus „hoheitliche Aufgaben" („hoheitsrechtlich" wird mit hoheitlich gleichgesetzt[131]) in Art. 33 Abs. 4 GG einschränkend interpretiert: Ausgehend von der These, dass es keine festen, ein für allemal feststehenden Domänen des Staates, keine gegenständlich fixierten Aufgabenreservate gäbe, käme als Privatisierungsschranke nur das staatliche Gewaltmonopol, das form- und verfahrensgebunden einzusetzen sei und materiellen Grundrechtsschranken unterliege, als genuin „hoheitliche Aufgabe" in Betracht[132]. Danach läge eine Ausübung öffentlicher Gewalt i. S. d. Art. 33 Abs. 4 GG nur dann vor, wenn einseitig Rechte und Pflichten des Bürgers festgelegt und ihre Beachtung notfalls unter Einsatz des Gewaltmonopols einseitig durchgesetzt würden[133].

Zunehmend wird Art. 33 Abs. 4 GG aber – richtiger Weise – extensiv interpretiert[134]: Von der Ausübung hoheitsrechtlicher Befugnisse sei danach nur die Wahrnehmung bloßer technischer Hilfsfunktionen bei der staatlichen Aufgabenerfüllung ausgenommen[135], die von einer hoheitsrechtlichen eigenverantwortlichen Aufgabenwahrnehmung abzugrenzen sei. Während technisch geprägte Hilfstätigkeiten, die eine eigene Entscheidung nicht oder lediglich in

---

128 Dazu wie nachfolgend *Braun*, juris AZO 16/2008 und *Heckmann*, in: Bräutigam, IT-Outsourcing, 2. Aufl. 2008, Kap. X.

129 BVerfGE 6, 376 (385); 39, 79 (147); BVerfG NVwZ 1988, 523; *Haug,* NVwZ 1999, 816 (817).

130 Dazu *Di Fabio*, JZ 1999, 585 ff.

131 Vgl. *Battis*, in: Sachs (Hg.), GG, Art. 33 Rn. 55.

132 *Di Fabio*, JZ 1999, 585 (591).

133 *Di Fabio*, JZ 1999, 585 (591).

134 Siehe die Nachweise bei *Battis*, in: Sachs (Hg.), GG, Art. 33 Abs. 4, Rn. 55.

135 *Ulmer*, CR 2003, 701 (702); *Büllesbach/Rieß*, NVwZ 1995, 444 (445); *Pieroth*, in: Jarass/Pieroth, GG, 9. Aufl., 2007, Art. 33 Rn. 41; *Lecheler*, in: Isensee/Kirchhof (Hg.), HdbStR Bd. III, § 72 Rn. 28.

unerheblichem Umfang erfordern, in ihrer Ausübung nicht Beamten vorbehalten bleiben müssen, ist dies zwingend erforderlich, wenn die betreffende Tätigkeit dergestalt in den administrativen Entscheidungsprozess eingebunden ist, dass sie inhaltlich auf den außenwirksamen Akt Einfluss nimmt[136]. Maßgeblich für die Grenzziehung, welche Funktionen Privaten als Hilfstätigkeit übertragen werden können und welche Aufgaben zwingend durch den Staat selbst wahrgenommen werden müssen, ist demnach der Umfang der Entscheidungsbefugnis über hoheitliche Aufgaben.[137]

Danach sind etwa die reine Softwareentwicklung, der Betrieb von Netzen, die Wartung von Hardware der öffentlichen Hand nicht vom Funktionsvorbehalt des Art. 33 Abs. 4 GG erfasst; ebenso teilweise die Ausführung von Softwareprogrammen sowie die „reine" Datenverarbeitung. Denn diese stellen bloße technische Hilfsfunktionen bei der (weiterhin) hoheitlichen staatlichen Aufgabenerfüllung dar. Es ist allerdings stets durch entsprechende vertragliche Absicherung zu gewährleisten, dass die Aufgabenerfüllung für die ausgelagerten Prozesse im Sinne einer Organisationshoheit bei der Öffentlichen Hand verbleibt[138].

Zunehmend verschieben sich aber insbesondere wegen der fortschreitenden technischen Entwicklung die Grenzen. Das Angebotsspektrum privater Dienstleister wird breiter. Verwaltungsvorgänge lassen sich mittels Datenverarbeitungsvorgängen teils äquivalent abbilden, indem auf Grundlage einer Programmoberfläche durch einzelne Datenerhebungs- und Verarbeitungsschritte automatisiert ein abgeschlossenes Verwaltungsprodukt erzielt wird, das dem herkömmlichen, im realen Raum der Amtsstube gefundenen Verwaltungsergebnis entspricht. Insoweit kann mit einem Konglomerat von Datenverarbeitungsvorgängen auch eine vollständige Wahrnehmung von Verwaltungsaufgaben verbunden sein. Datenverarbeitungsvorgänge entwachsen mehr und mehr der randständigen Rolle als Hilfsfunktion bei der öffentlichen Aufgabenwahrnehmung.

Dadurch entstehen neue Abgrenzungsprobleme. Auch wenn die „Letztentscheidungskompetenz"[139] (rechtlich) bei der zuständigen Verwaltungseinheit liegt, kann durch die Einschaltung privater Dienstleister bei Erbringung der Verwaltungsleistung die staatliche Verantwortung diversifiziert werden[140]. Damit wird das Phänomen umschrieben, dass private Träger unveränderte staatliche Entscheidungen vorbereiten. Mit dem unbestreitbaren Bedarf, (IT-)Dienstleistungen an Private zu übertragen und aufgrund der bestehenden technischen

---

136 Zutreffend *Manssen*, ZBR 1999, 253 (256).

137 *Büllesbach/Rieß*, NVwZ 1995, 444 (445).

138 *Ulmer*, CR 2003, 701 (704); *Moos*, in: Kröger/Hoffmann (Hg.), Rechtshandbuch zum E-Government, 2005, Teil 4 Rn. 3.

139 Hierzu *BVerfG*, DVBl. 1995, S. 1291; *Schulte*, Schlichtes Verwaltungshandeln, 1995, S. 121 ff., S. 173 ff.

140 Begriff nach *Huber*, StWiss 8 (1998), 430 ff.; *Burgi*, Die Verwaltung 33 (2000), 183 (184).

Möglichkeiten herkömmliche Verwaltungsvorgänge zu effektuieren und zu beschleunigen, Personal und Sachmittel einzusparen usw., stellt sich die Frage, wie das potentielle Auseinanderfallen staatlicher Aufgabenverantwortung und privater Aufgabenerfüllung verfassungsrechtlich zu behandeln ist. Jedenfalls gilt es dem jeder Art von Privatisierung immanenten Steuerungsdefizit der öffentlichen Hand entgegenzuwirken, d. h. sich abzusichern, dass die öffentliche Hand – nicht nur wie gewollt – der Aufgabenausführung, sondern letztlich auch der Kontrolle über die Staatsaufgabe verlustig geht. Unmittelbare staatliche Kontrollmacht darf jedoch nicht verloren gehen.

Trennscharfe allgemeine Abgrenzungskriterien konnten in Rechtsprechung und Literatur aber bislang nicht erarbeitet werden, und sind auch nicht erforderlich. Letztlich ist eine (Abwägungs-)Entscheidung für den Einzelfall zu treffen[141].

Privatisierungshindernisse aus Art. 33 Abs. 4 GG ergeben sich im Einzelfall, wenn es sich bei der öffentlichen Aufgabe, in die private Dienstleister eingebunden werden, um „wesentliche" grund-, organisations- oder verfahrensrechtliche Entscheidungen handelt und/oder je mehr die Tätigkeit der privaten Dienstleister Behördenentscheidungen faktisch irreversibel präjudiziert, je weniger sie sich auf ein normativ strukturiertes Entscheidungsgebiet bezieht und je grundrechtsrelevanter (insbesondere was den erforderlichen Datenschutz betrifft) sie sich gestaltet.

Soweit die selbständige Erledigung hoheitsrechtlicher Aufgaben Gegenstand eines Outsourcing sein soll, bedarf dies einer formellgesetzlichen Grundlage (Beleihung). Diese vom Grundgesetz eröffnete Ausnahme vom Funktionsvorbehalt („in der Regel") bedarf darüber hinaus stets der verfassungsrechtlichen Rechtfertigung. Diese Argumentation zu Art. 33 Abs. 4 GG auferlegt dem Staat eine Begründungslast[142], der er am ehesten nachkommt, soweit bei der Ausübung hoheitlicher Befugnisse eine intensive öffentlich-rechtliche Anbindung an die öffentliche Hand besteht. Diese Voraussetzung ist in idealer Weise bei der funktionalen Privatisierung in Gestalt der Beleihung gegeben[143], die auch die Feststellung von Verstößen im öffentlichen Verkehrsraum erfassen kann[144].

Dabei wird von der h. M. aus Art. 33 Abs. 4 GG sowohl eine quantitative[145] als auch eine qualitative Limitierung herausgelesen[146]. Einerseits muss das Beamtenverhältnis rein numerisch bei der Ausübung hoheitlicher Befugnisse

---

141 *Ludger Stienen*, Privatisierung und Entstaatlichung der inneren Sicherheit, 2011, S. 81 ff.

142 Siehe auch *Burgi*, in: Gutachten, D I 2 b m. w. N.

143 Ähnlich *Burgi*, in: HdBStR IV, 3. Aufl (2006), § 75, Rn 21.

144 Widersprüchlich *Wolf-Rüdiger Schenke*, Polizei- und Ordnungsrecht, 7. Aufl. 2011, S. 292 f.

145 Für ein rein quantitatives Verständnis noch BVerfGE 9, 268 (284); 83, 130 (150); BVerwGE 57, 55 (59).

146 So auch *Maunz*, in: Maunz/Dürig (Hg.), GG, Art. 33 Rn. 42; *Jachmann*, in: v. Mangoldt/Klein/Starck (Hg.), GG, Art. 33 Rn. 37.

überwiegen[147]. Andererseits hat der Funktionsvorbehalt für den Gesetzgeber dieselbe Bedeutung wie die Soll-Vorschrift des einfachen Gesetzes für die Verwaltung[148]: Wenn Nicht-Beamte im obrigkeitlichen Bereich ständig mit hoheitlichen Befugnissen betraut werden sollen, bedarf dies eines legitimierenden Grundes. Es lässt sich jedoch keine allgemein gültige Legitimationsschwelle definieren, an der alle Ausnahmefälle orientiert werden können. Je näher die zu übertragenden Verwaltungsmaterien am Kernbereich der Staatsgewalt gelegen sind, umso strengere Anforderungen sind an den sachlichen Grund zu stellen[149].

Begründete Ausnahmefälle, die eine Beleihung rechtfertigen können, liegen vor, wenn zur Erfüllung der konkreten Aufgabe Private wesentlich besser geeignet sind als staatliche Stellen, etwa weil seitens des Privaten eine besondere Sach- und Fachkenntnis oder technische Ausstattung[150] vorliegt. Als Rechtfertigung auch für ein weitläufiges IT-Outsourcing im Bereich des E-Government erscheint dieser Begründungsansatz ebenso überzeugend. Das Argument der Kosteneinsparung[151] kann dagegen eine Ausnahme vom Funktionsvorbehalt regelmäßig nicht tragen, da es andernfalls der einfache Gesetzgeber in der Hand hätte, den Funktionsvorbehalt beliebig auszuhebeln[152]. Als rechtfertigendes Element kommt aber auch eine Überqualifikation der Verwaltungsbehörden in Betracht – sicher das maßgebliche Argument dafür, „einfache" polizeiliche Tätigkeiten privaten Dienstleister zu übertragen[153].

VII. Die Beleihung mit Staats- und Sicherheitsaufgaben

Diese Rechtsfigur der Beleihung spielt jedoch im ersten Teil der detaillierten Begutachtung der einzelnen Prozessschritte bei der Beteiligung Privater an der Geschwindigkeitsüberwachung keine Rolle, sofern lediglich der Status als Verwaltungshelfer angestrebt wird. Hingegen sollen hoheitliche Überwachungsaufgaben ausgeklammert bleiben, die allerdings im zweiten Teil der Untersuchung einzelner Prozessschritte ins Spiel kommen, da auch die Verkehrstechnik produzierende Industrie an einer Ausweitung der Tätigkeiten interessiert ist.

Bei dem Beliehenen handelt es sich um eine durch Gesetz geschaffene[154] Privatperson, die vom Staat ermächtigt wird, im eigenen Namen öffentlich-rechtliche Aufgaben wahrzunehmen. Der Status unterscheidet sich von anderen

---

147 Dazu *Rudolf*, VVDStRL 37 (1979), 175 (204).
148 *Ossenbühl*, Eigensicherung und hoheitliche Gefahrenabwehr, 1981, S. 41.
149 *Ossenbühl*, Eigensicherung und hoheitliche Gefahrenabwehr, 1981, S. 42.
150 Hierzu *Waechter*, NZV 1997, 329 (332) m. w. N.
151 *Waechter*, NZV 1997, 329 ff. (332).
152 *Ossenbühl*, Eigensicherung und hoheitliche Gefahrenabwehr, 1981, S. 49 ff.
153 *Waechter*, NZV 1997, 329 (332).
154 Siehe *Krebs*, in: HdbStR V, 3. Aufl. (2007), §108 Rn. 102; *Sellmann*, NVwZ 2008, 817 ff.; BremStGH, NVwZ 2003, 81; BVerwG, DVBl. 2010, 1434 ff.

Privatpersonen dadurch, dass der Beliehene einer von Beamten wahrgenomme-nen Fach-[155] und Rechtsaufsicht unterfällt und Teil der Verwaltungsorganisati-on[156] mit der Folge ist, dass in dieser Eigenschaft unter anderem die Grundrech-te zu beachten sind (Art. 1 Abs. 3 GG).

In diesem Rechtsinstitut wird zutreffend ein Klassiker erblickt, der im moder-nen Verwaltungsrecht eine Renaissance erlebt[157]. Denn es hat sich in der Ver-gangenheit in vielen Feldern bestens bewährt und ist deshalb eine geeignete verfassungsrechtlich saubere Organisationsalternative[158]. Man denke nur an Notare in bestimmten Bundesländern, öffentlich bestellte Vermessungs- und Prüfingenieure, Bezirksschornsteinfegermeister, staatlich anerkannte Schulen und Seeschifffahrtskapitäne[159]. Schon diese Beispiele zeigen partiell die Nähe zur Erledigung sicherheitsrechtlicher Aufgaben. Moderne sicherheitsrechtliche Muster sind die Bewacher von Einrichtungen der Bundeswehr (§ 1 Abs. 1 UZwGBw), die Flugsicherung (§§ 31 a ff. LuftVG), der Flugkapitän (§ 12 LuftSiG), der mit der Personenkontrolle beauftragte Luftsicherheitsassistent (§ 5 Abs. 5 LuftSiG) sowie die Übertragung des Maßregelvollzugs[160]. Ange-sichts dieser Karriere der Beleihung in der Verwaltungsgesetzgebung und in der Verwaltungspraxis wundert es nicht, dass sich auch der 67. Deutsche Juristentag im Jahre 2008 ausdrücklich bei der Auseinandersetzung mit dem Thema „Priva-tisierung öffentlicher Aufgaben" für das Institut der Beleihung stark gemacht hat. So hat die Abteilung Öffentliches Recht mit überwältigender Mehrheit fol-gendes beschlossen:

„13. a) Im Kernbereich der öffentlichen Sicherheit und der Justiz verbieten sich Privati-sierungen. **angenommen 61:0:0**

b) Sind Aufgaben nur unter Ausübung hoheitlicher Befugnisse wahrnehmbar, können Private diese Aufgaben nur erfüllen, wenn sie mit Hoheitsgewalt beliehen sind und ihr Handeln einer effektiven Fachaufsicht durch demokratisch legitimierte Amtswalter un-terworfen wird. **angenommen 58:0:4**

c) Bestehende Befugnislücken bei verschiedenen Sicherheits- und Vollzugsaufgaben sind durch zusätzliche Beleihungstatbestände und bei gewaltgeneigten Aufgaben durch eine Kodifizierung des Rechts der Sicherheitspartnerschaften zu schließen. **angenommen 42:7:11"**

---

155 BremStGH, NVwZ 2003, 81.

156 *Stober*, in: *Wolff/Bachof/Stober/Kluth*, VerwaltungsR II, 7. Aufl. (2010), § 91 III und VI; *Burgi*, Privatisierung öffentlicher Aufgaben, Gutachten für den 67. DJT, 2008, A II 4.

157 *Heintzen*, VVDStRL 62 (2003), 220 (241); *Stober*, in: *Wolff/Bachof/Stober/Kluth*, VerwaltungsR II, 7. Aufl. (2010), § 91 I m. w. Nachw.

158 Ebenso *Pitschas*, Polizei und Sicherheitsgewerbe, 2000, S 174 f.; *Lämmerzahl*, Die Beteiligung Privater an der Erledigung öffentlicher Aufgaben, 2007, S. 190.

159 Siehe näher *Stober*, in: *Wolff/Bachof/Stober/Kluth*, VerwaltungsR I, 12. Aufl. (2007), § 31 II m. w. Nachw.

160 Siehe näher *Scherer*, in: Festschr. f. Frotscher, 2007, S. 617 ff; *Oehlerking*, Private Auslagerung von Funktionen der Justiz und der Gefahrenabwehr, 2008.

Zurückhaltender äußert sich das Programm Innere Sicherheit, Fortschreibung 2008/2009. Danach sollen

„spezialgesetzliche Regelungen, nach denen private Sicherheitsdienstleister in einem eng umgrenzten Feld unter staatlicher Aufsicht hoheitliche Befugnisse wahrnehmen, etwa im Bereich Luftsicherheit, … Ausnahmen bleiben".

Diese rechts- und ordnungspolitische Bewertung sagt jedoch nichts über die rechtliche Zulässigkeit einer gesetzlichen Übertragung der Geschwindigkeitsüberwachung auf Private aus. Immerhin hat das Bayerische Oberste Landesgericht festgehalten, dass die planmäßige Durchführung von Geschwindigkeitsmessungen allein durch private Firmen „nur derzeit mangels einer gesetzlichen Ermächtigung" unzulässig sei[161].

Jenseits dieser Meinungsäußerungen zeigen die beschriebene Rechtsstellung und ihre dogmatische Verfestigung durch Gesetzgebung, Rechtsprechung und Literatur[162] deutlich, dass die Thematisierung der Beleihung unter dem Stichwort Privatisierung verfehlt ist, weil der private Status durch öffentlich-rechtliche Pflichten modifiziert und überlagert wird, die einem Dienst- und Treueverhältnis ähneln[163]. Es gelten also weder privatwirtschaftliche Marktprinzipien noch findet ein Wettbewerb zwischen Staat und Privat statt.

Deshalb stellt *Burgi* in seinem Gutachten für den 67. Deutschen Juristentag 2008 – wie dargestellt – zutreffend fest, namentlich die Heranziehung Privater zur Überwachung des fließenden Verkehrs einschließlich der erforderlichen ordnungsrechtlichen Befugnisse stieße noch nicht an die durch Art. 33 Abs. 4 GG gezogene Privatisierungsgrenze[164]. Dasselbe gelte für Maßnahmen der Identitätsfeststellung in öffentlichen Verkehrsmitteln, zur Verweisung und zum Festhalten, zur Videoüberwachung an Kriminalitätsschwerpunkten oder für die Beleihung im Gerichtsvollzieherwesen[165].

VIII. Die Verwaltungshilfe bei der Erledigung von Staatsaufgaben

1. Der Status des Verwaltungshelfers

Funktionelle Beiträge leisten ferner Privatpersonen als Verwaltungshelfer. Einerseits strebt die Verkehrstechnik herstellende Industrie diese Rechtsstellung

---

161 BayObLG, DÖV 1997, S. 601f.
162 Siehe zuletzt *Burgi,* in: Gutachten, A II 4.
163 Ebenso *Scherer*, in: Festschr. f. Frotscher, 2007, S. 617, 626 f.; *Krebs*, in: HdbStR V, 3. Aufl. (2007), § 108 Rn. 45; *Stober*, in: *Wolff/Bachof/Stober/Kluth*, 7. Aufl. (2010), § 91 VI m. w. Nachw.
164 *Burgi*, Gutachten, D I 2 b m. w. Nachw.; ebenso *Markus Thiel*, Die „Entgrenzung" der Gefahrenabwehr, 2011, S. 167.
165 Siehe dazu auch BT-Dr 16/5727 und BR-Dr 149/07.

im Rahmen ihres Dienstleistungsportfolios für die Geschwindigkeitsüberwachung an. Andererseits ist zu konstatieren, dass dieses Rechtsinstitut bei der politischen Diskussion um eine Beteiligung Privater an Staats- und Kommunalaufgaben weitgehend ausgeblendet wird und selbst im rechtswissenschaftlichen Schrifttum eher ein Schattendasein fristet[166]. Das ist erstaunlich, weil immerhin die Expertenkommission Staatsaufgabenkritik[167] sowie der Präsident des Bundeskriminalamtes, *Jörg Ziercke*, schon seit längerem darauf hinweisen, dass es bei der Aufgabenauslagerung auf Private um den Einsatz von „Verwaltungshelfern, Hilfspolizisten, Beliehenen oder Privaten" gehen kann[168]. Die Vernachlässigung des Verwaltungshelfers dürfte damit zusammenhängen, dass sich die politische Debatte auf bestimmte hier bekannte Vokabeln (Gewaltmonopol, Beamtenvorbehalt, Kernaufgaben usw.) beschränkt, die jedoch nicht auf die Verwaltungshilfe passen, wie man bei einer näheren Befassung mit dieser verwaltungsrechtlichen Organisations- und Handlungsform feststellen kann. Das hat kürzlich auch der Deutsche Verkehrsgerichtstag gesehen, der immerhin der Einbindung von Verwaltungshelfern bei der Parkraumüberwachung positiv gegenüber steht[169]. So ist der Status der Verwaltungshelfer dadurch gekennzeichnet, dass sie vorbereitend und unterstützend einzelne Teilleistungen innerhalb einer Staatsaufgabe erbringen[170], ohne über eigene Entscheidungsbefugnisse oder Ermessensspielräume zu verfügen, die bei der Verwaltungsbehörde bleiben. Die Verwaltungshelfer handeln nach Weisung der beauftragenden Stelle, assistieren bei der Durchführung von Verwaltungsaufgaben[171] durch die Übernahme von Hilfsfunktionen[172] und stehen nicht in einer unmittelbaren Rechtsbeziehung zu betroffenen Dritten.[173] Diese spezifische Einbindung in die Verwaltungstätigkeit[174] ist auch der Grund, weshalb typische verwaltungsrechtliche Privatisierungsschranken (Art. 33 Abs. 4 und Art. 83 ff. GG) nicht greifen[175] (vgl. G VI 2).

Vom organisationsrechtlichen Blickpunkt aus handelt der Verwaltungshelfer herkömmlicher Sichtweise zufolge als verlängerter Arm der Verwaltung streng

---

166 Siehe aber ausführlich *Anja Nünke*, Verwaltungshilfe und Inpflichtnahme des Sicherheitsgewerbes, 2005.

167 Abschlussbericht v. 23.11.2001, S. 111, 113.

168 *Ziercke*, in: Stober/Olschok (Hg.), Handbuch des Sicherheitsgewerbes, 2004, S. 79; s. ferner *Pitschas*, Polizei und Sicherheitsgewerbe, 2000, S 174 f.

169 Empfehlung des Arbeitskreises VI Nr. 5 anlässlich der Tagung v. 26.-28.01.2011.

170 *Burgi*, in: HdbStR IV, 3. Aufl. (2006) a. a. O.

171 *Burgi*, Gutachten, C II 2a; *Nünke*, Verwaltungshilfe und Inpflichtnahme des Sicherheitsgewerbes, 2005, S. 59 und 68.

172 *Büllesbach/Rieß*, NVwZ 1995, 444 f.

173 Siehe näher *Stober*, in *Wolff/Bachof/Stober/Kluth,* VerwaltungsR II, 7. Aufl. (2008), § 92.

174 So zur Abgrenzung zwischen Beleihung und Verwaltungshilfe BVerwG, DVBl. 2010, 1434,1439.

175 Siehe auch *Markus Thiel*, Die „Entgrenzung" der Gefahrenabwehr, 2011, S. 167.

weisungsgebunden entsprechend dem Auftrag der Behörde, welche die notwendigen, nach außen wirksamen Entscheidungen immer selbst trifft. Das heißt, dass die Exekutive stets „Herrin des Verfahrens" bleibt und jederzeit in der Lage ist, die Handlungen des eingeschalteten Privaten zu steuern, da er nach behördlichen Vorgaben zu agieren hat[176]. Insoweit wird von unselbstständiger Verwaltungshilfe gesprochen[177].

In der jüngeren Zeit ist die Rechtsfigur des Verwaltungshelfers insoweit erweitert worden, als das Kriterium der Unselbstständigkeit nicht mehr entscheidend sein und Verwaltungshilfe auch dann vorliegen soll, wenn der in hoheitliche Aufgabenerfüllung einbezogene Private bis auf die Auftragserteilung weitestgehend selbstständig handelt. So wird auch der selbstständig agierende Abschleppunternehmer, der über die Art des Abschleppvorgangs selbst entscheiden kann, als Verwaltungshelfer eingestuft, solange die Behörde über das „Ob" des Abschleppens entscheidet. Insofern wird von selbstständiger Verwaltungshilfe gesprochen[178]. Maßgeblich ist nach diesem neuen Begriffsverständnis, dass der Private auch selbstständig Maßnahmen des Staates bis zur Entscheidungsreife vorbereiten kann. Unverändert ist allerdings nach wie vor, dass der Verwaltungshelfer stets nur vorbereitend und ohne eigen Entscheidungsbefugnis tätig wird und ihm keine eigenen öffentlich-rechtlichen Zuständigkeiten übertragen werden, sondern sein Handeln vielmehr der beauftragten Behörde zugerechnet wird[179]. Während die Behörde die maßgeblichen hoheitlichen Entscheidungen trifft und die Entscheidungsbefugnis innehat, werden die Privaten zu lediglich unterstützenden oder ausführenden Maßnahmen herangezogen, die mit funktionalem Bezug zu einer Staatsaufgabe erfolgen.

Davon ist dogmatisch die amtshaftungsrechtliche Ebene zu unterscheiden, bei der es um die Frage geht, inwieweit der Verwaltungshelfer in Ausübung eines ihm anvertrauten öffentlichen Amtes handelt. Zwischen organisationsrechtlicher und amtshaftungsrechtlicher Ebene bestehen allerdings Dependenzen. So wurde im Rahmen der Auslegung des Tatbestandsmerkmals Ausübung eines öffentlichen Amtes lange an die Zurechnungskriterien des Organisationsrechts angeknüpft[180]. Nach Auffassung des BGH wird auch ein selbstständiger Verwaltungshelfer in Ausübung eines öffentlichen Amtes tätig bzw. handelt als

---

176 *Nitz*, NZV 1998, 11, 13.
177 BGH, NJW 1993, S. 1258 f.
178 Vgl. OLG Hamm, NJW 2001, S. 375 f. in Bezug auf den selbstständig handelnden Abschleppunternehmer. S. auch *Burgi*, Funktionale Privatisierung und Verwaltungshilfe, 1999. S. 155 f. Kritisch *Schenke*, in *Peilert/Stober* (Hg.), Die Regelung der Zusammenarbeit zwischen Polizei und privaten Sicherheitsdiensten als neue Herausforderung der Sicherheitsordnung, 2006, S. 1, 10.
179 Näher dazu *König*, VerwArch 96, 2005, S. 44, 60 f.; *Remmert*, Private Dienstleistungen in staatlichen Verwaltungsverfahren, 2003, S. 260 ff. 351 f.; *Nünke*, Verwaltungshilfe und Inpflichtnahme des Sicherheitsgewerbes, 2005, S. 56 ff.; 67 f.
180 Ausführlich *Remmert*, Private Dienstleistungen in staatlichen Verwaltungsverfahren, 2003, S. 260 ff. 270 f.

Beamter im haftungsrechtlichen Sinne. Ausschlaggebend für die Klassifizierung sollen im Rahmen einer funktionalen Betrachtungsweise die Sachnähe der dem Abschleppunternehmer übertragenen Tätigkeit zur öffentlichen Aufgabe und der Grad seiner Einbindung in den behördlichen Pflichtenkreis sein[181].

Die zulässige und verbreitete Einschaltung Privater als Verwaltungshelfer soll am Muster der jüngsten amtshaftungsrechtlichen Abschleppunternehmerentscheidung des BGH[182] näher erklärt werden, um diese Kooperationsoption anschaulicher zu machen. Der BGH hatte darüber zu befinden, ob ein Abschleppunternehmer, der auf Weisung der Behörde Kostenansprüche wegen des Abschleppens eines verbotswidrig abgestellten Kraftfahrzeuges geltend macht, als verlängerter Arm der Behörde handelt oder nicht. Der beklagte Abschleppunternehmer verweigerte auf Anweisung der zuständigen Polizeibehörde die Herausgabe des klägerischen Fahrzeugs mit dem Argument, dieses sei nur gegen Zahlung der entstandenen Kosten in bar herauszugeben. Der Kläger sah darin eine erlaubnispflichtige Inkassotätigkeit des Abschleppunternehmers, über welche der Beklagte nicht verfüge.

Der Auffassung des BGH zufolge handelt ein von der Polizeibehörde durch privatrechtlichen Vertrag mit dem Abschleppen eines Fahrzeuges beauftragter Abschleppunternehmer in Ausübung eines ihm anvertrauten öffentlichen Amtes. Er wird ohne eigene Entscheidungsmacht bzw. Entschließungsfreiheit als verlängerter Arm der Verwaltungsbehörde tätig. Diese Bewertung soll auch für mit dem Abschleppvorgang zusammenhängende Handlungen gelten, die ausschließlich auf Anweisung der Behörde vorgenommen werden. Insoweit sei die Geltendmachung bzw. der Einzug der Kostenansprüche der Polizeibehörden aus dem Abschleppvorgang durch den Abschleppunternehmer dem hoheitlichen Bereich zuzuordnen und erfolge somit auf öffentlich-rechtlicher, nicht auf privatrechtlicher Grundlage. Ein Abschleppunternehmer handele demzufolge auch dann in Ausübung eines öffentlichen Amtes, wenn er die Herausgabe des abgeschleppten Fahrzeuges im Auftrag der Polizeibehörde von der Bezahlung entstandener Kosten abhängig macht.[183] Festzuhalten ist, dass der BGH den Abschleppvorgang und seine Abwicklung rechtlich einheitlich einordnet und die für den Abschleppvorgang geltenden Grundsätze auch auf die anschließende Verwahrung und Abwicklung der Herausgabe anwendet.

Übertragen auf die Tätigkeit der Polizeidienststellen ist eine Einbindung privater Sicherheitsdienstleister in die polizeiliche Aufgabenerledigung als Verwaltungshelfer insoweit unproblematisch, als derartige Hilfsdienste das staatliche Gewaltmonopol nicht berühren, da sie selbst keine öffentlich-rechtlichen Befugnisse wahrnehmen[184]. Deshalb schlägt die Expertenkommission Staatsaufgabenkritik – wie dargelegt – in ihrem Bericht u.a. vor, private Sicherheits-

---

181 Siehe BGHZ 121, 161 ff.
182 BGH NVwZ 2006; S. 964 ff.
183 BGH NVwZ 2006, S. 964 f.
184 Siehe auch *Stober*, NJW 1997, S. 889, 895; *Otten*, Eigensicherung, 2006, S. 19 f.

dienstleister als Verwaltungshelfer einzusetzen[185]. Ausschlaggebend ist allein, dass es sich um Unterstützungs- oder Vorbereitungsmaßnahmen ohne eigene Entschließungsfreiheit handelt.

Etablierte sicherheitsrelevante Anwendungsfälle sind der Schülerlotse[186], die technische Programmierung von Verkehrsanlagen[187], das Abschleppen von Fahrzeugen, das Einsammeln von Abfall (§ 16 Abs. 1 KrW-/AbfG), das Bewachen von Bahnhöfen und Schulgebäuden durch Sicherheitsdienste, die Unterstützung von Justizvollzugsbeamten, der Einsatz von Hilfspolizisten in Katastrophenfällen (§ 18 Abs. 4 NWSFHG)[188], die Einbindung Privater in die Bestattungsverwaltung (§ 1 Abs. 4 Satz 1 NWBestG)[189] oder die Durchführung von Rettungseinsätzen nach § 13 Abs. 2 NW RettungsG[190].

Zwar beruht die Rechtsstellung der Verwaltungshelfer mangels gesetzlicher Grundlagen im Wesentlichen auf vertraglichen Vereinbarungen. Diese Regelungsarmut ist aber weder aus rechtsstaatlichen noch aus grundrechtlichen Erwägungen problematisch, weil Verwaltungshelfer nur im Verwaltungsbinnenbereich operieren und weder die Organisationsstruktur noch die Aufgabenträgerschaft verändert wird.[191] Da sie selbst keine Staatsgewalt ausüben, sondern nur private Dienstleistungen gegenüber dem Staat erbringen, bedarf es auch keiner gesetzlichen Ermächtigung.[192] Folgt man dieser Auffassung, dann entspringt der Ruf nach juristischem Handlungsbedarf[193] einer Phantomdiskussion, die zu wenig berücksichtigt, dass die Aufgabenträgerschaft sowie die staatliche Pflichtenstellung bei der Verwaltungshilfe unberührt bleiben. Diese Sichtweise schließt allerdings nicht aus, aus Gründen der Rechtssicherheit und der Rechtsklarheit für die beauftragende Verwaltung allgemeine Aufgabenübertragungsregelungen vorzusehen, wie sie etwa in § 29 Abs. 2 LuftVG für die Heranziehung von Hilfsorganen für die Unterstützung der Luftaufsicht verankert ist. Auf diese Weise würde insbesondere die praktizierte Zusammenarbeit staatlicher und kommunaler Träger mit privaten Sicherheitsdiensten und die gesellschaftliche Akzeptanz anerkannt, wie der Gutachter zum 67. Deutschen Juristentag richtig feststellt. Für den sensiblen Sicherheitssektor kommt hinzu, dass es sich bei den Aufgaben Kriminalprävention und Gefahrenabwehr um Gemeinwohlbelange

---

185 Expertenkommission Staatsaufgabenkritik, Abschlussbericht v. 23.11.2001, S. 111, 113; *Freitag* Das Beleihungsrechtsverhältnis, 2005 S. 70 ff.
186 *Stober*, Schüler als Amtshelfer, 1972.
187 *Mohrdieck*, Privatisierung im Bereich öffentlicher Verkehrsräume, 2004, S. 114 f.
188 Siehe dazu auch *Stober*, Gesetzlich normierte Kooperation zwischen Polizei und privaten Sicherheitsdiensten, 2007, S. 79 ff.; zust. *Burgi*, Gutachten, A II 2.
189 Siehe näher *Köster/Schulz*, DÖV 2008, 362 ff.
190 *Sellmann*, NVwZ 2008, 817 ff.
191 *Burgi*, Gutachten, A II 2.
192 *Burgi*, Gutachten, D IV; *Büllesbach/Rieß*, NVwZ 1995, 444 f.; a.M. VGH Kassel, NVwZ 2010, 1254 f. für die Übertragung des Bescheiderlasses auf Verwaltungshelfer.
193 Siehe zum Meinungsstand *Sellmann*, NVwZ 2008, 817 ff.

von überragender Bedeutung und grundlegender politischer Tragweite handelt[194].

2. Der Verwaltungshelfer als Hilfspolizeibeamter

Soweit die Polizei private Sicherheitsdienstleister als Hilfsorgane zur Erfüllung ihrer Aufgaben heranzieht, die als Verwaltungshelfer agieren, können diese Personen als Hilfspolizeibeamte bestellt werden (§ 29 HmbSOG, § 99 HeSOG, § 63 Abs. 2 Satz 1 BPolG)[195]. Das geschieht etwa in der Verwaltungspraxis hessischer Gemeinden für den ruhenden Verkehr[196]. Auch in Rheinland-Pfalz werden Hilfspolizeibeamte bei der Durchführung von Geschwindigkeitsüberwachungsmaßnahmen eingesetzt[197]. Sie unterfallen dem Weisungsrecht der Polizei bzw. der Kommunen und damit einer strengen Kontrolle[198]. Zu Recht wird bei dieser intensiven Rechtsbeziehung darauf hingewiesen, dass es sich um eine starke Form der Integration Privater handele, die eigentlich über die Beleihung als Technik mittelbarer Staatsverwaltung noch hinausgehe. Denn sie werde unmittelbar dem Staat als unmittelbares Handeln der Dienststelle zugerechnet[199]. Die Rechtsstellung der Hilfspolizeibeamten weicht von der Rechtsstellung der Beliehenen ab, weil sie in ihrer Eigenschaft als Verwaltungshelfer meistens unselbstständig und jedenfalls nicht im eigenen Namen handeln.[200] Die Verleihung dieses Status kommt darin in Betracht, wenn beabsichtigt ist, dass die Polizeihelfer im Rahmen der übertragenen Aufgaben Befugnisse wie Polizeibeamte besitzen sollen.[201] Insbesondere kann der Hilfspolizeibeamte nach § 57 Abs. 2

---

194 *Stober*, in *Wolff/Bachof/Stober/Kluth*, VerwaltungsR II, 7. Aufl. (2008), §91 VI 2; *ders.*, Gesetzlich normierte Kooperation zwischen Polizei und privaten Sicherheitsdiensten, 2007, S. 151 f., m. w. Nachw.

195 Siehe auch *Pitschas*, Polizei und Sicherheitsgewerbe, 2000, S. 175; *Scherzberg*, Wozu und wie überhaupt noch öffentliches Recht?, 2003, S. 18; *Möstl*, Die staatliche Garantie für die öffentliche Sicherheit und Ordnung, 2002, S. 353; *Markus Thiel*, Die „Entgrenzung" der Gefahrenabwehr, 2011, S. 167.

196 Siehe den Bericht, in: Securitas, Mitarbeiter Kurier, 2/Juni 2010.

197 Siehe den Erlass i. d. F. v. 24.8.2004.

198 *Nitz*, NZV 1998, S. 11 f.; *Mohrdieck*, Privatisierung im Bereich öffentlicher Verkehrsräume, 2004, S. 186 f.; s. näher *Fickenscher*, Polizeilicher Streifendienst mit Hoheitsbefugnissen, 2006, S. 74.

199 *Götz*, in Pitschas/Stober (Hg.), Quo vadis Sicherheitsgewerberecht?, 1998, S. 235, 239; *Möstl*, in Stober (Hg.), Neues Sicherheitsdenken und neue Sicherheitsmärkte, 2005, S. 65, 77.

200 *Stober*, in *Wolff/Bachof/Stober/Kluth*, Verwaltungsrecht II, 7. Aufl., § 91 Rn. 10; *Nünke*, Verwaltungshilfe und Inpflichtnahme, 2005, S. 138 ff. und 184 ff. ; *Klüver*, Zur Beleihung des Sicherheitsgewerbes, 2006, S. 65 ff.

201 *Heesen/Hönle/Peilert*, Bundesgrenzschutzgesetz, 4. Aufl. 2002, S. 301, 1026; *Weiner*, Privatisierung von staatlichen Sicherheitsaufgaben, 2001, S. 75 ff.; *Mohrdieck*,

OWiG ermächtigt werden, bei geringfügigen Ordnungswidrigkeiten Verwarnungen auszusprechen und ein Verwarnungsgeld zu erheben[202]. Der Unterschied zum Polizeibeamten besteht darin dass die Hilfspolizeibeamten, wie sich schon aus dem Begriff ableiten lässt, lediglich bestimmte Befugnisse besitzen, die speziell in den Ermächtigungsgrundlagen aufgeführt werden müssen. So können Hilfspolizeibeamte nach dem geltenden Recht aufgrund von § 29 HmbSOG herangezogen werden

– zur Überwachung und Regelung des Straßenverkehrs[203], sowie

– zur Unterstützung der Vollzugspolizei bei Notfällen, die durch Naturereignisse, Seuchen, Brände, Explosionen, Unfälle oder ähnlichen Vorkommnissen verursacht worden sind.

3. Der Verwaltungshelfer und Arbeitnehmerüberlassung

Ein Untermodell, das mit dem Status des Verwaltungshelfers und des Hilfspolizeibeamten kombinierbar ist, stellt die Überlassung von Arbeitnehmern in einem „unechten" Leiharbeitsverhältnis auf Basis des Arbeitnehmerüberlassungsgesetzes (AÜG) dar.[204] Danach besteht zwischen dem Staat oder der Kommune als Entleiher und dem privaten Sicherheitsdienstleister als Arbeitgeber, der die Arbeitnehmer gewerblich verleiht, eine vertragliche Beziehung, während das Direktionsrecht bei dieser Konstruktion bei der einsetzenden Polizeibehörde oder der kommunalen Ordnungsbehörde liegt, die insoweit den konkreten Einsatz sowie Art und Ausführung der Tätigkeit festlegen kann. Der Leiharbeitnehmer kann zu diesem Zweck als Verwaltungshelfer oder Hilfspolizeibeamter bestellt werden[205]. Teilweise wird die Arbeitnehmerüberlassung als Umgehung des Merkmals „ständig" in Art 33 Abs. 4 GG qualifiziert[206]. Diese Einschätzung verkennt jedoch, dass die Verkehrsüberwachung eine Ermessensaufgabe ist, die flexibel gehandhabt werden muss[207]. Insofern bestehen allerdings kaum praktische Erfahrungen. Lediglich aus einer Entscheidung des Bayerischen Obersten Landesgerichtes ist zu entnehmen, dass einer Gemeinde zur Durchführung der

---

Privatisierung im Bereich öffentlicher Verkehrsräume, 2004, S. 186 ff.; *Pitschas,* Polizei und Sicherheitsgewerbe, 2000, S. 174 f.

202 *Heesen/Hönle/Peilert*, Bundesgrenzschutzgesetz, 4. Aufl. 2002, S 1028.

203 Unklar *Hoffmann-Riem/Eifert*, in Hamburgisches Staats- und Verwaltungsrecht, 3. Aufl. 2006, S 170 f., die den Einsatz privater Sicherheitsdienste hier ohne nähere Begründung wohl verneinend, S. auch *Ungerbieler*, DVBl. 1980, S. 409 ff. und a. M. ohne überzeugende Argumentation *Hornmann*, DAR 1999, 158,161.

204 *Schaub*, Arbeitsrechts-Handbuch, 11. Aufl., 2005, S. 1224.

205 *Steiner*, DAR, 1996, S. 273; *Gramm,* Privatisierung und notwendige Staatsaufgaben, 2001, S. 123 f.

206 *Waechter*, NZV 1997, 329 f.

207 Ebenso *Pitschas*, Polizei und Sicherheitsgewerbe 2000, S. 175.

Geschwindigkeitsmessungen Angestellte einer Privatfirma im Rahmen eines befristeten Arbeitnehmerüberlassungsvertrages zur Verfügung gestellt wurden[208]. Dementsprechend befasst sich der bayerische Erlass zur Verfolgung und Ahndung u.a. von Geschwindigkeitsverstößen v. 12.5.2006 sehr detailliert unter Punkt 1.15.3 mit der Beschäftigung von Arbeitnehmern nach dem AÜG. Vor allem gestattet er den Gemeinden ausdrücklich, dass private Firmen befristet Personal nach diesem Gesetz überlassen können, das dann sowohl organisatorisch als auch räumlich in die jeweilige Gemeinde zu integrieren ist[209]. In Hessen wurde diese Verfahrensweise (sog. Frankfurter Modell) zwar inzwischen eingestellt[210]. Allerdings wird im Freistaat Bayern nach wie vor in nennenswertem Umfang danach verfahren[211], weil sich aus Sicht des Bayerischen Staatsministeriums des Innern die Formen der Zusammenarbeit mit den Privaten bewährt hat. Deshalb hat sich auch der Bayerische Gemeindetag dafür eingesetzt, dass die Staatsregierung im Bundesrat einen Gesetzesentwurf einbringt, der die Beleihung Privater zum Zwecke der Geschwindigkeitsüberwachung gestattet[212]. Auch der Deutsche Verkehrsgerichtstag hat die Diskussion wieder aufgenommen und eine Einbindung weisungsabhängiger Privater durch Arbeitnehmerüberlassung für die Parkraumbewachung befürwortet[213].

IX. Die Organisationsprivatisierung in Verbindung mit der Erledigung von Staatsaufgaben

Von einem problematischen Rückzug aus der staatlichen Verantwortung durch Privatisierung kann ferner nicht die Rede sein, wenn sich die Exekutive privatrechtlicher Organisationsformen bedient. Diese Privatisierungsvariante käme dann in Betracht, wenn sich Polizei, Kommunen und die jeweiligen privaten Industriepartner entschließen, zur Erledigung der Aufgabe Geschwindigkeitsüberwachung etwa eine Betreibergesellschaft zu gründen, bei der der private Partner finanzielle, fachliche und personelle Ressourcen einbringt. Hier liegt schon deshalb keine echte Privatisierung vor, weil der Staat nur das Rechtskleid wechselt, ohne die Sachaufgabe selbst auf Private zu übertragen. Die staatliche Nähe kommt in der Beziehung Organisationsprivatisierung zum Ausdruck, die darin besteht, dass die öffentliche Hand eine GmbH oder eine AG gründet. Da-

---

208 BayObLG, DÖV 1997, S. 601 = DAR 1997, 206 und BayObLG, NJW 1999, 2200 f.

209 Siehe näher *Ludger Stienen*, Privatisierung und Entstaatlichung der inneren Sicherheit, 2011, S. 204 ff.

210 *Mohrdieck*, Privatisierung im Bereich öffentlicher Verkehrsräume, 2004, S. 189 m. w. N. und näher *Ludger Stienen*, a. a. O., S. 204 ff.

211 *Ludger Stienen*, a. a. O., S. 212.

212 Bayerische Staatszeitung v. 19.5.2000, S. 10, 12.

213 Empfehlung des Arbeitskreises VI Nr. 5 anlässlich der Tagung vom 26.-28.1.2011.

ran kann – wie die haushaltsrechtlichen Bestimmungen belegen – ein wirtschaftliches Interesse bestehen (§ 65 BHO), um die Verwaltungstätigkeit zu optimieren. Die formelle Privatisierung gestattet jedoch keine Flucht in das Privatrecht. Vielmehr gilt Verwaltungsprivatrecht[214] mit der auch vom Juristentag-Gutachter akzeptierten Konsequenz, dass die Gesellschaft weiterhin an Grundrechte gebunden[215] und der einwirkungspflichtige Gründungsträger Zurechnungsobjekt ist. Folglich ist mangels einer Arbeitsteilung zwischen Staat und Privat zutreffend auch von Scheinprivatisierung die Rede, so dass die Verwendung des Begriffs Privatisierung in diesem Falle ebenfalls nur eine Phantomdiskussion auslösen kann.

Eine typische rein staatliche sicherheitsrelevante Organisationsprivatisierung ist die Deutsche Flugsicherung GmbH[216], die nur dann öffentlich-rechtliche Befugnisse im Rahmen der Luftsicherheit wahrnehmen darf, wenn sie hierfür zusätzlich mit speziellen Kompetenzen beliehen ist[217]. Davon sind gemischte Unternehmen zu unterscheiden, bei denen Private beteiligt sind. Dazu zählt die bei dem Bundesministerium für Verteidigung angesiedelte Gesellschaft für Entwicklung, Beschaffung und Betrieb mbH (GEBB), die sich mit dem Fuhrpark-, Bekleidungs-, Reparatur- und IT-Management befasst.[218] Dabei handelt es sich auf den ersten Blick lediglich um privatrechtliche Beschaffungsvorgänge. Bei näherem Hinsehen wird die GEBB aber gleichzeitig im Vorfeld der äußeren Sicherheit tätig, bei der wegen der möglichen Verletzung des Geheimnisschutzes und der Sabotagegefahr die privatwirtschaftlich erbrachte Leistung auf die Erledigung der eigentlichen Sicherheitsaufgabe durchschlägt. Diese untrennbare Besonderheit ist bei der Einschaltung Privater in besonders sicherheitssensible Tätigkeitsfelder wie bei der Geschwindigkeitsüberwachung stets zu berücksichtigen.

X. Public und Police Private Partnership zur Wahrnehmung von Staatsaufgaben

Beleihung, Verwaltungshilfe und privatrechtlich organisierte Verwaltung erfassen nur bestimmte Facetten der Beteiligung Privater an der öffentlichen Verwaltung. Daneben haben sich weitere Kooperationsformen herausgebildet, die man

---

214 *Stober*, in Wolff/Bachof/Stober/Kluth (o. Fußn. 20), § 23 Rn. 1 und 63 f.
215 *Burgi*, Gutachten, 2008, A II 2.
216 *Baumann*, Private Luftfahrtverwaltung, 2002.
217 Siehe dazu *Schoch*, Vereinbarkeit des Gesetzes zur Neuregelung der Flugsicherung mit Art. 87 d GG, Die Verwaltung 2006, Beiheft 6.
218 *Lorse*, RiA 2002, S: 16, *Gramm*, DVBl 2003, S. 1366, *Kunert*, Vergaberecht und Öffentliches Recht, 2003.

mit dem Oberbegriff Public Private Partnerships kennzeichnen kann[219], der auch Eingang in das sogenannte „Öffentlich Private Partnerschafts-Beschleunigungsgesetz" gefunden hat[220]. Nach Meinung der EU-Kommission erfasst dieser Begriff die verschiedenen Formen der Zusammenarbeit zwischen öffentlichen Stellen und Privatpersonen zwecks Bau, Renovierung, Betrieb und Unterhalt einer Infrastruktur oder die Bereitstellung einer Dienstleistung[221], wobei zwischen sogenannter „PPP auf Vertragsbasis" und „institutionalisierter PPP" differenziert wird. Diese Charakterisierung erhellt, dass es sich bei dieser Zusammenarbeit um ein alternatives Beschaffungskonstrukt handelt, das auch bei einer Zusammenarbeit zwischen örtlichen Ordnungsbehörden und Privatunternehmen zur Geschwindigkeitsüberwachung Pate stehen kann.

So gestattet das gefahrenabwehrmotivierte neue nordrhein-westfälische Bestattungsgesetz eine Partnerschaft bei dem Betrieb des Friedhofs oder eines Krematoriums sowie bei der Unterhaltung eines Friedwaldes[222]. Public Private Partnerships überschneiden sich teilweise mit anderen Privatisierungsformen[223], wie man an der innerhalb der GEBB verankerten Flottenmanagementpartnerschaft für die Bundeswehr oder dem Gesetz über den Bau und die Finanzierung von Bundesfernstraßen nachweisen kann, das den Privaten zur Beschaffung, Anbringung, Unterhaltung, und Entfernung der Verkehrszeichen verpflichtet. Anerkannt ist inzwischen auch der Ausdruck Sicherheitspartnerschaft, der auch als „Police Private Partnership" in Erscheinung tritt[224]. Unter dieser Vokabel wird unter anderem die Feststellung von Verkehrsverstößen subsumiert. Die Zusammenarbeit gestaltet sich aus der rechtlichen Sicht unproblematisch, solange die Entscheidungsbefugnisse bei der zuständigen Behörde verbleiben und die privaten Partner lediglich Hilfsdienste leisten[225].

---

219 *Stober*, in: Wolff/Bachof/Stober/Kluth, VerwaltungsR II, 7. Aufl. (2010), § 94; *Tettinger*, NWVBl 2005, 1; Weber/Schäfer/Hausmann, Praxishandbuch Public Private Partnership, 2006.

220 G. v. 1.9.2005, BGBl I, S. 2676.

221 Mitt. v. 30.4.2004, KOM (2004) 327 endg. im Rahmen der Vorlage des Grünbuchs, sowie v. 15. 11.2005 (KOM) 2005; S. 569. endg.

222 *Köster/Schulz*, DÖV 2008, 362 ff.

223 *Burgi*, Gutachten, A II 2.

224 Siehe näher *Stober*, in: Wolff/Bachof/Stober/Kluth, VerwaltungsR II, 7. Aufl. (2010), § 93 II 2 m. w. Nachw., und im Anschluss *Peilert*, DVBl. 1999,282 ff.; *Tettinger*, NWVBl 2005, 1 (9); *Burgi*, in: HdbStR IV, 3. Aufl. (2006), § 75 Rn. 20; *Lämmerzahl*, Die Beteiligung Privater an der Erledigung öffentlicher Aufgaben, 2007, S. 80 ff.; *H. Bauer*, in: ders. u.a. (Hg.), Verwaltungskooperation, 2008, S. 9, 13.

225 *Stober*, DÖV 2000; S. 261 (268), und im Anschluss *Tettinger*, NWVBl 2005, 1 (3); *Burgi*, Gutachten, E; *ders.*, in: HdbStR IV, 3. Aufl. (2006), § 75 Rdnrn. 28 ff., und zum Diskussionsstand *Lämmerzahl*, Die Beteiligung Privater an der Erledigung öffentlicher Aufgaben, 2007, S. 223 ff.

XI. Zur Notwendigkeit von Verkehrssicherheitspartnerschaften zur wirksamen Geschwindigkeitsüberwachung

Die festgestellte prinzipielle Zulässigkeit von Sicherheitspartnerschaften auch im Sektor Verkehr sagt nichts darüber aus, ob derartige Kooperationen mit der öffentlichen Hand möglicherweise sogar rechtlich geboten sind. Zwar besitzen die für die Geschwindigkeitsüberwachung zuständigen Stellen grundsätzlich Wahlfreiheit und Ermessen dahin, ob sie gegen Geschwindigkeitsverstöße einschreiten und ob sie Private in die Aufgabenerfüllung einbeziehen wollen. Das Ermessen ist aber pflichtgemäß auszuüben. Das trifft dann zu, wenn zwingende Rechtsgrundsätze beachtet und die Ziele sowie Prioritäten der Verkehrsüberwachung berücksichtigt werden[226]. Das bedeutet, dass das Ermessen im Einzelfall reduziert sein kann, wenn keine andere Entscheidung als die Hinzuziehung privater Sicherheitsdienstleister vertretbar ist. Diese Ausgangslage kann sich ergeben, wenn ein für die Verkehrssicherheit verantwortlicher Verwaltungsträger weder ausreichend finanzielle noch personelle oder technische Ressourcen besitzt, aber gleichwohl Maßnahmen ergreifen muss, um Unfallzahlen zu minimieren und Geschwindigkeitsüberschreitungen zu reduzieren. Zutreffend weist der Gutachter des 67. Deutschen Juristentages darauf hin, dass infolge finanzieller Minderausstattung erhebliche Vollzugsdefizite bei der öffentlichen Aufgabenerledigung entstünden[227]. Man denke beispielhaft nur an kleinere Landkreise und Gemeinden, die sich den Aufwand für hochwertige und verlässliche Geschwindigkeitsüberwachungseinrichtungen nicht leisten können und auf die Überlassung von Anlagen und modernes technisches Know-How angewiesen sind[228], um ihrer Verkehrssicherheitsaufgabe nachzukommen, die sich über Grundsätze und Ziele der Geschwindigkeitsüberwachung definiert[229]. Danach geht es vornehmlich um folgende Zwecke:

– Veranlassung zu verkehrsgerechtem Verhalten

– Verhinderung schwerer Verkehrsunfälle

– Minimierung von Unfallfolgen

– Stärkung der Verkehrsmoral

– Verbesserung der Verkehrssicherheitslage

---

226 Richtlinie des Bayerischen Staatsministeriums des Innern v. 12.5.2006, Punkt 1.3.
227 *Burgi*, Gutachten, 2008, D I 1.
228 Siehe die Berichterstattung über den Salzland-Kreis in Sachsen-Anhalt, der aus Kostengründen auf das Blitzen von Temposündern verzichtet: Münstersche Zeitung v. 3.8.2011, Nr. 178 „Aus aller Welt".
229 Siehe im Einzelnen die Auswertung der einschlägigen Erlasse bei *Jens Sobisch*, DAR 2010, S. 48 ff. sowie *Stolzlechner/Horvath*, in: Stober (Hg.) Jahrbuch des Sicherheitsgewerberechts 2008/2009, 2010, S. 3, 18 ff.; *Klüver*, Die Beleihung des Sicherheitsgewerbes, 2006, S. 260.

– Ganzheitlicher Kontrollansatz.

Vor diesem Hintergrund heißt es etwa in der Verwaltungsvorschrift des BW – Innenministeriums für die Verkehrssicherheit[230] unter Punkt 4.3:

„Für die Durchführung von Verkehrsüberwachungsmaßnahmen haben die Dienststellen geeignete technische Einsatzmittel in ausreichendem Umfang bereitzustellen."

Insoweit sind grundrechtliche Erwägungen in die Ermessensüberlegungen einzustellen (Schutz vor erheblichen Gefahren für Leib und Leben – Art. 2 Abs. 2 Satz 1 GG)[231], die auch die staatlichen und kommunalen Schutzpflichten gegenüber den Verkehrsteilnehmern im Blick haben. Gleichzeitig wird in Erlassen zu Recht auf den grundgesetzlich verankerten Schutzauftrag des Staates hingewiesen, der einem nicht entsprechend sanktionierten Verkehrsverstoß entgegenstehe[232]. Sehr konkret formuliert der Niedersächsische Erlass über die Verkehrssicherheitsarbeit der Polizei[233] die Aufgabe, die sich aus der Verkehrssicherheitsarbeit ergibt:

„Dem Staat obliegt die Aufgabe, die Menschen vor dem sich aus der Teilnahme am Straßenverkehr ergebenden Gefahren zu schützen und den sich aus Grundrechten, insbesondere dem „Schutz der Menschenwürde" (Art. 1 II), dem Recht auf „Leben und körperliche Unversehrtheit" (Art. 2 II), aber auch der Eigentumsgarantie (Art. 14 I) und dem Sozialstaatsprinzip (Art. 20 I) ergebenden Verpflichtungen zu entsprechen".

Teilweise wird ausdrücklich gefordert, dass die unteren Verkehrsbehörden aufgrund der gesetzlichen Ermessensbindung (§ 47 Abs. 1 OWiG) Auswahl und Anzahl der Geschwindigkeitsüberwachung am Ziel der Aufrechterhaltung und Erhöhung der Verkehrssicherheit auszurichten haben[234]. Zutreffend wird im Schrifttum betont, es seien die Kommunen, welche die Verantwortung trügen, dass durch Kontrollen durchgesetzt werde, was die staatlichen Verkehrsbehörden anordneten[235].

Angesichts dieser rechtstatsächlichen und verfassungsrechtlichen Ausgangslage könnte die Grenze zu einer Amtspflichtverletzung überschritten sein, wenn eine Beteiligung privater Sicherheitsdienstleister unterlassen wird, obwohl mit ihr die Verkehrssicherheit nachweislich erheblich verbessert werden könnte. Insofern ist daran zu erinnern, dass die Rechtsprechung die Verkehrssicherheit als hohes Rechtsgut ansieht und für die Abwendung von Gefahren für die Sicherheit und Ordnung des Straßenverkehrs ein erhebliches öffentliches Interesse reklamiert, welches es sogar rechtfertigt, dass die zuständige Verwaltungsbe-

---

230 Verwaltungsvorschrift v.19.12.2006, GABl. v. 26.1.2007, S. 3 ff.
231 BVerfG, NJW 2010, S. 2717; BayObLG, DAR 1997, 206 ff.
232 Erlass des Landes Brandenburg zur Verkehrsüberwachung durch die Polizei v. 26.2.2007, Punkt 2; s..auch BayObLG, DAR 1997, 206 ff.
233 Runderlass des Niedersächsischen Ministeriums des Innern v. 1.10.1997.
234 Sächsische Verwaltungsvorschrift i. d. F. v. 20.8.2003, Punkt 4.
235 *Steiner*, DAR 1996, 272 ff.

hörde auch verfahrensfehlerhaft ermittelte Verkehrsverstöße zur Grundlage ordnungsrechtlicher Anordnungen machen kann[236].

Hinzu kommt eine weitere Überlegung, die im Verhältnis Land und Kommune greift. Teilweise wird die Übertragung der Verkehrsüberwachungskompetenz auf örtliche Ordnungsbehörden von der nachzuweisenden „Leistungsfähigkeit" der Kommune abhängig gemacht[237], die sich auf eine sachgerechte, wirtschaftliche und wirksame Aufgabenwahrnehmung bezieht. Die hier angedachten Modelle sind in der Lage, eine bis dahin möglicherweise nicht vorhandene Leistungsfähigkeit in dem genannten Sinne zu substituieren. Auf diese Weise gewinnt die Kommune ein Stück Eigenverantwortung für die Verkehrsüberwachung zurück, auf das sie sonst verzichten müsste. Aus dieser Perspektive ist die Einschaltung Privater in die Geschwindigkeitsüberwachung eine kommunalfreundliche Lösung, die bei der Interpretation des Merkmals „Leistungsfähigkeit" entsprechend zu würdigen ist.

Schließlich kann man die hier vertretene Auffassung auf eine Empfehlung des Arbeitskreises VI des Deutschen Verkehrsgerichtstages stützen, der sich jüngst zur Beteiligung Privater an der Verkehrsüberwachung geäußert hat. Die Stellungnahme betraf zwar nicht den fließenden, sondern den ruhenden Verkehr. Diesen beiden Erscheinungsformen ist jedoch gemeinsam, dass die Verkehrsüberwachung insgesamt eine hoheitliche Aufgabe ist und Ergebnisse deshalb als auch zulässiger Vergleichsmaßstab für den fließenden Verkehr dienen können. In der Empfehlung Nr. 5 heißt es:

„Die Einbindung weisungsabhängiger Privater in die Organisationshoheit der Behörde durch Arbeitnehmerüberlassung oder als Verwaltungshelfer zum Zwecke intensiver Kontrollen ist jedoch eine Organisationsentscheidung, die rechtlich möglich ist"[238].

XII. Plädoyer für eine Unterstützung Privater bei der Überwachung des fließenden Verkehrs

Die beschriebene Verfassungsmäßigkeit und Notwendigkeit einer Unterstützung von Polizei und örtlichen Ordnungsbehörden bei der Überwachung des fließenden Verkehrs wird abgesehen von den bereits bisher erwähnten Stimmen von unterschiedlichen Kreisen aus Politik, Praxis und Wissenschaft geteilt[239]. So hat sich etwa der frühere Landesinnenminister von Brandenburg, *Jörg Schönbohm*, kürzlich dafür eingesetzt, dass Sicherheitsdienstleister unter bestimmten Rah-

---

236 OVG Lüneburg, DVBl. 2010, S. 916 f.
237 Runderlass des Brandenburgischen Ministeriums des Innern v. 15.9.1996, Punkt 3.1.
238 Empfehlung des Arbeitskreises VI des Deutschen Verkehrsgerichtstages anlässlich der Tagung vom 26.-28.1.2011.
239 Siehe näher *Stober*, Gesetzlich normierte Kooperation, 2007. S. 43 ff. m. w. N.

menbedingungen auch eine Unterstützungsfunktion für die Polizei bei der Überwachung des fließenden Verkehrs übernehmen können[240]. Diese Idee ist schon ziemlich lange bekannt. So wurde bereits im Jahre 1995 in dem Handbuch des privaten Sicherheitsgewerbes aufgeführt, eine weitere Aufgabe Privater sei die Geschwindigkeitskontrolle. Hier finde bereits ein Übergang der ursprünglich ausschließlich polizeilichen Tätigkeit an kommunale Behörden statt, die unter dem Gesichtspunkt der leeren Kassen über Entlastungsmöglichkeiten nachdenken und gemeinsame Betreibergesellschaften gründen könnten. Es gebe wenig Gründe, warum Polizeibeamte die als „Starenkästen" bekannten Fotoapparaturen mit neuen Filmen bestücken und die belichteten Aufnahmen entsorgen. Die zur Dokumentation benötigten Filmkassetten könnten vor dem Einlegen versiegelt werden[241]. Ähnlich argumentieren *Stolzlechner/Horvath* für Österreich. Sie weisen daraufhin, dass es sich bei der „Durchführung von Geschwindigkeitsmessungen im Allgemeinen sowie mittels Radarmessgeräten im Besonderen ... um eine behördliche Hilfstätigkeit zur Verkehrsüberwachung" handle[242]. Deshalb sei auch die „Beziehung von Verwaltungshelfern ... zur Tatsachenfeststellung im Rahmen der Überwachung des fließenden oder ruhenden Verkehrs" möglich[243].

---

240 *Schönbohm*, in: Stober (Hg.), Jahrbuch des Sicherheitsgewerberechts, 2010, S. 63 (65).

241 *Röder*, in: Glavic (Hg.), Handbuch des privaten Sicherheitsgewerbes, 1995, S. 367.

242 *Stolzlechner/Horvath*, in: Stober (Hg.),Jahrbuch, des Sicherheitsgewerberechts 2008/2009, 2010, S. 3, 18 f.; *Pitschas*, Polizei und Sicherheitsgewerbe, 2000, S. 66.

243 *Wolfgang Weiß*, in: Stober (Hg.), Neues Sicherheitsdenken, 2005, S. 9, 23; s. ferner m. w. N. *Peilert*, in: Stober (Hg.), Die Regelung der Zusammenarbeit, 2006, S. 15, 30 ff.

H. Rechtliche Zulässigkeit von Verkehrssicherheitspartnerschaften zur wirksamen Geschwindigkeitsüberwachung

I. Allgemeine Zulässigkeit nach der Erlasslage in den Bundesländern

1. Unklarer Befund und lückenhafte Erlasssituation

Von der aus unterschiedlichen Richtungen aufgezeigten Notwendigkeit von Verkehrssicherheitspartnerschaften zur Geschwindigkeitsüberwachung ist die Frage nach der rechtlichen Zulässigkeit derartiger Kooperationen von Polizei und Ordnungsbehörden mit Privaten zu unterscheiden, die nunmehr zu vertiefen ist.

Die juristische Ausgangslage ist schon im Hinblick auf die dargelegte föderale Ausgestaltung des Polizei- und Ordnungsrechts uneinheitlich. Hinzu kommt, dass mehrere Erlasse schon älteren Datums sind, weshalb sie die aufgezeigte jüngere Entwicklung in Rechtspolitik, Rechtswissenschaft und Verwaltungsrechtspraxis nicht ausreichend berücksichtigen konnten. Sie sind deshalb im Lichte der gegenwärtigen Rechts- und Sachstandes zu interpretieren. Rechtsprechung liegt zu diesem Themenkomplex nur für bestimmte Tätigkeiten und für einzelne Prozessschritte vor[244]. Im Schrifttum wird die Beteiligung Privater an der Geschwindigkeitsüberwachung meistens im Kontext mit anderen Ordnungsaufgaben abgehandelt[245]. Insbesondere fällt auf, dass grundlegende Abhandlungen über die Verkehrsüberwachung unter Beteiligung von Privaten aus den Jahren 1995 bis 1998 stammen[246]. Diese Konzentration erklärt sich daraus, dass damals eine Serie von Entscheidungen erging, die dann publizistisch aufgearbeitet wurde[247]. Das ist ein in der Rechtswissenschaft häufig zu beobachtender Vorgang, die reaktiv zur Spruchpraxis Stellung nimmt, ohne aber häufig

---

244 Siehe etwa OLG Frankfurt, NJW 1995, 2570 zum Aufbau und zur Wartung ortsfester Anlagen; BayObLG, DÖV 1997, S. 601 zum eigentlichen Messvorgang; AG Alsfeld, NJW 1995, S. 2576 zur Messung ohne Beamte und Angestellte der Ordnungsbehörde.

245 Siehe etwa *Mohrdieck*, Privatisierung im Bereich öffentlicher Verkehrsräume, 2004; *Nünke*, Verwaltungshilfe und Inpflichtnahme, 2005.

246 *Radtke*, NZV 1995, 428 ff.; *Steiner*, DAR 1996, 272 ff.; *Ronellenfitsch*, DAR 1997,147 ff.; *Waecher*, NZV 1997, 329 ff.; *Steegmann*, NJW 1997, 2157 ff.; *Nitz*, NZV 1998, 11 ff.

247 Siehe auch das umfassende Literaturverzeichnis bei Burhoff/Neidel/Grün (Hg.), Messungen im Straßenverkehr, 2010, Teil 3 vor Rn. 14a.

den Gesamtzusammenhang mit zu behandeln.[248] Seither gibt es nur vereinzelte Stellungnahmen, die auch neuere Tendenzen und staatswissenschaftliche Paradigmenwechsel einbeziehen[249]. Gleichzeitig gibt es jüngere Beiträge, die sich ebenfalls weitgehend auf den Stand des letzten Jahrhunderts beziehen[250]. Beispielhaft für diese defizitäre Aufarbeitung und fehlende Aktualisierung sei verwiesen auf das von Burhoff/Neidel/Grün in der 2. Auflage im Jahre 2010 herausgegebene Standardwerk zu Messungen im Straßenverkehr, das lediglich in einer kurzen Notiz unter Bezugnahme auf ausgewählte ältere Literatur zur Zulässigkeit und den Voraussetzungen einer Einschaltung Privater Stellung bezieht[251].

Angesichts dieses unklaren Befundes, bei dem insbesondere der ergangenen Rechtsprechung keine eigenständige Bedeutung für die hier zu lösenden Fragestellungen zukommt[252], bedarf es einer grundlegenden Analyse die sich zunächst – mangels anderer und insbesondere höherrangiger rechtlicher Erkenntnisquellen – an der Erlasslage in den einzelnen Bundesländern zu orientieren hat, die nachfolgend dargestellt wird.

Allerdings war es trotz umfangreicher Bemühungen nicht möglich, sämtliche relevanten Verwaltungsvorschriften, Rundschreiben, allgemeine Weisungen u.s.w. zu dem hier zu erörternden Themenfeld zu beschaffen[253]. So baten die angefragten Stellen teilweise um Verständnis, dass von einer Übersendung innerdienstlicher Vorschriften abgesehen werde. Immerhin wurden in diesem Zusammenhang Informationen in Gestalt von Auskünften zur Verfügung gestellt, die in dem Gutachten verwertet wurden[254]. Die weiteren Ausführungen basieren deshalb auf dem geschilderten Befund, dem exemplarische Bedeutung zukommt.

2. Der konkrete Erlassbefund

Sehr deutlich behandelt ein Erlass des brandenburgischen Ministeriums des Inneren zur Überwachung der Einhaltung zulässiger Höchstgeschwindigkeiten die Beteiligung privater Dritter[255]. Danach wird unter Punkt 5.1 festgehalten, die

---

248 Siehe etwa *Janker*, DAR 1989, 172 ff.
249 Siehe etwa zu einer jüngeren Auseinandersetzung *Ludger Stienen*, Privatisierung und Entstaatlichung der inneren Sicherheit, 2011, S. 203 ff. unter dem Aspekt Verfolgung von Ordnungswidrigkeiten und Straftaten.
250 *Rebler*, SVR 2011, 1 ff; *Brenner*, SVR 2011, 129 ff.
251 *Burhoff/Neidel/Grün* (Hg.), a. a. O., Teil 3 Rn. 24.
252 Ebenso *Klüver*, Beleihung im Sicherheitsgewerbe, 2006, S. 262 und 280.
253 Siehe dazu auch Burhoff/Neidel/Grün (Hg.), Messungen im Straßenverkehr, 2. Aufl. 2010; Anhang, S. 916 m. w. N.; *Sobisch*, DAR 2010, 48 ff.
254 Schreiben der Polizei Hamburg v. 25.1.2011 und des baden-württembergischen Ministeriums für Umwelt, Naturschutz und Verkehr v. 26.1.2011.
255 Erlass v. 15.09.1996.

Überwachung der Einhaltung zulässiger Höchstgeschwindigkeiten stelle eine hoheitliche Aufgabe dar, die nur durch die zuständigen Hoheitsträger (Polizei und Ordnungsbehörden) wahrgenommen werden könne[256]. Ferner heißt es dort:

„Beschäftigte privater Dritter dürfen als technische Hilfskräfte nur für nichthoheitliche Aufgaben nach Maßgabe der Nummer 5.7 eingesetzt werden."

Darüber hinaus wird festgehalten, dass fiskalische[257] oder kommerzielle Gesichtspunkte keine Berücksichtigung finden dürfen, weshalb eine Vereinbarung unzulässig ist, die eine finanzielle Beteiligung für private Dritte, zum Beispiel an den Verwarn- und Bußgeldaufkommen, vorsieht (Punkt 5.7.5). Nach Punkt 5.7, der sich der Aufgabenabgrenzung zu technischen Hilfskräften privater Dritter widmet, wird darauf hingewiesen, dass die allgemeine Verantwortung für die Durchführung der Geschwindigkeitskontrolle den Bediensteten der Ordnungsbehörde obliegt, welche die Messungen persönlich durchführen. Unbeschadet dieser amtlichen Verantwortung dürfen sich die Ordnungsbehörden nach Punkt 5.7.4

„technischer Hilfskräfte privater Dritter nur für die nachstehend abschließend aufgeführten Handlungen bedienen:

a. Führung der Messfahrzeuge

b. Hilfe bei der Aufstellung, Justierung und bei dem Abbau der Geräte

c. Überprüfung der Funktionssicherheit und Übergabe der Messgeräte im betriebsbereiten Zustand

d. Filmwechsel und Beseitigung technischer Ausfälle

e. Aufbau und Wartung ortsfester Anlagen."[258]

Ähnlich formuliert der hessische Erlass v. 26.1.2001, Punkt 2.2, wonach keine Bedenken bestehen, dass eine Privatperson einer örtlichen Ordnungsbehörde technische Hilfe leistet. Sie kann darin bestehen, dass Private ein mobiles Geschwindigkeitsmessgerät aufbauen und als Fotolabor fungieren. Diese Regelung entspricht auch der sächsischen Rechtslage, die aber noch darüber hinausgeht, indem sie das Einlegen und die Entnahme des Filmmaterials, die Teilnahme an der Messung sowie die Filmentwicklung erwähnt[259].

Ergänzend wird unter Punkt 5.7.3 des brandenburgischen Erlasses festgestellt, dass eventuell eingesetzte technische Hilfskräfte privater Dritter als Zeugen nur für die Gewährleistung der Funktionssicherheit der Messgeräte gegenzeichnen können. Ferner sind Vereinbarungen unzulässig, die eine finanzielle Beteiligung

---

256 Siehe auch hessischer Erlass v. 26.1.2001, Punkt 1.

257 Erlass über die Verfolgung von Geschwindigkeitsverstößen des Bayerischen Staatsministeriums v. 12.05.2006, Punkt 1.1.

258 Unter ausdrücklichem Bezug auf OLG Frankfurt, NJW 1995, 2570 f.

259 Sächs. Verwaltungsvorschrift i. d. F. v. 20.8.2003, Punkt 5.2.; ähnlich ist die Rechtslage auch in Baden-Württemberg, Auskunft v. 26.1.2011.

für private Dritte, zum Beispiel an den Verwarn- und Bußgeldaufkommen vorsehen.

Der brandenburgische Runderlass bleibt jedoch nicht bei der Aufgabenabgrenzung zwischen Polizei und Privaten stehen, sondern nimmt ausführlich Stellung zu den persönlichen und qualitativen Anforderungen, die an einzusetzende technische Hilfskräfte zu stellen sind. Danach müssen private Dritte durch Führungszeugnis nach § 30 BZRG nachweisen, dass keine Tatsachen vorliegen, die sie für die Tätigkeit als Unternehmer oder als technische Hilfskräfte bei der Geschwindigkeitskontrolle als unzulässig erscheinen lassen (Punkt 6.3.1). Ferner enthält der Erlass Passagen hinsichtlich der Ausgestaltung der Vereinbarung bzw. Verträge, die mit privaten Dritten geschlossen werden (z. B. Kündigungsrecht Punkt 6.3.2). Unter der Überschrift „Verwertung der Messungen" heißt es, es sei sicherzustellen, dass keine Daten beim Auftragnehmer zurück bleiben, wenn private Dritte Filme bis zum Negativ entwickeln oder bei der Erstellung des Messprotokolls oder anderer Datensätze beteiligt sind (Punkt 7.1). Noch präziser formuliert der Erlass aus Mecklenburg-Vorpommern, der davon spricht, dass „private Anbieter das Beweismaterial aufbereiten" (Punkt 6.1 und 6.2). Besondere Aufmerksamkeit wird schließlich dem Datenschutz gewidmet, weil den Kommunen aufgegeben wird, durch vertragliche Vereinbarungen zu gewährleisten, dass bei der Inanspruchnahme privater Dritter für Leistungen nach diesem Erlass das Datenschutzrecht eingehalten wird und Unteraufträge ausgeschlossen werden (Punkt 8.2)[260]. Schließlich sind die als technische Hilfskräfte eingesetzten Mitarbeiter privater Dritter zur Wahrung des Datengeheimnisses nach § 6 Bbg DSG zu verpflichten (Punkt 8.3)[261].

Über diese Aussagen hinaus hält der vom Wirtschaftsministerium des Landes Mecklenburg-Vorpommern herausgegebene Erlass unter Punkt 4.1 fest, dass zur Durchführung der Geschwindigkeitsüberwachung „Geräte und Fahrzeuge gemietet werden" können[262] und dass Zertifikate von „Herstellern der Mess-und Auswertetechnik oder von Händlern und Vermietern dieser Technik" anerkannt werden (Punkt 5.3).

Ähnlich ausführlich befasst sich die bayerische Bekanntmachung über die Verfolgung und Ahndung u. a. von Geschwindigkeitsverstößen durch Gemeinden[263] unter Punkt 1.15 mit der „Beteiligung Privater an der kommunalen Verkehrsüberwachung". In dem Rundschreiben wird einleitend festgehalten:

„Die Beauftragung Privater mit der eigenständigen Feststellung und Verfolgung von Verstößen im Rahmen der kommunalen Verkehrsüberwachung ist unzulässig".

---

260 Siehe auch Punkt 2.2 des hessischen Erlasses v. 26.1.2001.
261 Siehe auch *Sellmann*, NVwZ 2008, 817, 821.
262 Erlass v. 22.12.1995 i. d. F. v. 1.3.2003.
263 Bekanntmachung v. 12.5.2006.

In diesem Zusammenhang wird auf die mehrfach erwähnte Entscheidung des Bayerischen Obersten Landesgerichtes aus dem Jahre 1997 verwiesen[264]. Ferner heißt es, die Einbeziehung Privater sei nur „gemäß der nachstehend geregelten Modalitäten zulässig". Dabei müsse sichergestellt sein, dass die Gemeinde „Herrin" des Ermittlungsverfahrens bleibe[265]. Dementsprechend sind „Hilfstätigkeiten" gestattet, die nicht hoheitlicher Natur sind. Im Einzelnen gestattet der bayerische Erlass eine private Mitwirkung bei den folgenden Prozessschritten, wobei die Gemeinde mit einem privaten Unternehmen zusammen arbeiten kann (Punkt 1.15.2 und 2.5):

Tätigkeit der Gemeinden	Tätigkeiten privater Unternehmen
– Geschwindigkeitsüberwachung – Ort, Zeit, Umfang der Kontrolle	– Anmietung, Leasing und Wartung des Überwachungsgerätes
– Beaufsichtigung durch fachkundigen Bediensteten, der die Messungen verantwortlich leitet	– Bedienungspersonal des Überwachungsgerätes – Filmentwicklung, Filmauswertung
– Feststellung eines Verstoßes, Einholung der Auskünfte vom Verkehrszentralregister	– Erstellung der Halteranfrage an das Kraftfahrt-Bundesamt
– Entscheidung, ob Anhörungsbogen oder Verwaltungsangebot erstellt wird – Versand des Anhörungsbogens oder des Verwarnungsangebotes	– Erstellung des Anhörungsbogens oder des Verwarnungsangebotes
– Entscheidung, ob Bußgeldbescheid erlassen wird – Überprüfung, Erlass und Versand des Bußgeldbescheides	– Erstellung des Bußgeldbescheides

Auch dieser Erlass greift datenschutzrechtliche Fragen auf, indem er den Gemeinden aufgibt, „sicherzustellen, dass die beauftragten Unternehmen keine Daten aus dem Verfahren speichern bzw. Unterlagen oder Duplikate behalten, nutzen oder sonst verarbeiten" und darauf abhebt, dass die erforderlichen tech-

---

264   BayObLG, DAR 1997, 206 ff.
265   Siehe auch die Auskunft aus Baden-Württemberg v. 26.1.2011.

nischen und organisatorischen Maßnahmen zur Wahrung des Datenschutzes getroffen werden. Er verlangt ferner von den privaten Mitarbeitern eine Verpflichtung nach dem Verpflichtungsgesetz für nichtbeamtete Personen sowie die Aufnahme einer Textpassage in den zu schließenden Verträgen, wonach sich das Privatunternehmen hinsichtlich der zu erbringenden Hilfstätigkeiten der datenschutzrechtlichen Kontrolle des Bayerischen Landesbeauftragten für den Datenschutz unterwirft. Demgegenüber hält Anlage 1 (Geschwindigkeitsüberwachung) der sächsischen Verwaltungsvorschrift[266] unter Punkt 8 fest, dass eine Datenverarbeitung im Auftrag nicht stattfindet.

Im Gegensatz zu den weitgehend identischen Erlassen für Brandenburg, Mecklenburg-Vorpommern und Rheinland-Pfalz befassen sich andere einschlägige Erlasse, wie die systematische Auswertung belegt, kaum oder nicht mit dem Einsatz Privater bei der Geschwindigkeitsüberwachung und erst recht nicht mit damit verbundenen datenschutzrechtlichen Aspekten[267]. Zahlreiche Erlasse nehmen zu dieser Frage überhaupt keine Stellung. Ähnlich verhält es sich mit den zu begründenden Rechtsverhältnissen zwischen der öffentlichen Hand und dem Auftraggeber. Nur ausnahmsweise und nur für bestimmte Pflichtenbereiche weisen Erlasse auf den Abschluss von Vereinbarungen oder Verträgen und konkretisierenden Ausgestaltungen hin. Andere Erlasse sehen Hilfspolizeibeamtinnen und Hilfspolizeibeamte als geeignetes Überwachungspersonal bei der Durchführung von Geschwindigkeitsüberwachungsmaßnahmen an[268]. Der einschlägige Erlass des Landes Niedersachsen wiederum hält ausdrücklich fest, dass die Übertragung von Verkehrsüberwachungsaufgaben hinsichtlich deren Ausführung auf Private ausgeschlossen ist. In diese Richtung zielt auch die saarländische Formulierung des Erlasses v. 29.4.2004, die unter Bezugnahme auf einen Beschluss des BayObLG[269] darauf abhebt, dass die systematische Ermittlung, Dokumentation Verfolgung und Ahndung von Verkehrsverstößen rechtlich gesehen eine Einheit darstelle. Deshalb würde ein Herauslösen einzelner Ermittlungsschritte den Bereich funktionell originärer Staatsaufgaben berühren. In einer ergänzenden saarländischen Richtlinie über die polizeiliche Verkehrsüberwachung wird unter Punkt 1 konkretisierend hinzugefügt:

„Private Dienstleister scheiden für die Wahrnehmung dieser Aufgabe mangels hoheitlicher Befugnisse aus grundsätzlichen Erwägungen aus".

---

266 Sächsische Verwaltungsvorschrift i. d. F. v. 20.8.2003.
267 Siehe aber das Rundschreiben des Ministeriums des Innern und für Sport Rheinland-Pfalz i. d. F. v. 24.8.2004, Punkt 3.10.
268 Erlass des Landes Rheinland-Pfalz i. d. F. v. 24.8.20004; Hessischer Erlass v. 26.1.2001, Punkt 2.0.
269 BayObLG, DAR 1997, 206 ff.

II. Beteiligungsvarianten nach der Erlasslage

Legt man die von *Sobisch* im Jahre 2010 publizierte Übersicht über Richtlinien der Bundesländer zur Geschwindigkeitsüberwachung zugrunde[270], dann ergeben sich nach dieser Auswertung hinsichtlich der Beteiligung Privater bei der Geschwindigkeitsmessung drei Alternativen. Sie reichen von „Nein" über eine zulässige technische Unterstützung als Hilfskraft bis zu einem ausdrücklichen Ausschluss Privater. Unter die Rubrik „Nein" fallen nach dieser Aufstellung angeblich die Bundesländer Baden-Württemberg, Bayern, Berlin, Hamburg, Nordrhein-Westfalen, Schleswig-Holstein und Thüringen.

Dieser Befund erweckt einen falschen Eindruck und gibt die Erlasslage nicht zutreffend wider. Zum einen wird des kategorische „Nein" nicht näher begründet. Es wird vielmehr, soweit ersichtlich, darauf gestürzt, dass die einschlägigen Erlasse keine Regelungen enthalten. Der Schluss von der Nichtregelung auf eine Nichtbeteiligung Privater ist aber nicht zwingend. Zum anderen wird Bayern unter die Rubrik „Nein" eingeordnet, obwohl dort die Hinzuziehung Privater normiert ist. Schließlich wird für das Land Hessen das Institut des Hilfsbeamten übersehen, der als Unterstützungskraft ebenfalls in Betracht kommt. Bei gründlicher Analyse der föderalen Erlasse schälen sich stattdessen vier unterschiedliche Varianten hinsichtlich der Beteiligung Privater an der Geschwindigkeitsüberwachung heraus:

– Private Unternehmen und Hilfskräfte einschließlich im Rahmen einer Arbeitnehmerüberlassung können zur (technischen) Unterstützung hinzugezogen werden (Baden-Württemberg, Bayern, Brandenburg, Hessen, Mecklenburg-Vorpommern, Rheinland-Pfalz, Sachsen, Sachsen-Anhalt)

– Hilfspolizeibeamte können zur technischen und weiteren Unterstützung beitragen (Rheinland-Pfalz)

– Der Beitrag Privater ist nicht geregelt (Berlin, Bremen, Hamburg, Nordrhein-Westfalen, Thüringen)

– Der Beitrag Privater ist ausdrücklich ausgeschlossen (Niedersachsen, Saarland).

Vergleicht man diese Strukturierung mit der im Sachverhalt geschilderten Verwaltungspraxis, dann ergibt sich, die aufgezeigten Geschäftsmodelle auch in Gemeinden von Bundesländern umgesetzt werden, die keine Regelung zur Beteiligung Privater enthalten (Nordrhein-Westfalen und Thüringen). Hingegen lässt sich geographisch betrachtet weder ein Nord-Süd-Gefälle noch ein Ost-West-Gefälle bezüglich einer zulässigen Beteiligung Privater ausmachen, da die ausgewerteten Erlasse zu unterschiedlich angelegt sind.

---

270 *Sobisch*, DAR 2010, 48 ff.

Meistens wird von Beschäftigten privater Dritter gesprochen, die als technische Hilfskräfte eingesetzt werden. Teilweise ist auch von Unternehmen die Rede. Eine Differenzierung – wie sie zutreffender Weise in dem Verkehrsüberwachungserlass von Sachsen-Anhalt[271], Punkt 12 angesprochen wird – ist schon deshalb notwendig, weil sowohl die Hilfskräfte als auch die gegebenenfalls bereitgestellte technische Ausstattung von Unternehmen kommen, die dann Vertragspartner der Polizei oder der örtlichen Ordnungsbehörden sind. Außerdem sind die Anforderungen unterschiedlich. So können manche Pflichten, wie etwa die Beachtung des Datenschutzgeheimnisses, nur natürlichen Personen auferlegt werden und auch bei den zu untersuchenden Prozessschritten existiert eine Rollenverteilung zwischen Unternehmen und eingesetzten Personalkräften.

III. Spezielle Zulässigkeit nach Beteiligungsvarianten

1. Zum Einsatz privater Dritter zur technischen Unterstützung bei der Geschwindigkeitsüberwachung

a. Zur Notwendigkeit einer differenzierenden Betrachtung

Nachdem die unterschiedlichen Beteiligungsvarianten der einzelnen Erlasse herausgearbeitet wurden, kann man sich detailliert mit den Erscheinungsformen befassen, bevor dann die Erlasslage an den für Verkehrüberwachungen notwendigen Prozessschritten gespiegelt wird. Eine Variante ist, dass private Unternehmen und Hilfskräfte zur technischen Unterstützung beitragen können. Hier ist an erster Stelle zu erwähnen, dass etwa der bayerische Erlass zu Recht nicht der strikten, kaum nachvollziehbaren und allgemeiner Rechtsansicht widersprechenden, wohl an die Ansicht von *Steiner*[272] anknüpfenden Rechtsprechung des BayObLG aus dem Jahre 1997[273] folgt, wonach eine unterstützende Verwaltungshilfe wegen eines „unmittelbaren Zusammenhangs mit der funktionell originären Staatsaufgabe der Verfolgung und Ahndung von Ordnungswidrigkeiten" ausscheide. Vielmehr wird die Rechtslage differenzierend interpretiert. Denn die behauptete rechtliche Einheit kann wegen der allgemein anerkannten und praktizierten Zweiteilung sowie Wechselbezüglichkeit der Rechtsordnung hinsichtlich des Privatrechts und des Öffentlichen Rechts[274] aus mehreren rechtlich unterschiedlich zu qualifizierenden Tätigkeiten und Schritten bestehen, die eine Verwaltungshilfe nicht ausschließen[275]. Unabhängig da-

271 Verkehrsüberwachungserlass von Sachsen-Anhalt v. 6.3.2009.
272 *Steiner*, DAR 1996, 272, 274.
273 BayObLG, DAR 1997, 206 ff.
274 *Stober,* in: Wolff/Bachof/Stober/Kluth, Verwaltungsrecht I, §§ 21 f. m. w. N.
275 Vgl. statt vieler *Nitz*, NZV 1998, 11, 14.

von kommt es ferner darauf an, ob die in den Erlassen – teilweise abschließend – aufgeführten Tätigkeiten mit den notwendigen Prozessschritten zur Verkehrsüberwachung bei Geschwindigkeitskontrollen identisch sind bzw. ob noch weitere Tätigkeiten in Betracht kommen. In diesem Zusammenhang ist auch auf den Abschluss von damit verbundenen Verträgen einzugehen, die Basis für Dienstleistungen im Rahmen der Geschwindigkeitsüberwachung sind.

Hinsichtlich der Zulässigkeit der technischen Unterstützung durch private Dritte ist zunächst daran zu erinnern, dass sich die öffentliche Hand auch in anderen Zusammenhängen der technischen Hilfe von Privatunternehmen bedient, ohne dass diese Beiträge juristisch beanstandet werden. Man denke nur an die Aufstellung, Einstellung sowie den Betrieb von Ampelanlagen, für die auf die Kompetenz der Gerätehersteller zurückgegriffen wird. Insoweit unterscheiden sich die Kooperationen mit der Polizei und örtlichen Ordnungsbehörden bei der Geschwindigkeitsüberwachung nicht von dieser allgemein akzeptierten technischen Unterstützung mit der das Ziel Verkehrssicherhit wirksam erreicht wird.

b.   Zur Bedeutung des sachgerechten Einsatzes der
       Verkehrsüberwachungstechnik

Soweit in einzelnen Erlassen für den Einsatz Privater bestimmte Tätigkeiten genannt werden und zusätzlich teilweise darauf hingewiesen wird, dass insoweit keine Bedenken gegen die Hilfeleistung bestehen, ist problematisch, wie diese Aufzählungen und Formulierungen zu interpretieren sind. Unbeschadet der stets bestehenden Gesamtverantwortung der Polizei und der kommunalen Ordnungsbehörden für die Geschwindigkeitsüberwachung ist festzuhalten, dass nicht aufgeführte Tätigkeiten oder solche, gegen die eventuell bei negativer Lesart Bedenken bestehen, nicht automatisch verboten sind. Das ist deshalb nicht der Fall, weil die einzelnen Ländererlasse Beiträge Privater in unterschiedlicher Breite und Tiefe zulassen. Vielmehr ist unter Berücksichtigung sämtlicher Erkenntnisse auszuloten, ob und inwieweit weitere Dienstleistungen verfassungs- und verwaltungskonform und kommunalfreundlich ausgestaltet sind.

Vorab kann jedoch nach Auswertung der Erlasse zur Geschwindigkeitsüberwachung festgehalten werden, welche Bedeutung dem Einsatz von Verkehrsüberwachungstechnik unter Einbeziehung privater Geschäftsmodelle zukommt. So weist etwa der Verkehrsüberwachungserlass von Sachsen-Anhalt[276] unter Punkt 6 darauf hin, dass zu den Mitteln und Methoden der Verkehrsüberwachung u. a. die „Überwachung durch automatische Verkehrsüberwachungstechnik" gehört. Konkretisierend heißt es in der saarländischen Richtlinie für die polizeiliche Verkehrsüberwachung unter Punkt 6, die Verkehrsüberwachungstechnik sei als eigentlicher Sachbeweis im Rahmen der Beweisführung unentbehrlich. Zu Recht wird ergänzt, der Einsatz von Verkehrsüberwachungstechnik

---

276 Verkehrsüberwachungserlass v. 6.3.2009.

sei daher eine wichtige Voraussetzung für die Rechtssicherheit, insbesondere in Ordnungswidrigkeitsverfahren. Folglich wird in sämtlichen Erlassen großen Wert auf eine aufgabenbezogene Schulung des Personals gelegt, das mit den Überwachungsaufgaben befasst ist. Dabei richtet sich die Fachunterweisung nach rechtlichen und technischen Vorgaben, wobei betont wird, dass die Auswertung des Beweis- und Dokumentationsmaterials entsprechend der Bedienanleitung des Herstellers zu erfolgen hat[277]. Bei dieser Ausgangslage bestehen keine Zweifel, dass es besonders sachgerecht ist, wenn Personal der Herstellerfirma des Überwachungsgerätes als technische Unterstützung intensiv in die Vorgänge um die Geschwindigkeitsmessung eingebunden ist. Denn auf diese Weise ist sichergestellt, dass die Technik einwandfrei installiert, betrieben und gewartet wird und die Vorgänge sachgerecht ausgewertet werden, während sich die Polizei und die Ordnungsbehörden voll auf ihre eigentliche Hoheitsaufgaben im Rahmen der Verkehrsüberwachung konzentrieren können. Entscheidend kommt es bei der automatischen Verkehrsüberwachung auf die Funktionsfähigkeit der Technik an[278], die am besten durch den Einsatz von Herstellerpersonal gewährleistet ist.

2. *Zum Einsatz von Hilfspolizeibeamten und überlassenen Arbeitnehmern zur Unterstützung bei der Geschwindigkeitsüberwachung*

a. Einsatz von Hilfspolizeibeamten

Üblicherweise erfolgt die Unterstützung der Polizei und der kommunalen Ordnungsbehörden bei der Geschwindigkeitsüberwachung durch das Institut der Verwaltungshilfe. Da in manchen Tätigkeitsfeldern unklar ist, ob es sich noch um eine technische oder anderweitige Unterstützung oder bereits um eine hoheitliche Tätigkeit handelt, bietet es sich an, auf die mehrfach erwähnte Rechtsfigur des Hilfspolizeibeamten zurückzugreifen, dem auch einzelne polizeiliche Befugnisse eingeräumt werden können, die im Zusammenhang mit der Ausführung der Geschwindigkeitsmessung relevant werden. Davon kann vor allem dann Gebrauch gemacht werden, wenn in einzelnen Bundesländern juristische Bedenken bestehen, „einfache" Verwaltungshelfer bei der Verkehrsüberwachung einzusetzen. Insofern sei etwa an die hessische Regelung erinnert, wonach bestimmte Tätigkeiten aufgeführt sind, gegen die ausweislich des Erlasses hinsichtlich der Einschaltung Privater „keine Bedenken" existieren. Voraussetzung ist allerdings, dass der Hilfspolizeibeamte von seinen Kenntnissen her in der Lage ist, die Durchführung zu überwachen[279]. Das ist bei dem Einsatz von

---

277 Verkehrsüberwachungserlass von Sachsen-Anhalt v. 6.3.2009, Punkt 10.2.5.
278 Siehe ausführlich dazu Anlage 2 Punkt 7 der Richtlinie des Landes Thüringen v. 20.9.1991.
279 OLG Frankfurt, NJW 1995, 2570.

Personal des Geräteherstellers als Hilfspolizeibeamte mindestens dann zu bejahen, wenn eine ordnungsbehördliche Schulung erfolgt. Diese Erscheinungsform der Verwaltungshilfe hat ferner den Vorteil, dass ein amtliches Handeln vorliegt und der Hilfspolizeibeamte schon deshalb verpflichtet ist, das Datenschutzgeheimnis zu wahren. Jedenfalls handelt es sich bei dem Einsatz von Hilfspolizeibeamten bei der Geschwindigkeitsüberwachung um eine rechtsstaatlich saubere Lösung, weshalb sowohl der rheinland-pfälzische (Punkt 3.7) als auch der hessische Erlass (Punkt 2) zutreffend auf dieses Institut verweisen.

b.   Einsatz Privater im Wege der Arbeitnehmerüberlassung
       („Beauftragtenmodell")

Nach der bayerischen Erlasslage kann explizit Personal privater Dienstleister mit selbständigen Aufgaben im Wege der Arbeitnehmerüberlassung nach Maßgabe des Arbeitnehmerüberlassungsgesetzes betraut werden.

Die Entleihfirma bedarf hierfür einer Erlaubnis der Bundesagentur für Arbeit. Bei der Arbeitnehmerüberlassung schließt die Kommune als Entleiher mit dem privaten Unternehmen einen Überlassungsvertrag. Ein Arbeitsvertrag besteht nur zwischen der Verleihfirma und dem Leiharbeitnehmer, so dass der Leiharbeitnehmer für die Zeit der Überlassung an die Kommune bei dem Verleiher angestellt bleibt[280]. Der Verleiher überträgt dem Entleiher aber die Befugnis, dem überlassenen Arbeitnehmer Weisungen zu erteilen so dass er bei seiner Tätigkeit gegenüber dem Entleiher weisungsgebunden ist[281]. Zudem ist es möglich, den Leiharbeitnehmer gleichzeitig an verschiedene Entleiher zu verleihen[282]. Die Verleihbefugnis steht aber nur dem Verleiher zu, nicht der entleihenden Kommune[283].

Zu diesem „Beauftragungsmodell", in dem der private Vertragspartner der Gemeinde Arbeitnehmer nach Maßgabe des Arbeitnehmerüberlassungsgesetzes zur Verfügung stellt, hat das BayObLG ausgeführt, dass eine solche Praxis nicht zulässig ist, wenn die Leiharbeitnehmer – ungeachtet ihrer notwendigen persönlichen und fachlichen Eignung und ihrer eingeschränkten Rechte und Pflichten gegenüber dem Entleiher – nicht in die Gemeindeverwaltung physisch, räumlich und organisatorisch integriert sind[284].

Weiter wird durch Erlass des Innenministeriums präzisiert: Die Leiharbeiter „müssen der für das Verfahren zuständigen Organisationseinheit der Gemeinde zugeordnet und deren Leiter unterstellt werden. Keinesfalls ist es möglich, dass

---

280   Vgl. Bek. StMI KVÜ v. 12.05.2006, Ziff. 1.15.3 (AllMBl. S. 161).
281   Hierzu Bek. StMI KVÜ v. 12.05.2006, Ziff. 1.15.3 (AllMBl. S. 161).
282   Siehe Bek. StMI KVÜ v. 12.05.2006, Ziff. 1.15.3 (AllMBl. S. 161). Danach kann
      der Leiharbeitnehmer tageweise bei verschiedenen Kommunen oder an einem Tag
      bei verschiedenen Kommunen eingesetzt werden.
283   Vgl. Bek. StMI KVÜ v. 12.05.2006, Ziff. 1.15.3 (AllMBl. S. 161).
284   BayObLG, Beschl. v. 05.03.1997 – 1 ObOWi 785/96 – BayVBl. 1997, 413.

die Leiharbeitnehmer die gemeindlichen Aufgaben vom Sitz der Verleihfirma aus erledigen. Wenn der Leiharbeitnehmer in Räumlichkeiten tätig werden muss, die zwar innerhalb des Gemeindebereichs liegen, aber nicht im Gemeindeeigentum stehen, so hat die Gemeinde, nicht die Verleihfirma die Räumlichkeiten anzumieten und zu unterhalten. In der Regel hat der Leiharbeitnehmer seine Tätigkeit in einem Büro in der Gemeindeverwaltung bzw. von diesem Büro aus zu verrichten."

Liegen diese Voraussetzungen vor, dürfen die Leiharbeiter selbständig Tätigkeiten im Rahmen der Verkehrsüberwachung wahrnehmen, etwa Messungen (Einsatz als „Messtechniker") und/oder erhobene Daten zum Zwecke der Ordnungswidrigkeitenverfolgung auswerten.

3.   *Zum Einsatz privater Dritter zur Unterstützung bei der*
       Geschwindigkeitsüberwachung bei fehlenden Regelungen

Teilweise kann man aus den Erlassen nicht entnehmen, ob und inwieweit private Dritte bei der Geschwindigkeitsüberwachung eingesetzt werden dürfen, weil die Verwaltungsvorschriften dazu keine Ausführungen machen. Dieses Schweigen ist kein Verbot, das ausdrücklich angeordnet werden müsste. Vielmehr ist davon auszugehen, dass das Ermessen von Polizei und örtlicher Ordnungsbehörde bezüglich der Hinzuziehung privater Dritter nicht ausgeschlossen ist und mangels anderweitiger Normierung als selbstverständlich angesehen oder mindestens geduldet wird. Anders gewendet: Die ausdrückliche Erwähnung technischer Unterstützungsleistungen durch private Dritte ist in den Erlassen nicht konstitutiv, sondern lediglich deklaratorisch, weil Verwaltungsbehörden nach der geltenden Rechtslage generell berechtigt sind, zur Erfüllung ihrer Aufgaben im Rahmen der Vorbereitung und Durchführung private Hilfspersonen hinzuzuziehen. Dazu bedarf es weder einer speziellen Ermächtigung noch einer besonderen Hervorhebung in Verwaltungsvorschriften. Das gilt mindestens dann, soweit der Beitrag privater Dritter nicht unmittelbar in die hoheitliche Amtsausübung eingreift und keine gewaltgeneigte Aktivitäten vorgesehen sind. Das ist bei der ausschließlich technischen Hilfe nicht der Fall, die der Leistungsverwaltung bzw. der schlichthoheitlich tätigen Exekutive zuzurechnen ist, während etwa das Anhalten von Fahrzeugen oder der Erlass eines Bußgeldbescheides zu der Eingriffsverwaltung zählt, die über die technische Hilfe für eine Behörde hinausgeht.

Selbst wenn in den Erlasstexten davon die Rede ist, dass bei Geschwindigkeitsabweichungen in der Regel uniformierte Polizeibeamte einzusetzen sind, sagt dieser Grundsatz nichts über eine technische Unterstützung Privater aus. Zum einen sind Ausnahmen gestattet. Und zum anderen passen derartige Normierungen nicht auf die örtlichen Ordnungsbehörden, die nicht über eigene Polizeibeamte verfügen. Und sie betreffen nicht die automatische Geschwindigkeitsmessung, die hier im Mittelpunkt steht. Vielmehr sind entsprechende Erlasse auf polizeiliche Überwachungen zugeschnitten, die mit einer Anhaltebefugnis verbunden sind[285] und die sich vornehmlich auf mobile Kontrollen beziehen, während sich diese Untersuchung auf stationäre Geschwindigkeitsüberwachungen beschränkt. Das bedeutet, dass die zuständigen Überwachungsstellen bei fehlenden Regelungen ebenso gestellt sind, wie wenn die Einschaltung privater Dritter in einer Verwaltungsvorschrift positiv normiert wäre. Aber auch hier kann es sich im Zweifelsfall empfehlen, in der Verwaltungspraxis auf den Hilfspolizeibeamten zu rekurrieren, dessen Status im Polizeirecht allgemein anerkannt ist.

4. *Zum Einsatz privater Dritter zur Unterstützung bei der Geschwindigkeitsüberwachung bei ausdrücklichem Verbot*

a.   Zur Bindung an Richtlinienverbote

Soweit Erlasse der Polizei eine Übertragung von Verkehrsüberwachungsaufgaben auf private Dienstleister kategorisch ausschließen, wie es in Niedersachsen und im Saarland der Fall ist, oder im Rahmen datenschutzrechtlicher Regelungen darauf hinweisen, dass eine Datenverarbeitung im Auftrag nicht stattfindet[286], stellt sich die Frage, ob als örtliche Ordnungsbehörden tätige kommunale Stellen an diese Aussage gebunden sind. Hierzu ist zu bemerken, dass es sich – wie dargelegt – bei der Verkehrsüberwachung um eine originär staatlich und polizeiliche Aufgabe handelt, die nur deshalb auf kommunale Behörden übertragen wird, um staatliche Stellen zu entlasten und die Verkehrssicherheitsarbeit zu optimieren[287], wie es exemplarisch in dem einschlägigen Erlass von Rheinland-Pfalz (Punkt 1) heißt. Es wird mithin eine staatliche Aufgabe übertragen, die nicht zum ursprünglich eigenen kommunalen Wirkungskreis zählt[288], weshalb die Polizei bzw. das zuständige Ministerium auch Weisungen hinsichtlich der Ausführung der Aufgabe Geschwindigkeitsüberwachung erteilen kann. Das Weisungsrecht soll gegenüber den kommunalen Ordnungsbehörden den notwendigen staatlichen Einfluss auf die Erledigung ordnungsbehördlicher Aufgaben durch kommunale Behörden sichern[289] und eine landeseinheitliche Überwa-

---

285 Siehe etwa den Erlass des Landes Baden-Württemberg, Punkt 4.2.
286 Siehe Anlage 1 Verkehrsüberwachung zur sächsischen Verwaltungsvorschrift i. d. F. v. 20.8.2003, Punkt 8.
287 *Ludger Stienen*, Privatisierung und Entstaatlichung der inneren Sicherheit, 2011, S. 203.
288 Siehe etwa die bayerische Richtlinie zur Verfolgung und Ahndung von Geschwindigkeitsverstößen durch Gemeinden v. 12.5.2006, Punkt 1.1; Sächsische Verwaltungsvorschrift i. d. F. v. 20.8.2003, Punkt 5.
289 Siehe etwa Verwaltungsvorschrift zur Durchführung des NW OBG v. 4.9.1980, Punkt 9.1.

chung ermöglichen[290]. In diesem Kontext binden allgemeine Weisungen das Ermessen der Ordnungsbehörden auch hinsichtlich der zweckmäßigen Aufgabenerfüllung, wobei die einheitliche Behandlung des Rechtsstoffes für die Zukunft im Allgemeinen im Vordergrund steht. Gegenstand dieser staatlichen Weisung, die das kommunale Ermessen beschränkt, kann auch der Einsatz privater Dritter bei der Verkehrsüberwachung sein. Von dieser Perspektive aus betrachtet wäre ein Verstoß gegen den Erlass eine Amtspflichtverletzung, falls die Missachtung der Bindung rechtswidrig wäre.

Es ist allerdings zu beachten, dass die Unterstützung Privater bei der Verkehrsüberwachung nicht durch Gesetz verboten, sondern nur nicht richtlinienkonform ist. Die Erlasse können sich auch nicht pauschal auf bisher ergangene Rechtsprechung[291] berufen, die in Einzelfällen nur deshalb zu einer ablehnenden Auffassung kommen, weil entweder eine gesetzliche Ermächtigung für eine Beleihung fehlte, ein hoheitlicher Zusammenhang konstruiert wurde oder der bei der Geschwindigkeitsmessung anwesende Hilfspolizeibeamte mangels Fachkenntnis nicht in der Lage waren, die Durchführung zu überwachen. Diese speziellen Hindernisse sprechen nicht gegen die prinzipielle Unzulässigkeit, sondern verlangen nur geeignete Vorkehrungen. Ähnlich verhält es sich mit der bereits zitierten Aussage der saarländischen Richtlinie für die polizeiliche Verkehrsüberwachung, die sich auf zwei Behauptungen stützt. Zum einen wird eine Beteiligung privater Dienstleister „mangels hoheitlicher Befugnisse" abgelehnt. Dieser Hinweis verkennt die hier herausgearbeitete und in zahlreichen Bundesländern praktizierte Rechtslage, wonach private Dienstleister bei der Einschaltung in die Geschwindigkeitsüberwachung gerade keine hoheitlichen Befugnisse wahrnehmen sollen, sondern nur unterstützende Funktion haben. Vorbildlich wird diese notwendige Differenzierung in dem Verkehrsüberwachungserlass von Sachsen-Anhalt[292] (Punkt 12) bestätigt, der eine Übertragung hoheitlicher Aufgaben auf Private ausschließt, aber gleichzeitig eine Einbeziehung Privater in Form technischer Unterstützung als zulässig erachtet. Diese Hilfstätigkeit wiederum gehört zwar in einen Zusammenhang mit der öffentlich-rechtlichen Verkehrsüberwachung. Es ist aber allgemein anerkannt, wie unter G dargelegt und in der zitierten Verwaltungsvorschrift des Landes Sachsen-Anhalt bekräftigt wurde, dass gleichwohl zwischen der eigentlichen Hoheitsaufgabe und den Leistungen Privater zu trennen ist, wie das unbestrittene Beispiel Beteiligung von Unternehmen an dem Aufbau , dem Betrieb und der Wartung von Ampelanlagen verdeutlicht. Zum anderen sollen private Dienstleister „aus grundsätzlichen Erwägungen" ausscheiden. Das ist eine allgemeine Floskel, die keine sachgerechte Auskunft darüber gibt, aus welchen Gründen der Grundsatz greift und weshalb Ausnahmen nicht möglich sind. Letztlich handelt es sich hier um eine politische und nicht um eine juristische Wertung. Erlasse wiederum können

---

290 Richtlinie für die polizeiliche Verkehrsüberwachung im Saarland, Punkt 0.
291 BayObLG, DÖV 1997, 601; OLG Frankfurt, NJW 1995, 2570.
292 Verkehrsüberwachungserlass v. 6.3.2009.

auf Intervention der hinter den örtlichen Ordnungsbehörden stehenden Kommunen und ihren Verbänden aufgehoben und geändert werden, weil sie nicht zweckmäßig sind und die Bedürfnisse der Kommunen nicht ausreichend berücksichtigen. Außerdem kann das jeweilige Land eine deklaratorische Öffnungsklausel einführen, welche die Beteiligung privater Dritter ermöglicht.

b. Richtlinienverbote und staatliche Ermessensausübung

Unabhängig davon ist bei der staatlichen Ermessensausübung gegenüber kommunalen Ordnungsbehörden folgendes zu berücksichtigen. Entschließt sich eine örtliche Ordnungsbehörde entgegen der Richtlinie private Dritte zur Geschwindigkeitsüberwachung hinzuzuziehen, dann hätte die Richtlinienbehörde zu prüfen, ob das Verhalten auf einem gesetzwidrigen Verstoß der Ordnungsbehörde beruht oder ob das mit den gesetzlichen Vorschriften an sich nicht im Widerspruch stehende Verhalten der Ordnungsbehörde nur aus Zweckmäßigkeitsgründen zu beanstanden ist. In dem zuletzt genannten Fall sieht beispielsweise § 9 Abs. 2 Buchstabe b NW OBG vor, dass eine besondere Weisung auch zur zweckmäßigen Erfüllung der ordnungsbehördlichen Aufgaben ergehen kann, wenn das Verhalten der zuständigen Ordnungsbehörde zur Erledigung ordnungsbehördlicher Aufgaben nicht geeignet erscheint oder überörtliche Interessen gefährden kann. Das bedeutet, dass die Erlassbehörde zum einen das Entschließungsermessen pflichtgemäß ausüben muss und dass sie zum anderen festzustellen hat, ob die Hinzuziehung privater Dritter zur Erledigung ordnungsbehördlicher Aufgaben geeignet erscheint bzw. keine überörtlichen Interessen gefährdet.

Jede Ermessensentscheidung ist zugleich ein Abwägungsprozess, der alle einschlägigen öffentlichen und individuellen Interessen einbeziehen muss, um einzelfallgerechte Entscheidungen[293] auch gegenüber kommunalen Ordnungsbehörden zu ermöglichen und zu gewährleisten. Aus dieser Perspektive hat die Erlassbehörde Verständnis für die mehrfach ausgesprochene finanzielle und personelle Situation der örtlichen Ordnungsbehörden aufzubringen, die häufig nicht in der Lage sind, die technische Ausstattung für Geschwindigkeitsmessungen zu beschaffen und das entsprechende Personal für die Kontrolle bereitzustellen. Diese Überlegung war wohl mit ein Anlass für mehrere Bundesländer, den örtlichen Ordnungsbehörden die Einschaltung privater Dritter ausdrücklich zu gestatten. Vor diesem Hintergrund kann das der Erlassbehörde eingeräumte Ermessen nur dazu führen, dass davon kein Gebrauch gemacht und die Verwaltungspraxis der örtlichen Ordnungsbehörde geduldet wird, soweit die weiteren Voraussetzungen gegeben sind.

---

293 *Stober*, in: Wolff/Bachof/Stober/Kluth, Verwaltungsrecht I, 12. Aufl., § 30 Rn. 38.

c.   Richtlinienverbote als Schutzpflichtverletzung

Hinsichtlich der Geeignetheit ist daran zu erinnern, dass dieser Begriff Bestandteil des rechtsstaatlichen Verhältnismäßigkeitsprinzips ist, der als General-
schranke jeder staatlichen Aktivität fungiert. Geeignet ist eine Maßnahme dann,
wenn der mit ihr verfolgte Zweck wirksam erreicht werden kann, wenn also der
mit der Maßnahme gewünschte Erfolg möglich ist[294]. Zweck der kommunalen
Geschwindigkeitsüberwachung ist, wie bereits dargelegt, die Reduzierung von
Unfällen und die Erhöhung der Verkehrssicherheit. Diese Ziele können aber im
Rahmen der Ermessenzuständigkeit der örtlichen Ordnungsbehörden als Verfolgungsbehörde nach § 47 OWiG[295] nur wirksam erreicht werden, wenn die
örtliche Ordnungsbehörde finanziell, personell und technisch in der Lage ist,
Geschwindigkeitskontrollen in dem erforderlichen Umfang durchzuführen. Die
Erlassbehörde darf die Beteiligung Privater nicht untersagen, wenn dadurch das
polizeiliche Ziel einer effektiven und optimalen Geschwindigkeitsüberwachung
gefährdet wäre oder unterbleiben müsste. In diesem Zusammenhang darf auch
an das fortgeschriebene Programm Innere Sicherheit 2008/2009 erinnert werden, wo in Kapitel V Punkt 2 hervorgehoben wird, dass die Polizei konstruktiv
mit Sicherheitsdienstleistern zusammenarbeitet, wenn Seriosität, fachliche Qualifikation und Ressourcen vorhanden sind. Dieses Votum gilt erst recht für das
Verhältnis Polizei und örtliche Ordnungsbehörde, denen gemeinsam die Gewährleistung der inneren Sicherheit aufgegeben ist. Eine Untersagung oder
Nichtduldung wäre auch deshalb unverantwortlich, weil der Staat damit grundrechtliche Schutzpflichten verletzen und die Kommunen zwingen würde, die
ihnen anvertrauten Bürger nicht vor Geschwindigkeitsüberschreitungen zu
schützen, obwohl sie für die Aufrechterhaltung und Erhöhung der Verkehrssicherheit zuständig und verantwortlich sind[296].

Schon aus den genannten Gründen verletzt die Heranziehung Privater auch
keine überörtlichen Interessen, weil alle Kommunen unter finanzieller und personeller Ressourcenknappheit leiden und häufig auf technische Unterstützung
durch Private angewiesen sind.

5.   *Zum Einsatz privater Dritter bei der Datenerhebung und der*
       Datenverarbeitung

a.   Datenerhebung und Datenverarbeitung nach der Erlasslage

Von der bisher behandelten Frage der grundsätzlichen Zulässigkeit der Beteiligung Privater an der Geschwindigkeitsüberwachung ist das Problem zu unter-

---

294   *Stober,* in: Wolff/Bachof/Stober/Kluth, Verwaltungsrecht I, 12. Auflage, § 30
      Rn.13.
295   Siehe dazu Verkehrsüberwachungserlass von Sachsen-Anhalt v. 6.3.2009, Punkt 8.
296   Sächsische Verwaltungsvorschrift i. d. F. v. 20.8.2003, Punkt 5.

scheiden, ob und inwieweit es statthaft ist, Private für die Datenerhebung und Datenverarbeitung einzusetzen. Es wurde bereits bei der Beschreibung der allgemeinen Erlasslage darauf hingewiesen, dass einige Verwaltungsvorschriften ohne nähere Begründung davon ausgehen, dass die Beteiligung Privater für diese Tätigkeit gestattet ist. Die vom Erlassgeber unterstellte Zulässigkeit ergibt sich vor allem aus Formulierungen, die bestimmte Pflichten und Verbote auflisten. So wird zu Recht gefordert, dass sich die Gemeinden vor Vertragsschluss von den Privatunternehmen darlegen lassen, welche technischen und organisatorischen Maßnahmen sie zum Schutz der zu verarbeitenden Daten ergreifen[297]. Ferner wird verlangt, die zuständige Behörde habe dafür Sorge zu tragen, dass private Dritte den Datenschutz einhalten und vertraglich darauf zu verpflichten sind[298]. Außerdem ist teilweise nur die Vergabe von Unteraufträgen ausgeschlossen, woraus zu schließen ist, dass Aufträge zur Gewinnung und Verarbeitung von Daten zulässig sind[299]. Dafür spricht ferner der Hinweis in den Erlassen, dass private Anbieter das „Beweismaterial aufbereiten"[300] und dass sicherzustellen sei, dass keine Daten bei dem Auftraggeber zurückbleiben, wenn private Dritte bei der Erstellung des Messprotokolls oder anderer Datensätze beteiligt sind[301]. Soweit im Erlass des Freistaates Sachsen unter der Rubrik „Maßnahmen zur Gewährleistung des Datenschutzes" festgestellt wird, dass „Datenverarbeitung im Auftrag" nicht stattfindet[302], ist diese Weisung widersprüchlich, weil sie dem Grundgedanken der in derselben Verwaltungsvorschrift normierten „Zusammenarbeit mit Privaten" (Punkt 5.2) entgegensteht. Danach ist nämlich eine technische Unterstützung durch private Unternehmen gestattet, wobei ausdrücklich die Bereitstellung der Technik sowie die Teilnahme an der Messung erwähnt werden. Außerdem kann die Filmentwicklung ebenfalls auf Privatfirmen übertragen werden[303]. Das Land Sachsen gestattet damit prinzipiell eine private Hilfstätigkeit, deren rechtliche Zulässigkeit sich danach bemisst, ob sie mit der in § 11 BDSG niedergelegten technischen Hilfstätigkeit im Rahmen der Beauftragung mit der Datenverarbeitung korrespondiert (s. u. H III 5 c).

---

297 Siehe etwa den Bayerischen Erlass über die Verfolgung und Ahndung u.a. von Geschwindigkeitsverstößen durch Gemeinden, Punkt 1.15.2.
298 Ebenso *Legler*, Kommunale Verkehrsüberwachung in Bayern, 2008, S. 143; *Rebler*, SVR 2011, S. 1 ff. ohne nähere Begründung.
299 Erlass Brandenburg, Punkt 8.2; Erlass Bayern, Punkt 2.5; Erlass Mecklenburg-Vorpommern, Punkt 7.
300 Erlass Mecklenburg-Vorpommern, Punkt 6.2.
301 Siehe auch Bay. Erlass über die Verfolgung und Ahndung u. a. von Geschwindigkeitsverstößen durch Gemeinden, Punkt 1.15.2.
302 Verwaltungsvorschrift des Sächsischen Staatsministeriums des Innern i. d. F. v. 20.8.2003, Anlage 5, Punkt 8.
303 Siehe auch *Steiner*, DAR 1996, 272, 275.

b.   Datenerhebung und Datenverarbeitung als verfassungs- und
datenschutzrechtliche Fragestellung

Unabhängig davon, ob Verwaltungsrichtlinien die Vergabe von Datengewinnungs- und Datenverarbeitungstätigkeiten ausdrücklich vorsehen oder nicht bzw. auf bestimmte Tätigkeiten beschränken, wie dies etwa in Bayern der Fall ist, stellt sich allgemein die Frage, ob die Beauftragung Dritter mit datenrelevanten Tätigkeiten mit dem geltenden Datenschutzrecht vereinbar ist. In diesem Zusammenhang ist auch zu berücksichtigen, dass die einschlägigen Erlasse teilweise älter sind und zu einem Zeitpunkt erlassen wurden, zu dem der Datenschutz nicht die Bedeutung hatte, die ihm heute zukommt. Ferner existieren, wie eine Auswertung der Schrifttumsverzeichnisse der Datenschutzkommentare belegt, keine Abhandlungen, die explizit zum Datenschutz im Kontext mit Geschwindigkeitskontrollen und der Erledigung von Hoheitsaufgaben Stellung beziehen. Nur ausnahmsweise wird in Kommentaren zum Datenschutzgesetz die Frage angesprochen, „ob und ggf. welche verfassungsrechtlichen Grenzen für eine Auslagerung der Datenverarbeitung für eine Erfüllung hoheitlicher Behördenaufgaben an nicht öffentliche Unternehmen zu ziehen sind". Exemplarisch wird darauf hingewiesen, diese Grenzen könnten „sich insbesondere aus dem Funktionsvorbehalt für den öffentlichen Dienst in Art. 33 Abs. 4 GG etwa für Daten der Sicherheitsbehörden" ergeben[304]. Zu dieser Problematik wurde bereits ausführlich Stellung genommen. Hierauf wird verwiesen (s. o. G VI 2 sowie u. H III 5 c ee).

c.   Datenverarbeitung bei der Geschwindigkeitsüberwachung als
Beauftragung nach § 11 BDSG

aa.   Die örtliche Ordnungsbehörde als „Herrin des Verfahrens"

Zunächst ist festzustellen, dass die mittels einer Bildaufzeichnung vorgenommene Geschwindigkeitsmessung eine Erhebung persönlicher Daten und damit einen Eingriff in das Recht auf informationelle Selbstbestimmung darstellt[305]. Dieses Grundrecht kann auf gesetzlicher Grundlage eingeschränkt werden, sofern ein Rechtfertigungsgrund besteht, der sich aus einem konkreten Verstoß gegen das Straßenverkehrsrecht ergibt. Insoweit ist zu bemerken, dass das Outsourcen der Datenverarbeitung öffentlicher Stellen an Private nicht ungewöhnlich[306] und teilweise gerichtlich geklärt ist. Man denke nur an die Bearbeitung von Beihilfedaten[307], Sozialdaten[308] oder Patientendaten[309]. Wie diese Beispiele

---

304   *Walz*, in: Simitis (Hg.), Kommentar zum BDSG, 6. Aufl., § 11 Rn. 32 unter Verweis auf *Büllesbach/Rieß*, NVwZ 1995, 444 ff. und *Zundel*, CR 1996, 763.
305   BVerfG, NJW 2009, 3293 und BVerfG, NJW 2010, 2717 f.; s. ferner *Klüver*, Zur Beleihung des Sicherheitsgewerbes, 2006, S. 222.
306   *Büllesbach/Rieß*, NVwZ 1995, 444 ff.
307   Dazu *Battis/Kersten*, ZBR 2000, 145 ff.; *Werres*, ZBR 2001, 429.

illustrieren, kommt es auf die Sensibilität der zu verarbeitenden Daten für die Zulässigkeit der Einbindung Privater nicht an. Jedenfalls, wenn sichergestellt ist, dass durch den Datenverarbeitungsvorgang keine eigenständige Gefahren für den Datenschutz (etwa durch alternative Datenverwendungsmöglichkeiten) bestehen oder diese von dem Auftraggeber durch Sicherungsmaßnahmen kontrollierbar und überwachbar sind; ein absolutes Ausschlusskriterium der Einbindung Privater in die Datenverarbeitung öffentlicher Stellen besteht indes nur dann, wenn die betreffenden Daten einer Geheimhaltung unterliegen (z. B. Steuerdaten – Steuergeheimnis)[310].

Im Fall der Beihilfebearbeitung wird in mehreren Bundesländern ein Outsourcing betrieben. Die dabei anfallenden Tätigkeiten der beauftragten privaten Versicherer umfassen dabei u.a. die bloße Datenspeicherung, die Beihilfeberechnung[311], die Benachrichtigung des Beihilfeberechtigten und teils auch die Auszahlung der Beihilfe. Teils sahen Serviceverträge sogar vor, dass die Beihilfeanträge direkt an die private Servicegesellschaft mit dem Ziel weitergeleitet werden, dass die Serviceorganisation die Beihilfesachbearbeitung einschließlich der Beihilfefestsetzung komplett aus einer Hand und damit eigenverantwortlich erledigt[312]. Es versteht sich von selbst, dass die vollständige Übertragung administrativer Funktionen, auf denen eine eigenverantwortliche Entscheidung einer Behörde im Rahmen ihres originären Aufgabenbereiches aufbaut, wenn überhaupt, dann nur im Wege der Beleihung erfolgen konnte. Die vollständige verfahrensgeleitete Beihilfeauslagerung ist daher mit den hier zu diskutierenden Geschäftsmodellen nicht vergleichbar. Demgegenüber liegen keine juristische Erfahrungen mit der Auslagerung von datenrelevanten Vorgängen im Bereich des Sicherheits- und Ordnungsrechts und speziell im Rahmen der Geschwindigkeitskontrolle sowie der Verfolgung von Geschwindigkeitsverstößen vor. Teilweise wird nur pauschal ohne nähere Begründung erklärt, die bei der Einschaltung Privater auftretenden datenschutzrechtlichen Fragen seien lösbar[313].

Deshalb ist anhand einer Auswertung des einschlägigen Datenschutzrechts unter Berücksichtigung des Verfassungsrechts zu klären, wie es sich mit der Hinzuziehung Privater zur Datengewinnung und Datenverarbeitung verhält.

---

308 So besteht etwa nach § 80 SGB X ausdrücklich die gesetzliche Möglichkeit einer Verarbeitung von Sozialdaten durch nichtöffentliche Stellen., dazu *Klessler*, DuD 2004, 40 ff.

309 Vgl. etwa für Bayern Art. 27 BayKrG.

310 *Heckmann*, in: Bräutigam (Hg.), IT-Outsourcing, 2. Aufl. 2008, Kap. X.

311 Für deren Zulässigkeit *Battis/Kersten*, ZBR 2000, 145 ff.; dagegen *Werres*, ZBR 2001, 429 mit Bedenken auch OVG Münster ZBR 1998, S. 146 f. Der Freistaat Bayern verfügt über eine spezialgesetzliche Rechtsgrundlage für das Beihilfeoutsourcing in Art. 86 a Abs. 4 BayBG.

312 OVG Koblenz, ZBR 2002, 268 ff.; s. dazu auch *Sellmann,* NVwZ 2008, 817 ff., 820.

313 *Steiner*, DAR 1996, 272, 275 m. w. N.

Aufschlussreich ist in diesem Zusammenhang der Bayerische Erlass[314], der Anhaltspunkte dafür liefert, auf welche Weise das Datenrechtsverhältnis zwischen dem öffentlichen Auftraggeber funktioniert. Danach wird darauf abgestellt, dass die Gemeinde „Herrin des Ermittlungsverfahrens" bleiben muss und Private nur „Hilfstätigkeiten" vornehmen dürfen. Das bedeutet, auch unter Berücksichtigung des übrigen Erlasstextes, dass Privatunternehmen bei datenrelevanten Vorgängen lediglich als verlängerter Arm der Gemeinde agieren und deren Weisungen unterworfen sind[315]. Diese Rolle entspricht der des Verwaltungshelfers, dessen Status ausführlich dargestellt wurde (s. o. G VIII 1).

Bezieht man diese im Hinblick auf die im Übrigen hoheitliche Aufgabe der Geschwindigkeitskontrolle verallgemeinerungsfähige Aussage auf das Problem der datenschutzrechtlichen Einbindung, dann kommen zunächst § 11 BDSG bzw. die einschlägigen landesrechtlichen Entsprechungen[316] in den Blick, die sich mit der Erhebung, Verarbeitung und Nutzung personenbezogener Daten im Auftrag befassen. Da auch diese Vorschriften bezwecken, den Einzelnen davor zu schützen, dass er durch den Umgang mit seinen personenbezogenen Daten in seinem Persönlichkeitsrecht beeinträchtigt wird (§ 1 BDSG), wird in § 11 BDSG die besondere Verantwortung des Auftraggebers für die Einhaltung der Vorschriften über den Datenschutz bei der Einschaltung externer Dienstleister[317] angesprochen, die aber an dieser Stelle noch keine Rolle spielen. Vielmehr ist herauszuarbeiten, ob § 11 BDSG überhaupt anwendbar ist oder durch bereichsspezifische insbesondere landesrechtliche ordnungsbehördenrelevante datenschutzrechtliche Bestimmungen verdrängt wird[318] und ob es sich um Beauftragung privater Stellen oder eine andere Form der Datenverarbeitung handelt.

bb.   Zur Anwendbarkeit bereichsspezifischer Datenschutzrechtregelungen

Ausgangspunkt der Untersuchung, ob bereichsspezifische Datenverarbeitungsregelungen bestehen, die womöglich einen Rückgriff auf die allgemeinen Vorschriften zur Auftragsdatenverarbeitung sperren, ist die Einordnung der einzelnen Datenverarbeitungsschritte in den präventiven oder repressiven Kontext von Geschwindigkeitsüberwachungen. Denn sollten vorliegend personenbezogene Daten bei der Ermittlung und Ahndung von Ordnungswidrigkeiten, also im repressiven Bereich, verarbeitet werden, würden grundsätzlich die bereichsspezifischen Regelungen zur Datenverarbeitung im Ordnungswidrigkeitengesetz des

---

314 Bayerischer Erlass über die Verfolgung von Geschwindigkeitsverstößen durch Gemeinden v. 12.5.2006, Punkt 1.15.1 und 2.
315 Siehe auch Erlass des Landes Mecklenburg-Vorpommern i. d. F. v. 1.3.2003, Anhang 1.
316 Zum Teil finden sich in den Datenschutzgesetzen der Länder Regelungen gleicher Formulierung oder gleichen Inhalts (vgl. Art 6 BayDSG; § 7 LDSG BW).
317 Siehe *Gabel*, in: Taeger/Gabel (Hg.), Kommentar zum BDSG, 2010, § 11 Rn. 1.
318 Siehe zu dieser Frage auch *Walz*, in: Simitis (Hg.), Kommentar zum BDSG, 6. Aufl., § 11 Rn. 7.

Bundes (insb. § 49c OWiG i.V.m. §§ 483 ff. StPO) Anwendung finden. Würden dagegen personenbezogene Daten bei der Erfüllung von Aufgaben der Gefahrenabwehr („Aufrechterhaltung der Verkehrssicherheit") verarbeitet, müsste untersucht werden, ob bereichsspezifische landesrechtliche Vorschriften – etwa in den Polizeigesetzen – einschlägig sind.

(1)   Präventiver oder repressiver Kontext ?

Die Tatsache, dass in den einzelnen Bundesländern den Kommunen durch die Verordnungsgeber die Zuständigkeit zur Durchführung von Geschwindigkeitsmessungen im fließenden Verkehr übertragen wurde, besagt nichts über die Rechtsnatur dieser Verkehrsüberwachungsmaßnahmen. Es ist – wie dargelegt, s. G. II. – streitig, ob Geschwindigkeitsüberwachungen entweder als Verfolgungsmaßnahmen nach § 35 Abs. 1 OWiG[319] oder als präventiv-polizeiliche Maßnahmen zur Gefahrenabwehr[320], die auch zur Schaffung eines Anfangsverdachts für das Ordnungswidrigkeitenverfahren dienen[321], zu qualifizieren sind. Richtiger Weise ist zu differenzieren: Grundsätzlich haben Geschwindigkeitsüberwachungen eine präventive Zielrichtung, nämlich die Aufrechterhaltung der Verkehrssicherheit. Repressiven Charakter bzw. einen ordnungswidrigkeitenrechtlichen Bezug erhalten einzelne Vorgänge im Rahmen der Überwachung des fließenden Verkehrs erst in dem Moment, in dem ein Anfangsverdacht für eine Verkehrsordnungswidrigkeit vorliegt und im konkreten Einzelfall weitere Ermittlungen angestellt werden. Allerdings ist streitig, in welcher Phase der Geschwindigkeitsüberwachung erstmals ein entsprechend ausreichender Anfangsverdacht einer Verkehrsordnungswidrigkeit begründbar ist.

Stellt man auf eine „natürliche Betrachtungsweise" ab, dann kann ein entsprechender Tatverdacht erst auf der Grundlage der bereits gefertigten Lichtbilder begründet werden.[322] Dieser Auffassung ist aber zuletzt die überwiegende Rechtsprechung entgegengetreten. Danach soll ein ausreichender Anfangsverdacht für die Begehung einer Verkehrsordnungswidrigkeit bereits ab dem Zeitpunkt vorliegen, in dem das Messgerät die Geschwindigkeitsüberschreitung registriert[323]. Dabei sei unschädlich, dass die Auslösung des Fotos nicht für jedes betroffene Fahrzeug durch den Messbeamten gesondert veranlasst werde, sondern automatisch erfolge[324]. Allerdings setzt das Entstehen eines Anfangs-

---

319   Zuletzt *Arzt/Eier*, NZV 2010, 113.
320   So etwa das OVG Münster, NJW 1997, 1596.
321   *Radtke*, NZV 1995, 428 m. w. N.
322   So zutreffend *Roggan*, NJW 2010, 1042.
323   OLG Bbg., Beschl. v. 22.02.2010 – 1 Ss (OWi) 23 Z/10; OLG Rostock, Beschl. v. 01.03.2010 – 2 Ss [OWi] 6/10 I 19/10; OLG Stuttgart, Beschl. v. 29.01.2010 – 4 Ss 1525/09; *Seitz*, in: Göhler, OWiG, 15. Aufl. 2009, vor § 59, Rn. 143, 145a.
324   OLG Bbg., Beschl. v. 22.02.2010 – 1 Ss (OWi) 23 Z/10.

verdachts stets eine menschliche Informationsbewertung voraus[325]; es muss ein Entschluss getroffen werden, ein Verfahren gegen eine – ggf. unbekannte – Person einzuleiten[326]. Nach Einrichtung einer Messanlage im Straßenverkehr erfolgt aber eine lediglich technische Überwachung des fließenden Verkehrs durch die Anlage. Die „Entscheidung" zur Auslösung der Fotoeinheit wird automatisch durch die Maschine getroffen.[327] In einem derartigen rein technischen Vorgang kann aber nicht der „Wille" einer natürlichen Person, ein Ordnungswidrigkeitenverfahren in Gang setzen zu wollen, gesehen werden[328]. Dem entgegnet die Rechtsprechung mit einer Fiktion: Die Entscheidung hinsichtlich eines Anfangsverdachts werde „antizipiert". Die erforderliche Individualisierung und Konkretisierung der Entscheidung über die Frage des Tatverdachts sei nicht der Messanlage überlassen, sondern würde bereits „im Vorfeld durch die Einrichtung der technischen Voraussetzungen [also die Programmierung der Messanlage] geschaffen".

Diese Bewertung der Gerichte ist überwiegend Praktikabilitätsgesichtspunkten geschuldet, wobei sich die Behörden in der Vergangenheit auf Verwaltungsvorschriften stützen, die als ausreichend erachtet werden. Nachdem das BVerfG im Jahre 2009 und 2010 für die Erhebung personenbezogener Daten im Rahmen von Geschwindigkeitsüberwachungen durch Video- und Bildaufnahmen eine bereichsspezifische Ermächtigungsgrundlage forderte[329] und der Gesetzgeber untätig blieb, ist man dazu übergegangen, das Anfertigen von „Blitzer-Fotos" auf § 100h StPO i.V.m. § 46 Abs. 1 zu stützen, was die Konstruktion eines Anfangsverdachts schon zum Zeitpunkt der Auslösung der Radaranlage bedingt. Nachdem das BVerfG in einem Nichtannahmebeschluss vom Juli 2010 gegen die in diesem Zusammenhang ergangene Rechtsprechung keine verfassungsrechtlichen Bedenken erhob, darf davon ausgegangen werden, dass sich der in der Praxis eingeschlagene Weg durchgesetzt hat, auch wenn die diesbezüglich vorgebrachten Argumente der Literatur beachtlich sind[330].

---

325 *Roggan*, NJW 2010, 1042 (1044 m. w. N.); *Kühne*, Strafprozessrecht, 7. Aufl. (2007), S. 193.

326 *Meyer-Goßner*, StPO, 52. Aufl. (2009), Einl. Rn. 60.

327 *Roggan*, NJW 2010, 1042 (1044); *Albrecht*, Automatisierung des Anfangsverdachts? – Straßenverkehrsüberwachung am Scheideweg zwischen Rechts- und Überwachungsstaat, jurisPR-ITR 11/2010, Anm. 5.

328 *Roggan*, NJW 2010, 1042 (1044); *Albrecht*, Automatisierung des Anfangsverdachts?, jurisPR-ITR 11/2010, Anm. 5.

329 BVerfG, Beschl. v. 11.08.2009 – 2 BvR 941/08 – Abstandsmessung durch Videoaufzeichnung; BVerfG, Beschl. v. 05.07.2010 – 2 BvR 759/10 – „Blitzerfotos".

330 Vgl. etwa *Albrecht*, Automatisierung des Anfangsverdachts? – Straßenverkehrsüberwachung am Scheideweg zwischen Rechts- und Überwachungsstaat, jurisPR-ITR 11/2010, Anm. 5. und Teile der Rechtsprechung dem nicht folgen wollen, etwa OLG Düsseldorf, Beschl. v. 09.02.2010 – IV-3 RBs 8/10 und zuletzt das AG Herford, v. 03.11.2010 – 11 Owi – 54 Js 1096-10-442/10.

Der Wechsel der Rechtsgrundlagen bedeutet für die Einordnung der einzelnen Tätigkeiten von Kommune bzw. privatem Dienstleister im Rahmen der Geschwindigkeitsüberwachung Folgendes:

Die Entscheidung über Ort, Dauer und Umfang der Messungen sowie alle weiteren Tätigkeiten bis zur Inbetriebnahme des Messgerätes stellen im Schwerpunkt gefahrenabwehrende Tätigkeiten dar und müssen sich an den Erfordernissen der Verkehrssicherheit orientieren. Einschlägig sind die gesetzlichen Regelungen zur Gefahrenabwehr. Einer spezifischen Ermächtigungsgrundlage bedarf die Durchführung dieser Tätigkeiten mangels Grundrechtseingriff als „schlichthoheitliches Handeln" nicht. Mit der Eröffnung des „Aufgabenbereichs", also der sachlichen und örtlichen Zuständigkeit der Kommunen und der erkennbaren Zielrichtung der Maßnahme zu Zwecken der Gefahrenabwehr („keine Verfolgung rein fiskalischer Interessen") sind die getroffenen Maßnahmen gerechtfertigt.

Mit der Registrierung der Geschwindigkeitsübertretung, dem „Blitzen", ist indes ein ausreichender „Anfangsverdacht" feststellbar, sodass diese und alle nachfolgenden Tätigkeiten Verfolgungsmaßnahmen von Ordnungswidrigkeiten darstellen. Für die Beurteilung der betreffenden Tätigkeiten stellt das Ordnungswidrigkeitengesetz und die Strafprozessordnung das einschlägige Rechtsregime dar.

Nachdem vorliegend erwähnte datenverarbeitende Tätigkeiten ausschließlich nach Begründung eines Anfangsverdachts erfolgen, ist für deren Beurteilung primär das Ordnungswidrigkeitengesetz mit Verweis in die Strafprozessordnung einschlägig, subsidiär gelten die allgemeinen Datenschutzgesetze der Länder (vgl. § 1 Abs. 2 BDSG). Eine Anwendung der Polizeigesetze der Länder kommt dagegen nicht in Betracht.

(2)   § 49c OWiG und Auftragsdatenverarbeitung

Als bereichsspezifische Regelung zur Datenverarbeitung könnte demnach hier der im Jahre 2002 eingefügte § 49c OWiG zur Anwendung kommen. In § 49c OWiG[331] wird explizit[332] die grundsätzliche sinngemäße Anwendbarkeit der Dateiregelungen der StPO (§§ 483 ff. StPO) für das Bußgeldverfahren bestimmt. In § 49c Abs. 2 bis 5 OWiG werden der konkrete Umfang der sinngemäßen Anwendung sowie Sonderregelungen für das Bußgeldverfahren geregelt. Normzweck ist es, den Vorgaben des Volkszählungsurteils des BVerfG[333] Rechnung zu tragen; denn danach bedürfen Beschränkungen des Rechts auf informationelle Selbstbestimmung einer gesetzlichen Grundlage, „aus der sich die Voraussetzungen und der Umfang dieser Beschränkungen klar und für den Bürger er-

---

331 Novelle v. 26.07.2002 (BGBl. I S. 2864).
332 Grundsätzlich sind die betreffenden Vorschriften schon gem. § 46 Abs. 1 OWiG zu beachten.
333 BVerfGE 65, 1, 44.

kennbar ergeben".[334] Bis zum Inkrafttreten dieser Regelungen gab es keine den Anforderungen des Volkszählungsurteils des Bundesverfassungsgerichts genügenden Ermächtigungsgrundlagen. Die Dateiregelungen der § 49c OWiG i.V.m. §§ 483 ff. StPO dienen deshalb vorrangig der Gewährleistung der datenschutzrechtlichen Positionen der von einer repressiven Datenerhebung Betroffenen[335]. Nach § 49c Abs. 2 OWiG dürfen nur Gerichte, Staatsanwaltschaften, Verwaltungsbehörden und die Polizei personenbezogene Daten (nach Maßgabe der §§ 483, 484 Abs. 1 und § 485 StPO) in Dateien speichern, verändern oder nutzen soweit dies zu Zwecken des Bußgeldverfahrens erforderlich ist. Die Vorschrift enthält keine Ermächtigung zur Erhebung personenbezogener Informationen. Sie setzt vielmehr eine solche Erhebungsbefugnis voraus. Der Begriff des Bußgeldverfahrens umfasst das gesamte Verfahren vom Vorverfahren, das mit dem Anfangsverdacht des Vorliegens einer Ordnungswidrigkeit beginnt, bis zum Abschluss des Vollstreckungsverfahrens. Soweit die Regelung von personenbezogenen Daten in Dateien spricht, die gespeichert, verändert und genutzt werden dürfen, bezieht sie sich auf die Begrifflichkeit des Bundesdatenschutzgesetzes, hier speziell auf § 3 BDSG[336].

Die Aufzählung der berechtigten Stellen in § 49c Abs. 2 OWiG ist nach dem eindeutigen Wortlaut der Vorschrift abschließend. Private Stellen dürfen im Rahmen eines Bußgeldverfahrens keine personenbezogenen Daten speichern, verändern oder nutzen. Dies gilt aber nicht, wenn deren Einbindung im Wege einer Auftragsdatenverarbeitung erfolgt. Denn in dieser Konstellation bleibt die beauftragende Behörde in jedem Moment „Herrin der Daten", der private Auftragnehmer fungiert lediglich als „technischer Gehilfe". Als solcher gilt er datenschutzrechtlich nicht als „Dritter", sondern ist wie eine ausgelagerte Stelle der beauftragenden Behörde zu behandeln[337]. Das bedeutet, dass bei dieser Ausgestaltung einer Auftragsdatenverarbeitung die Kommune als „Verwaltungsbehörde" i. S. d. § 49c OWiG anzusehen ist.

Die Tatsache, dass im Rahmen einer Auftragsdatenverarbeitung tatsächlich auch Daten bei einem privaten Auftragnehmer gespeichert bzw. sonst verarbeitet werden ist dagegen rechtlich irrelevant. Denn datenschutzrechtlich ist der private Auftragnehmer als Einheit mit der auftraggebenden Behörde zu betrachten. Schon das BDSG 1990 bewertete den Auftragnehmer eines Auftragsdatenverarbeitungsverhältnisses nicht als „Dritten"(§ 3 Abs. 9 BDSG a.F., § 3 Abs. 8 BDSG n.F.), also nicht als eigenständige Stelle, sondern vielmehr als Teil der verantwortlichen Stelle. Fordert § 49c OWiG, dass eine Speicherung, Veränderung und Nutzung nur bei Gerichten, Staatsanwaltschaften und Verwaltungsbehörden erfolgen dürfe, ist die Vorschrift demnach so zu interpretieren, dass nur diese genannten Stellen als „verantwortliche Stelle" im Sinne des BDSG in Fra-

---

334 BT-Drucks. 14/9001 S. 7.
335 BVerfG NJW 2005, 1917 (1922) für die strafprozessualen Regelungen.
336 BT-Drs. 14/1484, S. 31.
337 *Gola/Schomerus*, BDSG, § 11 Rn. 4.

ge kommen. Verantwortliche Stelle ist jede Person oder Stelle, die personenbezogene Daten für sich selbst erhebt, verarbeitet oder nutzt oder dies durch andere im Auftrag vornehmen lässt (§ 3 Abs. 7 BDSG). Dass die Norm des § 49c Abs. 2 OWiG auch in diesem Sinne zu interpretieren ist, belegen mittelbar die Gesetzesbegründungen zu § 49c OWiG und § 483 StPO. Danach sind die Begriffe des „speichern", verändern" und „nutzen" i. S. d. § 3 BDSG zu verstehen, worauf ausdrücklich Bezug genommen wurde[338]. Nach der Systematik des BDSG sind aber im Rahmen einer Auftragsdatenverarbeitung die Stellen, die Daten i. S. d. § 3 BDSG verantwortlich verarbeiten, die Auftraggeber. Denn das BDSG betrachtet den Auftragnehmer rechtlich als Einheit mit der auftraggebenden Stelle (vgl. § 3 Abs. 8 BDSG)[339].

Im Übrigen ergibt sich weder aus dem Wortlaut, Sinn und Zweck der Vorschrift noch den Gesetzesmaterialien ein Hinweis dafür, dass mit der Regelung des § 49c OWiG bzw. §§ 483 ff. StPO die Möglichkeit einer Auftragsdatenverarbeitung nach den allgemeinen Datenschutzgesetzen ausgeschlossen sein soll. Soweit in bereichsspezifischen Regelungen zum Datenschutz, wie etwa hier in der StPO und dem OWiG, keine Aussagen zu Zulässigkeit einer Auftragsdatenverarbeitung getroffen werden, ist diesbezüglich auf die allgemeinen Regelungen des Bundesdatenschutzgesetzes bzw. der Landesdatenschutzgesetze zurückzugreifen. Mit anderen Worten: Aus einer bereichsspezifischen „Nicht-Regelung" lässt sich nicht deren Unzulässigkeit ableiten. Dies gilt auch, wenn ansonsten die bereichsspezifischen Regelungen gegenüber den allgemeinen Datenschutzregelungen als abschließend zu beurteilen sein sollten. Darüber hinaus gelten keine Ausnahmen für Daten im Justiz- oder Polizeibereich, die gemeinhin als „besonders" sensibel anzusehen sind. Denn die Sensibilität der zu verarbeitenden Daten spielt für die Zulässigkeit einer Auftragsdatenverarbeitung keine entscheidende Rolle, da die öffentliche Stelle als Auftraggeber „Herrin der Daten" bleibt und für den Datenschutz und die Datensicherheit umfassende Verantwortlichkeit zeichnet.

Im Übrigen hat der Gesetzgeber nach Einführung des § 49c OWiG zu erkennen gegeben, dass durch diese Vorschrift eine Auftragsdatenverarbeitung nicht ausgeschlossen sein soll: Im Jahre 2005 ist das sogenannte Justizkommunikationsgesetz in Kraft getreten[340]. Dieses Regelwerk enthielt umfassende Änderungen in einzelnen Prozessordnungen, um den sog. Elektronischen Rechtsverkehr, also die Kommunikation der Justiz mit ihren „Kunden" (den Verfahrensbeteiligten) rechtsverbindlich zu regeln[341]. Unter anderem wurde hierdurch das „elektronische Ordnungswidrigkeitenverfahren" in §§ 110a ff. OWiG ermöglicht. Im Gesetzgebungsverfahren wurde im Jahre 2004 vom Bundesrat in einer Stel-

---

338   BT-Drs. 14/1484, S. 31; BT-Drs. 14/9001.
339   *Gola/Schomerus*, BDSG, § 11 Rn. 4.
340   BGBl I 2005, 837.
341   Hierzu *Braun*, in: Heckmann, juris Praxiskommentar Internetrecht, 2. Aufl. 2009, Kap. 6.

lungnahme angeregt, § 100b OWiG dahingehend zu erweitern, dass die Vorschrift explizit die Möglichkeit einer Auftragsdatenverarbeitung vorsieht[342]. Der Bundesrat begründete den Bedarf der Einbindung Privater überzeugend wie folgt:

„Auf Grund personeller und finanzieller Rahmenbedingungen bestehen in einer Reihe von Ländern verstärkte Bestrebungen, sich bei der Erledigung von informationstechnischen Aufgaben auf die Kernkompetenzen zurückzuziehen. Auch bei der Datenverarbeitung im Auftrag im Zusammenhang mit der elektronischen Aktenführung ist es deshalb notwendig, neben staatlichen Organisationsformen auch auf privatrechtlich organisierte Stellen oder Mischformen – wie z. B. Public-Private-Partnership – zurückgreifen zu können."[343]

Die entwurfsverfassende Bundesregierung stimmte dem Bedarf der Einbindung Privater zu, sah aber keinen Regelungsbedarf und stellte apodiktisch fest:

„§ 11 BDSG und die entsprechenden Vorschriften der Landesdatenschutzgesetze enthalten Regelungen, die eine Verarbeitung personenbezogener Daten im Auftrag der verantwortlichen Stellen ermöglichen."

Damit ist zweierlei klargestellt: Zum einen sieht der Gesetzgeber Bedarf für eine Auftragsdatenverarbeitung auch im Ordnungswidrigkeitenverfahren. Zum anderen kann § 49c OWiG, der zum Zeitpunkt der Diskussion um das Justizkommunikationsgesetz bereits in Kraft war, nicht als eine die Auftragsdatenverarbeitung ausschließende Regelung verstanden werden. Denn ansonsten hätte dem Änderungsvorschlag des Bundesrates gefolgt werden müssen und § 110b OWiG um eine „Öffnungsklausel" ergänzt werden müssen.

Insoweit ist festzustellen, dass § 49c OWiG einer Auftragsdatenverarbeitung im Bußgeldverfahren nicht entgegensteht. Denn in diesem Fall werden die datenverarbeitenden Maßnahmen den Verwaltungsbehörden zugerechnet, sodass § 49c Abs. 2 OWiG umfassend Rechnung getragen wird. Im Rahmen einer Auftragsdatenverarbeitung dürfen demnach personenbezogene bzw. personenbeziehbare Daten durch Private gespeichert und sonst verarbeitet werden. Die jeweiligen Datenverarbeitungsmaßnahmen werden der Kommune als Auftraggeber zugerechnet. Sie allein ist rechtlich als die datenverarbeitende Stelle zu qualifizieren.

Allerdings steht § 49c Abs. 2 OWiG einer Funktionsübertragung (hierzu H III 5 c cc) entgegen, da nach dem insoweit eindeutigen Wortlaut des § 49c OWiG eine Einbeziehung Privater als eigenständige verantwortliche Stelle nicht in Betracht kommt. Eine solche ist vorliegend aber ohnehin nicht möglich. Vielmehr müsste für eine umfassende eigenverantwortliche Datenverarbeitung durch private Dritte eine Legitimation durch formelles Gesetz im Wege einer Beleihung erfolgen.

---

342 BT-Drs. 15/4067 S. 62.
343 BT-Drs. 15/4067 S. 63.

(3)   Anwendbarkeit von Landesrecht, insbesondere der polizeilichen
       Regelungen zur Datenverarbeitung

Wie vorstehend bereits herausgearbeitet, kommt nach hier entwickelter Ansicht
eine Anwendung der landespolizeilichen Datenschutzregelungen nicht in Betracht (H III 5 c bb (1)). Nachdem eine gegenteilige Ansicht aber – zumindest in
einigen Bundesländern[344] – durchaus für vertretbar erscheint, soll vorsorglich
auf die Frage eingegangen werden, ob in diesem Fall eine Einbindung Privater
in Datenverarbeitungsvorgänge ausgeschlossen ist. Denn vereinzelt wird vertreten, die Polizeigesetze regelten die Datenerhebung und Datenverarbeitung in
polizeirelevanten Fällen abschließend mit der Folge, dass für eine subsidiäre
Anwendung des allgemeinen Datenschutzrechts kein Raum bliebe[345]. Nachdem
die Polizeigesetze eine Einbeziehung Privater in datenschutzrelevante Handlungen nicht vorsehen, wäre eine solche dann de lege lata schlichtweg unzulässig[346].

Diese Auffassung übersieht aber, dass Datenerhebung und Datenverarbeitung
im Rahmen von Public oder Police Private Partnerships bislang kein großes
Praxisthema im Sicherheitsrecht waren und erst in den letzten Jahren mehr
Aufmerksamkeit erlangten. Keinesfalls hat die Einbindung Privater bei der polizeilichen Datenverarbeitung eine Rolle um das Jahr 1990 gespielt, in denen die
Polizeigesetze um bereichsspezifische Datenverarbeitungsregelungen ergänzt
wurden. Insoweit kann aus einer „Nicht-Regelung" eines Sachverhalts, der bei
der Entstehung des Gesetzes überhaupt nicht bedacht wurde, nicht deduziert
werden, dass eine Auftragsdatenverarbeitung im Polizei- und Sicherheitsrecht
ausgeschlossen sein soll. Zwar ist es zutreffend, dass die allgemeinen Datenschutzregelungen subsidiär sind. Das gilt aber nur, soweit die speziellen Datenschutzvorschriften zu einem Sachverhalt ausdrücklich Stellung nehmen. Sofern
sie schweigen, steht ein Rückgriff auf die allgemeinen Datenschutzgesetze der
Länder stets offen, die die Vergabe datenschutzrechtlicher Aufträge ausdrück-

---

344   Soweit die Kommunen als Sicherheitsbehörden tätig würden, ergäben sich, je nach-
       dem, ob in den einzelnen Ländern das sogenannte „Einheits-" oder „Trennungs-
       prinzip" verfolgt wird, recht unterschiedliche Konstellationen. So wären in Baden-
       Württemberg die datenschutzrechtlichen Regelungen des Polizeigesetzes (PolG
       BW) für die Kommunen unmittelbar anwendbar, in Nordrhein-Westfalen modifi-
       ziert (§ 24 OBG erklärt die entsprechenden Regelungen des PolG NRW nur teil-
       weise für anwendbar) und im Freistaat Bayern überhaupt nicht (das LStVG ver-
       weist nicht auf die Regelungen des PAG; unmittelbar anwendbar ist das bayerische
       Datenschutzgesetz).
345   *Peilert*, in: ders. (Hg.), Private Sicherheitsdienstleistungen und Datenschutz, 2006,
       S. 57, 77; *ders.*, in: Stober/Olschok (Hg.), Handbuch des Sicherheitsgewerberechts,
       2004, F I Rn. 33.
346   *Waecher*, in: Peilert (Hg.), Private Sicherheitsdienstleistungen und Datenschutz,
       2006, S. 27, 46. *Peilert*, in: ders. (Hg.), Private Sicherheitsdienstleistungen und Da-
       tenschutz, 2006, S. 77.

lich gestatten. Zudem ist in die Überlegung einzustellen, dass die steigende Bedeutung der Kooperation zwischen Staat und Privat für die Sicherheitsgewährleistung einen wichtigen Abwägungsaspekt bei der Zulassung Privater zur Datenerhebung und Datenverarbeitung bildet[347]. Im Übrigen ist anzumerken, dass die gegenteilige Ansicht bislang kaum Resonanz gefunden hat. Häufig finden sich in den einschlägigen Kommentierungen zu den Polizeigesetzen der Länder keine Ausführungen zum Verhältnis von allgemeinem Datenschutz und den bereichsspezifischen polizeigesetzlichen Regelungen, was angesichts der nach wie vor eher geringen Praxisrelevanz der Frage nicht verwundert. Falls doch, wird überwiegend apodiktisch festgestellt, dass „die Datenschutzgesetze Anwendung finden, soweit die Regelungen in den Polizeigesetzen nicht spezieller sind"[348]. Auch die (spärliche) Rechtsprechung geht davon aus, dass die allgemeinen Datenschutzgesetze zur Anwendung kommen können[349]. Jedenfalls darf die ergänzende Anwendung der allgemeinen Landesdatenschutzgesetze im Polizeirecht (etwa was die Begriffsbestimmungen, die Auftragsdatenverarbeitung oder das Datengeheimnis betrifft) durchwegs als überwiegende Meinung angesehen werden. Das bedeutet, dass – auch wenn man vorliegend die Anwendbarkeit polizeigesetzlicher Vorschriften bejahen wollte – eine Einbindung privater Dienstleister in Datenverarbeitungsvorschriften nach Maßgabe der allgemeinen Datenschutzgesetze der Länder offen steht.

cc.   Zur Abgrenzung von Auftragsdatenverarbeitung und
        Funktionsübertragung

Im Rahmen der geplanten Einbindung privater Dienstleister in die von der Polizei und den Kommunen verantwortete Geschwindigkeitsüberwachung und der sich anschließenden Ahndung von Verstößen sollen von dem privaten Partner eine Reihe von Datenverarbeitungsvorgängen bewerkstelligt werden. Deren rechtliche Zulässigkeit richtet sich – wie eben festgestellt – nach den allgemeinen Datenschutzgesetzen; bereichsspezifische Regelungen bestehen nicht. Anwendbar ist nicht das Bundesdatenschutzgesetz, sondern es gelten die allgemeinen Datenschutzgesetze der Länder (vgl. § 1 Abs. 2 BDSG). Dennoch wird für die nachfolgende Untersuchung aus darstellungstechnischen Gründen das

---

347 Siehe zu diesem Gedanken auch *Peilert*, in: ders. (Hg.), Private Sicherheitsdienstleistungen und Datenschutz, 2006, S. 91.

348 So etwa *Söllner*, in: Pewestorf/Söllner/Tölle, Polizei- und Ordnungsrecht Berliner Kommentar, § 42 ASOG Rn. 1; ebenso *Bäuerle*, http://www.uni-giessen.de/ ~g11003/datenschutz.pdf, S. 7.

349 So zuletzt das VG Wiesbaden, Urt. v. 06.10.2010 – 6 K 280/10.WI – Datenübermittlung an die Nato; dort heißt es in Abs.-Nr. 44: „Mangels weiterer Rechtsgrundlage im Bundeskriminalamtsgesetz findet ergänzend das Bundesdatenschutzgesetz Anwendung". Es sei darauf hingewiesen, dass das BKAG sogar ausführlichere und umfassendere bereichsspezifische Datenschutzregelungen beinhaltet als die Polizeigesetze der Länder.

BDSG zu Grunde gelegt. Diese Vorgehensweise verfälscht die Ergebnisse nicht, nachdem für die hier interessierenden Fragen die Landesdatenschutzgesetze weitgehend den bundesrechtlichen Regelungen entsprechen, teils sogar im exakten Wortlaut. Nur in ganz seltenen Einzelfällen – so etwa im Rheinland-Pfälzischen Datenschutzgesetz – bestehen ausführlichere und detailliertere Regelungen (etwa zur Auftragsdatenverarbeitung) als im Bundesdatenschutzgesetz. Rechtliche Unterschiede ergeben sich daraus – bis auf hier irrelevante Detailfragen – nicht.

Nach allgemeinem Datenschutzrecht können Dritte – je nach Art und Umfang ihrer konkreten Tätigkeit – im Wege einer Auftragsverhältnisses oder einer sogenannten Funktionsübertragung in die Datenverarbeitung eingebunden werden. Nachdem die Einbindung Privater Akteure durch Funktionsübertragung bei der Verarbeitung hoheitlicher Datensätze unzulässig ist[350], und damit ein Outsourcing der öffentlichen Hand ausschließlich im Wege einer sogenannten Auftragsverarbeitung in Betracht kommt, müssen die Rechtsinstitute Auftragsdatenverarbeitung und Funktionsübertragung für die nachfolgende Beurteilung der Tätigkeit Privater (H V und VI) präzise voneinander abgegrenzt werden.

In Fällen einer Auftragsdatenverarbeitung erfüllt der private Dienstleister Aufgaben des Outsourcinggebers, ist jedoch bezüglich der Aufgabenerbringung streng an dessen Weisungen gebunden und unterliegt dessen Kontrolle. D.h., der öffentliche Auftraggeber bleibt stets „Herr der Daten", der private Unternehmer fungiert lediglich als „technischer Gehilfe". Datenschutzrechtlich gilt er nicht als „Dritter", sondern quasi als ausgelagerte Einheit des Auftraggebers und ist – was die rechtlichen Anforderungen betrifft – privilegiert. So stellt z. B. bei einem Auftragsdatenverarbeitungsverhältnis der Datentransfer zwischen den beteiligten Stellen keine rechtfertigungsbedürftige datenschutzrechtliche Übermittlung dar. Das private Service-Unternehmen fungiert gleichsam als verlängerter Arm oder als ausgelagerte Abteilung der weiterhin verantwortlichen Stelle, die als Herrin der Daten die volle Verfügungsgewalt behält und damit auch allein über die Erhebung, Verarbeitung und Nutzung bestimmt[351]. Somit obliegt dem Auftragnehmer nur die tatsächliche technische Ausführung der Datenerhebung und Datenverarbeitung im Sinne eines Abarbeitens genau vorgegebener Erhebungsmuster[352]. Anders als jede nicht privilegierte Stelle ist der Auftragnehmer (= Dienstleister) im Wesentlichen nur dazu verpflichtet, die technischen und organisatorischen Maßnahmen zur Datensicherheit zu treffen, damit die Daten verfügbar, integer und vertraulich sind und diese Eigenschaften prüfbar bleiben (§ 11 Abs. 2 BDSG). Im Übrigen bleibt die Verantwortung zur Einhal-

---

350 Vgl. *Heckmann/Braun*, BayVBl. 2009, 581 ff. m. w. N.
351 *Gola u.a.*, BDSG, Kommentar, 10. Aufl., § 11 Rn 3; *Gabel*, Kommentar zum BDSG, 2010, § 11 Rn. 3.
352 Siehe *Stober* in: Wolff/Bachof/Stober/Kluth, Verwaltungsrecht II, 7. Aufl., § 91 Rn. 41.

tung der datenschutzrechtlichen Vorschriften beim Auftraggeber. Er ist die verantwortliche Stelle und haftet deswegen im Außenverhältnis allein[353].

Demgegenüber erledigt der Auftragnehmer bei einer Funktionsübertragung den übertragenen Geschäftsprozess selbständig und in eigener Verantwortung. Eine Funktionsübertragung liegt insbesondere vor, wenn nicht nur Teile der automatisierten Datenverarbeitung, sondern die gesamte Aufgabe, der diese Datenverarbeitung dient, an Dritte übertragen wird[354]. In diesem Fall bestehen keine datenschutzrechtlichen Privilegierungen für den Outsourcingnehmer. Hinter dieser Abgrenzung steht der in § 1 und § 4 BDSG zum Ausdruck kommende Gedanke, dass ein beauftragter und damit untergeordneter Auftragnehmer keine zusätzlichen Gefahren für den Datenschutz begründet, die mehr als die durch § 11 BDSG vorgesehenen Schutzmaßnahmen erfordern[355]. Konsequenz der Funktionsübertragung ist, dass der Datentransfer vom Auftraggeber an den Auftragnehmer als Datenübermittlung an einen Dritten i. S. d. § 16 BDSG zu bewerten ist. Diese Datenübermittlung bedarf nach § 16 BDSG einer gesonderten Gestattung, entweder durch Gesetz oder Einwilligung des Betroffenen. Die weitere Datenverarbeitung durch den beauftragten Dienstleister erfolgt dann unter dessen Verantwortung.

Nachdem bei der Abgrenzung der Kategorien „Auftragsdatenverarbeitung" oder „Funktionsübertragung" für den Einzelfall aber teils Uneinigkeit besteht und präzise Äußerungen der Rechtsprechung fehlen, gilt es nachfolgend die Differenzierungskriterien herauszuarbeiten[356].

(1) Weisungsbefugnis und Wahrnehmung von Verwaltungsfunktionen –
typische Gemengelagen im Bereich des IT-Outsourcings

Nach überwiegender Ansicht liegt eine Auftragsdatenverarbeitung vor, wenn

– dem Auftragnehmer die Entscheidungsbefugnis über die Daten fehlt und er bei der Verarbeitung unselbständig tätig[357] und den Weisungen des Auftraggebers unterworfen ist[358];

– der Auftragnehmer in vollständiger Abhängigkeit hinsichtlich der Art und des Umgangs und nach den Vorgaben des Auftraggebers die Daten erhebt und/oder verwendet, gleichsam als „verlängerter Arm" für den Auftraggeber mit den Daten umgeht[359], nur Hilfs- bzw. Unterstützungsfunktionen ausübt[360];

---

353 *Gola/Schomerus*, BDSG, § 11 Rn. 3.
354 *Schneider*, Handbuch des EDV-Rechts, Teil B, Rn. 448.
355 *Walz*, in: Simitis, Kommentar zum BDSG, 6. Aufl., § 11 Rn 1.
356 Nach *Heckmann*, in: Bräutigam, IT-Outsourcing, 2. Aufl. 2008, Kap. X.
357 *Gola/Schomerus*, BDSG, § 11 Rn. 4.
358 *Schaffland/Wiltfang*, BDSG, § 11 Rn. 1, Ziff. 8.1.
359 *Gola/Schomerus*, BDSG, § 11 Rn. 3.
360 *Bergmann/Möhrle/Herb*, Datenschutzrecht, § 11 Rn. 8.

- sich der Auftragsschwerpunkt in erster Linie auf die technische Durchführung der Datenverarbeitung richtet[361].

Eine Funktionsübertragung sei dagegen dann anzunehmen, wenn

- dem Auftragnehmer eigene Entscheidungsbefugnisse hinsichtlich des „wie" und der Auswahl der Daten zustehen. Er erledigt bei der Funktionsübertragung die ihm übertragene Aufgabe selbstständig und der Auftraggeber kann auf die Verarbeitung nicht mehr ohne weiteres durch Weisungen Einfluss nehmen[362];

- eine Übertragung der zu Grunde liegenden Aufgabe auf den Dienstleister erfolgt[363];

- eine Dienstleistung erbracht wird, die über die weisungsabhängige technische Datenverarbeitung hinausgeht[364];

- dem Dienstleister Rechte zur Nutzung an den Daten für eigene Zwecke überlassen sind und er ein eigenes Interesse an der Datenverwendung hat[365].

Maßgebliches Kennzeichen der Auftragsdatenverarbeitung in Abgrenzung zur Funktionsübertragung ist nach dem Vorgenannten die fehlende Entscheidungsbefugnis des Auftragnehmers und seine Weisungsabhängigkeit gegenüber dem Auftraggeber. Wesentlich ist damit der Handlungs- und Gestaltungsspielraum, über den der Auftragnehmer bei der Aufgabenwahrnehmung im Einzelfall verfügt. Als Abgrenzungskriterien verfügt die Weisungsabhängigkeit des Auftragnehmers über den größten Schärfegrad und lässt sich mittels einer entsprechenden Gestaltung des Outsourcingvertrages gewährleisten[366].

Ein alleiniges Abstellen auf dieses Differenzierungsmerkmal liefe aber darauf hinaus, dass zwischen Auftragsdatenverarbeitung und Funktionsübertragung keine qualitativen Unterschiede in der Aufgabenwahrnehmung bestünden. Art und Umfang der mittels Datenverarbeitungsvorgänge zu bewältigenden (öffentlichen) Aufgaben spielten demnach datenschutzrechtlich für den Fall der Übertragung auf Dritte keine Rolle, solange eine verbriefte Weisungsbefugnis zugunsten des Auftraggebers bestünde[367].

Allerdings besitzt die Auftragsdatenverarbeitung insoweit auch eine qualitative Begrenzung, als sie ausschließlich auf Datenverarbeitungsvorgänge reduziert ist. So wird der Rahmen des Auftrags i. S. d. § 11 BDSG gesprengt, wenn der Auftraggeber nicht nur die Datenverarbeitung, sondern auch die dieser zu

---

361 *Gola/Schomerus*, BDSG, § 11 Rn. 4.
362 *Gola/Schomerus,* BDSG, § 11 Rn. 9; *Niedermeier/Schröcker*, RDV 2001, S. 90 (92).
363 *Gola/Schomerus*, BDSG, § 11 Rn. 9; *Wächter*, CR 1991, 333 ff.
364 *Niedermeier/Schröcker*, RDV 2001, S. 90 (92).
365 *Niedermeier/Schröcker*, RDV 2001, S. 90 (92).
366 *Heckmann*, in: Bräutigam, IT-Outsourcing, 2. Aufl. 2008, Kap. X.
367 *Heckmann*, in: Bräutigam, IT-Outsourcing, 2. Aufl. 2008, Kap. X.

Grunde liegende Aufgabe überträgt, weil sich der Auftrag ausschließlich auf die Datenverarbeitung beziehen muss[368]. In diesem Fall läge unabhängig von einer bestehenden Weisungsbefugnis eine Funktionsübertragung vor. Sie zeichnet sich maßgeblich dadurch aus, dass nicht nur die Datenverarbeitung selbst, sondern auch die zu Grunde liegende Verwaltungsfunktion oder Verwaltungsaufgabe mit übertragen wird[369]. Die Privilegierung der Auftragsdatenverarbeitung beruht darauf, dass der Auftragnehmer lediglich Datenverarbeitungsvorgänge weisungsgebunden erbringt und dem Auftraggeber damit im Sinne einer Hilfsfunktion bei seiner Aufgabenerfüllung assistiert, während bei der Funktionsübertragung nicht nur die Verarbeitung von Daten, sondern die ganze Funktion übertragen wird, sodass der Auftragnehmer in diesen Fällen datenschutzrechtlich als Dritter und nicht mehr als Einheit mit dem Auftraggeber eingestuft wird[370].

Dabei muss daran erinnert werden, dass die dahinter stehende Differenzierung zwischen (einzelnen) Datenverarbeitungsvorgängen und der Übertragung der diesen zu Grunde liegenden Aufgabe seit Entwicklung dieser Abgrenzungskriterien in den 70er Jahren an Trennschärfe verloren hat und teils durch die zwischenzeitliche technische Entwicklung als überholt erscheint. Das hat seinen Grund darin, dass v.a. vor der Nutzung moderner Datenverarbeitungsanlagen und des Internets Datenverarbeitungsvorgänge isoliert betrachtet kaum jemals als Wahrnehmung eigenständiger Verwaltungsfunktionen erfahrbar waren, sondern der Einsatz automatisierter Verfahren im Rahmen staatlicher Tätigkeit genuin als Hilfsmittel zur Erfüllung bestimmter Verwaltungsaufgaben angelegt war. Entsprechend unproblematisch war die Abgrenzung zur Funktionsübertragung: Würde z. B. ein privates Unternehmen zur Berechnung von Beihilfesätzen betraut, läge eine Auftragsdatenverarbeitung vor; sollte das Unternehmen zusätzlich die nachfolgenden Beihilfebescheide erstellen – was auch schon vor dem Internetzeitalter möglich war –, dagegen eine Funktionsübertragung.

Aufgrund der vorhandenen technischen Möglichkeiten und der gewandelten Bedeutung von Datenverarbeitungsvorgängen hat die vorliegende Differenzierung an Eindeutigkeit verloren. Nunmehr lassen sich vermehrt (einfache) Verwaltungsvorgänge äquivalent abbilden, indem auf Grundlage einer Programmoberfläche durch einzelne Datenerhebungs- und Verarbeitungsschritte automatisiert ein abgeschlossenes Verwaltungsprodukt erstellt wird, das dem herkömmlichen, im realen Raum der Amtsstube gefundenen, Verwaltungsergebnis im Wesentlichen entspricht. Insoweit kann durch ein Konglomerat von Datenverarbeitungsvorgängen im Einzelfall auch eine vollständige Wahrnehmung von Verwaltungsaufgaben verbunden sein. Datenverarbeitungsvorgänge entwachsen mehr und mehr der randständigen Rolle als Hilfsfunktion bei der öffentlichen

---

368 Vgl. *Auernhammer*, BDSG, § 11 Rn. 11 ff.
369 Vgl. *Müthlein*, RDV 1992, 165 (166 f.), *Gola/Schomerus*, BDSG, § 11 Anm. 24 m. w. N.
370 Ebenso *Glossner*, in: Bräutigam (Hg.) IT-Outsourcing, 2. Aufl. 2009, Teil 5 Rn. 57.

Aufgabenwahrnehmung, indem durch sie selbst einzelne Verwaltungsaufgaben abgebildet werden können.

Es überzeugt nicht, unter diesen gewandelten Rahmenbedingungen immer noch auf das Bestehen eines konkretisierten Weisungsverhältnisses abzustellen. Zwar ist diese Vorgehensweise dahingehend konsequent, als derjenige, der im Innenverhältnis Art, Umfang und Ergebnis der Datenverarbeitung durch seine Entscheidungsgewalt bestimmen kann, auch nach außen die Verantwortung für die Datenverarbeitungsvorgänge trägt. Dies würde aber die Tatsache verschleiern, dass der Auftragnehmer – wenn auch unter der (rechtlichen) Weisungsbefugnis des Auftraggebers – im Ergebnis zumeist selbständig ein Verwaltungsprodukt erstellt, das gegenüber dem Bürger auch unmittelbar „wirkt", nicht mehr nur als verwaltungstechnisches Glied in der Wertschöpfungskette der staatlichen Aufgabenerfüllung auftritt und insoweit ein höheres Gefährdungspotential bezüglich der erhobenen und verarbeiteten Datensätze vermittelt wird[371]. Letztlich helfen die herkömmlichen Abgrenzungskriterien in ihrer Absolutheit zur Auflösung des dargestellten Konflikts nicht weiter. Eine sinnvolle Beurteilung der vorliegenden Gemengelage lässt sich im Ergebnis nur über eine Analyse von Sinn und Zweck der gesetzlichen Privilegierung der Auftragsdatenverarbeitung lösen.

(2)   Differenzierung nach Sinn und Zweck der datenschutzrechtlichen Privilegierung

Der Grund für die Privilegierung der Datenverarbeitung im Auftrag besteht darin, dass ein bloß mechanischer Auftragsdatenverarbeiter (z. B. Rechenzentrum) typischerweise durch seine Datenerhebung und/oder Datenverarbeitung keine zusätzlichen Gefahren für den Datenschutz begründet, die mehr als technische und organisatorische Sicherheitsmaßnahmen erforderlich machen. Die Einschränkung der verfassungsrechtlichen Freiheitsrechte des Dienstleisters mittels weiterer datenschutzrechtlicher Verantwortlichkeiten nach dem BDSG wäre in einem solchen Fall unverhältnismäßig.[372] Maßgeblich für die Zweckwahrung der Privilegierung der Auftragsdatenverarbeitung sind der Gefahrengedanke und das Kriterium der Überwachbarkeit.[373]

(a)   Gefahrengedanke

Schutzgut des Datenschutzrechts ist das Recht auf informationelle Selbstbestimmung. Dort, wo besondere Gefahren für dieses Schutzgut bestehen, werden gesteigerte Anforderungen an die verantwortliche Stelle gestellt. Die Verpflich-

---

371 *Heckmann*, in: Bräutigam, IT-Outsourcing, 2. Aufl. 2008, Kap. X.
372 Vgl. *Kramer/Herrmann*, CR 2003, 938 ff.
373 *Kramer/Herrmann*, CR 2003, 938, daran anschließend *Heckmann*, in: Bräutigam, IT-Outsourcing, 2. Aufl. 2008, Kap. X.

tung zur Einhaltung und Überwachung datenschutzrechtlicher Bestimmungen trifft allein sie. Eine (Mit-)Verantwortung des Auftragnehmers, der lediglich in einem ihm vorgegebenen vertraglichen Rahmen weisungsgebunden eine mechanische Datenverarbeitung oder Datenverwendung vornimmt, schafft demgegenüber kein zusätzliches Gefahrenpotenzial. Er begründet aber nur dann durch seine Tätigkeit keine zusätzlichen Gefahren für die Daten, wenn er sich an die Vorgaben des Vertrages über die Auftragsdatenverarbeitung hält. In diesem Falle wird dem Datenschutz dadurch Rechnung getragen, dass die Verantwortlichkeit für die Datenverarbeitung bei der verantwortlichen Stelle – dem Auftraggeber – bleibt, weil der Dienstleister die Daten nur im Rahmen der Weisungen des Auftraggebers verarbeiten darf und diese Tätigkeit durch den Auftraggeber kontrollierbar und damit auch beherrschbar bleibt[374]. Er ist in diesem Fall sowohl rechtlich als auch organisatorisch wie eine bloße (interne) Abteilung des Auftraggebers zu betrachten.

(b)   Überwachbarkeit

Die Privilegierung des Auftragsdatenverarbeiters nach § 11 BDSG durch die Ausnahme von den wesentlichen Pflichten des BDSG ist jedoch dann nicht mehr zulässig, wenn der Dienstleister, der die Daten erhält, die Daten in einer Art und Weise verwendet, die nicht mehr vom Auftraggeber mittels Vertrag und Überwachung dessen ordnungsmäßiger Durchführung gesichert werden kann. Die Sicherung der rechtmäßigen Verwendung der Daten kann vom Auftraggeber z. B. dann nicht mehr zuverlässig überwacht werden, wenn der Dienstleister mit den Daten nicht mehr nur mechanisch umgeht, sondern Verarbeitungsvorgänge vornimmt, bei denen alternative Datenverwendungsmöglichkeiten bestehen und der Dienstleister Entscheidungen treffen muss[375]. Wenn durch den Vertrag mit dem Dienstleister tatsächlich die Datenverwendung in wesentlichen Teilen auf den Dienstleister übergeht, soll auch die „rechtliche Zuständigkeit" für die Einhaltung der Datenschutzvorschriften dem Dienstleister zugewiesen sein[376]. Würde hier der Dienstleister nicht unmittelbar allen Vorschriften des BDSG unterfallen, so müsste er zwar auf Grund des Vertrages mit dem Auftraggeber die Vorschriften des BDSG materiell-rechtlich beurteilen und auf seine Entscheidungen anwenden. Die richtige Anwendung und Einhaltung der Vorschriften durch den Dienstleister müsste jedoch nicht die Aufsichtsbehörde, sondern der Auftraggeber überprüfen. Bei einem umfassenden Outsourcing ist es jedoch für den Auftraggeber praktisch und wirtschaftlich nicht möglich, die Einzelentscheidungen des Dienstleisters im Hinblick auf das BDSG zu prüfen. In diesem Fall ist für eine Privilegierung des Dienstleisters kein Raum.

---

374 Vgl. *Werres*, ZBR 2001, 429 (433) m. w. N.
375 Dazu *Werres*, ZBR 2001, 429 (434) m. w. N.; *Kramer/Herrmann*, CR 2003, 938 ff.
376 *Gola/Schomerus*, BDSG, § 11 Rn. 9.

dd. Kriterien für die Einzelfallbeurteilung

Für den Fall, dass durch ausgelagerte Datenerhebungs- und Datenverarbeitungsvorgänge einzelne Verwaltungsfunktionen abgebildet werden, bedeutet dies hinsichtlich Gefährdungspotential und Überwachbarkeit Folgendes:
Zweifellos besteht in dieser Konstellation ein gesteigertes Gefährdungspotential. Die bei der typisierten Auftragsdatenverarbeitung erfolgenden regelmäßigen Eingriffe in das Recht auf informationelle Selbstbestimmung durch Datenverarbeitungsvorgänge in der „Vorbereitungsphase" werden durch die unmittelbar nachfolgende Erstellung des Verwaltungsergebnisses weiter vertieft. Überwachungsmaßnahmen des Auftraggebers als entsprechendes Regulativ sind demgegenüber oftmals faktisch erschwert. Auf die (elektronische) Entscheidungsfindung besteht kein handhabbarer Einfluss; zudem besteht die Gefahr, dass die auslagernde öffentliche Stelle mangels technischer Kompetenz den Einblick in die Erstellung des Verwaltungsproduktes verliert und insoweit Weisungs- und Kontrollrechte zwar verbrieft, die faktisch aber im Wesentlichen nicht wahrnehmbar sind. In diesem Fall wäre neben einzelnen Rahmenbedingungen nur das Ergebnis der outgesourcten Aufgabe für den Auftraggeber überprüfbar, während die praktische Durchführung im Endeffekt mangels Kontrollmöglichkeit bzw. -fähigkeit aber eigenverantwortlich erfolgt und damit einer Funktionsübertragung entspricht. Insoweit ließe sich eine Regelvermutung dergestalt aufstellen, dass ausgelagerte Datenverarbeitungsvorgänge, die eine einheitliche Verwaltungsfunktion abbilden und so den Rahmen einer Hilfsfunktion überschreiten als nicht privilegierte Funktionsübertragung zu kategorisieren sind. Diese Regelvermutung ließe sich zur Gewährleistung eines gebotenen hohen Schutzniveaus nur dann widerlegen, wenn die einzelnen Datenverarbeitungsschritte aufgesplittet und mit zielgenauen, präzisierten Vorgaben des Auftraggebers nachvollziehbar und kontrollierbar gestaltet werden. Nur dann läge keine Umgehung der Schutzvorschriften des Datenschutzrechts vor, weil der Auftraggeber die einzelnen technischen Vorgänge überwachen kann.

ee. Zur Vereinbarkeit der Beauftragung mit dem Verfassungsrecht

Dieses Zwischenergebnis gestattet auch eine Antwort auf die verfassungsrechtliche Seite des Datenschutzes bei der Erfüllung hoheitlicher Behördenaufgaben. Die bereits (unter G V bis VIII) aufgezeigten Grenzen sind bei einer Beauftragung nach § 11 BDSG eingehalten, weil dem Verwaltungshelfer keine Hoheitsbefugnisse übertragen werden und er weder öffentliche Gewalt bei seiner Tätigkeit ausübt noch das staatliche Gewaltmonopol tangiert. Vor allem greift deshalb nicht der Funktionsvorbehalt des Art. 33 Abs. 4 GG ein, da die Funktionen bei der Polizei oder den örtlichen Ordnungsbehörden verbleiben[377].

---

377 *Burgi*, Funktionale Privatisierung und Verwaltungshilfe, 1999, 221 f.; *Stober* in: Wolff/Bachof/Stober/Kluth, Verwaltungsrecht II, 7. Aufl., § 91 Rn. 35.

Eine andere rechtliche Bewertung kommt nur dann in Betracht, wenn das Rechtsinstitut der Beauftragung verlassen wird und die Exekutive eine Funktionsübertragung beabsichtigt. Dann wäre eine Datenerhebung und Datenverarbeitung nur im Wege der Beleihung möglich, die aber nur zulässig ist, wenn eine entsprechende gesetzliche Ermächtigung vorliegt, die eine Ausnahme von dem üblichen bisher praktizierten Vorgehen gestattet. Das ist aber gegenwärtig nicht der Fall.

d. Automatische und personale Datenverarbeitung

Es gehört zu den Besonderheiten der Geschwindigkeitsüberwachung, dass sie sowohl im „bemannten" Betrieb als auch automatisch erfolgen kann[378]. Welche Form gewählt wird, hängt von den örtlichen Gegebenheiten und der Entscheidung der jeweils zuständigen Stellen ab. Soweit Messsysteme als stationäre Geschwindigkeitsanlagen im automatisierten Betrieb arbeiten, erfolgt auch die Datenerhebung automatisch. In diesen Fällen gilt § 3 Abs. 2 BDSG, wonach die automatisierte Datenverarbeitung als Erhebung, Verarbeitung oder Nutzung personenbezogener Daten unter Einsatz von Datenverarbeitungsanlagen definiert wird. Demnach unterfallen automatisch funktionierende Geschwindigkeitsanlagen ebenfalls dem BDSG, das – wie sich aus der Formulierung des § 3 Abs. 2 BDSG entnehmen lässt – auch für die Weitergabe der erlangten Daten an Beauftragte im Sinne von § 11 BDSG gilt. Diese Variante ist dann einschlägig, wenn erhobene Messdaten an eine Privatfirma zur Speicherung und Aufbereitung von Daten weitergeleitet werden. Allerdings handelt es sich hier lediglich um eine moderne Erscheinungsform der Datenverarbeitung, für die keine datenschutzrechtlichen Besonderheiten gelten, weil es aus Datenschutzerwägungen unerheblich ist, ob die Datenverarbeitung durch Personen oder Automaten erfolgt. Es ist lediglich § 6 a BDSG zu beachten, der aber bei der Einschaltung Privater in die Geschwindigkeitskontrolle keine Rolle spielt.

6. Zum Einsatz Dritter bei automatischer Verkehrsüberwachung

Jenseits der eben erörterten spezifischen datenschutzrechtlichen Situation ist ganz generell zu bedenken, dass die Geschwindigkeitsüberwachung häufig und in zunehmendem Maße durch automatische Anlagen erfolgt. So arbeiten bestimmte Messsysteme als stationäre Geschwindigkeitsmessanlagen im automatisierten Betrieb mit der Folge, dass etwa ein „aufmerksamer Messbetrieb durch

---

378 Siehe etwa Erlass des Ministeriums des Innern des Landes Brandenburg i. d. F. v. 26.2.2007, Anlage 1; Rundschreiben des Ministeriums des Innern und für Sport des Landes Rheinland-Pfalz i. d. F. v. 24.8.2004, Punkt 3.5; Ergänzende Weisung des Bayerischen Staatsministeriums des Innern, Stand 12.1.2011, Punkt 2.2; Erlass für das Bundesland Hessen i. d. F. der Bekanntmachung v. 26.1.2001, Punkt 4.2.

Personen" nicht erforderlich ist[379]. Vielmehr sind diese Anlagen ohne Aufsicht und ohne Personal vor Ort tätig, wobei Staat und Kommunen bewusst auf sichtbare personale „staatliche Präsenz" zugunsten einer mit Software bestückten Überwachungsanlage verzichten. Insbesondere der Einsatz der sogenannten „unbemannten" Messtechnik zeigt, dass es sich hier nicht um hoheitliche Belange geht, in die Private eingreifen. Vielmehr hat die Messtechnik lediglich dienende Funktion im Sinne eines Werkzeugs, weshalb die technische Hilfeleistung die hoheitliche Tätigkeit kommunaler Ordnungsbehörden qualitativ und quantitativ nicht tangiert, sondern nur bei dem Einsatz personeller Ressourcen erheblich entlastet. Man denke nur an die Kameraüberwachung und die Abholung des Bildmaterials durch Fernabfrage. Gleichzeitig ist zu beachten, dass eine automatisierte Verkehrstechnik die Gefahr einer menschlichen Manipulation im Gegensatz zu personalintensiven Kontrollen minimiert. Das bedeutet, dass gegen eine Einbindung privater Dritter in die Geschwindigkeitsüberwachung umso weniger Bedenken bestehen, je mehr die Geschwindigkeitskontrolle automatisiert ist.

IV. Vorgehen bei der Beurteilung einzelner Prozessschritte und Tätigkeiten

Bevor detailliert auf einzelne Prozessschritte eingegangen wird, ist festzulegen, nach welchem Muster die rechtliche Beurteilung stattfindet, um einen einheitlichen, nachvollziehbaren Aufbau zu erreichen. Nach den bisher gewonnenen Erkenntnissen besteht Klärungsbedarf hinsichtlich folgender Gesichtspunkte:

– Vertrags-Partnerschaft (z. B. Auftragsvergabe)

– Verwaltungshilfe-Partnerschaft (z. B. technische Unterstützung)

– Hilfspolizeibeamten-Partnerschaft (z. B. Durchführung von Geschwindigkeitsüberwachungsmaßnahmen)

– Beleihungs-Partnerschaft (z. B. bei Durchführung des OWi-Verfahrens)

– Partnerschaftsverbot (z. B. bei Festlegung der Opportunitäts-Messtoleranz)

Die datenschutzrechtlichen Aspekte werden jeweils in die entsprechende Rubrik einbezogen und bei dem konkret zu beurteilenden Prozessschritt erörtert.

---

379 Erlass des Landes Hessen i.d. Bekanntmachung vom 26.1.2001, Punkt 4.2.; Ergänzende Weisung des Bayerischen Staatsministeriums des Innern, Stand 12.01.2011, Punkt 2.2.

V. Zur Zulässigkeit der Übertragung einzelner Prozessschritte und Tätigkeiten an private Dienstleister

1. Dienstleistungsangebot für stationäre Geschwindigkeitsüberwachung und Auftragserteilung

Nachdem ausführlich begründet wurde, dass die Einbeziehung privater Dritter zur Unterstützung bei der Durchführung der staatlichen und kommunalen Aufgabe Verkehrsüberwachung prinzipiell zulässig ist, geht es in diesem Abschnitt um die rechtliche Würdigung einzelner typischer Prozessschritte in der vorgegebenen chronologischen und sachlichen Reihenfolge.

Nachdem sich die zuständige Polizeibehörde oder die örtliche Ordnungsbehörde entschieden hat, eine Geschwindigkeitsüberwachung in Kooperation mit Privaten durchzuführen, ist zunächst ein entsprechendes Rechtsverhältnis zwischen Auftraggeber und Auftragnehmer unter Berücksichtigung des Vergaberechts zu begründen. Dabei kann es sich um einen privatrechtlichen oder um einen öffentlich-rechtlichen Vertrag handeln der auf einem Dienstleistungsangebot des Privatunternehmens für stationäre Geschwindigkeitsüberwachung beruht. Dieses Angebot ist seitens der zuständigen Stelle zu prüfen und es kann, gegebenenfalls nach einer notwendigen Zustimmung, dadurch angenommen werden, dass der Auftrag erteilt bzw. bestätigt wird. Dabei handelt es sich um Routinevorgänge, da die Exekutive in vielen Bereichen mit Privaten täglich Verträge über Leistungen abschließt[380].

Die einschlägigen Erlasse nehmen, soweit sie überhaupt die Vertragsseite ansprechen, zur Rechtsnatur keine Stellung. Für eine privatrechtliche Qualifizierung spricht, dass die Unterstützung nicht den Hoheitsbereich oder den staatlichen Aufgabensektor tangiert, sondern nur die Innenrechtsbeziehung zwischen der beauftragenden Verwaltungsbehörde und dem Privaten hinsichtlich der Erbringung bestimmter Dienstleistungen betrifft[381]. Das ist etwa bei Verträgen über den Kauf oder die Miete sowie das Leasen von Überwachungsgeräten der Fall[382]. Für eine öffentlich-rechtliche Qualifizierung lässt sich anführen, dass die Einschaltung privater Verwaltungshelfer im Zusammenhang mit der Geschwindigkeitsüberwachung und folglich mit einer öffentlich-rechtlichen Aufgabe erfolgt[383] und Private als verlängerter Arm und als Hilfsorgan der Ordnungsbehörde tätig werden. Eine einhellige Meinung hat sich dazu bislang nicht gebil-

---

380 Siehe auch *Mohrdieck*, Privatisierung im Bereich öffentlicher Verkehrsräume, 2004, S. 137 f.
381 Siehe auch BVerwG, NVwZ-RR 2010, 682 ff. zum Verwaltungshelfer.
382 Siehe auch *Steiner*, DAR 1996, 272, 275.
383 *Stober*, in: Wolff/Bachof/Stober/Kluth, Verwaltungsrecht I, 12. Aufl., § 22 Rn. 41 ff und Rn. 53.

det, weshalb grundsätzlich beide Vertragsformen im Rahmen der Wahlfreiheit der Verwaltung in Betracht kommen können.

Insgesamt bestehen gegen einen Vertragsabschluss mit Privaten zur Umsetzung der eingangs beschriebenen Dienstleistungsmodelle im Bereich der stationären Geschwindigkeitsüberwachung keine durchgreifenden rechtlichen Bedenken. Das gilt auch dann, wenn Erlasse eine Beteiligung Privater ausschließen, weil Verkehrssicherheitspartnerschaften notwendig sind und Erlasse das Ermessen bezogen auf die Aufgabe Verkehrssicherheit sachgerecht und kommunalfreundlich unter Berücksichtigung grundrechtlicher Schutzpflichten auszuüben haben (s. o. G XI und H III 4).

2. Finanzierung der Überwachungstätigkeit

Gegenstand des Vertrages zur Unterstützung der öffentlichen Hand bei der Durchführung der Geschwindigkeitsüberwachung kann auch die Finanzierung des Vorhabens sein. Das ist schon deshalb häufig notwendig und üblich, weil insbesondere kleinere örtliche Ordnungsbehörden nicht über die Haushaltmittel verfügen, um die Überwachungsanlagen und Geräte zu beschaffen. Vielmehr sind sie – wie bereits erörtert – auf die Unterstützung privater Geldgeber angewiesen, um ihrer Verkehrssicherheitsaufgabe nachzukommen. Dieser rechtstatsächliche Befund kann dazu führen, dass der Auftraggeber einen gesonderten Finanzierungsvertrag abschließt (Mietvertrag, Leasingvertrag, Kreditvertrag) oder die Projektfinanzierung in den Dienstleistungsvertrag integriert. Auch hier handelt es sich, wie etwa der bayerische Erlass belegt,[384] um übliche und häufig vorkommende Rechtsgeschäfte, wobei der Vorteil vor allem darin liegen kann, dass bei den vorgestellten Geschäftsmodellen nur mit einem Vertragspartner zu verhandeln ist und die Unterstützung „aus einer Hand" erfolgt[385].

Da die Projektfinanzierung öffentlicher Infrastruktur, wozu auch stationäre Geschwindigkeitsüberwachungseinrichtungen zählen, angesichts des Investitionsbedarfs der öffentlichen Hand eine gängige Erscheinungsform einer Public Private Partnership darstellt[386], ist gegen eine Einschaltung Privater in die Finanzierungsunterstützung für örtliche Ordnungsbehörden juristisch nichts einzuwenden.

---

384 Siehe zu den Vertragstypen auch den bay. Erlass über die Verfolgung und Ahndung von Geschwindigkeitsverstößen durch Gemeinden v. 12.5.2006, Punkt 2.5.
385 Ebenso bay. Erlass, a. a. O., Punkt 1.15.2.
386 Siehe *Kämmerer*, in: Stober/Olschok (Hg.), Handbuch des Sicherheitsgewerberechts, 2004, D II Rn. 36.; *Stober*, in: Wolff/Bachof/Stober/Kluth, Verwaltungsrecht II, 7. Aufl., § 89 Rn. 20 und § 93 Rn. 7 ff. und 32.

3. *Vom Projektmanagement bis zur Inbetriebnahme des Messplatzes*

a.   Projektmanagement und Messplatzaufbau als Verwaltungshelfertätigkeit

Nach Klärung der Beteiligung Privater am Vertragsabschluss und an der Überwachungstätigkeit kommt der nächste Prozessschritt in den Blick, der inhaltlich das Projektmanagement, den Messplatzaufbau sowie die Inbetriebnahme der Überwachungsanlage betrifft. Dabei handelt es sich um Vorgänge, die auf den jeweils vereinbarten Verträgen aufbauen, in denen seitens der beteiligten örtlichen Ordnungsbehörde oder der Polizei auch eine Entscheidung darüber getroffen wurde, ob Geschwindigkeitsmessungen überhaupt durchgeführt werden und an welchen Stellen dies geschehen soll. Damit sind die wesentlichen hoheitlichen, ordnungsbehördlichen Grundlagen gelegt, die wiederum Basis für die Umsetzung vor Ort sind. Dafür kann ein Projektmanagement insbesondere dann erforderlich sein, wenn mehrere Messplätze aufgebaut und eingerichtet werden sollen. Dieses Projektmanagement muss nicht bei einer örtlichen Ordnungsbehörde oder einem anderen öffentlichen Auftraggeber liegen. Stattdessen kommt dafür auch eine Privatfirma in Betracht, weil mit dem Projektmanagement keine hoheitliche oder öffentlich-rechtliche Aufgabenerledigung verbunden ist. Vielmehr kann sich die öffentliche Hand insoweit eines privaten Verwaltungshelfers als Dienstleister bedienen und dessen professionelle Erfahrungen bei der Durchführung von Verkehrssicherheitsprojekten nutzen, die entsprechend der Weisung des Auftraggebers erfolgen. Dadurch ist sichergestellt, dass die Verwaltungsbehörde „Herrin" des Verfahrens bleibt[387].

Der Messplatzaufbau als solcher ist eine bauliche und technische Realhandlung, die keinen Bezug zum Verwaltungsrecht aufweist, weil sie nur der Vorbereitung hoheitlicher Maßnahmen dient. In diesen Fällen greift die öffentliche Hand regelmäßig auf die Kompetenz Privater zurück, weil sie häufig keine entsprechenden Kapazitäten vorhält. Auch an dieser Stelle darf an das Vergleichsbeispiel der Aufstellung von Lichtzeichenampeln erinnert werden. Aus diesem Grund hat weder die Rechtsprechung[388] noch die Erlasspraxis in mehreren Bundesländern Einwände. Vielmehr dürfen sich Ordnungsbehörden technischer Hilfe privater Dritter auch für den Aufbau mobiler oder ortsfester Anlagen bedienen[389]. Die Tatsache, dass andere Bundesländer diesen Prozessschritt nicht

---

387   OLG Frankfurt, NStZ-RR 2003, 342.
388   OLG Frankfurt, NJW 1995, 2560.
389   Überwachungserlass des Landes Brandenburg v. 15.9.1996, Punkt 5.7.4, Buchstaben b und e; Geschwindigkeitsüberwachungserlass des Landes Mecklenburg-Vorpommern i. d. F. v. 1.3.2003 Punkt 4.7, dritter Spiegelstrich; Verkehrsüberwachungserlass des Landes Hessen v. 26.1.2009 Punkt 2.2; Geschwindigkeitsüberwachungserlass des Landes Rheinland-Pfalz v. 1.2.2003, Punkt 3.10; Überwachungsverwaltungsvorschrift des Landes Sachsen v 1.4.1998, Punkt 5.2; Verkehrsüberwachungserlass des Landes Sachsen-Anhalt v. 6.3.2009, Punkt 12; Auskunft aus Baden Württemberg v. 26.1.2011; *Steegmann*, NJW 1997, 2157.

oder nicht ausdrücklich erwähnt haben steht einer Einbeziehung Dritter zum Messplatzaufbau nicht entgegen, weil die Ausführung dieser Tätigkeit Privater lediglich deklaratorisch ist.

Die örtlichen Ordnungsbehörden können daher private Dienstleister mit dem Messplatzaufbau beauftragen.

b. Inbetriebnahme und Auslösung des CAL-Fotos

Hinsichtlich der Inbetriebnahme des von der öffentlichen Hand ausgewählten Messplatzes handelt es sich ebenfalls um eine rein technische Maßnahme, die voraussetzt, dass der Auftraggeber das Signal zum Start der Geschwindigkeitsmessung gibt[390]. Auch hier agiert der Auftraggeber lediglich als verlängerter Arm der örtlichen Ordnungsbehörde und nur nach deren Weisung und Vorgaben[391]. Das bedeutet, dass die Zustimmung zum Betriebsstart vorliegen muss. Private haben also keine Entscheidungskompetenz, wenn sie bei Vorliegen eines Geschwindigkeitsverstoßes die für die Verfolgung notwendigen Daten erfassen[392]. In diesem Zusammenhang ist auch zu bedenken, dass moderne Überwachungsanlagen im automatischen Betrieb arbeiten[393]. Hier ist bezogen auf den Vorgang der Inbetriebnahme zu berücksichtigen, dass die örtlichen Ordnungsbehörden häufig nicht in die Automationstechnik eingebunden sind und den konkreten Messbetrieb im Einzelnen nicht verfolgen müssen. Sie dürfen sich deshalb zur Inbetriebnahme der Hilfe Privater bedienen, welche die Geräte und die Software zur Verfügung stellen.

Wesentlicher Bestandteil der Inbetriebnahme auch im Rahmen einer Filmauswechslung ist das Auslösen des sog. CAL-Fotos (Kalibrierung), mit dem die Funktionsfähigkeit der Geschwindigkeitsmessanlage dokumentiert wird. Es versteht sich von selbst, dass die für die Geschwindigkeitskontrolle zuständige Stelle für die Funktionstüchtigkeit der Anlage verantwortlich ist, weil sie Grundlage des Verwaltungshandelns ist. Das heißt aber nicht, dass Private von einer Mitwirkung an diesem Prozessschritt ausgeschlossen sind. Zunächst ist festzuhalten, dass die Auslösung des CAL-Fotos ein rein technischer Vorgang ist, der die eigentlich hoheitlich erfolgende Messung nur vorbereitet. Im Kern werden die zuständigen Behörden lediglich durch technische Hilfe eines "Werkzeugs" unterstützt, das die Geschwindigkeitsmessung erst ermöglicht. Ferner ist maßgeblich, dass eingeschaltete Private keinerlei Einfluss auf die Folgen und

---

390 *Nitz*, NZV 1998, 11, 13.
391 Siehe auch *Kämmerer*, in: Stober/Olschok (Hg.) Handbuch des Sicherheitsgewerberechts, 2004, D II Rn. 36; *Schlatzer*, Verkehrsüberwachung durch Private, 2007, S. 56.
392 *Nitz*, NZV 1998, 11, 13.
393 Weisung des Bayerischen Staatsministeriums des Innern zu TRAFFIPAX TraffiStar S 330, Stand 12.1.2011, Punkt 2.2; Hessischer Verkehrsüberwachungserlass v. 26.1.2001, Punkt 4.2.

das Ergebnis der Kalibrierung besitzen. Ihre Hilfe beschränkt sich vielmehr darauf, Polizei und örtliche Ordnungsbehörden nach deren Vorgaben bei dem Massengeschäft Geschwindigkeitsüberwachung von mechanisch-technischen und automatisch vornehmbaren Realhandlungen zu entlasten. Diese Entlastungsfunktion kommt auch in mehreren Erlassen zum Ausdruck, die etwa das Auswechseln von Filmen sowie die Gerätewartung ausdrücklich als privatisierbare Hilfstätigkeit ansehen. Bei dieser systematischen Betrachtung besteht kein Anlass, das vergleichbare Auslösen des CAL-Fotos rechtlich abweichend zu qualifizieren.

Sofern die Zustimmungsprozedere eingehalten ist, ist es unbedenklich, wenn private Dienstleister mit der Inbetriebnahme der Messanlagen beauftragt werden.

4. Eichunterstützung

Die Inbetriebnahme einer Geschwindigkeitsmessanlage setzt voraus, dass das Gerät von der Physikalisch-Technischen Bundesanstalt (PTB) und nach den Bestimmungen des Eichgesetzes zugelassen ist. Außerdem sind bei der Inbetriebnahme die Betriebsanweisungen des Herstellers und der innerstaatlichen Zulassung der PTB einzuhalten. Dazu müssen die Geräte gemäß den Zulassungsbedingungen geeicht sein[394]. Die Erfüllung dieser Bedingungen hat der Auftraggeber sicherzustellen, wobei er sich bei der Eichung der Unterstützung des Auftragnehmers bedienen kann. Das ist deshalb möglich, weil es sich auch hier um einen ausschließlich technischen Vorgang handelt, der nur der Vorbereitung später auszulösender hoheitlicher Maßnahmen dient. Soweit private Produzenten zugleich Hersteller der Messgeräte sind, ist es sinnvoll, diese Unternehmen und deren Personal mit der Eichunterstützung zu betrauen, da diese Firmen die Funktionsweise und mögliche Fehlerquellen der selbst gebauten Geräte naturgemäß am besten beurteilen und damit eine beweissichere Verkehrsüberwachung gewährleisten können. Rechtliche Bedenken gegen diese Einbindung sind nicht ersichtlich.

---

[394] Geschwindigkeitsüberwachungserlass des Landes Mecklenburg-Vorpommern i. d. F. v. 1.3.2003, Punkt 4.3; Verkehrssicherheits-Erlass des Landes Nordrhein-Westfalen v. 19.10.2009, Punkt 3.5.1; Richtlinie des Landes Rheinland-Pfalz v. 1.2.2003 Punkt 5 und zur Kommunalen Geschwindigkeitsüberwachung i. d. F. v. 24.8.2004, Punkt 3.5.

5 Temporäre Speicherung der Daten auf dem Server privater Dienstleister zur Datenaufbereitung

Während die bisher erörterten Prozessteile der Einführung des Projektes Geschwindigkeitsüberwachung und dem Aufbau des Überwachungssystems gewidmet waren, geht es bei den weiteren Prozessschritten um die Betriebsphase, bei der die Aufbereitung und Bearbeitung der Bilddaten im Mittelpunkt steht. Ausweislich des eingangs dargestellten Dienstleistungsmodells stellt sich die Einschaltung Privater wie folgt dar: Die Polizei oder die örtliche Ordnungsbehörde sammeln, archivieren und sichern die bei der Geschwindigkeitskontrolle gewonnenen Rohdaten, die dann an die privaten Auftragnehmer durch Daten-Upload versandt werden. In diesem Zusammenhang ist zu prüfen, ob Versand und eine temporäre Speicherung der Daten auf dem Server Privater zur Datenaufbereitung zulässig sind.

Die Beantwortung dieser Frage hängt davon ab, ob und wenn ja, inwieweit Privatunternehmen in die Datenweitergabe und Datenverarbeitung eingeschaltet werden dürfen. Diese Problematik wurde unter allgemeinen rechtlichen Gesichtspunkten bereits abgehandelt (s. o. H III 5).

Für die rechtliche Beurteilung der Datenweitergabe an private Dienstleister und die nachfolgende Speicherung der Daten auf deren Servern ist entscheidend, ob diese Form der Datenverarbeitung als zulässige Verwaltungshilfe und Auftragsdatenverarbeitung zu qualifizieren ist.

Die Dienstleister fungieren, was die Datenweitergabe an sie und die nachfolgende Speicherung betrifft, gleichsam als „verlängerter Arm" oder als ausgelagerte Abteilung der weiterhin „verantwortlichen" Stelle, die als „Herrin der Daten" die volle Verfügungsgewalt behält und damit auch allein über die Erhebung, Verarbeitung oder Nutzung bestimmt.[395]

Dementsprechend stellt die temporäre Speicherung der Daten auf dem Server Privater zur Datenaufbereitung keine Erhebung von Daten dar. Darunter ist das Beschaffen von Daten über den Betroffenen zu verstehen (§ 3 Abs. 3 BDSG). Die bisher datenschutzrechtlich relevanten Dienstleistungen Privater erstrecken sich ausweislich des unter A. I. illustrierten Dienstleistungsportfolios nur auf Tätigkeiten, die nach der behördlichen Datenerhebung erfolgen. Die Erhebung der Daten erfolgt ausschließlich durch die Behörde selbst.

Bei dem der temporären Speicherung der Daten auf dem Server Privater zur Datenaufbereitung vorausgehenden Versand der Rohdaten an den privaten Dienstleister durch Daten-Upload handelt es sich nicht um eine Verarbeitung personenbezogener Daten im Form einer „Übermittlung" i. S. d. § 3 Abs. 4 Satz 2 Nr. 3 BDSG. Das BDSG betrachtet den Auftragnehmer rechtlich als Einheit mit der auftraggebenden Stelle (§ 3 Abs. 8 BDSG). Dies hat zur Folge, dass der Datentransfer zu und von dem Auftragsdatenverarbeiter nicht als rechtferti-

---

395 *Gola/Schomerus*, Bundesdatenschutzgesetz, 10. Auflage 2010, § 11 Rn. 3.

gungsbedürftige Übermittlung i. S. d. § 3 Abs. 4 Satz 2 Nr. 3 BDSG verstehen ist.[396]

Die daran anschließende temporäre Speicherung der Daten auf dem Server des privaten Dienstleisters zur Datenaufbereitung stellt indes eine automatisierte Verarbeitung personenbezogener Daten dar. Unter den Begriff Verarbeiten fällt das Speichern, Verändern, Übermitteln, Sperren und Löschen personenbezogener Daten (§ 3 Abs. 4 BDSG). Unter Speichern ist das Erfassen, Aufnehmen oder Aufbewahren personenbezogener Daten auf einem Datenträger zum Zweck ihrer weiteren Verarbeitung oder Nutzung zu verstehen (§ 3 Abs. 4 Satz 2 Nr. 1 BDSG).

Eine Datenverarbeitung in Form der Speicherung durch Private setzt voraus, dass die Einschaltung privater Firmen in die Datenverarbeitung und damit die Weiterleitung an diese Unternehmen im Sinne eines Datentransfers prinzipiell gestattet ist. Das ist nach der geltenden Rechtslage der Fall, weil das Datenschutzrecht eine Beauftragung Dritter erlaubt und die einschlägigen Erlasse gesetzeskonform sind, wenn sie etwa die Filmentwicklung auslagern. Folglich ist auch eine Speicherung von Daten auf die bereits aufmerksam gemacht wurde (s. o. H III 5) auf dem Server privater Dienstleister möglich.

Die Zulässigkeit der Datenverarbeitung hängt im Einzelfall jedoch davon ab, ob die strengen formalen und inhaltlichen Anforderungen an den Datenverarbeitungsauftrag eingehalten sind (s. o. H V I) und sowohl die Behörde als Auftraggeberin als auch der private Dienstleister als Auftragnehmer ihren datenschutzrechtlichen Pflichten (vgl. dazu I II 2 d) auch tatsächlich in dem geforderten Maße nachkommen.

Zwar ist für die Einhaltung der Vorschriften des BDSG und anderer Bestimmungen über den Datenschutz grundsätzlich der Auftraggeber verantwortlich (§ 11 Abs. 1 BDSG). Nichtsdestotrotz ergeben sich aus der Auftragsdatenverarbeitung auch für die privater Dienstleister als Auftragnehmer eigenständige Pflichten (§ 11 Abs. 3 BDSG). Daneben gelten – obwohl bei der Auftragsdatenverarbeitung Auftraggeber und Auftragnehmer als rechtliche Einheit anzusehen sind – einige allgemeine datenschutzrechtliche Pflichten auch für den Auftraggeber (§ 11 Abs. 4 BDSG). Insoweit sind bestimmte Datenschutzpflichten sowohl von Auftraggeber als auch Auftragnehmer nebeneinander und unabhängig voneinander zu erfüllen (dazu im Einzelnen unter I II 2 d).[397] Die Erfüllung dieser Pflichten ist für die Zulässigkeit der Auftragsdatenverarbeitung von grundlegender Bedeutung.

Gesteigerte Gefahren für den Datenschutz (vgl. G V 1 b) bestehen nicht. Durch die im Zuge eines Outsourcings erfolgende Weitergabe der betreffenden von der Kommune/Polizei erhobenen personenbezogenen Daten an externe Stellen wird der Kreis der mit personenbezogenen Daten befassten Personen

---

396 *Gola/Schomerus*, Bundesdatenschutzgesetz, 10. Aufl. 2010, § 11 Rn. 4; *Gabel*, Kommentar zum BDSG, 2010 § 11 Rn 2.
397 *Schultze-Melling*, in: Bräutigam (Hg.), IT-Outsourcing, 2. Aufl.2008, S. 343.

zwar erweitert, was insoweit einen eigenständigen Eingriff in den Schutzbereich des Grundrechts auf informationelle Selbstbestimmung, vermittelt. Daneben verursacht die Tätigkeit der in die öffentliche Aufgabenerfüllung eingebundenen privaten Diensteanbieter selbst Eingriffe in das Recht auf informationelle Selbstbestimmung, die allerdings im Rahmen der Auftragsdatenverarbeitung dem staatlichen Auftraggeber zuzurechnen sind. Es besteht zudem die abstrakte Gefahr einer missbräuchlichen Verwendung der betreffenden Daten des privaten Dienstleisters oder auch nur eine versehentliche Eröffnung des Zugangs an Dritte, sowie die Gefahr eines Datenverlustes und einer Verfälschung der Datensätze durch etwaige Datenverarbeitungsvorgänge. Allerdings kann diesen Gefahren durch erforderliche Schutzmaßnahmen i. S. d. § 11 BDSG wirkungsvoll entgegnet werden. Zudem ist ein Missbrauch der zu bearbeitenden Daten jedenfalls nach dem hier vorgestellten Grundlagen-Modell ausgeschlossen, da hiernach der private Dienstleister nur Datensätze ohne festgestellten Personenbezug verarbeitet. Denn nach erfolgter Halteranfrage durch die Kommunen kommt der private Dienstleister mit den dann entsprechend verknüpften Datensätzen nicht mehr in Berührung. An den Rohdaten (Kfz-Kennzeichen und Foto des Insassen) ist indes kein wirtschaftliches Interesse feststellbar; eine spezifische „Missbrauchsgefahr" besteht deshalb nicht.

Sofern die Datenweitergabe seitens des Auftragsgebers nicht per Fernübertragung, sondern durch Übergabe eines Speichermediums (z. B. CD-ROM) erfolgt, ist sicherzustellen, dass das mit dem Versand beauftragte Unternehmen zuverlässig ist und eine Verfolgung des Versandstatus anbietet.

Angesichts dieser geschilderten Rechtslage bestehen gegen eine Datenspeicherung keine Bedenken, weil in dem Stadium der Speicherung der öffentliche Auftraggeber allein und ausschließlich darüber entscheidet, welche Daten wenn und auf welche Weise verarbeitet werden und er damit die Datenherrschaft behält.

6. *Aufbereitung und Bereitstellung der Daten für die amtliche Kontrollauswertung*

Die Prozessschritte, die sich mit der Aufbereitung und Ergänzung der Rohdaten sowie der Aufbereitung der Daten für das von der Behörde vorgesehene Ordnungswidrigkeitenverfahren befassen, können zusammengefasst werden, da es sich aus der Perspektive der beauftragten Stelle rechtlich gesehen um einen einheitlichen Vorgang handelt. Denn im Kern steht bei den drei Prozessschritten die Aufbereitung von behördlichen gewonnenen Daten im Vordergrund mit dem Ziel, die bearbeiteten Daten der zuständigen Behörde zur Auswertung und eigenständigen Beurteilung zur Verfügung zu stellen.

Die Speicherung der Daten bezweckt nach § 3 Abs. 4 Nr. 1 BDSG die weitere Verarbeitung, die Gegenstand eines Auftragsverhältnisses zwischen der örtlichen Ordnungsbehörde und dem privaten Auftragnehmer sein kann. Bei den hier zu beurteilenden Schritten geht es um die Aufbereitung und Ergänzung der behördlich erfassten Rohdaten im Sinne einer Vorbearbeitung hinsichtlich einer späteren Verwertbarkeit der Messergebnisse. Im Rahmen der Datenaufbereitung können die Rohdatensätze u.a. je nach Auftragsverhältnis um folgende Angaben ergänzt werden:

- Filmnummer

- Messplatz Kunde

- Typ Messgerät

- Verarbeiter

- Erkanntes Kennzeichen

- Fahrzeugklasse

- Normierte Geschwindigkeit (gemessene Geschwindigkeit abzüglich Messtoleranz)

- Zeuge der kommunalen Behörde

- Verstoß gemäß BKATV

- Geschlecht Fahrer

- Bildausschnitt Fahrer

- Ausblendung Beifahrer

- Bildausschnitt Kennzeichen

- Verwendbarkeitsstatus (OK oder Fehlercode gemäß Behördenvorgabe)

- Bearbeitungsinformationen (Tag, Uhrzeit)

- Weitere Ergänzungen gemäß Vorgaben der Behörde (Handy-, Gurtverstoß).

Bei der Ergänzung der Rohdatensätze wird der Auftragnehmer, wie auch die mehrfache Erwähnung der verantwortlichen Behörde belegt, lediglich in seiner Eigenschaft als Service-Rechenzentrum eingeschaltet, der für die letztverantwortliche und beauftragende Ordnungsbehörde nach deren Vorgaben bestimmte Daten der erfolgten Messung aufbereitet und ergänzt und der Behörde anschließend zur Verfügung stellt, damit sie aus den bearbeiteten Hinweismitteln weitere Schlüsse hinsichtlich einer möglichen Verfolgung von Geschwindigkeitsüberschreitungen ziehen kann.

Insofern unterscheidet sich die Einschaltung privater Dienstleister diametral von dem Fall, den das Berliner Kammergericht zu entscheiden hatte. Dort war nämlich die Datenübertragung so verabredet, dass die erfassten Daten auf direktem Weg ohne Zwischenschaltung eines Behördenbediensteten an das Landesamt für Informationstechnik übermittelt wurden, das ein Verwarnungsgeldangebot ausdruckte. Demnach fand hier überhaupt keine materielle Kontrolle durch einen Angehörigen der Polizei statt[398]. Demgegenüber verhält es sich hier so, dass der Auftraggeber bestimmte Abbruchkriterien vorsieht, bei deren Vorliegen die Daten nicht weiterverarbeitet werden (Kennzeichen nicht erkennbar, Messung ungenügend etwa bei gleichzeitiger Aufnahme von zwei Fahrzeugen). Der private Dienstleister fungiert in diesem Stadium der Datenverarbeitung lediglich als unselbständiger Helfer der zuständigen Behörde, für die vorbereitende technische Hilfe geleistet wird, damit sie auf der Basis der aufbereiteten Daten ihrem Verkehrssicherheitsauftrag nachkommen und eine Auswertung der Beweismittel vornehmen kann[399]. Für diese Einordnung spricht, dass die zuständigen Stellen den eingeschalteten Privatunternehmen bestimmte Bearbeitungskriterien vorgeben, die auch einen Abbruch der weiteren Verarbeitung vorsehen, wenn kein Verstoß vorliegt oder die erhobenen Daten aus anderen Gründen nicht verwendbar sind wie der hier wiedergegebene Aufgabenkatalog zur Ergänzung der Rohdatensätze verdeutlicht. Insoweit ist zu bedenken, dass Privaten bei der Datenbearbeitung in Gestalt von Bildbearbeitungssoftware keine Entscheidungsbefugnisse oder Ermessensspielräume zustehen. Dementsprechend hält etwa der Erlass zur Geschwindigkeitsmessung Mecklenburg Vorpommern[400] unter Punkt 6.1 fest, dass „private Anbieter das Beweismaterial aufbereiten"[401] und Messfilme entwickeln dürfen und bei der Behandlung der Beweismittel die Weisungen des Auftraggebers zu befolgen haben (Anhang 1 des Erlasses).

Gleiches gilt nach bayerischer Erlasslage: Danach muss bei der Auswertung der Filme sichergestellt sein, dass letztlich der Bedienstete der Gemeinde über die Beweiseignung einer Aufnahme und die Frage, ob ein Ordnungswidrigkeitenverfahren eingeleitet wird, entscheidet.[402] Dies ist vorliegend sichergestellt, da die amtliche Kontrollauswertung bei den zuständigen Behörden verbleibt. Es führt hingegen zu weit, darüber hinaus zu fordern, dass der Behörde auch Aufnahmen zur Entscheidung vorgelegt werden, bei denen – nach Auffassung des privaten Personals – eine Beweiseignung fehlt (z. B. unbrauchbares Foto), weil es sich um ermessensgebundene Tätigkeiten handelt, die Voraussetzung für die Einleitung von Verfolgungs- und Ahndungsmaßnahmen sind[403]. Denn vorausgesetzt es bestehen wie hier präzise, zweifelsfreie Anweisungen, welche Daten-

398 KG Berlin, NZV 1997, S. 48 ff.
399 *Sellmann*, NVwZ 2008, S. 817, 823.
400 Erlass zur Geschwindigkeitsmessung Mecklenburg Vorpommern i. d. F. v. 2.3.2003.
401 Siehe auch Erlass des Bayrischen Staatsministerium des Inneren zur Verfolgung von Geschwindigkeitsverstößen v. 12.5.2006 Punkt 2.5; Auskunft aus Baden-Württemberg v. 26.1.2011; *Steiner*, DAR 1996, S. 272, 275; *Schlatzer*, Verkehrsüberwachung durch Private, 2007, S. 56.
402 Bek. StMI KVÜ v. 12.05.2006, Ziff. 2.5 (AlMBl. S. 161).
403 Vgl. BayObLG, Beschl. v. 05.03.1997 – 1 ObOWi 785/96 – DAR 1997, 206 ff. und BayObLG, Beschl. v. 11.07.1997 – 1 ObOWi 282/97 – DAR 1997, 407; KG Berlin, Beschl. v. 23.10.1996 – 2 Ss 171/96 – 3 Ws (B) 406/96 – DAR 1996, 504 ff.

sätze vorzulegen sind und welche nicht, dann wird das behördliche Ermessen bereits durch diese Anweisung „vorab" ausgeübt (zur „Vorab"-Ermessensausübung siehe noch unten H VI 4).

Die Aufbereitung und Bereitstellung der Daten stellen aus datenschutzrechtlicher Sicht Dienstleistungen eines unselbständigen Hilfsorgans der Verwaltung, die als klassischer Fall der Auftragsdatenverarbeitung zu qualifizieren sind, weshalb die hierzu gemachten Ausführungen gelten (s. o. H III 5).

Die Legitimationsverantwortung des Staates ist unter keinem Gesichtspunkt gefährdet. Es werden nur (unwesentliche) Teile der Verwaltungsaufgabe „Ermittlung und Ahndung von Geschwindigkeitsverstößen" wahrgenommen. Eine eigene Entscheidungsbefugnis über die zu verarbeitenden Daten fehlt und der private Dienstleister ist umfassend den Weisungen des öffentlichen Auftraggebers unterworfen. Die Datenverarbeitungsvorgänge erschöpfen sich ausnahmslos in untergeordneten technischen „Hilfs- und Unterstützungsfunktionen". Einerseits sind die vorzunehmenden Datenverarbeitungsschritte weitgehend durch den Einsatz von Computerprogrammen determiniert, andererseits werden – was die „Aufbearbeitung der Rohdaten" betrifft – nach dem strikten Aufgabenkatalog der auftraggebenden Behörde lediglich vorbereitende Feststellungen getroffen, die auf einfachsten Auswertungshandlungen beruhen, die auf dem „Ja/Nein-Schema" basieren (z. B.: „Insasse männlich oder weiblich" oder „Insasse angegurtet oder nicht").

Das heißt im Ergebnis, dass private Dienstleister mit der Aufbereitung und Ergänzung der Daten von öffentlichen Stellen beauftragt werden dürfen. Das gilt auch für die anschließende Bereitstellung der aufbereiteten Daten für die amtliche Kontrollauswertung, der keine eigenständige Bedeutung beizumessen ist.

Wie bereits dargestellt (s. o. H III 5) ist der Datentransfer zu und von dem Auftragsdatenverarbeiter nicht als Übermittlung i. S. d. § 3 Abs. 4 Nr. 3 BDSG zu klassifizieren. Das gilt konsequenterweise auch für die Bereitstellung der aufbereiteten Daten für die amtliche Kontrollauswertung, also den Datenversand eines privaten Dienstleisters an die Behörde. Es ist nur die Konsequenz des an das Privatunternehmen erteilten Auftrages, die erhaltenen Daten der Behörde wieder vollständig zur Verfügung zu stellen[404], damit sie eine Entscheidung über die Einleitung eines Ordnungswidrigkeitenverfahren treffen kann. Das kann per Datenfernübertragung oder mittels Datenträgerversand (CD-ROM, USB-Stick, o.ä.) geschehen.

---

404 Siehe auch Erlass des Landes Mecklenburg Vorpommern i. d. F. v. 1.3.2003, Punkt 6.3.

7. Korrektur der Daten gemäß Vorgabe der Behörde

Kommt die Ordnungsbehörde zu dem Ergebnis, dass die Daten von dem Auftragnehmer nicht korrekt aufbereitet wurden, dann ist es sinnvoll, dass sie an den Auftragnehmer zur Nachbearbeitung zurückgegeben werden, der dann die Ursprungsdaten erneut aufbereiten und ergänzen muss, um sie für eine amtliche Kontrollauswertung tauglich zu machen. Es versteht sich von selbst, dass es sich bei diesem Vorgang lediglich um eine Wiederholung der Datenaufbereitung handelt, die nach Vorgabe des Auftragsgebers erfolgt.

Im Rahmen einer Auftragsdatenverarbeitung ist zu beachten, dass der Auftragnehmer von sich aus keine Berichtigung oder Löschung von Daten vornehmen, sondern nur auf entsprechende Weisung des Auftraggebers handeln darf.[405] Entsprechende Weisungen und Vorgaben können jedoch bereits in dem der Verarbeitung zugrundliegenden Datenverarbeitungsauftrag generell erteilt werden. Der Umfang der Weisungsbefugnisse der Behörde gehört im Übrigen auch zum zwingenden Mindestinhalt des schriftlichen Datenverarbeitungsauftrags (vgl. oben H V 1).

Das bedeutet, dass diesem Prozessschritt kein neuer rechtlicher Inhalt innewohnt, weil Datenumfang und Datenverarbeitung nicht verändert werden. Deshalb können private Dienstleister problemlos mit der Korrektur betraut werden.

8. Vollständige Löschung der Rohdaten und der aufgearbeiteten Daten

Im Normalfall bedarf es keiner Korrektur der Daten, so dass das behördlich veranlasste Ordnungswidrigkeitenverfahren seinen Lauf nehmen kann. Es endet üblicherweise mit der Verfolgung und Ahndung des festgestellten Verstoßes. Was geschieht in diesem Zusammenhang mit den noch vorhandenen Daten, die in das Ordnungswidrigkeitenverfahren übernommen wurden? Insoweit kann vorgesehen sein, dass die Rohdaten und die aufbereiteten Daten nach einer bestimmten Zeitspanne vollständig gelöscht werden.

Auch das Löschen personenbezogener Daten ist ein Verarbeiten i. S. d. § 3 Abs. 4 BDSG. Darunter ist gem. § 3 Abs. 4 Satz 2 BDSG das Unkenntlichmachen gespeicherter personenbezogener Daten zu verstehen. Somit handelt es sich auch bei der vollständigen Löschung der Rohdaten und der aufbereiteten Daten um einen datenschutzrechtlich relevanten Vorgang.

Aus der Gegenüberstellung von Speichern und Löschen ist zu entnehmen, dass das Löschen der Gegenakt zum Speichern ist. Diese Wertung ergibt sich aus § 20 Abs. 2 Satz 2 BDSG, wonach Daten zu löschen sind, wenn ihre Kenntnis für die verantwortliche Stelle zur Erfüllung der in ihrer Zuständigkeit liegenden Aufgabe nicht mehr erforderlich ist. Wie schon bei der Korrektur der

---

405 *Schultze-Melling*, in: Bräutigam (Hg), IT-Outsourcing, 2. Aufl. 2008, S. 343; *Gola/Schomerus*, Bundesdatenschutzgesetz, 10. Auflage 2010, § 11 Rn. 4.

Daten gilt im Rahmen einer Auftragsdatenverarbeitung, dass der Auftragnehmer von sich aus keine Löschung von Daten vornehmen, sondern nur auf entsprechende Weisung des Auftraggebers handeln darf.[406]

Daraus folgt, dass es in der Hand der örtlichen Ordnungsbehörden liegt, ob und wenn die im Auftrag bereitgestellten Daten gelöscht werden. Das Löschen ist ein essentieller Bestandteil und Abschluss des Auftragsverhältnisses zwischen der Behörde und dem Privatunternehmen, das in die Datenverarbeitung eingeschaltet war. Die Löschung entspricht auch dem Datenschutzrecht, weshalb gegen eine generelle oder konkrete Löschanweisung im Rahmen einer Beauftragung nach § 11 BDSG zugunsten eines privaten Dienstleisters keine Einwände bestehen.

Bedenklich ist allerdings die Löschung der Daten erst nach dem Ablauf einer bestimmten Frist. Grundsätzlich sind personenbezogene Daten, die automatisiert verarbeitet oder in nicht automatisierten Dateien gespeichert sind, unverzüglich dann zu löschen, wenn ihre Kenntnis für die verantwortliche Stelle zur Erfüllung der in ihrer Zuständigkeit liegenden Aufgaben nicht mehr erforderlich ist (§ 20 Abs. 2 Satz 2 BDSG).

Nachdem der Empfang der aufbereiteten Daten von der Behörde quittiert wurde, benötigt der private Dienstleister die Rohdaten und die aufgearbeiteten Daten nicht mehr. Mit der endgültigen Übergabe an die Behörde hat das eingeschaltete Privatunternehmen seinen Auftrag im Einzelfall erfüllt. Da die Datenkenntnis dann nicht mehr erforderlich ist, könnte man von einer Pflicht zur unverzüglichen Löschung der Rohdaten und der aufgearbeiteten Daten seitens des privaten Dienstleisters nach Quittierung durch die Behörde ausgehen. Auch diesbezüglich ist jedoch wiederum die datenschutzrechtliche Privilegierung der Auftragsdatenverarbeitung zu beachten. Wie bereits dargestellt, begreift das BDSG Auftragnehmer rechtlich als Einheit mit der auftraggebenden Stelle (vgl. § 3 Abs. 8 BDSG). Der private Dienstleister ist als Auftragnehmer keine eigenständige verantwortliche Stelle im Sinne des Datenschutzrechts. Das ist einzig und allein die Stelle, die personenbezogene Daten für sich selbst erhebt, verarbeitet oder nutzt oder dies durch andere im Auftrag vornehmen lässt (§ 3 Abs. 7 BDSG) – hier also die Behörde. Dies hat zur Folge, dass es auch für die Löschung nicht isoliert auf die Erforderlichkeit der Kenntnis des privaten Dienstleisters ankommt, sondern auf die der zuständigen Behörde als verantwortlicher Stelle.

Für die Frage, wann die Rohdaten und die aufgearbeiteten Daten zu löschen sind, ist also ausschließlich auf die Löschungspflicht der Behörde abzustellen. Die Löschung hat nach dem Prinzip der Datensparsamkeit unverzüglich zu erfolgen, sobald die Daten nicht mehr benötigt werden. Für eine Rückhaltung der Daten beim Auftragnehmer für eine bestimmte Zeit nach deren Erhalt sind vorliegend keine vernünftigen Gründe ersichtlich. Die weitere Nutzung der Daten

---

406 *Schultze-Melling*, in: Bräutigam, IT-Outsourcing, S. 343; *Gola/Schomerus*, Bundesdatenschutzgesetz, 10. Auflage 2010, § 11 Rn. 4.

erfolgt nach dem Dienstleistungsmodell ausschließlich durch den Auftraggeber in dessen Sphäre. Eine weitere Speicherung der erhaltenen Daten beim Auftragnehmer ist nach Quittierung des Empfangs nicht erforderlich. D.h., dass ab diesem Zeitpunkt die Daten bei dem privaten Dienstleister „unverzüglich" zu löschen sind, was durch vertragliche Regelung sicherzustellen ist. Eine Löschung nach Ablauf einer bestimmten Frist kann jedoch nicht mehr als „unverzüglich" bewertet werden. Das Dienstleistungsmodell muss deswegen dahin ausgestaltet werden, dass nach der Datenübermittlung an den Auftraggeber eine „unverzügliche" Löschung aller noch bei dem privaten Auftragnehmer gespeicherten Daten erfolgt.

Ergänzend sei angemerkt, dass die Datenschutzbeauftragten im Rahmen von Geschwindigkeitsmessungen erhobenen Daten ein waches Auge auf die obligatorische Löschung dieser Daten nach Verfahrensabschluss haben. So hat der Saarländische Datenschutzbeauftragte wiederholt gerügt, dass Frontalfotografien aus abgeschlossenen Verwarnungsverfahren im Rahmen von Verkehrsordnungswidrigkeiten anstatt gelöscht weiter gespeichert würden und bei neuerlichen Verkehrsordnungswidrigkeiten zur Fahreridentifizierung unzulässiger Weise herangezogen werden[407].

Die Löschung der beim Auftragnehmer gespeicherten Daten nach Beendigung des Auftrags ist im Übrigen auch Gegenstand des „Mindest-Regelungskataloges" des § 11 Abs. 2 BDSG und muss somit zwangsläufig in den schriftlichen Datenverarbeitungsauftrag aufgenommen werden. § 11 Abs. 2 Satz 2 Nr. 10 BDSG sieht eine vertragliche Regelung zur Löschung von Daten nach Beendigung des Auftrages sowie eine Rückgabepflicht überlassener Datenträger vor. Eine bloße vertragliche Regelung zur Löschung ist dabei nicht ausreichend. Vielmehr ist zu verlangen, dass der Auftragnehmer die Löschung bestätigt und gegebenenfalls auch eidesstattlich versichert[408].

9. Jährliche Unterstützung bei der Eichung des Messplatzes und des Messgerätes

Die zur Geschwindigkeitsüberwachung erlassenen Verwaltungsvorschriften der Bundesländer nehmen teilweise ausführlich zur Eichung von Messplätzen und Eichgeräten Stellung, weil die richtige Eichung eine der Bedingungen für eine korrekte Ermittlung von Geschwindigkeitsverstößen ist. Insoweit muss man sich vergegenwärtigen, dass die Eichung der Messauflagen auch über die Eignung der Messeinrichtung als späteres Beweismittel Auskunft gibt. Deshalb wird etwa in dem Erlass des Landes Mecklenburg Vorpommern[409] Punkt 4.3

---

407 Vgl. etwa den 22. Tätigkeitsbericht des Landesbeauftragten für Datenschutz und Informationsfreiheit im Saarland, S. 21.
408 So *Hoeren*, DuD 2010, 688 (691).
409 Erlass des Landes Mecklenburg Vorpommern i. d. F. v. 1.3.2003.

darauf hingewiesen, dass die Geräte „gemäß ihren Zulassungsbedingungen geeicht sein" müssen und die Urkunden darüber bei den zuständigen Unternehmen aufzubewahren sind. Bei dem Vorgang der Eichung handelt es sich wie schon unter H V 4 dargelegt wurde, um eine ausschließlich technische physikalische Tätigkeit, die nicht zu den typischen Aufgaben der Polizei- und Ordnungsbehörden gehört, sondern von speziellen Dienststellen wahrgenommen wird. Deshalb bietet es sich an, bei der jährlichen Unterstützung bei der Eichung von Messplätzen und Messgeräten auch die privaten Hersteller der Messeinrichtung zu beteiligen, die über die größte Technikkompetenz verfügen und den Auftraggeber fachlich als Verwaltungshelfer bei der jährlichen Überprüfung der Eichung unterstützen können.

Ob auch bei der Eichunterstützung besondere Zulässigkeitsvoraussetzungen aus datenschutzrechtlicher Sicht zu beachten sind, hängt maßgeblich davon ab, ob mit der Tätigkeit zwangsläufig auch die Gefahr „beiläufiger" Kenntnisnahme personenbezogener Daten einhergeht.

Zwar liegt nach wohl herrschender Ansicht[410] bei der Tätigkeit von Wartungs- und Serviceunternehmen weder Auftragsdatenverarbeitung noch Funktionsübertragung inklusive Datenübermittlung vor, selbst wenn diese Dienstleister im Rahmen ihrer Betreuungs- und Reparaturtätigkeit personenbezogene Daten „beiläufig" zur Kenntnis nehmen müssen.[411] Der Grund liegt darin, dass der mit bloßen Wartungs- und Serviceaufgaben betraute Auftragnehmer personenbezogene Daten weder zur eigenen Verfügung noch zum Zwecke auftragsmäßiger Verarbeitung oder Nutzung erhält. Der „Schutzbedarf" ist indessen grundsätzlich gleich, so dass das BDSG auch für solche Tätigkeiten dasselbe Schutzniveau vorsieht, wie für die Auftragsdatenverarbeitung. Danach gelten die für die Auftragsdatenverarbeitung getroffenen Bestimmungen entsprechend, wenn die Prüfung oder Wartung automatisierter Verfahren oder von Datenverarbeitungsanlagen durch andere Stellen im Auftrag vorgenommen wird und dabei ein Zugriff auf personenbezogene Daten nicht ausgeschlossen werden kann (§ 11 Abs. 5 BDSG).[412]

Die bloße Eichunterstützung durch einen privaten Dienstleister ist als reine Service- bzw. Wartungtätigkeit einzustufen. Es handelt sich um eine ausschließlich technische physikalische Tätigkeit, die im Übrigen auch nicht zu den typischen Aufgaben der Polizei- und Ordnungsbehörden gehört. Ist dabei ein Zugriff auf personenbezogene Daten nicht vollständig auszuschließen, sind diesbezüglich die für die Auftragsdatenverarbeitung geltenden Bestimmungen zu beachten (dazu bereits H V 5). Lässt sich die Eichunterstützung auch ohne

---

410 So u.a. die Auffassung der Mehrheit der Aufsichtsbehörden, vgl. *Büermann*, RDV 1994, 202; Aufsichtsbeh. Baden-Württemberg, Hinweis zum BDSG Nr. 33, Staatsanz. Nr. 3/1995; *Müller/Wehrmann*, NJW-CoR 5/1993, 20 ff.; *Müthlein/Heck*, Outsourcing und Datenschutz, 2006, S. 57 ff. m. w. N.

411 *Gola/Schomerus*, Bundesdatenschutzgesetz, 10. Auflage 2010, § 11 Rn. 14.

412 *Gola/Schomerus*, Bundesdatenschutzgesetz, 10. Aufl. 2010, § 11 Rn. 15.

die Gefahr „beiläufiger" Kenntnisnahme personenbezogener Daten bewerkstelligen, bestehen keine besonderen datenschutzrechtlichen Zulässigkeitsanforderungen.

10. Instandhaltung des Messplatzes und des Messgerätes

Von der eben erörterten Unterstützung von Polizei und kommunalen Ordnungsbehörden ist die Instandhaltung der Messanlagen zu unterscheiden. Sie ist Voraussetzung für die uneingeschränkte Funktionsfähigkeit der Technik, ohne die eine wirksame Verkehrssicherheitsarbeit und eine effektive Geschwindigkeitsüberwachung nicht möglich sind. Ebenso wie technischer Aufbau und Inbetriebnahme keine polizeiliche oder ordnungsbehördliche Kernaufgabe ist, gehört auch die Instandhaltung und Wartung von Geschwindigkeitsmesseinrichtungen nicht zu den Tätigkeiten, die von der öffentlichen Hand selbst erledigt werden müssen. Vielmehr bedienen sich Polizei und Ordnungsbehörden ähnlich wie bei der Instandhaltung und Wartung von Ampelanlagen oder die sicherheitssensible Bundeswehr für die Wartung und Instandhaltung des Fahrzeug- und Maschinenparks[413] der technischen Unterstützung privater Hersteller- oder Servicefirmen, die diese Aufgabe als Verwaltungshelfer nach Vorgaben der zuständigen Stellen erledigen, um die Betriebsbereitschaft sicherzustellen. Aus diesem Grunde sehen Erlasse ausdrücklich vor, dass Gemeinden bei der Durchführung der Geschwindigkeitsüberwachung die Dienste privater Firmen auch für die Wartung vom Überwachungsgerät in Anspruch nehmen können[414]. Exemplarisch wird in einer „Ergänzenden Weisung" des Bayerischen Staatsministeriums des Innern zur Geschwindigkeitsüberwachung ausdrücklich darauf hingewiesen, dass die „Wartung und Reparatur der Systemkomponenten ... nur vom Kundendienst der Firma XY oder einer autorisierten Service-Werkstatt durchgeführt werden" darf[415].

Wie oben gezeigt (H V 9), gelten die datenschutzrechtlichen Bestimmungen über die Auftragsdatenverarbeitung auch bei reinen Prüfungs- und Wartungstätigkeiten entsprechend, wenn dabei ein „beiläufiger" Zugriff auf personenbezogene Daten nicht ausgeschlossen werden kann. Der Begriff der Prüfung ist für den Bereich der Systemkontrolle durch Externe weit auszulegen und umfasst z. B. auch die Online-Überwachung von Datenverarbeitungsanlagen. Der Begriff der Wartung umfasst auch die Fernwartung.[416]

---

413 Siehe zur Bundeswehr, Heeresinstandsetzungslogistik GmbH Bonn.
414 Erlass des Bayerischen Staatsministeriums des Innern zur Verfolgung von Geschwindigkeitsverstößen durch Gemeinden v. 12.5.2006, Punkt 2.5; Runderlass des Ministeriums des Innern Brandenburg v. 15.9.1996, Punkt 5.7.4.
415 Erlassstand 12.1.2011.
416 *Gola/Schomerus*, Bundesdatenschutzgesetz, 10. Aufl. 2010, § 11 Rn. 15.

Pflichten zur Gewährleistung des Datenschutzes bei Wartung und Prüfung durch externe Auftragnehmer bestehen dabei insbesondere auch bei der Rückgabe bzw. dem Austausch defekter Geräte, die noch gespeicherte personenbezogene Daten enthalten. Auch wenn der Auftraggeber vor einer Weggabe von technischen Geräten die Verpflichtung zur Löschung hat, besteht die Möglichkeit, dass er dieser Pflicht infolge des Defekts nicht mehr nachkommen kann. Auch hier bedarf es entsprechender Sorgfaltspflichten bei der Auswahl der Servicestelle und konkreter Anweisung zur Löschung der Daten.[417]

11. Wiederinbetriebnahme nach Behebung von Schadensfällen

Während die Wartung die regelmäßigen Maßnahmen zur Erhaltung des Sollzustandes sowie im Rahmen einer Inspektion die Beurteilung des Istzustandes durch Messung, Sicht- und Funktionsprüfungen umfasst, geht es bei der Instandsetzung um die Beseitigung von Schäden an den Messgeräten einschließlich des Austausches von Ersatz- und Verschleißteilen. Auch bei diesen Vorgängen steht die permanente technische Funktionsfähigkeit der Messeinrichtungen im Vordergrund, die für eine Wiederinbetriebnahme nach Schadensfällen unabdingbar ist. Inhaltlich ist diese Tätigkeit als Teil der Instandhaltung zu qualifizieren[418], so dass auch insoweit keine Einwände bestehen, diese Aufgabe dem Hersteller und damit der Privatindustrie als technischer Kompetenzpartnerin zu überlassen.

In datenschutzrechtlicher Hinsicht gilt das zu den bloßen Wartungs- und Servicetätigkeiten bereits oben Ausgeführte (H V 9 bzw. 10) entsprechend.

12. Versicherung des Equipments

Im Zusammenhang mit der Einrichtung, Inbetriebnahme und dem Dauerbetrieb von Geschwindigkeitsmesseinrichtungen besteht die Gefahr, dass Schäden entstehen. Hier kommt hinsichtlich der Sicherung etwaiger Ersatzansprüche Dritter im Zusammenhang mit den Messgeräten eine Betriebshaftpflichtversicherung des eingeschalteten privaten Dritten in Betracht. Außerdem besteht die Möglichkeit, die Messeinrichtungen als solche zu versichern, wobei es bezogen auf den Versicherungsnehmer auf die jeweilige Risikolage ankommt. Es leuchtet ein, dass es sich bei Versicherungsfragen nicht um eine Angelegenheit handelt,

---

417 *Gola/Schomerus*, Bundesdatenschutzgesetz, 10. Aufl. 2010, § 11 Rn. 15; beispielhaft zur datenschutzgerechten Behandlung defekter Festplatten Innenministerium Baden-Württemberg, Hinweis zum BDSG Nr. 37, Staatsanz. 2/1999 = RDV 1999, 135; zur datenschutzgerechten Reparatur von Mobiltelefonen Hinweis Nr. 38, Staatsanz. 2/2000 = RDV 2000, 86.

418 *Steiner*, DAR 1996, S. 272, 275.

die Gegenstand dieser Untersuchung ist, da der Versicherungsabschluss nicht die Zulässigkeit der Einschaltung Privater in die Verkehrsüberwachung, sondern eher eine Folge davon betrifft. Vielmehr handelt es sich um eine an dieser Stelle nicht zu vertiefende zivilrechtliche Problematik, die jedenfalls einer Vereinbarung mit einer Versicherungsgesellschaft nicht entgegensteht.

13. Demontage nach Vertragsende

Die Demontage von Geschwindigkeitsmesseinrichtungen nach Vertragsende ist das Gegenstück des Messplatzaufbaus und der Inbetriebnahme (s. o. H V 3) in Form einer Außerdienststellung der Messeinrichtung mit anschließendem Abbau. Aus dieser Warte kann inhaltlich auf die Ausführungen zum Messplatzabbau verwiesen werden. Besondere rechtliche Zulässigkeitsfragen sind nicht ersichtlich. Eine abweichende Beurteilung könnte sich jedoch in datenschutzrechtlicher Hinsicht daraus ergeben, dass mit der Demontage möglicherweise eine „beiläufige" Kenntnisnahme von in der technischen Messeinrichtung verbliebener personenbezogener Daten einhergeht. Insofern kann auf das zu den bloßen Wartungs- und Servicetätigkeiten bereits oben Ausgeführte (H V 9 bzw. 10) verwiesen werden.

VI. Zur Zulässigkeit der Übertragung weiterer Prozessschritte und Tätigkeiten auf private Dienstleister

1. Messplatzauswahl

a. Festlegung des Messortes als originär polizeiliche Aufgabe

Die bisherigen Ausführungen waren auf Prozessschritte fokussiert, die nach den dargestellten Geschäftsmodellen von Privaten zur Unterstützung von Polizei und örtlichen Ordnungsbehörden bei der Geschwindigkeitsüberwachung erbracht werden. Ausweislich des Gutachtenauftrages haben Unternehmen jedoch Interesse daran, auch darüber hinaus weitere Prozessschritte und Tätigkeiten für die öffentliche Hand im Rahmen der Überwachung des fließenden Verkehrs zu erbringen und das Leistungsangebot für Polizei und örtliche Ordnungsbehörden zu erweitern. Deshalb wird nachfolgend geprüft, ob und inwieweit private Dienstleister bei weiteren Vorgängen einbezogen werden können, die gegenwärtig von den staatlichen und kommunalen Behörden noch selbst verantwortet bzw. durchgeführt werden. Einerseits ist in diesem Zusammenhang zunächst auf die Darlegungen zur allgemeinen und speziellen Zulässigkeit nach der Erlasslage (s. o. H I bis IV) zu verweisen. Andererseits ist jenseits der dort erwähnten Restriktionen und Verbote eine Beteiligung Privater auszuloten, ob die Erlasse zwingend sind oder die Verfassungs- und Gesetzeslage eine andere Interpretation zulässt. Insoweit kommt es also darauf an, ob der politische Wille der Erlassministerien, der nicht in Gesetzesform gegossen ist, auch parlamentarisch abgesichert sein muss oder ob auch andere rechtliche Beurteilungen möglich sind.

Ein zentraler Prozessabschnitt bei der Geschwindigkeitsüberwachung betrifft die Messplatzauswahl und damit die Festlegung des Messortes. Welcher Messplatz bestimmt wird, richtet sich nach den mit der Geschwindigkeitsüberwachung verfolgten Zielen. Dabei handelt es sich um eine originär polizeiliche Aufgabe, die der Verbesserung und Optimierung der Verkehrssicherheit dienen soll[419]. Ausgangspunkt ist das Verkehrslagebild, das ausgewertet wird und in eine Verkehrsüberwachungsplanung einmündet. Dabei kann sich das polizeiliche und ordnungsbehördliche Sicherheitsinteresse auf eine Entschärfung von Unfallbrennpunkten oder eine Sicherung bestimmter schutzwürdiger Zonen richten[420]. Sofern die örtliche Ordnungsbehörde ermächtigt ist, stationäre Anlagen zu errichten und zu betreuen, bleibt der beschriebene ursprüngliche hoheitliche Charakter dieses Vorgangs erhalten, der nur von einer anderen Stelle der Exekutive wahrgenommen wird. Die Entscheidung über die Durchführung der Geschwindigkeitsmessung und die Festlegung der maßgeblichen Modalitäten hat ausschließlich durch die Verwaltungsbehörde selbst zu erfolgen. Eine in das Ermessen des Privaten gestellte Entscheidung zur Vornahme einer Geschwindigkeitsüberwachung ist als Ausübung von Hoheitsgewalt durch Private ohne gestattendes Gesetz (Beleihung) unzulässig.

b.   Ermessensausübung als originär polizeiliche Aufgabe

Bei der Messplatzauswahl sind zahlreiche Ermessenserwägungen und -abwägungen anzustellen, die grundsätzlich bei der dafür verantwortlichen Polizei oder den örtlichem Ordnungsbehörden verbleiben müssen. Denn eigentliche Aufgabe der zuständigen Stelle ist es, darüber zu entscheiden, an welchem Ort, zu welcher Zeit und zu welchen sonstigen Bedingungen eine Messung erfolgen soll. Dieses Entschließungs- und Auswahlermessen, das in § 47 OWiG konkretisiert wird, macht den Kern der polizeilichen Tätigkeit im Zusammenhang mit der Verkehrssicherheitsarbeit und der Geschwindigkeitsüberwachung aus. Diese Ermessensaufgabe setzt sich bei späteren Prozessschritten fort, sofern weitere Entscheidungen darüber zu treffen sind, ob und inwieweit Geschwindigkeitsverstöße verfolgt und geahndet werden sollen. Man denke nur an die Möglichkeit eines Verwarngeldangebots nach § 56 OWiG. Selbst wenn der Ermessensspielraum im Einzelfall nicht sonderlich groß sein mag, ist doch zu bedenken, dass er rechtlich vorhanden ist und einzelfallorientiert unter Berücksichtigung

---

419   Siehe etwa den Erlass des Landes Mecklenburg-Vorpommern Punkt 4.2.1.
420   Siehe näher zu den Kriterien *Sobisch*, DAR 2010, S. 48 ff.

der Ziele und Prioritäten der Verkehrsüberwachung auszuüben ist[421]. Dementsprechend handelt es sich bei jeder ermessensrelevanten Handlung um eine selbständige hoheitliche Tätigkeit[422]. Eine rechtmäßige Geschwindigkeitsmessung setzt voraus, dass ein Bediensteter der zuständigen Behörde die an der Verkehrssicherheit orientierte (Unfallschwerpunkt, Wohngebiet, Schulweg etc.) Entscheidung darüber, an einem bestimmten Ort zu einer bestimmten Zeit eine Geschwindigkeitskontrolle vorzunehmen, nach Aufklärung der für die Ermessensausübung relevanten tatsächlichen Verhältnisse getroffen hat.

Deshalb kommen auch die Rechtsinstitute Verwaltungshilfe oder Hilfspolizeibeamte nicht in Betracht, weil insoweit auch einschlägige Erfahrungen im Umgang mit der konkreten Verkehrsüberwachung fehlen. Zudem besteht die nicht unerhebliche Gefahr nur schwer auflösbarer Interessenkollisionen bei Einbindung privater Dienstleister bei der Messplatzauswahl. Denn einerseits besteht das ursprüngliche und völlig legitime Interesse privater Dienstleister in der Erzielung von Gewinnen. Diese Absicht deckt sich – auf die Messplatzauswahl bezogen – aber nicht zwangsläufig mit dem gesetzlichen Ziel der Gewährleistung der Verkehrssicherheit[423]. Von fiskalischen Interessen darf sich aber die Durchführung der Verkehrsüberwachung nicht leiten lassen, wie einzelne Erlasse der Länder explizit klarstellen[424]. Das betont auch die Rechtsprechung[425]. Im Übrigen bestehen diese Bedenken nicht nur bei der Einbindung Privater, sondern auch bei der Aufgabenwahrnehmung allein durch die Kommunen. Auch Städte und Gemeinden müssen – teils nicht zu Unrecht – den Vorwurf über sich ergehen lassen, sie wollten mit der Verkehrsüberwachung eher die eigenen Haushalte aufbessern, statt damit eine Verbesserung der Verkehrssicherheit und Verkehrsdisziplin zu erreichen[426]. Um dem zu entgegnen, wurden die Kommunen teils durch Erlass verpflichtet, sich an den Richtlinien der polizeilichen Verkehrsüberwachung zu orientieren; zudem wurde ihnen empfohlen, bei der Messplatzauswahl die Zusammenarbeit mit der Polizei zu suchen[427].

Private könnten nur über eine gesetzlich zu verankernde Beleihung einbezogen werden, wie auch die Rechtsprechung zutreffend festgestellt hat[428]. Freilich müsste dann sichergestellt sein, dass die zu Beleihenden über die erforderlichen Kenntnisse der Verkehrssicherheitsarbeit verfügen und ihre Tätigkeit auch da-

---

421 Richtlinie über die polizeiliche Verkehrsüberwachung des Bayrischen Staatsministeriums des Inneren v. 12. 5.2006, Punkt 1.2.
422 Ebenso *Nitz*, NZV 1998, 11, 14; KG Berlin, NZV 1997, 48 f.
423 *Legler*, Kommunale Verkehrsüberwachung in Bayern, 2008, S. 144.
424 In Bayern gar mittels Fettdruck hervorgehoben, vgl. Bek. StMI KVÜ v. 12.05.0206, Ziff. 1.1 (AllMBl. S. 161).
425 OLG Frankfurt/M., NZV 1992, 248; OLG Stuttgart, NZV 1990, 439.
426 *Legler*, Kommunale Verkehrsüberwachung in Bayern, 2008, S. 144 sowie *Janker*, DAR 1989, 172 (175); *Steiner*, DAR 1996, 272 (273).
427 Bek. StMI KVÜ v. 12.05.0206 (AllMBl. S. 161).
428 BayObLG, DAR 1997, S. 206 ff.; s. auch *Steiner*, DAR 1996, S. 272, 274; eine Beleihung generell ablehnend *Ronellenfitsch*, DAR 1997, S. 147 ff.

nach ausrichten. Ein Finanzierungsmodell dahingehend, dass eine Vergütung allein bei einem eingeleiteten Owi-Verfahren vorgesehen ist, würde zu diesem Anliegen für den Fall einer Beleihung allerdings in Widerspruch stehen und wäre kaum vermittelbar, sodass nach alternativen Finanzierungsinstrumenten zu fragen wäre.

2. Prüfung der Beschilderung, der Eichsiegel und Messplatz-Zustandes

a. Beschilderungskontrolle

Die Prüfung der Beschilderung, der Eichsiegel und der Messplatzzustandes sind Kernvoraussetzungen für die Aufnahme von Geschwindigkeitsmessungen. Diese Bedingungen sollen verhindern, dass Beweismittel angegriffen werden. Deshalb legen Verkehrsüberwachungserlasse Wert auf Vorabprüfungen. So heißt es etwa in dem einschlägigen Erlass von Brandenburg[429]:

„Vor einer Geschwindigkeitsmessung ist zu prüfen, ob Verkehrszeichen ordnungsgemäß aufgestellt und zweifelsfrei erkennbar sind."

Ferner heißt es dort, dass Geschwindigkeitsmessungen in der Regel mindestens 150m vom Beginn bzw. Ende einer Geschwindigkeitsbegrenzung erfolgen sollen, wobei dieser Abstand auch unterschritten werden kann.

Diese Formulierungen lassen erkennen, dass in erster Linie Polizei und kommunale Ordnungsbehörde dafür Sorge zu tragen haben, ob diese Erfordernisse erfüllt sind. Denn die Feststellung einer ordnungsgemäßen Aufstellung von Verkehrszeichen und die Festlegung von Abständen zu Messanlagen[430] ist eine typische hoheitliche Aufgabe, die Bestandteil der Verkehrssicherheitsarbeit ist. Insoweit können die zuständigen Stellen auch auf ausreichende Erfahrungen zurückgreifen. Die Prüftätigkeit erschöpft sich auch nicht in einer untergeordneten oder ein technischen Aufgabenerledigung. Stattdessen müssen selbständige Entscheidungen getroffen werden, bei denen auch Ermessenserwägungen zum Zuge kommen. Aus diesen Gründen leuchtet ein, dass die Prüfung der Beschilderung nicht unter das Stichwort Verwaltungshilfe fällt, sondern allenfalls mit Hilfe einer gesetzlichen Beleihung durchgeführt werden kann. Es ist allerdings zweifelhaft, ob eine Übertragung dieser Hoheitskompetenz auf Privatunternehmen gegenwärtig Sinn macht, weil die dazu notwendige Fachkompetenz mit großer Wahrscheinlichkeit nicht vorhanden ist.

---

429 Erlass i. d. F. v. 26.2.2007, Anlage 1.
430 Siehe näher zu den Festlegungen der Bundesländer *Sobisch*, DAR 2010, 48 ff.

b.   Prüfung der Eichsiegel und des Messplatz-Zustandes

Außerdem gehört es zu den in Erlassen aufgeführten Selbstverständlichkeiten, dass für die Geschwindigkeitskontrolle nur geeichte Geräte zugelassen sind, die das Prüfsiegel tragen. Das Prüfsiegel besitzt Beweisfunktion, die gegebenenfalls vor Gericht zu verteidigen wäre. Insoweit käme eine Privatperson als Zeuge in Betracht, der allerdings nicht so viel Vertrauenswürdigkeit entgegengebracht würde wie einem Polizeibeamten oder einem Bediensteten der kommunalen Ordnungsbehörde. Die Überprüfung des Eichsiegels durch eingeschaltete private Dritte birgt deshalb ein hohes juristisches Risiko. Abgesehen davon ist die Überprüfung keine untergeordnete, unselbständige Handlung, sondern sie gipfelt in einer verantwortlichen Feststellung aufgrund eigener Inaugenscheinnahme. Deshalb scheidet auch der Institut des Verwaltungshelfers aus, so dass nur noch eine Beleihung in Betracht kommt. Davon kann auch Gebrauch gemacht werden, weil insbesondere Gerätehersteller, die mit den Eichbehörden zusammenarbeiten, ausreichend Gewähr dafür bieten, dass ihre Produkte den gesetzlichen und damit auch den technischen Anforderungen entsprechen.

Hinsichtlich des Messplatz-Zustandes liegt die Erstverantwortung bei den örtlichen Ordnungsbehörden, die für die Funktionsfähigkeit der geplanten Geschwindigkeitsüberwachung sorgen müssen. Allerdings kann diese Aufgabe auch auf ein Privatunternehmen übertragen werden, da hier die äußeren Voraussetzungen gemeint sind, die dem Sektor Vorbereitung von Messungen zuzuordnen sind. Der einwandfreie Zustand des Messplatzes beruht in erster Linie auf Serviceleistungen, die für den Auftraggeber im Wege der Verwaltungshilfe erbracht werden können.

3.   *Einstellung des Fotoauslösegrenzwertes*

Die Einstellung des Fotoauslösegrenzwertes ist von großer praktischer Bedeutung und deshalb auch häufig Gegenstand von Erlassen (s. o. G II). Die Schwelle der Verkehrsfehlergrenze wird in den einzelnen Bundesländern unterschiedlich gezogen. Teilweise wird sie bei einer Geschwindigkeitstoleranz von 5 km/h angesetzt, teilweise wird auf die Angabe eines Toleranzwertes verzichtet[431]. Schon diese unterschiedliche Handhabung zeigt, dass es bei den Grenzwerten um eine typische Ermessensfrage geht, deren Beantwortung sich an den jeweiligen Zielen und Prioritäten der Verkehrssicherheitsarbeit orientiert. Deshalb ist die konkrete Festlegung von Fotoauslösegrenzwerten immanenter Bestandteil der hoheitlich zu erledigenden Tätigkeit von Polizei und kommunalen Ordnungsbehörden. (s. o. G II). Zudem wird durch die Festlegung der fotoauslösenden Grenzwerte der Anfangsverdacht i. S. d. § 100h StPO antizipiert, der sich

---

bei der automatischen Auslösung des Messgeräts manifestiert (vgl. H III 5 c bb (1) sowieso H VI 4 b).

Von der Entscheidung über die Festlegung ist die tatsächliche Einstellung am Gerät mittels Software zu trennen, die als technischer Vorgang zu qualifizieren ist, der nach dem individuellen Vorgaben der Polizei und der kommunalen Ordnungsbehörden erfolgt. Hier agieren Privatunternehmen als verlängerter Arm der zuständigen Stelle, die „Herrin des Messverfahrens" bleibt, weil sie die Auslösewerte auf Weisung auch verändern lassen kann. In diesem Falle der technischen Einstellung liegt folglich kein hoheitliches Handeln vor, weil der private Auftragnehmer lediglich die technische Seite der geplanten Geschwindigkeitsmessung ausführt. Diese Differenzierung zwischen Festlegung als hoheitliche Entscheidung und Einstellung als technische Ausführung gestattet der Polizei und den örtlichen Ordnungsbehörden, Private mit der Einstellung der Fotoauslösegrenzwerte zu beauftragen, die denn als Verwaltungshelfer agieren (zu Art und Umfang der dabei erforderlichen Beaufsichtigung bzw. Kontrollen sogleich unter H VI 4).

4.   *Registrierung der Geschwindigkeitsübertretung, Fotoauslösung, Signatur*

a.   Grundsätzliche Zulässigkeit einer Verwaltungshilfe

Nach erfolgter Messplatzauswahl, der Prüfung des Umfeldes und der Einstellung des Fotoauslösegrenzwertes ist die Messeinrichtung betriebsbereit und in der Lage, Geschwindigkeitsverstöße zu registrieren. Dies geschieht auf der Basis der in das Gerät eingebauten Software automatisch. Zwar ist die Feststellung einer Übertretung der vorgeschriebenen Geschwindigkeit die Vorstufe zur dann ausgelösten Fotoaufzeichnung. Dieser Zusammenhang ändert aber nichts daran, dass das Erkennen eines Verstoßes durch eine Maschine lediglich ein technischer Vorgang bleibt, der keinen unmittelbaren Bezug zu einem hoheitlichen Handeln aufweist. Das kann erst für die Fotoauslösung selbst angenommen werden, die zugleich als Beweismittel fungiert. Hier werden Polizei und Ordnungsbehörde ermittelnd tätig, um eine Grundlage für eine Verfolgung und Ahndung einer möglicherweise begangenen Ordnungswidrigkeit zu haben.

Unbeschadet dieses Ablaufs ist die Übertragung der Durchführung der Messung mit Hilfe der Fotoauslösung auf Private unter Berücksichtigung der Vorgaben der behördlichen Anordnungsentscheidung rechtlich unproblematisch, da die private Sachverhaltsfeststellung im Auftrag und nach Weisung sowie näherer Bestimmung der Behörde erfolgt. Der Private wird demnach nicht eigenverantwortlich und unabhängig tätig, sondern als Werkzeug von Polizei und Ordnungsbehörde eingesetzt, weshalb die Verfahrensherrschaft bei der zuständigen Stelle bleibt[432]. In diesem Zusammenhang ist daran zu erinnern, dass eine Ein-

---

432 *Mohrdieck*, Privatisierung im Bereich öffentlicher Verkehrsräume, 2004, S. 138 ff.

schaltung privater Ärzte und Labors unstreitig zur Untersuchung von Blutalkoholkonzentrationen zulässig ist, wobei die eingeschalteten Ärzte ebenfalls maßgeblich für tatsächliche Feststellungen für Ordnungsbehörden nach § 24a StVG sind[433]. Zudem wird zu Recht angenommen, dass mangels persönlicher Kontakte bei automatischen Geschwindigkeitsmessungen die Messung selbst allenfalls als marginaler Eingriff in die allgemeine Handlungsfreiheit des kontrollierten Autofahrers gewertet werden kann[434]. Außerdem charakterisiert der Gutachter des 67. Deutschen Juristentages die Durchführung von Messungen als typische vorbereitende Tätigkeit von Verwaltungshelfern[435]. Dieser Ansicht ist beizupflichten, weil sie eine klare und nachvollziehbare Trennung zwischen anfänglicher neutraler Messung im Sinne einer Sachverhaltsfeststellung und späterer ermessensgesteuerter Auswertung der Messergebnisse erlaubt. Die sich anschließende Signatur dient nur Protokoll- und Beweisgründen und hat keine eigenständige Bedeutung. Sie ist lediglich die Konsequenz, die sich aus der Fotoauslösung ergibt.

Insgesamt lässt sich daher feststellen, dass Registrierung, Fotoauslösung und Signatur als Durchführungsmaßnahmen grundsätzlich auf private Dritte als Verwaltungshelfer übertragen werden können[436].

b.   Beaufsichtigung und Kontrolle des Verwaltungshelfers im Rahmen des „Vorab-Ermessens"

Allerdings ist umstritten, in welchem Umfang die erforderlichen Kontroll- und Weisungsrechte auszuüben sind. In der früheren Verwaltungspraxis wurde die zutreffende Ansicht vertreten, dass es sich bei dem technischen Messvorgang (und der sich anschließenden Entwicklung und Auswertung des jeweils aufgenommenen Bildmateriales) nur um Hilfstätigkeiten handelt[437], die auf Private übertragen werden können, wenn die Kommunen über Ort, Zeit und Umfang der Geschwindigkeitskontrollen entscheiden und anhand häufiger Stichproben durch sachkundiges Gemeindepersonal sichergestellt wird, dass die Privaten bei ihrer Tätigkeit die verbindlichen Vorgaben der Kommunen beachten.[438]

---

433 Siehe *Kämmerer*, in: Stober/Olschok (Hg.), Handbuch des Sicherheitsgewerberechts, 2004, D II Rn. 36; *Weiß*, in: Stober, Neues Sicherheitsdenken, 2005, S. 9, 24; a.M. ohne Begründung und unter Verweis auf ältere Rechtsprechung *Götz*, Allgemeines Polizei- und Ordnungsrecht, 14. Aufl. § 16 IV; *Schenke*, Polizei- und Ordnungsrecht, 5.Auflage. S.280 ff.

434 *Joachim/Radtke*, NZV 1993, 95, 97; *Radtke*, NZV 1995, 428, 430.

435 *Burgi*, Gutachten, 2008, C II 2a.

436 A.M. AG Berlin-Tiergarten, DAR 1996, 326, das eine Beleihung verlangt.

437 *Schober*, BayGT 1999, 237.

438 So explizit das bayerische Innenministerium, wie *Schober*, BayGT 1999, 237 berichtet. Insgesamt zur Haltung des StMI *Benker*, Kommunalpraxis 1999, 369 (371). Zum Inhalt der damaligen Vollzugsanweisung zur Verfolgung und Ahndung von Geschwindigkeitsverstößen durch Gemeinden d. StMI v. 26.07.1994 siehe

Dem ist allerdings das BayObLG[439] und daran anschließend das OLG Frankfurt a.M.[440] entgegengetreten. Danach sei bei hoheitlichen Geschwindigkeitsmessungen eine Mitwirkung von Privatpersonen nur möglich, wenn die Verwaltungsbehörde als „Herrin des Verfahrens" nicht nur Ort, Zeit, Dauer und Häufigkeit der Messungen vorgebe, sondern auch den eigentlichen Messvorgang stets durch eigene ausgebildete Mitarbeiter kontrolliere, um gegebenenfalls einschreiten zu können[441]. Diese Rechtsprechung hat sich teils in der Verwaltungspraxis niedergeschlagen, sodass bei Messungen durch Private häufig das Beisein eines beaufsichtigenden (kommunalen) Beamten gefordert wird[442]. Danach dürften private Dienstleister zwar das Überwachungsgerät selbst bedienen sowie die aufgenommenen Filme entwickeln und auswerten[443]. Das würde aber dann voraussetzen, dass diese Tätigkeiten vor Ort unter der ständigen Beaufsichtigung (bloße Stichproben reichen nicht aus)[444] eines fachkundigen Bediensteten der jeweiligen Kommune erfolgen, der mit der angewandten Technik vertraut ist und sowohl die Messungen als auch mögliche Folgemaßnahmen verantwortlich leitet[445].

Diese Feststellungen der Rechtsprechung sind indes in weiten Teilen unzutreffend und vor dem Hintergrund der einschlägigen verfassungsrechtlichen Vorgaben (s. o. G II) nicht überzeugend begründet. Insbesondere ist nicht nachvollziehbar, dass bereits – wie den zitierten Entscheidungen zu entnehmen ist – der Messvorgang als „Grundlage für hoheitliche Sanktionen" zusammen mit der sich anschließenden Ermittlung, Dokumentation, Verfolgung und Ahndung des jeweiligen Verkehrsverstoßes, „rechtlich" eine Einheit mit der Folge bilden soll, dass eine Einbindung privater Dienstleister, die hierbei selbständig Teilabläufe erledigen, nicht zulässig sei[446]. Die vom BayObLG und vom OLG Frankfurt a.M. angestellte „einheitliche Betrachtungsweise" ist rechtlich nicht deduzierbar. Schon die Existenz der juristischen Kategorie der (selbständigen) Verwaltungshilfe, bei der zwischen der Erfüllung der hoheitlichen Aufgabe als solcher einerseits und dieser „untergeordneten Hilfstätigkeiten" und „Teilbeiträgen" andererseits zu unterscheiden ist, verbietet eine „einheitliche Betrachtungsweise".

BayObLG, Beschl. v. 05.03.1997 – Az.: 1 ObOWi 785/96 – BayVBl. 1997, 412 (414).

439 BayObLG, Beschl. v. 05.03.1997 – 1 ObOWi 785/96 – BayVBl. 1997, 412.

440 OLG Frankfurt a. M., Beschl. v. 21.07.2003 – 2 Ss Owi 388/02.

441 OLG Frankfurt a. M., Beschl. v. 21.07.2003 – 2 Ss Owi 388/02; BayObLG, Beschl. v. 05.03.1997 – 1 ObOWi 785/96 – BayVBl. 1997, 412.

442 Hierzu AG Bruchsal, Beschl v. 12.03.2010 – 5 OWi 410 Js 13889/08 (unter Herausstellung von „Umgehungsmöglichkeiten"); AG Viechtach, Urt. v. 28.05.2008 – OWi 7 Js 389/08 kö, OWi 7 Js 389/08; *Legler*, Kommunale Verkehrsüberwachung in Bayern, 2008, S. 150 ff.

443 Bek. StMI KVÜ v. 12.05.2006, Ziff. 2.5 (AllMBl. S. 161).

444 BayObLG, Beschl. v. 05.03.1997 – 1 ObOWi 785/96 – BayVBl. 1997, 412.

445 Bek. StMI KVÜ v. 12.05.2006, Ziff. 2.5. (AllMBl. S. 161).

446 BayObLG, Beschl. v. 05.03.1997 – 1 ObOWi 785/96 – BayVBl. 1997, 412.

Warum eine solche nun gerade bei der Erfüllung hoheitlicher Aufgaben mit Sanktionscharakter anzustellen sei, vermögen die Gerichte nicht schlüssig zu begründen. Dass die getroffene Aussage keine Allgemeingültigkeit besitzt, beweist die Rechtswirklichkeit. Gerade auch bei Maßnahmen mit Sanktionscharakter werden private Dienstleister – ohne dass dies in der übrigen Rechtsprechung Anstoß fände – in nicht unerheblichem Umfang in die Aufgabenerfüllung eingebunden.

Die Annahme der Gerichte ist vielmehr nur vor dem Hintergrund des im Ordnungswidrigkeitenrecht geltenden Opportunitätsprinzips zu erklären: Die Entscheidung über die Erforschung, Verfolgung und Ahndung von Ordnungswidrigkeiten liegt nach § 47 Abs. 1 Satz 1 OWiG im pflichtgemäßen Ermessen der jeweils zuständigen Behörde. Das Opportunitätsprinzip räumt ihr die Möglichkeit ein, eigenverantwortlich zu entscheiden, ob und in welchem Umfang sie Verkehrsordnungswidrigkeiten erforscht, verfolgt und ahndet. Die Zulässigkeit der selbstständigen und eigenverantwortlichen Wahrnehmung dieser Tätigkeiten durch Private würde demnach scheitern. Denn andernfalls würden die Privaten anstelle der nach § 26 Abs. 1 StVG zuständigen Behörden bereits „die maßgeblichen Entscheidungen bis zur Erteilung des Verwarnungsgeldangebotes"[447] treffen. Die Verfolgungsbehörde wäre in diesem Fall nicht mehr Herrin des Verfahrens und die öffentliche Hand Staat würde ihr Sanktionsmonopol aus der Hand geben, wenn Private eigenverantwortlich an den zur Sanktionierung zwingend erforderlichen Vorfeldtätigkeiten beteiligt wären. Die Tätigkeit der Privaten würde dann einen „individuellen Eingriffscharakter" aufweisen und damit den Beginn „staatlicher" Verfolgung darstellen[448].

Diese Ansicht ist zwar abstrakt besehen zutreffend. Allerdings wird in Anwendung dieser Grundsätze verkannt, dass eine (unzulässige) „Entscheidung über die Erforschung und Verfolgung" von Ordnungswidrigkeiten nicht schon in unbeaufsichtigten Messungen Privater gesehen werden kann. Einerseits weil bei der Ermittlung, Verfolgung und Ahndung von Geschwindigkeitsüberschreitung die Ermessensausübung ohnehin in der Praxis keine wesentliche Rolle spielt, da insbesondere der Gesetzgeber mit Einführung des Bußgeld-Katalogs bereits eine sanktionsmäßige Typisierung vorgenommen hat. Sie ersetzt zwar nicht die Entscheidung im Einzelfall[449]. Sie ist jedoch bei der Verfolgung von Massenordnungswidrigkeiten, wie Geschwindigkeitsüberschreitungen, insoweit determiniert, als Verstöße angesichts des Grundsatzes der Selbstbindung der Verwaltung gleichmäßig zu ermitteln und zu ahnden sind.

---

447 Zu Verfolgung von Parkverstößen durch Privatfirmen KG Berlin, Beschl. v. 23.10.1996 – 2 Ss 171/96 – 3 Ws (B) 406/96), DAR 1996, S. 504 ff., 504.

448 KG Berlin, Beschl. v. 23.10.1996 – 2 Ss 171/96 – 3 Ws (B) 406/96), DAR 1996, S. 504 ff, 504.

449 *Stober*, Gesetzlich normierte Kooperationen zwischen Polizei und privaten Sicherheitsdiensten, 2007, S. 92.

Der Inbetriebnahme der Anlage, deren Programmierung und letztlich der automatisierten Messung, liegen als rein technisierte, massenhaft und routinemäßig durchgeführte Handlungen keine eigenständigen Entscheidungen im Hinblick auf die Verfolgung von Ordnungswidrigkeiten zu Grunde. Vielmehr werden die für die gesetzlichen Zwecke einer Geschwindigkeitsüberwachung wesentlichen Entscheidungen schon vorab durch die zuständigen Verwaltungsbehörden getroffen, die Ort, Zeitpunkt und Umfang der Messungen sowie die fotoauslösenden Grenzwerte bestimmen. Die Anordnung „wann, wo und wie lange" eine Geschwindigkeitsüberwachung unter welchen fotoauslösenden Grenzwerten stattfinden soll, enthält die Ermessensentscheidung, dass an dem betroffenen Ort, zu den vorgegebenen Zeiten alle feststellbaren Geschwindigkeitsüberschreitungen einheitlich nach den Bußgeldvorschriften zu ahnden sind („Vorgelagerte oder Vorab-Ermessensausübung"). Die nach vorgegebenen Regeln zu bewerkstelligende Aufstellung, Inbetriebnahme und Messung selbst ist dann lediglich die technische, weitgehend automatisiert erfolgende Umsetzung dieser hoheitlichen Entscheidung.

Jegliche andere Bewertung wäre lebensfremd, wie folgendes Beispiel verdeutlicht. Ginge man von einer vollständig automatisierten Messung einer festinstallierten Anlage aus, die durch ein Computerprogramm automatisch gesteuert würde, müsste man in letzter Konsequenz die betreffenden „Ermessensentscheidungen" einer Maschine bzw. einem Computerprogramm zurechnen. Dies würde dann bedeuten, dass – um der „einheitlichen Betrachtungsweise" gerecht zu werden – auch die Maschine bzw. das steuernde Computerprogramm durch die öffentliche Hand selbst und nicht durch private Dienstleister angefertigt bzw. programmiert hätte sein müssen, was nicht sachgerecht ist.

Auch die Tatsache, dass nach der neuesten Rechtsprechung bereits ein (nach § 100h StPO) zu rechtfertigender Grundrechtseingriff in dem Zeitpunkt vorliegen soll, in dem das Messgerät die Geschwindigkeitsüberschreitung registriert (vgl. oben H III 5 c bb (1), ändert an dieser Einschätzung nichts. Denn weder kann dieser Grundrechtseingriff noch die Bildung des nach § 100h StPO erforderlichen Anfangsverdacht den eingebundenen Privaten zugerechnet werden. Auch in diesem Fall werden die maßgeblichen Entscheidungen „vorgelagert" durch die zuständige Behörde getroffen. So wird etwa nach der Rechtsprechung der erforderliche Anfangsverdacht „im Vorfeld" durch „die Schaffung der technischen Voraussetzungen" „antizipiert"[450] und somit der zuständigen Behörde zugerechnet, die die fotoauslösenden Grenzwerte bestimmt.

„Vorab-Ermessen" bzw. „vorgelagerter Anfangsverdacht" werden nicht durch die Programmierung des Messgeräts ausgeübt, also durch eine bestimmte Tastenkombination, die letztlich genauso automatisierbar ist, wie der Messvorgang selbst, sondern durch die bewusste Entscheidung über Ort und Zeit der Messung und vor allem über die fotoauslösenden Grenzwerte, die die Programmierung

---

450 So OLG Bbg., Beschl. v. 22.02.2010 – 1 Ss (Owi) 23 Z/10; OLG Rostock, Beschl. v. 01.03.2010 – 2 Ss (Owi) 6/10 I 19/10.

determinieren. Diese bewusste Entscheidung muss der Behörde obliegen (s. o. H VI 1 und 3). Die Programmierung bzw. Inbetriebnahme des Geräts auf Basis dieser Entscheidungen ist indes ein bloßer technischer Vorgang und damit eine untergeordnete Hilfstätigkeit, die einer Verwaltungshilfe zugänglich ist.

Richtiger Weise werden somit im Rahmen von Geschwindigkeitsmessungen und der sich anschließenden Verfolgung von Übertretungen allenfalls zwei hoheitliche (Ermessens-) Entscheidungen getroffen, die den zuständigen Verwaltungsträgern vorbehalten sind. Das ist erstens hinsichtlich der Ermittlung der betreffenden Ordnungswidrigkeiten die Entscheidung, „wann, wo, wie und wie lange" unter welchen fotoauslösenden Grenzwerten kontrolliert und zweitens betreffend deren Ahndung, welche Übertretung nach Bußgeld-Katalog stattfand bzw. die Auferlegung eines Verwarnungsgeldes und der Versand des Bußgeldbescheides. Alle dazwischen liegenden Prozessschritte können auch durch private Verwaltungshelfer erbracht werden, da diese Tätigkeiten lediglich „stark automatisierte und technische Hilfstätigkeiten" im Rahmen der Gesamtaufgabenerfüllung darstellen.

Einer umfassenden, lückenlosen Beaufsichtigung der bei den Messungen eingesetzten Privaten bedarf es nicht, da die Programmierung bzw. Inbetriebnahme des Messgerätes nicht Bestandteil der Ermessensausübung ist. Nachträgliche bzw. stichprobenartige Kontrollen sind ausreichend. Aufgrund des hohen Automatisierungsgrades der Messungen und der dabei angefertigten umfassenden technischen Protokolle, die den Messvorgang im Nachhinein nachvollziehbar und kontrollierbar gestalten, steht eine Prüfung in allen Verfahrensstadien offen. Staatlicher Kontrollverlust ist nicht zu befürchten. Zudem sei daran erinnert, dass der Einsatz privater Dienstleister bei den Messungen gegenüber einer selbständigen Durchführung durch die Verwaltungsbehörden den Betroffenen gegenüber sich als grundrechtsschonender erweisen kann. Dies ist der Fall, wenn im Einzelfall davon ausgegangen werden kann, dass die privaten Dienstleister über einen höheren technischen Sachverstand verfügen, als Angehörige der Verwaltung. Dann nämlich kann die Gefahr von durch eine unsachgemäße Bedienung des Messgeräts verursachten Fehlmessungen minimiert werden.

c.   Selbständige Messungen im Wege der Arbeitnehmerüberlassung

Im Übrigen sei darauf hingewiesen, dass Messungen von Privaten stets selbständig durchgeführt werden können, wenn sie in die Verwaltungsorganisation im Wege der Arbeitnehmerüberlassung eingebunden werden (dazu G VIII 2). Voraussetzung dafür ist nach der Rechtsprechung, dass das mit der Geschwindigkeitsmessung betraute Personal, „physisch-räumlich und organisatorisch" in die Gemeindeverwaltung integriert ist, um sicherzustellen, dass die Gemeinde „Herrin"[451] des Ermittlungsverfahrens bei der Verfolgung von Geschwindigkeitsverstößen bleibt (hierzu noch unten H VI 8).

---

451 BayObLG, Beschl. v. 05.03.1997 – 1 ObOWi 785/96 – BayVBl. 1997, 413.

d.   Datenschutzrechtliche Aspekte

Im Hinblick auf die datenschutzrechtliche Zulässigkeit der Durchführung von Messungen durch private Dienstleister ist darauf aufmerksam zu machen, dass es sich bei der Registrierung der Geschwindigkeitsübertretung und anschließender Fotoauslösung um eine Erhebung von personenbezogenen Daten handelt. Sollen diese Prozessschritte auf private Dienstleister übertragen werden, geht damit zwangsläufig eine Vorverlagerung des Anknüpfungspunkts datenschutzrechtlich relevanter Tätigkeiten einher. Im Anwendungsbereich des oben im Einzelnen untersuchten Service-Konzepts stellt die temporäre Speicherung der Daten auf einem privaten Server zur Datenaufbereitung die erste datenschutzrechtlich relevante Tätigkeit eines Privaten dar. Im Rahmen der im Auftrag durchgeführten Datenverarbeitung (dazu schon oben H V 5) verbleibt die vorangehende Beschaffung der Daten der zuständigen Behörde. Übernimmt ein Privater die Registrierung der Geschwindigkeitsübertretung, Fotoauslösung und Signatur dann verlagert sich somit auch die datenschutzrechtlich relevante Erhebung der Rohdaten in ihren Tätigkeitsbereich.

Bereits die Registrierung der Geschwindigkeitsübertretung bedeutet eine Erhebung personenbezogener Daten, nämlich mindestens Ort, Zeitpunkt und ggf. Höhe der Geschwindigkeitsüberschreitung durch ein bestimmtes Fahrzeug. Bei der unmittelbar daran anschließendem Fotoauslösung werden zusätzliche personenbezogene Daten, nämlich eine fotografische Aufnahme des bestimmten Fahrzeugs, erfasst und mit den zuvor erhobenen Datensätzen verknüpft. Bei beiden Vorgängen handelt es sich um eine Erhebung von Daten im Sinne des § 3 Abs. 3 BDSG.

Auch eine Erhebung von Daten durch den Auftragnehmer ist im Rahmen einer Auftragsdatenverarbeitung ausdrücklich gestattet (§ 11 Abs. 1 BDSG). Es spielt auch hinsichtlich des Schutzbedarfs der Daten keine Rolle, ob der private Auftragnehmer die Rohdatensätze erst nach Erhebung durch die Behörde zur weiteren Verarbeitung erhält, oder die Daten gleich selbst vom Betroffenen erhebt. Es ist damit weder eine Steigerung des Umfangs der zur Kenntnis genommenen Daten noch eine Kenntnisnahme sensibler Daten verbunden. An die Geschwindigkeitsübertretung, Fotoauslösung und Signatur sind demnach keine höheren datenschutzrechtlichen Anforderungen zu stellen als an die übrigen Tätigkeiten im Rahmen der Auftragsdatenverarbeitung. Insofern kann auf die obigen Ausführungen verwiesen werden (s. o. H V).

5.   *Datenabholung durch Beschäftigte der Behörde*

Die Fotoauslösung bewirkt, dass Daten des betroffenen Verkehrsteilnehmers erhoben werden. Die damit verbundene datenschutzrechtliche Problematik wurde bereits unter H III 5 eingehend erörtert. Deshalb kann auf diese Ausführungen verwiesen werden. An dieser Stelle interessiert allein die unter dem

Schlagwort „Datenabholung" zu diskutierende Datenlogistik. Zwar wird darauf hingewiesen, dass ein Mitarbeiter der Behörde die Daten abhole. Insoweit ist aber daran zu erinnern, dass die Datenweiterleitung häufig automatisch über Fernübertragung erfolgt, weshalb die Einschaltung eines Mitarbeiters entbehrlich ist. Gegen einen automatischen Transfer an ein privates Unternehmen, das Daten im Auftrag verarbeitet, ist aber, wie bereits dargelegt (H III 5 d und 6) nichts einzuwenden, falls die erörterten datenschutzrechtlichen Vorschriften beachtet werden.

Soweit jedoch eine Datenabholung durch einen Mitarbeiter in Betracht kommt, stellt sich die Frage, ob der Datentransport auch durch einen Beschäftigten des Unternehmens zulässig ist, der die Daten im Auftrag der Behörde verarbeitet. Die Datenabholung ist keine selbständige, sondern eine untergeordnete Tätigkeit. Sie ist als Botendienst zu beurteilen, der sich darin erschöpft, dass die Daten von A nach B gebracht werden. Dabei handelt es sich um eine typische Hilfstätigkeit, bei der der eingesetzte Bote als verlängerter Arm der Behörde agiert, ohne dass hoheitliche Aufgaben wahrgenommen werden. Insofern ist daran zu erinnern, dass mehrere Erlasse ausdrücklich darauf hinweisen, dass technische Hilfskräfte einen Filmwechsel vornehmen dürfen. Aus dieser Perspektive ist auch der Transport des gewechselten Films von der Erlasslage gedeckt, wobei die jederzeitige Nachverfolgbarkeit des Logistikvorgangs sichergestellt werden sollte. Nichts anderes gilt für die nichtphysische Abholung von Daten durch Fernübertragung (s. o. H V 6).

Deshalb kann der Transport der Daten von einem privaten Verwaltungshelfer vorgenommen werden, der allerdings auf die Einhaltung des Datenschutzes zu verpflichten ist, wie dies verschiedene Erlasse ausdrücklich vorsehen.

6. *Übergabe der Datenträger an die Bußgeldstelle zur Prüfung der*
    Datenintegrität und Authentizität nach vorgeschriebenem Programm

Der Datentransport endet entweder automatisch durch Eingang bei der Datenverarbeitungsabteilung der Bußgeldstelle oder durch körperliche Übergabe der Datenträger an das zuständige Personal der Behörde. Es leuchtet ein, dass die Übergabe nur der Abschluss des automatischen oder persönlichen Datentransports ist, weshalb diesem Vorgang keine eigenständige Bedeutung im Rahmen der möglichen Verfolgung von Ordnungswidrigkeiten beizumessen ist. Vielmehr handelt es sich bei der Übergabe lediglich um eine zwingende Voraussetzung, damit die Bußgeldstelle mit dem Messmaterial und dem Messergebnis arbeiten und Entscheidungen darüber fällen kann, ob überhaupt eine Ordnungswidrigkeit vorliegt und wenn ja, ob und wie der Verstoß zu ahnden ist. Deshalb sind Transport einschließlich Übergabe Tätigkeiten, die im Auftrag der Bußgeldstelle auch von Verwaltungshelfern erbracht werden können, die in der Lage sind, die zuständigen Behörden von Hilfstätigkeiten zu entlasten.

Wie bereits dargestellt (H III 5) ist der Datentransfer vom Auftraggeber zum Auftragsdatenverarbeiter ebenso wenig wie der Transfer vom Auftragnehmer zurück zum „Herren des Verfahrens" als Übermittlung i. S. d. § 3 Abs. 4 Satz 2 Nr. 3 BDSG zu klassifizieren. Das gilt konsequenterweise auch für die Übergabe der Datenträger an die Bußgeldstelle, so dass diesem Schritt kein eigenständiger datenschutzrechtlich relevanter Gehalt innewohnt.

Klärungsbedürftig ist, ob etwas Anderes hinsichtlich der Überprüfung der Datenintegrität und der Datenauthentizität gilt. Dabei handelt es sich um eine Aufbereitung der übergebenen Daten, die sicherstellen soll, dass für eine mögliche Einleitung eines Bußgeldverfahrens nur solche Daten verwendet werden, die ordnungsgemäß gewonnen wurden und als echt und damit als verbindliche Grundlage für nachfolgende Behördenentscheidungen eingestuft werden können. Auch hier ist festzustellen, dass es sich um Rohdaten handelt, deren Aufbereitung keine Auskunft darüber gibt, ob und inwieweit eine Verfolgung in Betracht kommt. Vielmehr geht es um einen technischen Vorgang, wobei anhand eines Software-Programms festgestellt wird, ob die genannten Voraussetzungen erfüllt sind oder ob eine amtliche Kontrollausweitung durch die dafür zuständige Stelle schon an dieser Hürde scheitert. Folglich liegt lediglich eine vorbereitende Serviceleistung vor, die ebenfalls von Verwaltungshelfern als Auftragnehmer unter Beachtung der Regeln der Auftragsdatenverarbeitung nach § 11 BDSG ausgeführt werden kann (s. o. H V 6).

7. Archivierung der Rohdaten und Datensicherung

Archivierung ist ein anderer Ausdruck für den datenschutzrechtlichen Begriff „Speicherung" im Sinne von § 3 Abs. 4 Nr. 1 BDSG. Denn darunter wird das Aufbewahren persönlicher Daten zur weiteren Verwendung verstanden. Zunächst ist festzuhalten, dass die Aufbewahrung der Rohdaten einer Geschwindigkeitskontrolle eine behördliche Aufgabe ist, weil die Daten Beweismittel enthalten, die für eine mögliche Verfolgung von Geschwindigkeitsverstößen benötigt werden. Da die Daten Bestandteile eines Verwaltungsverfahrens werden können, liegt es auch im Hinblick auf § 26 VwVfG nahe, dass die Archivierung direkt bei der zuständigen Stelle erfolgt, die sich damit den sofortigen und jederzeitigen Zugriff sichert. Vor diesem verfahrensmäßigen Hintergrund ist es eine Ermessensfrage, ob Polizei und kommunale Ordnungsbehörden eine Auslagerung dergestalt in Betracht ziehen, dass Privatunternehmen die Archivierung vornehmen und die Behörde bei Bedarf auf die Daten zurückgreift. Für diese Lösung spricht immerhin die aufgezeigte Möglichkeit, Verwaltungshelfer bei der Speicherung von Daten im Rahmen der Auftragsdatenverarbeitung einzuschalten (s. o. H V 5).

8. Amtliche Kontrollauswertung

a. Kontrollauswertung als behördliche Ermessenstätigkeit

Nach der Aufbereitung und Ergänzung der bei Geschwindigkeitsmessungen gewonnenen Rohdaten erfolgt die amtliche Kontrollauswertung im Rahmen einer Einzelfallbeurteilung mit anschließender Festlegung der Daten für das Ordnungswidrigkeitenverfahren. Überwiegend wird vertreten, dass die Datenauswertung und die folgende Entscheidung über die Verwendung der ermittelten Daten für ein Verfahren zu den Kernaufgaben von Polizei und Ordnungsbehörden gehören[452]. Es wird unter Anderem argumentiert, dass im Rahmen der Ermittlungen zahlreiche Ermessensabwägungen getroffen werden müssten (s. o. H VI 1 b), die zu den typischen hoheitlich zu erledigenden Aufgaben von Polizei und Ordnungsbehörden gehörten und nach § 17, § 35 und § 53 OWiG in deren Verantwortungsbereich fielen. Mit der Zuweisung der Verfolgungszuständigkeiten an Gemeinden, würden diese zur „Herrin" des Ermittlungsverfahrens bei der Verfolgung von Geschwindigkeitsverstößen in ihrem Gemeindebereich[453], was nicht mehr gewährleistet sei, wenn private Dienstleister die Kontrollauswertung von Geschwindigkeitsüberschreitungen als „Ermittlungstätigkeit" selbständig wahrnähmen.

Allerdings erscheint diese Bewertung nicht in jeder Hinsicht zwingend. Grundsätzlich ist zu bemerken, dass die bei der Verfolgung von Geschwindigkeitsüberschreitungen vermittelten Grundrechtseinbußen von geringem Gewicht sind und es sich bei der Verfolgung der diesbezüglichen Ordnungswidrigkeiten um Massendelikte handelt, wozu es keiner besonders befähigten und loyalen Beamten bedarf[454]. Es wäre wirklichkeitsfremd, wenn man bei massenhaften einfachen Ordnungswidrigkeitenverstößen im fließenden Verkehr durch Geschwindigkeitsübertretungen besondere Anforderungen an die der Sanktion zu Grunde liegende Sachverhaltsaufklärung und Ermessensausübung stellen wollte. Schließlich ist die Geschwindigkeitsmessung derart „technisiert"[455] und durch detaillierte Rechtsvorgaben „konditionalisiert", dass nach Feststellung einer Geschwindigkeitsüberschreitung durch ein geeignetes, geeichtes und ordnungsgemäß aufgestelltes und in Betrieb genommenes Gerät grundsätzlich keine weiteren eigenständigen Entscheidungen hinsichtlich der Ordnungswidrigkeitenahndung mehr getroffen werden müssen. Vielmehr erschöpft sich der

---

452 AG Alsfeld, NJW 1995, 1503, 1505; OLG Frankfurt NStZ-RR 2003, 342; *Janker,* DAR 1989, 172, 175.

453 BayObLG, DAR 1997, 206; s. ferner Auskunft aus Baden-Württemberg v. 26.1.2011; Richtlinie für die polizeiliche Verkehrsüberwachung des Bayerischen Staatsministeriums des Innern v. 12.5.2006, Punkt 1.15.1.

454 Vgl. *Waechter,* NZV 1997, 329 (333).

455 *Stober,* Gesetzlich normierte Kooperation zwischen Polizei und privaten Sicherheitsdiensten, 2007, S. 93.

weitere Verfahrensgang bis zur Erteilung des Bußgeldbescheides in vorgegebenen, einheitlichen und massenweise angewandten Routinen, die keine selbständigen Entscheidungen der handelnden Personen erfordern, sodass es – solange die vorgegebenen Arbeitsschritte eingehalten werden – insoweit keine Rolle spielt, wer sie vornimmt.

Soweit gesetzlich ein Ermessensspielraum bei der Ordnungswidrigkeitenverfolgung eingeräumt ist, wird von diesem – jedenfalls im Rahmen der Geschwindigkeitsüberwachung – nur in Form der „Vorab-Ermessensausübung" (s. o. H VI 4 b) Gebrauch gemacht: Die Anordnung „wann, wo und wie lange" eine Geschwindigkeitsüberwachung unter welchen fotoauslösenden Grenzwerten stattfinden soll, enthält die Ermessensentscheidung, dass an dem betroffenen Ort und zu den vorgegebenen Zeiten alle feststellbaren Geschwindigkeitsüberschreitungen einheitlich nach den Bußgeldvorschriften zu ahnden sind („Vorgelagerte oder Vorab-Ermessensausübung"). Dieses Vorgehen ist deshalb zwingend, weil das öffentliche Interesse darauf abzielt, die täglich massenweise auftretenden Verkehrsverstöße nach einheitlichen Maßstäben zu sanktionieren. Hierfür hat der Gesetzgeber mit der Bußgeldkatalog-Verordnung ein geeignetes Instrument geschaffen, da alle festgestellten Verstöße ohne Ausnahme nach Maßgabe des Bußgeldkataloges zu ahnden sind. Bei der Geschwindigkeitsüberwachung ist eine einheitliche Rechtsanwendung für gleich- bzw. ähnlich gelagerte Sachverhalte für den Fall eines verkehrsrechtlichen Fehlverhaltens erster Grundsatz. Die behördliche „Vorab"-Entscheidung reduziert die Kontrollauswertung damit grundsätzlich auf einen reinen technischen Vorgang, der mittels Verwaltungshilfe bewältigt werden kann. Ein etwaiges Ermessen hinsichtlich der Verfolgung festgestellter Ordnungswidrigkeiten ist damit zum Zeitpunkt der Auswertung „auf Null" reduziert. Nun ließe sich einwenden, bei der Kontrollauswertung würden noch weitere für die Ordnungswidrigkeitenverfolgung grundlegende Entscheidungen getroffen, die nicht durch Private vorgenommen werden könnten. Man denke nur an die Beweiseignung der angefertigten Aufnahme als maßgebliche Weichenstellung für die Frage, ob ein Verfahren eingeleitet wird oder nicht. Allerdings sind diese Feststellungen (im Einzelnen vgl. H V 6) derart technisiert, dass von einer (privaten) „Entscheidung" mangels Entscheidungsfreiheit nicht mehr gesprochen werden kann. So ist der Verwendbarkeitsstatus der Aufnahmen durch Behördenvorgabe exakt beschrieben, der für eine eigene Wertung keinen Raum lässt. Abgesehen davon ist die „Ermittlung" (im untechnischen Sinn), ob eine Aufnahme erkennbar eine Person zeigt oder nicht, derart trivial, dass man vernünftiger Weise den Beamtenvorbehalt nicht bemühen muss. Die Zuordnung der normierten Geschwindigkeit (gemessene Geschwindigkeit abzüglich Messtoleranz) ist ohnehin computertechnisch ermittelt und unterliegt keiner weiteren Hinterfragung, wie auch die weitere Zuordnung der automatisiert erhobenen „Rohdaten". Die Kontrollauswertung bei Geschwindigkeitsverstößen (ausgenommen „Zufallsfunde", wie Handy- oder Gurtverstöße) stellt eine derart untergeordnete, maschinelle Tätigkeit dar, dass ihr über die „Vorab"-Entscheidungen der Behörde hinaus keine eigenständige Bedeutung im Ermittlungsverfahren zukommt. Die erforderlichen Feststellungen sind schablonenhaft, standardisiert und maschinenhaft nach unmissverständlichen präzisen behördlichen Vorgaben zu treffen, die sich in einfachen „Ja-Nein"-Routinen erschöpfen. Entscheidungsqualität im Sinne – notwendiger – staatlicher Ermittlungstätigkeit kommt ihr nicht zu.

Im Übrigen sei darauf hingewiesen, dass die der Kontrollauswertung zu Grunde liegenden Arbeitsschritte nach dem gegenwärtigen Stand der Technik vollständig technisierbar wären (etwa durch den Einsatz von Bilderkennungssoftware). Für diesen (noch) fiktiven Fall würde nach unstreitiger Ansicht[456] keine „automatisierte" Ermittlungstätigkeit durch die eingesetzten Computerprogramme (die im Übrigen von privaten Dienstleistern entwickelt werden) getroffen, sondern sie wäre „antizipiert" bzw. „determiniert" und damit durch die behördlichen Programmiervorgaben und damit mittels Standardisierung vorabentschieden. Warum eine andere Beurteilung getroffen werden soll, wenn einzelne durch Behördenvorgabe determinierte Tätigkeiten „händisch" durch Private erbracht werden, ist kaum begründbar.

Eine andere Bewertung erscheint dagegen angezeigt, wenn sich die Kontrollauswertung neben der Verfolgung von Geschwindigkeitsverstößen auch auf andere Verkehrsverstöße beziehen soll (wie etwa Handy- oder Gurtverstöße). Denn anders als bei den Geschwindigkeitsverstößen, die als wesentliche Auswertungstätigkeit nur die – völlig triviale – Entscheidung über die Personenbeziehbarkeit der Bildaufnahme voraussetzt („Person ausreichend erkennbar"), ist in diesen Fällen die Auswertung des Bildmaterials zweifellos diffiziler. Zwar könnte eine zusätzliche Auswertungstätigkeit durch umfassende und eindeutige behördliche Vorgaben entgegengesteuert werden. Allerdings werden sich auch dadurch uneindeutige Fälle nicht vermeiden lassen, in denen dann mittels behördlicher Ermessensentscheidung im Einzelfall über die Beweiseignung und damit die Einleitung eines Ordnungswidrigkeitenverfahrens zu entscheiden ist.

Insoweit ließe sich nach hier vertretener Ansicht die Kontrollauswertung hinsichtlich Geschwindigkeitsverstößen auch im Wege der Verwaltungshilfe bewerkstelligen lassen. Dagegen ist eine Vorlagepflicht an die zuständige Behörde zur Entscheidung bei „weiteren" Verstößen erforderlich. Gegebenenfalls könnte diese Vorlagepflicht – bei entsprechend klaren behördlichen Bewertungsvorgaben – auf vorab zu definierende „uneindeutige" Fälle beschränkt werden.

Allerdings wäre in diesem Fall noch zu untersuchen, ob die in der Summe der von privaten Firmen wahrgenommenen Einzeltätigkeiten doch weitreichende Einbindung Privater in die öffentliche Aufgabenwahrnehmung eine Bewertung als bloße Verwaltungshilfe bzw. Auftragsdatenverarbeitung noch trägt (hierzu allgemein H III 5 c dd (2)). Wie gezeigt, lässt sich bezogen auf die einzelnen

---

456 Vgl. zu den maschinellen Messungen OLG Bbg., Beschl. v. 22.02.2010 – 1 Ss (OWi) 23 Z/10; OLG Rostock, Beschl. v. 01.03.2010 – 2 Ss [OWi] 6/10 I 19/10; OLG Stuttgart, Beschl. v. 29.01.2010 – 4 Ss 1525/09; *Seitz*, in: Göhler, OWiG, 15. Aufl. 2009, vor § 59, Rn. 143, 145a.

Datenverarbeitungsschritte eine bloße Auftragsdatenverarbeitung für nahezu alle Datenverarbeitungsvorgänge im Rahmen von Geschwindigkeitskontrollen argumentativ überzeugend und unter Zugrundelegung der herkömmlichen Abgrenzungskriterien entwickeln (vorausgesetzt, die Messplatzauswahl obliegt allein der Behörde). Jedenfalls, wenn die Entscheidungsbefugnis über die Daten durch die Behörde sichergestellt wird und enge, verbindliche Vorgaben über Umfang, Art und Weise der Datenverarbeitung durch den Auftragnehmer bestehen. Allerdings muss dann der Auftraggeber auch tatsächlich in der Lage sein, die einzelnen Vorgänge zu überwachen. Allein Kontroll- und Weisungsrechte, also mittels vertraglicher Regelung verbriefte Kompetenzen, müssen faktisch umsetzbar sein und auch tatsächlich wahrgenommen werden – was in der Praxis mangels Interesse des Auftraggebers und teils auch mangels (häufig: verloren gegangener) technischer Kompetenz erschwert ist. Im Falle der Wahrnehmung von Datenverarbeitungsaufgaben durch private Dienstleister ist also darauf zu achten, dass Kontroll- und Steuerungsrechte nicht nur vertraglich verbrieft (dazu noch J II), sondern auch faktisch sichergestellt sind. Hierzu bedarf es sach- und fachkundiger Bediensteter der Kommune, die auch mit der angewandten Messtechnik vertraut sind.[457] Das heißt, je umfassender im Vergleich zum grundlegenden – in keiner Hinsicht rechtlich zu beanstandenden (vgl. H V) – Dienstleistungsmodell eine weitere Einbindung des privaten Auftragnehmers in die Geschwindigkeitsüberwachung erfolgen soll, desto näher bewegt man sich in Richtung einer unzulässigen Funktionsübertragung, mögen auch die zusätzlich Aufgaben für sich besehen als Auftragsdatenverarbeitung zu qualifizieren sein. Durch Implementierung wirkmächtiger Sicherungsstrukturen (Stichwort: Kontrolle und Überwachung durch einen sachverständigen Auftraggeber) kann dem aber wirksam begegnet werden.

b.   Kontrollauswertung und fiskalische Interessen

Wie schon erwähnt entspricht die vorstehend unter Punkt H VI 4 a vorgenommene Bewertung nicht der in Rechtsprechung und Schrifttum ganz überwiegend vertretenen Ansicht. Danach kann die Kontrollauswertung, d. h. die ausschließliche Festlegung der Daten für das Ordnungswidrigkeitenverfahren nicht im Wege einer Verwaltungshilfe bzw. Auftragsdatenverarbeitung vorgenommen werden. Diese Ausgangslage schließt allerdings eine Übertragung dieser Aufgabe auf Private nicht in jeder Hinsicht aus. In Betracht kommen eine Einbindung privater Dienstleister im Wege einer Arbeitnehmerüberlassung sowie eine Beleihung auf gesetzlicher Grundlage mit der Befugnis, ermittelnd und sanktionierend tätig zu werden[458].

---

457   AG Bruchsal, Beschl. v. 12.03.2010 – 5 OWi 410 Js 13889/08.
458   Siehe auch *Waechter*, NZV 1997, 329, 337.

aa.   Arbeitnehmerüberlassung

Explizit nach der durch Erlass vorgezeichneten bayerischen Verwaltungspraxis können private Dienstleister im Wege der Arbeitnehmerüberlassung (dazu H III 2) selbständig die Kontrollauswertung übernehmen[459]. Auch nach der Rechtsprechung steht diese Option offen[460]. Denn bei dieser Variante kann nicht von einer Privatisierung der Verkehrsüberwachung gesprochen werden, da das wesentliche Merkmal der Arbeitnehmerüberlassung darin besteht, dass der Arbeitnehmer seine Arbeit nach den Weisungen der Gemeinde verrichtet und während der Dauer seiner Tätigkeiten quasi als gemeindlicher Bediensteter fungiert. Allerdings verlangt die Rechtsprechung, dass die Leiharbeitnehmer – neben ihrer notwendigen persönlichen und fachlichen Eignung – stets in die Gemeindeverwaltung „physisch, räumlich und organisatorisch integriert" sein müssen[461]. Daran anknüpfend bestimmt der bayerische Erlass, die untergerichtliche Rechtsprechung bestätigend, dass es unzulässig ist, wenn ein Leiharbeiter, der selbständig mit der Auswertung der gewonnenen Beweisbilder beauftragt ist, die erforderliche Tätigkeit außerhalb der Räumlichkeiten der Behörde (in den Räumen des privaten Dienstleisters) wahrnehme[462]. Dagegen begegnet das gleichzeitige Tätigwerden von Leiharbeitnehmern für mehrere Kommunen keinen rechtlichen Bedenken[463].

bb.   Beleihung

Gesetzliche Ermächtigungen existieren derzeit nicht[464]. Eine Beleihung Privater im Bereich der Verkehrsüberwachung wird aber (in engen Grenzen) als zulässig angesehen. So wird im Schrifttum argumentiert, eine Geschwindigkeitsmessung durch Beliehene sei möglich, wenn die Behörde dem privaten Unternehmen Zeit und Ort der Tätigkeit sowie konkrete Maßstäbe der Ermessensbetätigung vorgebe[465]. Dabei sei entscheidend, dass möglicherweise zu befürchtenden privaten Versuchungen einer unverhältnismäßigen oder ermessensfehlerhaften

---

459   Bekanntmachung des Bayerischen Staatsministeriums des Innern vom 12.05.2006 Ziffer 1.15.3.
460   BayObLG, Beschl. v. 05.03.1997 – 1 ObOWi 785/96 – BayVBl. 1997, 412; OLG Frankfurt, NStZ-RR 2003, 342; AG Viechtach, Urt. v. 28.05.2008 – OWi 7 Js 389/08 kö, OWi 7 Js 389/08.
461   BayObLG, Beschl. v. 05.03.1997 – 1 ObOWi 785/96 – BayVBl. 1997, 412.
462   Bekanntmachung des Bayerischen Staatsministeriums des Innern vom 12.05.2006 Ziffer 1.15.3.; AG Viechtach, Urt. v. 28.05.2008 – OWi 7 Js 389/08 kö, OWi 7 Js 389/08.
463   Bekanntmachung des Bayerischen Staatsministeriums des Innern vom 12.05.2006 Ziffer 1.15.3.
464   Siehe zu Initiativen zur Änderung des § 26 StVG *Waechter*, NZV 1997, 329, 338 f.
465   *Nitz*, NZV 1998, 11, 15.

Ausübung durch eine einnahmeunabhängige Bezahlung begegnet werde[466]. Dieser Überlegung hat etwa der einschlägige Erlass des Landes Brandenburg[467] Rechnung getragen, indem er vorschreibt, dass eine Vereinbarung nicht zulässig ist, „die eine finanzielle Beteiligung für private Dritte zum Beispiel an dem Verwarn- und Bußgeldaufkommen" vorsieht[468].

Bezieht man diese generelle Weisung auf die hier vorgestellten Geschäftsmodelle, dann ergibt sich folgendes Bild: Private Dienstleister sind bei den derzeit angebotenen und praktizierten Bearbeitungsvorgängen weder direkt noch indirekt an Einnahmen beteiligt. Das Besondere an dem Finanzierungsmodell besteht darin, dass nur die Vorgänge vergütet werden, die sich einem Ordnungswidrigkeitenverfahren zuführen lassen. Dabei ist nicht entscheidend, ob die übergebenen Datensätze überhaupt in ein Bußgeldverfahren einmünden. Darauf hat das Privatunternehmen keinen Einfluss, soweit es sich zur finanziellen Motivation der Kommune neutral verhält und lediglich eine aufwandsbezogene Entgeltleistung beansprucht. Folglich ist zum Zeitpunkt des Abschlusses der Tätigkeit der privaten Dienstleister völlig unklar, ob es zu einer Einnahme kommt. Vielmehr wird das Unternehmen nur für die erbrachten Dienstleistungen ohne Rücksicht auf ein mögliches Bußgeld bezahlt und das Entgelt hat nicht den Charakter einer Erfolgsprämie. Deshalb liegt bei dem angegebenen Entgeltmodell keine fiskalische Motivation privater Dritter zugrunde.

Noch deutlicher wird der fehlende Zusammenhang zwischen Dienstleistung und Bußgeldeinnahme, wenn sich die Tätigkeit des Unternehmens im Kern auf die Datenaufbereitung als Voraussetzung für die amtliche Kontrollauswertung beschränkt, die Grundlage eines Bußgeldbescheides sein kann. Unabhängig davon ist nicht ersichtlich, dass auch bei einer Ausweitung der Dienstleistungstätigkeiten privater Dienstleister für die öffentliche Hand eine Beteiligung an dem Bußgeldaufkommen angedacht ist.

Jenseits dieser fiskalischen Debatte ist hinsichtlich einer Beteiligung Privater zu berücksichtigen, dass die amtliche Kontrollauswertung im Kontext eines Ordnungswidrigkeiten- und Bußgeldverfahrens erfolgt. Insofern ist zu beachten, dass das Bußgeldverfahren einschließlich der vorbereitenden Handlungen kein Strafverfahren, sondern ein Verwaltungsverfahren ist, bei dem es um die Verfolgung und Ahndung von Verwaltungsunrecht geht[469]. Deshalb sind die Art. 92 ff. GG, die den Bereich der Rechtsprechung betreffen und wegen des Richtervorbehalts keine Beleihung Privater gestatten, nicht tangiert und die Übertragung von Verwaltungskompetenzen auf Private ist bei entsprechender

---

466 *Nitz,* NZV 1998, 11, 15 unter Berufung auf *Steegmann,* NJW 1997, 2159; *Burgi,* in: Stober (Hg.), Public Private Partnerships, 2000, 65, 83.

467 Erlass des Landes Brandenburg v. 15.9.1996 Punkt 5.7.5.

468 Siehe zu dieser Problematik auch *Müller-Sönsken,* in: Stober (Hg.), Sicherheitsgewerbe und Sicherheitspolitik, 2008, S. 11 f.

469 BVerfGE 8, 197, 207; BayObLG, DAR 1997, 206, 208; *Christian Döhler,* ZAP Nr. 20 v. 21.10.1998 Fach 9, S. 489, 492; *Martin Müller,* in: Wolff/Bachof/Stober/ Kluth, Verwaltungsrecht I, § 65 Rn. 40 ff.

gesetzlicher Ermächtigung grundsätzlich zulässig[470]. In diesem Zusammenhang wird darauf hingewiesen, dass insbesondere in der Durchführung, Dokumentation und Auswertung von Geschwindigkeitsverstößen ein vielversprechendes Beleihungspotenzial liege[471].

Diese juristische Ausgangslage ist seit langem bekannt. Die Bundesländer haben, abgesehen von einer länger zurückliegenden Initiative zur Änderung des § 26 StVG[472] bislang aber keine Anstalten gemacht, den derzeit existierenden Rechtszustand zu ändern. Daraus ist zu schließen, dass die Kontrollauswertung als zentrales Element der Geschwindigkeitsüberwachung auch künftig ausschließlich in der Hand von Polizei und Ordnungsbehörden liegen soll.

9. *Daten-Download und Übernahme der Daten in das Ordnungswidrigkeitenverfahren*

Nach Beendigung der Kontrollauswertung und der Festlegung der Daten für das Ordnungswidrigkeitenverfahren erfolgt im Normalfall der Daten-Download und die Übernahme der Daten in das Ordnungswidrigkeitenverfahren der zuständigen Behörde. Diese Handlungen sind zwar auf den ersten Blick nur die Folge der Datenauswertung. Darüber hinaus haben sie aber insoweit amtlichen Charakter, als der Download der Startpunkt für die verwaltungsinterne Eröffnung des Ordnungswidrigkeitenverfahrens ist. Daraus folgt, dass es sich um einen Abschnitt innerhalb eines Verwaltungsverfahrens handelt, dessen Einleitung und Durchführung schon deshalb eine hoheitliche Aufgabe von Polizei und Ordnungsbehörde ist, weil auch an dieser Stelle Ermessenserwägungen zum Zuge kommen. Angesichts dieser originären Zuständigkeit von Staat und Kommunen ist es zweifelhaft, diese Kompetenz auf Private im Wege der Beleihung zu übertragen. Dagegen spricht vor allem, dass Polizei und kommunale Ordnungsbehörden in dieser Phase im Interesse einer bürgernahen Polizei- und Ordnungsverwaltung jeweils „Herrin" des Verfahrens bleiben sollen. Es ist davon auszugehen, dass es wohl kaum parlamentarische Mehrheiten für eine Übertragung dieses Aufgabenabschnitts auf Beliehene gibt.

---

470 Siehe auch *Burgi*, in: Stober (Hg.) Public Private Partnerships und Sicherheitspartnerschaften, 2000, S. 65, 76; *Oehlerking*, Private Auslagerung von Funktionen der Justiz und der Gefahrenabwehr, 2008, S. 23 f.; *Nitz*, NZV 1998, 11 ff.; *Stober*, DÖV 2000, 261, 265; *Weiß*, in: Stober (Hg.), Neues Sicherheitsdenken, 2005, S. 9 und S. 23 f.; A.M. ohne überzeugende Begründung AG Alsfeld, NJW 1995, 1503, 1505.
471 *Burgi*, in: Stober (Hg.), Public Private Partnerships, a. a. O., S, 75, 76.
472 *Christian Döhler*, ZAP Nr. 20 v. 21.10.1998, Fach 9, S. 489, 492.

10.   Halteranfrage bei dem Kraftfahrt-Bundesamt

Da die Aufbereitung und Auswertung der Daten nur auf der Basis des erfassten KFZ-Kennzeichens erfolgt, bedarf es zur personalen Konkretisierung und Einleitung eines individuellen Verfahrens einer Halteranfrage bei dem Kraftfahrt-Bundesamt. Dabei handelt es sich zunächst um einen Akt der Amtshilfe im Sinne der §§ 4 ff. VwVfG und damit um eine innerbehördliche Aktivität. Allerdings sieht etwa die Richtlinie über die Verfolgung von Geschwindigkeitsverstößen des bayerischen Staatsministeriums des Inneren[473] unter Punkt 1.1.5.2 ausdrücklich vor, dass die Einbeziehung Privater u.a. zulässig ist, um im Rahmen von Schreibtätigkeiten eine „automatisierte Erstellung von Anfragen an das Kraftfahrt-Bundesamt" durchzuführen. Hinter dieser möglichen Auslagerung verbirgt sich der Gedanke, dass derartige Schreibhandlungen ausschließlich technischer Natur sind und für sich betrachtet keinen hoheitlichen Charakter aufweisen, da sie unselbständiger Teil der Vorbereitung eines Ordnungswidrigkeitenverfahrens sind. Gleichzeitig wird aber darauf hingewiesen, dass über reine Schreibtätigkeiten hinausgehende Handlungen und Maßnahmen stets von der Gemeinde selbst vorzunehmen sind. Dazu wird auch die Einholung von Auskünften bei dem Kraftfahrt-Bundesamt gerechnet.

Diese Erlasslage verdeutlicht, dass der Einbeziehung Privater in die Halteranfrage enge Grenzen gezogen sind, die sich aus dem aufgezeigten verwaltungsverfahrensrechtlichen Kontext ergeben. Angesichts dieser verallgemeinerungsfähigen Ausgangslage ist zu empfehlen, dass sich private Unternehmen darauf beschränken, die Verwaltung bei der automatisierten Erstellung von Anfragen an das Kraftfahrt-Bundesamt zu unterstützen und zu entlasten.

Im Übrigen ginge eine selbstständige Übernahme der Halteranfrage beim Kraftfahrtbundesamt durch private Dienstleister mit erhöhten datenschutzrechtlichen Anforderungen einher. Bis zur Ermittlung der Person des Kfz-Halters handelt es sich bei den bis dahin von Privatfirmen erhobenen und verarbeiteten Daten lediglich um sachverhaltsbezogene Daten. Vor einer (erfolgreichen) Halteranfrage stehen diese sachbezogenen Daten auch noch nicht in Bezug zu einer bestimmten, sondern nur zu einer (im Idealfall) bestimmbaren Person. Auch bei solchen Daten handelt es sich allerdings bereits um personenbezogene Daten im Sinne des § 3 Abs. 1 BDSG. Darunter sind nicht nur Einzelangaben über persönliche, sondern auch über sachliche Verhältnisse einer bestimmten oder bestimmbaren natürlichen Person zu verstehen. Der Begriff der personenbezogenen Daten ist demnach umfassend und nicht bloß auf solche Daten beschränkt, die ihrer Natur nach personenbezogen sind. Nach allgemeiner Ansicht fallen darunter nicht nur Daten, die unmittelbar auf menschliche Eigenschaften bezogen sind, sondern auch Daten, die Aussagen über eine Sache mit Personenbezug haben. Dazu gehören unter anderem die Beschreibung eines Kfz mit Angabe

---

473   Richtlinie über die Verfolgung von Geschwindigkeitsverstößen des bayerischen Staatsministeriums des Inneren v. 12. 5. 2006 unter Punkt 1.1.5.2.

seines amtlichen Kennzeichens[474] oder dessen fotographische Abbildung mit Angabe von Ort und Zeitpunkt des Verkehrsregelverstoßes.[475] „Personenbezogene Daten" im Sinne des § 3 Abs. 1 BDSG entstehen nicht erst durch die Ermittlung der Person des Kfz-Halters. Folglich sind nicht erst durch die Halteranfrage datenschutzrechtliche Zulässigkeitsanforderungen zu berücksichtigen. Diese Besonderheit darf jedoch nicht darüber hinwegtäuschen, dass mit der Herstellung des unmittelbaren Personenbezugs eine beachtliche Steigerung der Sensibilität der Datensätze einhergeht. Aus bloß mittelbar personenbeziehbaren Daten werden unmittelbar personenbezogene Daten.

Die Frage der generellen Zulässigkeit der Datenverarbeitung im Auftrag ist davon zwar nicht berührt. Die Auftragsdatenverarbeitung im Sinne des § 11 BDSG ist nicht auf die Verarbeitung von Daten geringen Sensibilitätsgrades beschränkt. Mit der Steigerung der Sensibilität der Daten steigen aber insbesondere die Anforderungen an die Maßnahmen zur Gewährleistung der Datensicherheit. Hierzu sind technische und organisatorische Maßnahmen zu ergreifen, deren Aufwand in einem angemessenen Verhältnis zum Schutzzweck stehen müssen (§ 9 BDSG). Wie bereits dargestellt (s. o. H V 5), ist dabei jeweils im Einzelfall eine Risikoanalyse anzustellen, bei der der „Aufwand" der jeweiligen Schutzmaßnahmen und der verfolgte „Schutzzweck" gegeneinander abzuwägen sind. In diese Einzelfallabwägung sind zum einen die Sensitivität der Daten und zum anderen die Intensität des Umgangs mit denselben einzustellen.[476]

Soll auch die Halteranfrage bei dem Kraftfahrtbundesamt von privaten Dienstleistern durchgeführt werden, würden nicht nur personenbeziehbare Rohdaten, sondern auch unmittelbar personenbezogener Daten über den Fahrzeughalter verarbeitet und gespeichert. Insbesondere aus der Kombination der Datensätze entsteht eine potentiell höhere Missbrauchsgefahr, mithin steigt die Sensibilität der verarbeiteten Daten, der Schutzbedarf erhöht sich. In Folge des soeben Erörterten wären weitaus höhere Anforderungen an die technischen und organisatorischen Maßnahmen zu Gewährleistung der Datensicherheit und Datenintegrität (§ 9 BDSG) zu stellen, wenn dem privaten Dienstleister auch die Daten über den Fahrzeughalter zur Kenntnis gelangen würden. In welcher Form sich diese gesteigerten Datensicherungspflichten ausprägen, muss der Risikoanalyse und Abwägung im Einzelfall vorbehalten bleiben.

11. Versand Anhörungsbogen/Bußgeldbescheid/Wechsel von Verwarnungs- zu Bußgeld

Nach dem Eingang der Antwort des Kraftfahrt-Bundesamtes bei der Polizei oder der kommunalen Ordnungsbehörde prüft und entscheidet die zuständige

---

474 *Gola/Schomerus*, Bundesdatenschutzgesetz, 10. Aufl. 2010, § 3 Rn. 5.
475 BVerfG, NJW 2009, 3293 und BVerfG, NJW 2010, 2717 f.
476 *Schultze-Melling*, in: Bräutigam (Hg.), IT-Outsourcing, 2. Aufl. 2008 S. 364.

Stelle, ob ein Anhörungsbogen oder ein Verwarnungsangebot zu erstellen ist oder das Verfahren eingestellt wird. Für den Fall, dass eine Einstellung des Verfahrens ausscheidet, stellt sich die Frage, ob Privatunternehmen in dieser Verwaltungsphase beteiligt werden können. Das bejaht die Richtlinie über die Verfolgung von Geschwindigkeitsverstoßen des bayerischen Staatsministeriums des Innern[477], die unter Punkt 1.15.2 feststellt, dass eine „automatisierte Erstellung des Anhörungsbogens oder des Verwarnungsangebots durch das private Schreibbüro" vorgenommen werden kann, wobei anschließend die Gemeinde den Anhörungsbogen bzw. das Verwarnungsangebot nach Prüfung unter Verwendung des Dienstsiegels versendet. Dieser Erlasstext geht von einer klaren Arbeitsteilung zwischen der Behörde und dem Privatunternehmen aus, die darauf beruht- wie es an anderer Stelle heißt-, dass sichergestellt sein müsse, dass die Gemeinde „Herrin" des Ermittlungsverfahrens bleibt[478]. Diese sachlich einleuchtende Aussage ist verallgemeinerungs- und konsensfähig[479], weshalb empfohlen wird, an dieser Trennung festzuhalten.

Nichts anders gilt auch für die Verfahrensphase nach Rücklauf des Anhörungsbogens oder anderer Schriftstücke bei der Gemeinde, die dann über den Erlass eines Bußgeldbescheides befindet. Ist dies der Fall, dann sieht der zitierte bayerische Erlass vor, dass die automatische Erstellung des Bußgeldbescheides „durch das private Schreibbüro" erfolgen kann. Diese Aufgabenverteilung ist sachlich gerechtfertigt, weil sie Synergieeffekte nutzt und die zuständigen Behörden von automatisierbaren Schreibarbeiten entlastet, ohne dass sie ihren verantwortlichen Status als hoheitlich handelnde „Herrin" des Verfolgungsverfahrens aufgibt[480].

Ebenso verhält es sich bei einem von der Polizei oder der örtlichen Ordnungsbehörde angeordneten Wechsel von einem Verwarnungs- zu einem Bußgeld, soweit sich die Tätigkeit des Privatunternehmens in dem soeben beschriebenen Rahmen eines Verwaltungshelfers hält, der die zuständige Stelle nur mit technischen Dienstleistungen unterstützt. Hingegen richtet sich die Übersendung eines Bußgeldbescheides an den Betroffenen nach dem Verwaltungszustellungsrecht, das für Ordnungswidrigkeiten in § 51 OWiG konkretisiert wird, weil Rechtsbehelfsfristen (§ 67 OWiG) zu beachten sind. Danach erfolgt die Zustellung durch die Behörde oder durch einen Erbringer von Postdienstleistungen (§ 2 Abs. 2 VwZG) mittels Zustellungsurkunde oder Einschreiben (§§ 3 ff. VwZG). Diese Formulierung trägt dem Umstand Rechnung, dass es seit der Privatisierung der Deutschen Bundespost kein Postmonopol oder Privi-

---

477 Richtlinie über die Verfolgung von Geschwindigkeitsverstoßen des bayerischen Staatsministeriums des Innern v. 12. 5. 2006.
478 Bay. Erlass, Punkt 1.12.1.
479 Siehe auch VG Leipzig, LKV 1999, 241 zum Ausdruck von Gebührenbescheiden durch Private sowie *Sellmann*, NVwZ 2008, 817 ff. und *Schlatzer*, Verkehrsüberwachung durch Private, 2007, S. 56.
480 A.M. VGH Kassel, NVwZ 2010, 1254, das nur die bloße Versendung gestattet.

leg mehr gibt, weshalb auch andere Privatunternehmen mit der Zustellung beauftragt werden können, sofern dadurch der einen amtlichen Charakter tragende Zustellungszweck nicht beeinträchtigt wird. Diese Ausweitung des Zustellerkreises folgt aus § 4 PostG, der die Beförderung von Briefsendungen als gewerbsmäßig erbrachte Dienstleistung qualifiziert. Die Erbringung von Postdienstleistungen ist allerdings erlaubnispflichtig (§ 5 ff. PostG), weshalb diese Beförderungsart, die auch die förmliche Zustellung von Schriftstücken erfasst (§§ 33 ff. PostG) ausscheiden dürfte.

Es bleibt aber der Weg, dass der Privatunternehmer im Auftrag der Behörde als Verrichtungs- oder Erfüllungsgehilfe und damit als Verwaltungshelfer in Gestalt eines Boten die Zustellung gegen Empfangsbekenntnis vornimmt, da nur sichergestellt werden muss, dass das Schriftstück übergeben oder in den Briefkasten eingelegt wird.

12. Fristenüberwachung, Vereinnahmung Verwarnungs- oder Bußgeld

Nach Erlass des Bußgeldbescheides und Akzeptanz des Verwarnungsgeldes durch den jeweils Betroffenen geht es um die Vereinnahmung der erhobenen Beträge. Zwar müssen Verwarnungen grundsätzlich sofort bezahlt werden (§ 56 Abs. 2 OWiG). Diese Regel lässt sich aber bei der personenlos arbeitenden stationären Geschwindigkeitskontrolle nicht einhalten, weshalb nur die Alternative in Betracht kommt, dass das Verwarnungsgeld möglichst binnen einer Woche zu begleichen ist. § 56 Abs. 2 OWiG spricht in diesem Zusammenhang von der „hierfür bezeichneten Stelle" oder der Post „zur Überweisung an die Stelle", die über die erfolgte Zahlung eine Bescheinigung erteilt. Diese Stelle könnte zwar auch ein Unternehmen sein, das die vereinnahmten Gelder einsammelt, buchhalterisch erfasst und an die Staatskasse oder die Gemeinde weiterleitet. Bei dieser Vorgehensweise ist allerdings zu befürchten, dass Zahlungspflichtige irritiert sind, weil diese Handhabung kaum gebräuchlich und bekannt ist, weshalb die Akzeptanz von Verwarnungen und Bußgeldbescheiden leiden kann[481].

Die angesprochene Vereinnahmung weist noch eine weitere Besonderheit auf, sofern eine Vollstreckung erforderlich ist, die sich nach §§ 89 ff. OWiG richtet. Danach ist Vollstreckungsbehörde die Verwaltungsbehörde, die den Bußgeldbescheid erlassen hat (§ 92 OWiG) und die damit auch für die möglicherweise erforderliche Beitreibung zuständig (§ 95 OWiG), ist, weil Bußgelder und Gebühren in die Landeskasse oder die Gemeindekasse fließen[482]. Die Vollstreckung ist aber im Rahmen des Ordnungswidrigkeitenverfahrens eine hoheitliche Angelegenheit. Die gelegentlich in jüngerer Zeit diskutierte Übertragung von

---

481 *Christian Döhler*, ZAP v. 21.10.1998, Fach 9, S. 489, 493.
482 Siehe exemplarisch Richtlinie zur Verfolgung und Ahnung von Geschwindigkeitsverstößen durch Gemeinden des Bayerischen Staatsministeriums des Innern vom 12.5.2006, Punkte 1.8 und 1.9.

Vollstreckungstätigkeiten auf Private in Form einer Beleihung mit hoheitlichen Kompetenzen hat sich bislang noch nicht einmal für den Aufgabenbereich der Gerichtsvollzieher durchgesetzt[483]. Deshalb ist kaum damit zu rechnen, dass polizeisensible Vollstreckungen an Privatunternehmen übertragen werden.

---

483 Siehe zur Diskussion BT-Ds 16/5724; BT-Ds 16/5727; BR-Ds 17/1225; Handels-
      blatt v. 16.5.2007 Nr. 94, S. 19.

I. Juristische Anforderungen für eine Beteiligung Privater an der Geschwindigkeitsüberwachung

I. Prüfkriterien für eine Beteiligung Privater

Die bisherigen Ausführungen haben gezeigt, dass Privatisierung im Sicherheitssektor weniger juristische als eher politische Entscheidungen sind, die im Ermessen von Legislative und Exekutive stehen. Entscheidend ist, dass ein öffentliches Interesse an einer Beteiligung Privater oder an einer Verlagerung auf Private besteht (s. o. E.). Ist diese politische Hürde übersprungen, dann ist auf die auch vom Gutachter des 67. Deutschen Juristentages geforderte funktionale Äquivalenz privater Aufgabenerfüllung zu achten. Das ist die fachlich-qualitative Entscheidung, die sich sowohl auf die Zulassung (Geeignetheit, Zuverlässigkeit, usw., s. etwa § 5 Abs. 5 i. V. m. § 7 LuftSiG) als auch auf die Ausübung bezieht.

Sind die Voraussetzungen für eine Beteiligung Privater an öffentlichen Aufgaben erfüllt, dann stellt sich die Frage nach den daraus ergebenen Rechtsfolgen. Generalisierend lässt sich festhalten, dass der „Rückzug" von Staat und Kommunen auch die Pflicht einschließt, die Privatisierung durch ein entsprechend differenziertes Privatisierungsfolgenrecht aufzufangen und durch geeignete Regulierung zu begleiten[484]. Deshalb bedarf es bestimmter Rahmenbedingungen, um der staatlichen Infrastruktur- und Gewährleistungsverantwortung nachzukommen, die letztlich auf eine Gewährleistungsverwaltung mit Einwirkungs- und Kontrollpflichten gerichtet ist.[485] Dabei ist nicht unbedingt der Gesetzgeber gefragt, der nur bei bestimmten Beiträgen Privater tätig werden muss, die rechtlich als Beleihung (s. o. G VII) zu qualifizieren sind, weil im eigenen Namen Hoheitsrechte ausgeübt werden sollen[486]. Deshalb bedarf es einer entsprechenden gesetzlichen Ermächtigungsgrundlage für Polizei und Kommunen.

---

484 *Nünke*, Verwaltungshilfe und Inpflichtnahme des Sicherheitsgewerbes, 2005, S. 70 ff.

485 *Bauer*, VVDStRL 54 (1995), 243 (272 ff.); *Schuppert*, Staatswissenschaft, 2003, S. 292 ff. und 340 ff.; *Hoffmann-Riem*, Die Verwaltung 33 (2000), 155 (168 f.); *Dreier*, DÖV 2002, 537 (543); *Knauff*, VerwArch 98 (2007), 382; *Stober*, in: Festschr. F. Scholz, 2007, S. 943 ff.

486 BayObLG, DÖV 1997, S. 601; *Gusy*, Polizei- und Ordnungsrecht, 7. Aufl. 2009, S. 79.

Soweit sie fehlt, liegt eine sogenannte „faktische" Beleihung vor, die aber rechtswidrig ist[487].

Dabei ist zu beachten, dass die Geschwindigkeitsüberwachung keine ursprüngliche kommunale Aufgabe im Sinne von Art. 28 Abs. 2 GG ist. Diese das Selbstverwaltungsrecht der Kommunen garantierende Norm gilt nur für den eigenen Aufgabenbereich. Hingegen handelt es sich bei der Geschwindigkeitsüberwachung um eine polizeiliche Aufgabe, deren Erledigung auch auf Kommunen übertragen werden kann (s. o. G II). Folglich reicht das ebenfalls auf Art. 28 Abs. 2 GG beruhende Satzungsgebungsrecht für eine Beleihung zur Vornahme von Geschwindigkeitskontrollen nicht aus. Vielmehr bedürfen auch die Kommunen einer besonderen gesetzlichen Ermächtigung.

Jedenfalls ist wegen der föderalen Zuständigkeit der Bundesländer zu beachten, dass die Privatisierung von Sicherheitsaufgaben oder eine Kooperation mit Privaten schwerpunktmäßig im Landesrecht verankert werden müsste. Hier bietet es sich – wie auch der Gutachter der Öffentlich-rechtlichen Abteilung das 67. Deutschen Juristentages vorschlägt – an, etwa im Interesse der Rechtssicherheit und Rechtsklarheit die Polizei- und Ordnungsgesetze um einen „Kooperationsabschnitt" zu ergänzen und dort den Status der Privaten zu verankern[488]. Darüber hinaus käme insbesondere eine Ergänzung der jeweiligen Fachgesetze (StVG) auf Bundes- und Landesebene in Betracht, wobei zusätzlich jeweils die klassische staatliche Rechts- und Fachaufsicht greifen muss[489].

II. Partnerschaftsregeln

Partnerschaftsregeln betreffen die Ausgestaltung des Grund- und Betriebsverhältnisses und sie müssen zur Beendigung einschlägiger Rechtsverhältnisse Stellung nehmen. Entsprechend den bisherigen Ausführungen ist dabei zwischen einer Beleihung mit Verkehrsüberwachungsaufgaben und einer Verwaltungshilfe für die zuständige Behörde zu trennen.

---

487 *Burgi*, in: Stober/Olschok (Hg.), Handbuch des Sicherheitsgewerberechts, 2004, J II, Rn. 18.
488 Siehe näher *Stober*, Gesetzlich normierte Kooperation, 2007, S. 205 ff.
489 Siehe näher *Mohrdieck*, Privatisierung im Bereich öffentlicher Verkehrsräume, 2004, S. 176 ff.

1. Ausgestaltung des Grundverhältnisses

a. Allgemeine Voraussetzungen der Aufgabenübertragung

Bei der Ausgestaltung des Beleihungsverhältnisses verfügt der Gesetzgeber über einen weiten Regelungsspielraum[490]. Im Regelfall normieren gesetzliche Beleihungstatbestände das Beleihungsverhältnis jedoch nicht näher, sondern sind kurz gefasst und beschränken sich auf die Ermächtigung der Verwaltung zur Beleihung. Zum Teil legen sie allerdings deklaratorisch die einzelnen Voraussetzungen fest, nach denen eine Beleihung zulässig ist[491]. Was den Einsatz als Verwaltungshelfer betrifft, wurde bereits erörtert, dass er grundsätzlich als verlängerter Arm der Behörde handelt und lediglich im Verwaltungsbinnenbereich operiert. Das gilt auch für die Ausprägung des sogenannten selbständigen Verwaltungshelfers, für den allenfalls aus Gründen der Rechtssicherheit deklaratorisch eine gesetzliche Grundlage in Betracht gezogen werden kann. Hinsichtlich der Ausgestaltung einer entsprechenden Regelung verfügt der Gesetzgeber erst recht über einen weiten Spielraum, da das Rechtsinstitut nicht so weitgehenden verfassungsrechtlichen Beschränkungen wie die Beleihung unterliegt. Gleichwohl sollten im Sinne einer bestmöglichen Aufgabenerfüllung an den Verwaltungshelfer solche Maßstäbe gestellt werden, die denen des Beliehenen zumindest im Ansatz vergleichbar sind.

b. Zuverlässigkeit, Sach- und Fachkunde sowie Leistungsfähigkeit

Voraussetzung für die Übertragung geeigneter Aufgabenbereiche auf private Sicherheitsdienstleister ist die Sicherstellung hinreichender Qualitätsanforderungen und die Gewährleistung einer ordnungsgemäßen Aufgabeerfüllung[492]. Das Erfordernis der Sicherstellung hinreichender Qualität ergibt sich zum einen aus dem grundrechtlichen Schutzpflichten des Staates[493] und aus seiner Gewährleistungsverantwortung[494]. Zum anderen hat sich gezeigt, dass ein verstärkter Einsatz privater Sicherheitsdienstleister sowohl seitens der Polizei als auch der Bevölkerung nur bei einem erhöhtem Qualifikationsprofil auf Akzeptanz

---

490 Siehe allgemein zu den Anforderungen einer Privatisierungsgestaltung *Burgi*, Gutachten 2008, E III 2; *Artelt*, Verwaltungsorganisationsrecht, 2009, S. 167 ff.

491 Dazu *Stober*, in: Wolff/Bachof/Stober, Kluth, Verwaltungsrecht II 7. Aufl. 2010, § 90 Rn. 41 f.

492 *Stober*, in: Wolff/Bachof/Stober/Kluth, Verwaltungsrecht II, 7. Aufl. 2010, § 90 Rn. 39; s. näher zum Beliehenen *Freitag*, Das Beleihungsrechtsverhältnis, 2005, S 91 ff. und zum Verwaltungshelfer *Burgi*, Funktionelle Privatisierung und Verwaltungshelfer, 1999, S. 382; *Peine*, DÖV 1997, 353, 357.

493 Vgl. dazu stellvertretend BVerfGE 39, 1, 41; 49, 89, 117; 88, 203.

494 *Freitag*, Das Beleihungsverhältnis, 2005, S. 92 f.

stößt[495]. Dies gilt erst recht bei der Betrauung mit Aufgaben von erhöhter Sicherheitsempfindlichkeit wie dem Outsourcen der Verkehrsüberwachung und der Geschwindigkeitskontrolle[496]. Die Verwaltung ist gebunden, bei der Auswahl des Privaten auf dessen persönliche und fachliche Eignung zu achten. Der in die staatliche Aufgabenerfüllung eingebundene Private muss die erforderliche fachliche Kompetenz, aufgabenspezifische Sachkunde und das notwendige Leistungsvermögen aufweisen, sowie zuverlässig und unabhängig sein.

In Hinblick auf die Qualitätsanforderungen ist zu unterscheiden zwischen sachlich-fachlichen Anforderungen und persönlichen Eigenschaften wie der persönlichen Zuverlässigkeit sowie der Leistungsfähigkeit[497]. Insbesondere durch das Erfordernis der Zuverlässigkeit, das etwa auch in dem Runderlass des brandenburgischen Ministeriums des Inneren zu § 47 Abs. 3 und 3a OBG unter Punkt 6.3.1 angesprochen wird, soll eine rechtmäßige Aufgabenwahrnehmung und die Verfolgung staatlicher Zwecke gewährleistet werden. Im Rahmen der Zuverlässigkeit soll insbesondere die Neutralität der Aufgabenwahrnehmung durch Ausschaltung persönlicher und finanzieller Interessenkollision sichergestellt werden. Bei dem Merkmal der Leistungsfähigkeit geht es darum, Kontinuität und Stabilität der Aufgabenerfüllung auf qualitativ hohem Niveau sicherzustellen[498]. Die Erfüllung dieses Kriteriums kann dadurch gewährleistet werden, dass bestimmte Anforderungen an die wirtschaftlichen Verhältnisse des privaten Sicherheitsdienstleisters gestellt werden.

Soweit Verwaltungshelfer als Hilfspolizeibeamte agieren sollen, sind die entsprechenden Verwaltungsvorschriften zu beachten und es ist darauf zu achten, dass dieser Personenkreis Kenntnisse in der praktischen Durchführung von Geschwindigkeitsüberwachungsmaßnahmen besitzt[499], die beispielsweise durch eine Bescheinigung über den Besuch eines entsprechenden Lehrgangs bei einer Landespolizeischule[500] oder einer ähnlichen Einrichtung nachgewiesen werden können.

c.   DIN 77200 als Qualitätsnachweis

In diesem Qualifizierungszusammenhang ist an die DIN 77200 zu denken, die erstmals standardisierte „Anforderungen an Sicherheitsdienstleistungen" auf-

---

495 Siehe *Peilert*, in: Pitschas/Stober (Hg.), Quo vadis Sicherheitsgewerbe?, 1998, S. 123, 145.

496 *Heckmann*, in: Peilert/Stober (Hg.), Die Regelung der Zusammenarbeit zwischen Polizei und privaten Sicherheitsdiensten, 2006, S. 109, 127 f.

497 Siehe auch *Remmert*, Private Dienstleistungen in staatlichen Verwaltungsverfahren, 2003, S. 481 f.; *Freitag*, Das Beleihungsrechtsverhältnis, 2005, S. 92 ff.

498 *Stober*, DÖV 2000, 261, 268 f.

499 Siehe etwa OLG Frankfurt, NJW 1995, S. 2570; AG Alsfeld, NJW 1995 S. 2576.

500 Siehe den Erlass des Landes Rheinland-Pfalz i. d. F. v. 24.8.2004 Punkt 3.7 sowie die rheinland-pfälzische Landesverordnung über die kommunalen Vollzugsbeamten v. 16.2.2007, § 3 I.

richtet[501]. Dieses Regelungswerk ist nicht nur für die Vergabe von Sicherheitsdienstleistungen privater Auftraggeber gedacht, sondern auch für öffentlichrechtliche Leistungen und damit als Präqualifikationsrahmen für eine Vergabe zum Schutz der öffentlichen Sicherheit und Ordnung anwendbar. Im Unterschied zum zertifizierten Qualitätsmanagement nach DIN ISO 9000 ff. wurden erstmals einheitliche, bundesweit geltende Sachkriterien entwickelt und definiert. Folglich handelt es sich um einen wichtigen Qualitätsnachweis[502], der Grundlage für eine Ausschreibung und Beauftragung mit öffentlich-rechtlichen Sicherheitsdienstleistungen wie der Betrauung mit Aufgaben im Rahmen der Geschwindigkeitsüberwachung sein sollte. Die Einschlägigkeit ergibt sich vor allem daraus, dass unter dem Begriff Sicherheitsdienstleistung auch Handlungen und Maßnahmen subsumiert werden, die auf dem Wege der Beleihung erfolgen. Konkretisierend werden u. a. genannt:

– Kommunale City-Streifen (Durchführung eines Streifendienstes im öffentlichen Verkehrsraum mit den Schwerpunkten z. B. Parkanlagen, städtischen Parkhäusern, Haltestellen öffentlicher Verkehrsmittel)

– HIPO (Kurzbezeichnung für die Überwachung des ruhenden Verkehrs durch private Hilfspolizisten in Arbeitnehmerüberlassung)

– Prüfdienst der Einnahmesicherung (Überprüfung der rechtmäßigen Benutzung von Beförderungsmitteln im öffentlichen Personennahverkehr)

– Sicherungs- und Kontrolldienst im ÖPNV (Durchführung eines Streifendienstes in Verkehrsstationen, Bussen und Bahnen).

Die DIN 77200 nimmt unter Punkt 4.13 auch Stellung zur Aus- und Fortbildung der einzusetzenden privaten Sicherheitskräfte, die über eine bestimmte Grundbefähigung verfügen müssen, wie dies auch in dem brandenburgischen Erlass des Innenministeriums unter Punkt 6.2.1 vorgesehen ist. Diese Voraussetzung ist hinsichtlich der technischen Unterstützung durch industrielle Hersteller grundsätzlich gegeben, zumal etwa der einschlägige Erlass von Mecklenburg-Vorpommern unter Punkt 5.3. zutreffend davon ausgeht, dass Zertifikate von Herstellern der Mess- und Auswertungstechnik anerkannt werden. Insbesondere dieser Status ist ein weiterer Grund, qualifizierte Private zu betrauen, weil dann eine notwendige zusätzliche technische Schulung polizeilicher und kommunaler Kräfte entfallen kann, da der Gerätehersteller selbst beteiligt ist (s. Erlass Punkt 6.2.1 und 2)

---

501 Siehe den Abdruck in: Stober/Olschok (Hg.), Handbuch des Sicherheitsgewerberechts, 2004, Anhang, S. 833 ff. Zur Bedeutung der DIN 77200 für das Sicherheitsgewerbe *Feuerstein*, in: Stober/Olschok (Hg.), Handbuch des Sicherheitsgewerberechts, 2004, I II Rn. 78 ff.; *ders.* in: Stober (Hg.), Sicherheitsqualität durch Sicherheitsqualifikation, 2003, S. 15 ff. sowie *Brauser-Jung*, in: Stober (Hg.), Sicherheitsqualität durch Sicherheitsqualifikation, 2003, S. 29 ff.
502 Siehe näher *Feuerstein*, in: Stober/Olschok (Hg.), Handbuch des Sicherheitsgewerberechts, 2004, I III Rn. 1 ff.

d.   Gesetzesbindung der Sicherheitsdienstleister

Des Weiteren muss gewährleistet bleiben, dass der private Sicherheitsdienstleister bei der Wahrnehmung öffentlicher Aufgaben an das für Behörden geltende Recht gebunden ist. Nur so kann eine Flucht der öffentlichen Hand in das Privatrecht und eine Umgehung der spezifisch öffentlich-rechtlichen Bindungen vermieden werden. Die Sicherstellung der Einhaltung dieser Vorschriften obliegt wiederum der zuständigen Behörde, indem ihr mittels eines Weisungsrechts gegenüber dem privaten Sicherheitsdienstleister ein angemessener Einfluss auf die Art und Weise der Aufgabenerfüllung verbleiben muss. Insofern sind die einbezogenen Sicherheitsdienstleister im Interesse einer größtmöglichen Qualitätssicherung und -verbesserung einer staatlichen Aufsicht zu unterstellen.

Umgekehrt muss der private Sicherheitsdienstleister wissen, dass seine Tätigkeit und seine Handlungen in Folge der Bestellung rechtlich letztlich der Polizei bzw. der Kommune zugerechnet werden. Deshalb muss sich der private Dienstleister darüber im Klaren sein, dass er durch seine Aktivitäten unmittelbar zur Erfüllung staatlicher Zuständigkeiten beiträgt. Das bedeutet, dass das Handeln nicht primär an Kriterien privatwirtschaftlicher Rentabilität und Wahrnehmung der Rechte bestimmter Personen, sondern ganz allgemein an staatlichen und insbesondere polizei- und sicherheitsrechtlichen Normen zu orientieren hat[503].

e.   Vergaberechtliche Voraussetzungen

Zu klären ist ferner die Frage, ob und gegebenenfalls inwieweit die Vergabe von Sicherheitsdienstleistungen durch die öffentliche Hand dem Kartellvergaberecht der §§ 97 ff. GWB unterfällt. Diese Thematik wurde aber ausgeklammert (s. o. C II), da sie nicht die Zulässigkeit der Aufgabenübertragung betrifft[504].

2.   *Ausgestaltung des Betriebsverhältnisses*

a.   Pflichten und Rechte

aa.   Beleihung

Die Beleihung begründet zwischen dem Beliehenen und der beleihenden Behörde ein öffentlich-rechtliches Auftrags- und Treuhandverhältnis. Die zugrunde liegenden Rechte und Pflichten ergeben sich aus öffentlich-rechtlichen Vorschriften, dem speziellen Beleihungsgesetz oder aus den konkreten Beleihungsumsetzungsakten. Der Beliehene ist bei seiner Tätigkeit als Verwaltungsträger

---

503   Näher zu diesem Erfordernis und Verständnis *Remmert*, Private Dienstleistungen in staatlichen Verwaltungsverfahren, 2003, S 492 ff.
504   Siehe näher *Stober*, Gesetzlich normierte Kooperation, 2007, S. 270 ff. m. w. N.

an das öffentlich-rechtliche Rechtsregime gebunden, vor allem an die Grundrechte und den Verhältnismäßigkeitsgrundsatz[505]. Insbesondere aus dem Grundsatz des Gesetzesvorranges ergibt sich, dass keine Vereinbarungen getroffen werden dürfen, die gegen das Beleihungsgesetz verstoßen bzw. diese Regelungen umgehen. Darüber hinaus unterliegt er auch der Fach- und Rechtsaufsicht, auf die noch näher eingegangen wird.

Zu den wichtigsten Pflichten des Beliehenen gehört die aus der hoheitlichen Aufgabenwahrnehmung resultierende Betriebs- bzw. Amtswahrnehmungspflicht, wonach er weder untätig bleiben noch den Betrieb ohne Zustimmung der beleihenden Behörde einstellen darf[506]. Darüber hinaus sollte der Kooperationsvertrag neben dem Kooperationsgegenstand zumindest auch Inhalt, Umfang und Qualität der zu erbringenden Leistung sowie die Vertragslaufzeit enthalten[507]. Daneben muss dem Privaten die ordnungsgemäße und gewissenhafte Pflichterfüllung auferlegt werden. Dem Privaten muss insbesondere klar sein, dass er eine Amtswahrnehmungspflicht übernommen hat. Insoweit sollte das die Beleihung regelnde Gesetz die Norm enthalten, dass zur Klarstellung sowie zur Erinnerung und Mahnung in den Kooperationsvertrag eine entsprechende Klausel aufzunehmen ist[508]. Im Interesse der Aufrechterhaltung einer bestmöglichen Sach- und Fachkunde der privaten Sicherheitsdienstleister sollte das Erfordernis regelmäßige Aus- und Fortbildungen gesetzlich oder untergesetzlich geregelt werden. Im Idealfall sollen solche Aus- und Fortbildungen in Kooperation mit der zuständigen Polizeibehörde durchgeführt werden. Darüber hinaus ist durch den privaten Sicherheitsdienstleister sowohl die neutrale Amtswahrnehmung als auch die Amtsverschwiegenheit sowie die Beachtung des Datengeheimnisses zu gewährleisten[509].

Mit den Pflichten des Beliehenen einher gehen auch Rechte. Genannt sei insoweit das nur mit Zustimmung der Beleihungsbehörde übertragbare Recht, bestimmte öffentlich-rechtliche Aufgaben wahrzunehmen, wofür er sich der Handlungsformen des öffentlichen Rechts bedienen kann, sog. Betriebsrecht[510]. Dem Beliehenen können gegen die beleihende Behörde finanzielle Ansprüche

---

505 *Freitag*, Das Beleihungsrechtsverhältnis, 2005, S. 152 ff.; *Burgi*, Funktionale Privatisierung und Verwaltungshilfe, 1999, S. 325 ff.

506 Ausführlich *Stober* in: Wolff/Bachof/Stober/Kluth, Verwaltungsrecht II, Band 3, 5 Aufl. 2004, § 90 Rn.45 ff.

507 Vgl. Vorschlag *Storr*, in: Peilert/Stober (Hg.), Die Regelung der Zusammenarbeit zwischen Polizei und privaten Sicherheitsdiensten als neue Herausforderung der Sicherheitsrechtsordnung, 2006, S. 129, 152 bzgl. eines Regelungsbeispiels für ein Gesetz zur Kooperation mit Unternehmen des Sicherheitsgewerbes, § 2 (I).

508 Näher dazu *Remmert,* Private Dienstleistungen in staatlichen Verwaltungsverfahren, 2003, S. 495 ff.

509 Siehe *Burgi*, Funktionale Privatisierung und Verwaltungshilfe, 1999, S. 382; *Remmert*, Private Dienstleistungen in staatlichen Verwaltungsverfahren, 2003, S. 492 ff.

510 Siehe S. *Stober*, in: Wolff/Bachof/Stober/Kluth, Verwaltungsrecht II, 7. Aufl. 2010, § 90 Rn. 51.

zustehen, die auf die Gewährung staatlicher Gegenleistung zur Vergütung bzw. Deckung von Aufwendungen gerichtet sein können. Auf die Geltung der Grundrechte kann sich der Beliehene als Teil der Verwaltung gegenüber dem Staat grundsätzlich nicht berufen. Etwas anderes gilt ausnahmsweise in Fällen, in denen der Staat gegenüber dem Beliehenen Aufsichtsmaßnahmen mit überschießender Tendenz ergreift. Das ist der Fall bei staatlichen Maßnahmen, die auf die Tätigkeit des Beliehenen unmittelbar Einfluss nehmen, einen persönlichen Vorwurf beinhalten, in die Betriebsorganisation eingreifen und die nachträglich und einseitig die privaten potenziale des Beliehenen über dessen Einverständnis hinaus in Anspruch nehmen[511]. Gegen die Maßnahmen der Aufsichtsbehörde steht dem Beliehenen, soweit er nicht weisungsgebunden ist, Rechtsschutz vor den Verwaltungsgerichten zu[512].

bb. Verwaltungshilfe

Wie bereits näher ausgeführt, ist mangels rechtlicher Ausgestaltung weitgehend ungeklärt, welchem Rechtsregime die Verwaltungshilfe unterliegt und wie die vertraglichen Vereinbarungen zwischen der Verwaltung und dem Verwaltungshelfer auszugestalten sind[513]. Im Gegensatz zum Beliehenen nimmt der Verwaltungshelfer durch den von ihm erbrachten Teilbetrag keine Staatsaufgabe wahr, mit der Folge, dass der Verwaltungshelfer Grundrechtsadressat bleibt und sich gegenüber dem Staat auf die Geltung der Grundrechte berufen kann. Da der Verwaltungshelfer durch seine Aufgabenwahrnehmung allerdings in die Nähe der staatlichen Ämterorganisation gerückt ist, bestehen Zweifel hinsichtlich der Reichweite des Grundrechtsschutzes. Richtiger Auffassung zufolge ist auch das Verwaltungshelferhandeln mangels Vorliegen einer Staatsaufgabe nicht an die Grundrechte und an staatliche Gebote gebunden, da das Eingreifen der Grundrechtsbindung nach Art. 1 Abs. 3 GG durch das Vorliegen einer Staatsaufgabe ausgelöst wird[514].

Gleichwohl muss unterbunden werden, dass sich die öffentliche Hand durch die Einschaltung von privaten Sicherheitsdiensten als Verwaltungshelfer ihren spezifisch öffentlich-rechtlichen Bindungen entzieht. Der Staat, der Teile seines staatlichen Handelns durch Private vornehmen lässt und diese dadurch in die öffentliche Aufgabenerfüllung einschaltet, hat dafür zu sorgen, dass zum Schutz der Interessen der Allgemeinheit Gefährdungen durch die eingeschalteten Privaten unterbleiben. Aus diesem Grunde wird in der Literatur zu Recht eine staatli-

---

511 *Freitag*, Das Beleihungsrechtsverhältnis, 2005, S. 161 ff.

512 Näher dazu *Freitag*, Das Beleihungsrechtsverhältnis, 2005, S. 200 f.

513 Siehe *Remmert*, Private Dienstleistungen in staatlichen Verwaltungsverfahren, 2003, S. 259 ff.; *Stober*, in: Wolff/Bachof/Stober/Kluth, Verwaltungsrecht II, 7. Aufl., 2010, § 91 V.

514 Ausführlich dazu *Burgi*, Funktionale Privatisierung und Verwaltungshilfe, 1999, S. 331 ff. m. w. N. zum Streit und S. 422 ff.

che Strukturschaffungspflicht aus dem Rechtsstaatsprinzip abgeleitet (s. o.
G V 1 a bb), die den Verwaltungshelfer zwar grundsätzlich im privaten Rechtskreis belässt, ihn aber an das öffentlich-rechtliche Rechtsregime heranführt und ihn bestimmten Verfahrensgeboten unterwirft[515].
Gestaltungsmöglichkeiten und -spielräume sind vielschichtig. So könnte durch Gesetz oder Kooperationsvertrag geregelt werden, dass der Verwaltungshelfer bei der Wahrnehmung der öffentlichen Aufgabe, durch die Eingriffe in Rechte Dritter vorbereitet werden, an das für staatliche Behörden geltende Recht gebunden ist[516]. Auf diesem Wege könnte eine weitgehende Bindung des Verwaltungshelfers an das öffentlich-rechtliche Rechtsregime erreicht werden. Als weniger weitgehende Möglichkeit kommt in Betracht, den Verwaltungshelfer bei jeglichem Handeln zumindest zur Beachtung wesentlicher, grundlegender öffentlich-rechtlicher Bindungen zu verpflichten. Darüber hinaus sollten im Interesse der erforderlichen Gemeinwohlsicherung und einer Leistungserbringung auf hohem fachlichem Niveau im Gesetz oder im Kooperationsvertrag zumindest bestimmte Pflichten des Verwaltungshelfers vereinbart werden, die die erfolgreiche Erfüllung des Aufgabenzweckes betreffen. Insoweit sollte auch auf die an den Beliehenen gestellten Anforderungen an Sach- und Fachkunde, Zuverlässigkeit, Leistungsfähigkeit und Neutralität gestellt werden, um auch im Bereich der Verwaltungshelfertätigkeit eine Aufgabenerfüllung auf höchstem Niveau zu erreichen. Entsprechendes gilt für besondere Verfahrensregeln wie Auskunfts- und Dokumentationspflichten, Begründungs-, Anhörungs- und Geheimhaltungsgebote[517] wie sie teilweise in dem brandenburgischen Erlass des Innenministeriums zu § 47 Abs. 3 und 3a OBG zu Punkt 7 enthalten sind. Insoweit wird auch die Möglichkeit geschaffen, Maßnahmen des Verwaltungshelfers zu kontrollieren und gegebenenfalls durch weisungsähnliche Anordnungen bis hin zur zwangsweisen Beendigung der Verwaltungshelfertätigkeit zu sanktionieren[518].
Daneben sollte durch vertragliche Regelung ein funktionierendes Wissensmanagement zwischen staatlichem Auftraggeber und privatem Leistungserbringer vorgezeichnet werden. Denn auch wenn durch die Einschaltung des privaten Helfers im Einzelfall kein Verlust unmittelbarer staatlicher Kontrollmacht zu befürchten wäre, läuft der Staat mit der Eingliederung externer Handlungseinheiten langfristig Gefahr, das zur Aufgabenausführung notwendige Wissen zu verlieren. Dieses ist aber erforderlich, um die Qualität der privaten Leistungser-

---

515 *Burgi*, Funktionale Privatisierung und Verwaltungshilfe, 1999, S. 370 ff.; s. auch *Storr*, in: Peilert/Stober (Hg.), Die Regelung der Zusammenarbeit zwischen Polizei und privaten Sicherheitsdiensten als neue Herausforderung der Sicherheitsrechtsordnung, 2006, S. 129, 146 f.

516 Vgl. *Storr*, in: Peilert/Stober (Hg.), Die Regelung der Zusammenarbeit zwischen Polizei und privaten Sicherheitsdiensten als neue Herausforderung der Sicherheitsrechtsordnung, 2006, S. 129, 146 f.

517 Vgl. *Burgi*, Funktionale Privatisierung und Verwaltungshilfe, 1999, S. 426 ff.

518 Siehe *Burgi*, Funktionale Privatisierung und Verwaltungshilfe, 1999, S. 384.

bringung zu beurteilen, Mängeln gegenzusteuern oder die Aufgabe notfalls wieder vollständig in eigener Regie ausführen zu können. Um einen Verlust von Wissen und Handlungsmöglichkeiten der öffentlichen Hand vorzubeugen, ist deshalb ein ständiger Informations- und Wissenstransfer zwischen den Vertragspartnern sicherzustellen. Eine vertragliche Regelung könnte z. B. die Verpflichtung enthalten, Informationszentralen zwischen den Beteiligten einzurichten, „Kommunikationsbeauftragte" zu bestellen oder ein gemeinsames Gremium zu installieren.[519] Jedenfalls empfiehlt sich eine umfassende informationstechnische Vernetzung; nicht nur als Kommunikationsmittel sondern auch um (ggf. wechselseitig) in Daten (bzw. Datenverarbeitungsvorgänge) Einblick nehmen zu können. Sofern zu einem effektiven Informationsaustausch die Weiterleitung datenschutzrechtlich relevanter Sachverhalte an die Privaten notwendig ist oder zumindest die Gefahr der Kenntniserlangung personenbezogener Daten durch die Privaten entsteht, müssen weitere datenschutzrechtliche Sicherheitsvorkehrungen getroffen werden (dazu unten J II 2 d).

Nachdem der Gesetzgeber – entgegen vielfältiger Forderungen in der Literatur nach Kodifizierung eines spezifischen „Privatisierungsfolgenrechts"[520] – kaum Gewährleistungsstrukturen für das Zusammenspiel staatlicher und privater Träger bei der Erfüllung öffentlicher Aufgaben geschaffen hat, sind diese im wesentlichen durch vertragliche Vereinbarung sicherzustellen[521]. Dabei hat sich die Form des Verwaltungsvertrages als flexibles und situationsangemessenes Regelungsinstrument erwiesen.[522] Daneben kommen auch – je nach Ausgestaltung der Privatisierung – Regelungen auf privatrechtlicher Ebene in Betracht.

b.   Aufsichts-, Einwirkungs- und Überwachungsrechte

aa.   Beleihung

Der Bürger darf bei einer Hinzuziehung Privater zur Geschwindigkeitsüberwachung nicht schlechter gestellt sein, als dies bei der staatlichen Eigenerfüllung der Fall wäre. Der beleihende Staat hat daher fortwährend die ordnungsgemäße Aufgabenerfüllung durch den Beliehenen und dessen Bindung an die einschlägigen öffentlich-rechtlichen Vorschriften sicherzustellen und ist unabhängig von der einfachgesetzlichen Festlegung bereits von Verfassung wegen unmittelbar zur Aufsicht über die Beliehenen verpflichtet. Das ergibt sich bereits aus dem Demokratieprinzip, das eine möglichst lückenlose demokratische Legitimation der Ausübung von Staatsgewalt verlangt. Aufgrund der ursprünglichen Aufgabenzuweisung an den Staat hat dieser nach dem Grundsatz der Gesetzmäßigkeit der Verwaltung gemäß Art. 20 Abs. 3 GG zu gewährleisten, dass der

---

519   Ähnlich *Becker*, in: ZRP 2002, S. 303 ff., S. 308.
520   So etwa *Di Fabio*, VVDStRL 56 (1997), 235 (273); *Erbguth*, UPR 1995, 369 (375).
521   *Burgi*, Die Verwaltung 33 (2000), 184 (206).
522   *H. Bauer*, DÖV 1998, 89 (91); *Bonk*, DVBl. 2004, 141 ff.

Private die ihm übertragene Staatsaufgabe auch tatsächlich wahrnimmt, sog. Gewährleistungsverantwortung. Zu diesem Zwecke muss der Staat den Privaten bei der Aufgabenwahrnehmung kontrollieren[523]. Die Normierung regelmäßiger Aufsichts-, Einwirkungs- und Überwachungsrechte soll einerseits verhindern, dass private Sicherheitsdienstleister bei der Erfüllung der ihnen übertragenen sicherheitsrelevanten Aufgabenbereiche die ihnen eröffneten Gestaltungsspielräume überschreiten bzw. bestimmte Vorgaben nicht erfüllen. Andererseits dienen diese Rechte gleichzeitig dazu, dass sich der Staat seiner Befugnisse nicht völlig begibt[524] und seiner bereichsspezifischen Gewährleistungsverantwortung nachkommt. Stellt er fest, dass der Private die ihm zur eigenverantwortlichen Wahrnehmung übertragenen Aufgaben nicht ordnungsgemäß durchführt, besteht eine Rückübertragungspflicht[525].

Im Hinblick auf die Beleihung bestehen besonders strenge Anforderungen demokratischer Legitimation. Sie erfordert regelmäßig eine effektive Fachaufsicht bzw. eine der Weisung vergleichbare Steuerung durch den Staat[526]. Ausschlaggebend für das Ausmaß der Aufsichtsrechte sind vor allem die Intensität der übertragenen Befugnisse und die Auswirkung auf Gemeinwohlbelange. Insofern ist zu berücksichtigen, dass Geschwindigkeitsüberwachungen in der Bevölkerung allgemein unbeliebt sind und als „Abzocke" gewertet werden, weshalb das Aufsichtsrecht über private Dienstleistungen besonders sensibel zu behandeln ist. Die Aufsicht kann ausnahmsweise auf eine Rechtsaufsicht beschränkt sein, wenn die angemessene Berücksichtigung der beteiligten Interessen sichergestellt ist oder wenn ein hinreichender Grund für eine Lockerung der Aufsicht besteht. Diese Form der Aufsicht kann bei Geschwindigkeitskontrollen unter Beteiligung Privater in Betracht kommen, soweit es sich lediglich um automatisierte Vorgänge handelt, denen eine bewährte Verwaltungspraxis zugrunde liegt. Aufgrund der möglichen Grundrechtsbetroffenheit der Maßnahmen durch den beliehenen Privaten im Bereich der Gefahrenabwehr muss die zuständige Behörde auch die Befugnis zur Zweckmäßigkeitskontrolle zustehen, so dass eine Fachaufsicht regelmäßig erforderlich ist. Der Staat kann auf die Fachaufsicht verzichten, wenn er das Legitimationsdefizit kompensierende Maßnahmen ergreift, beispielsweise in Form einer höheren Regelungsdichte hin-

---

523 Vgl. BVerfGE 17, S. 371, 378 f.; BVerwGE 95, S. 188, 197; *Bauer,* VVDStRL 54, 1995, S. 243, 268.

524 Siehe näher *Pieper*, Aufsicht, 2006, S. 382 ff. und 409 ff.

525 *Stober*, in Wolff/Bachof/Stober/Kluth, Verwaltungsrecht II, 7. Aufl., 2010, § 90 Rn. 46.; *Freitag,* Das Beleihungsrechtsverhältnis, 2005, S. 155 ff.

526 *Storr*, DÖV 2007, S. 133, 139 f.; *ders.,* in: Peilert/Stober (Hg.), Die Regelung der Zusammenarbeit zwischen Polizei und privaten Sicherheitsdiensten als neue Herausforderung der Sicherheitsrechtsordnung, 2006, S. 129, 148; *Burgi*, in: Stober (Hg.), Public-Private-Partnerships und Sicherheitspartnerschaften, 2000, S. 65, 82; Beschluss Nr. 13b der Abteilung Öffentliches Recht des 67. Deutschen Juristentages, 2008.

sichtlich der Tätigkeit des Beliehenen sowie der Aufstellung konkreter Verfahrensstandards und klarer Tatbestandsvoraussetzungen[527].

Wie bereits an früherer Stelle erörtert haben Staat und Kommunen dafür zu sorgen, dass nur solche Private als Beliehene tätig werden können, die eine ordnungsgemäße Aufgabenerfüllung gewährleisten. Diese Voraussetzung ist nicht nur in der Auswahl- und Umsetzungsphase zu berücksichtigen, sondern auch durchgehend im Alltag des Beleihungsrechtsverhältnisses zu überprüfen. Soweit der Beliehene zur staatlichen Aufgabenwahrnehmung besondere Sachmittel bzw. besonderes Personal einsetzt, muss der Staat auch diesbezüglich die ordnungsgemäße Aufgabenerfüllung sicherstellen. Relevant wird diese Thematik in den Fällen, in denen der beliehene private Sicherheitsdienstleister eine juristische Person ist, für die natürlichen Personen die übertragenen Aufgaben und Befugnisse ausüben. Hier stellt sich die Frage nach der demokratischen Legitimation der tatsächlich handelnden natürlichen Person. Sie bliebe gewahrt, wenn man den Beliehenen selbst für die Verschaffung einer solchen personellen Legitimation berechtigt hält und so die Verlängerung der Legitimationskette durch den Beliehenen selbst erfolgt. Eine andere Möglichkeit wäre, dass die beliehende Behörde die Personalentscheidung trifft bzw. einen diesbezüglichen Vorschlag des Beliehenen genehmigt und so die Legitimation herstellt[528]. Die Weisungs- und Kontrollvergaben müssen in dem die Beleihung ermöglichenden Gesetz festgelegt werden und sind sodann im Wege der Auswahl bzw. Bestellung des Beliehenen an den Gegebenheiten des Einzelfalles auszurichten, wobei es den Vertragspartnern überlassen bleibt, mit welchen Instrumenten eine Steuerung erfolgen soll[529]. Insoweit ist eine konkrete Anordnung von Steuerungsinstrumenten im formellen Beleihungsgesetz nicht zwangsläufig erforderlich, wenn auch sinnvoll.

Die Grundsätze der demokratischen Legitimation, Verantwortlichkeit und Kontrolle der öffentlichen Hand verlangen, dass die zuständige Behörde die im Beleihungsgesetz festgelegten Kontrollpflichten tatsächlich und effektiv durchführt. Um diesem Erfordernis nachzukommen, muss gewährleistet sein, dass die Behörde über ausreichende personelle Kapazitäten und die erforderliche fachliche Kompetenz verfügt[530]. Im Sinne eines größtmöglichen und effizienten Kontroll- und Steuerungspotentials der öffentlichen Hand müssen die Kontrollen regelmäßig erfolgen. Damit sich die zuständige Behörde jederzeit umfänglich über die Tätigkeit des privaten Sicherheitsdienstleisters informieren kann, sollten in den Beleihungtatbestand Regelungen aufgenommen werden, die den

---

527 Ausführlich dazu *Freitag*, Das Beleihungsrechtsverhältnis, 2005, S. 157 f.
528 In diesem Sinne *Freitag*, Das Beleihungsrechtsverhältnis, 2005, S. 159 f.
529 *Storr*, in: Peilert/Stober (Hg.), Die Regelung der Zusammenarbeit zwischen Polizei und privaten Sicherheitsdiensten als neue Herausforderung der Sicherheitsrechtsordnung, 2006, S. 129, 148 ff.; *Burgi*, in: Stober/Olschok (Hg.) Handbuch des Sicherheitsgewerberechts, 2004, JII Rn. 27.
530 BremStGH, NVwZ 2003, S. 81, 84; *Freitag*, Das Beleihungsrechtsverhältnis, 2005, S. 94.

Privaten entsprechende Dokumentations-, Auskunfts- und Rechenschaftspflichten auferlegen. Diese allgemeinen Vorgaben sind dann im Wege der konkreten Beleihungsumsetzungsakte an den Gegebenheiten des Einzelfalles auszurichten.

bb. Verwaltungshilfe

Im Hinblick auf die Einschaltung von Verwaltungshelfern fehlt es derzeit an gesetzlichen Bestimmungen über Inhalt und Umfang der an sie zu stellenden Anforderungen. Doch auch hier gilt der Grundsatz, dass der Staat zur fortwährenden Sicherung des Allgemeinwohls verpflichtet ist und an die Stelle der unmittelbaren leistungserbringenden Verwaltung im Wege der Verwaltungshilfe die regulierende Verwaltung bzw. eine Leistungsverantwortung im Sinne einer Strukturschaffungspflicht tritt[531]. Insofern trägt der Staat entsprechend der im Rahmen der Beleihung erfolgten Erörterung die Verantwortung für eine dauerhafte, gemeinwohlverträgliche Qualitäts- und Leistungserbringung durch die privaten Sicherheitsdienstleister und ist verpflichtet, auch im Bereich der Verwaltungshilfe effiziente und flexibel zu handhabende Kontrollbefugnisse vorzusehen.

Denn auch wenn der Private nur Teilbeiträge vorbereitenden Charakters erbringt, beeinflusst seine Arbeit häufig den staatlichen Entscheidungsfindungsprozess. Der Verbleib einer staatlichen „Letztverantwortung" für die Aufgabenausführung (teils nur ein rechtliches Konstrukt ohne praktische Auswirkung) vermag dabei entgegen stark vertretener Ansicht alleine keine verfassungsrechtlich hinreichende Verantwortung zu begründen.[532] Vielmehr gilt es dem bei derartigen Privatisierungsformen zu befürchtenden Steuerungsdefizit der öffentlichen Hand durch die vertragliche Regelung von Sicherungsstrukturen zu entgegnen.

Outsourcing-Verträge der Öffentlichen Hand müssen demnach ausreichende Kontroll- und Einwirkungsrechte beinhalten, um die ordnungsgemäße Erbringung der privaten Leistung sicherzustellen. Ergebnisorientierte, nachhaltige und an einer erfolgreichen Aufgabenausführung ausgerichtete „Service-Level-Agreements" sind zu vereinbaren. Dies kann durch vorstrukturierte Leistungs- oder Regulierungsverträge[533] oder durch die Normierung bestimmter Mindestanforderungen für Verwaltungshelferverträge umgesetzt werden.

Dabei sollte der Vertragsschluss zwischen Behörde und Privatem von der Festschreibung von Informations-, Prüfungs-, Kontroll- und Überwachungsrechten der Behörde, der Normierung von Weisungsrechten für den Fall der

---

531 Ausführlich dazu *Burgi*, Funktionale Privatisierung und Verwaltungshilfe, 1999, S. 309 ff. *ders.*, in Stober(Hg.) Ist das Recht der öffentlichen Aufgabenvergabe für das Sicherheitsgewerbe sachgerecht?, 2001, S. 35, 38.

532 So überzeugend *Burgi*, Funktionale Privatisierung und Verwaltungshilfe, 198 ff.

533 *Vosskuhle*, in: VVDStRL 62, 2003, S. 266 ff., S. 307; *Schuppert*, in: Budäus (Hg.), Organisationswandel öffentlicher Aufgabenwahrnehmung, S. 19 ff., S. 55.

Nicht- oder Schlechterfüllung und der Existenz einer „Rückholklausel" abhängig gemacht werden[534]. Je nach Gegenstand der Kooperation sind vielgestaltige vertragliche Aufsichtsmaßnahmen regelbar, wie Konsultationspflichten, Konzeptpflichten, personelle Vorschlagsrechte, die Bildung von Beiräten, Eigenüberwachungspflichten, Publizitätspflichten, Errichtung privater Kontrollstrukturen, Nachverhandlungsklauseln usw.[535] Kooperationen sind grundsätzlich zu befristen. Ihr Erfolg sollte in periodisch festgelegten Evaluationsterminen überprüft werden. Die Ergebnisse der Evaluation können in der Fortsetzung der Partnerschaft Vorgaben für eventuell notwendige Modifikationen der Vertragsverhältnisse liefern oder aber die Notwendigkeit einer staatlichen „Eigenausführung" belegen, so dass der Staat die übertragene Aufgabe eventuell wieder an sich ziehen müsste. Daneben sind Instrumente zur Sicherung der Vertragsdurchführung wie Sicherheitsleistungen oder Vertragsstrafen festzuschreiben.

Somit steht grundsätzlich eine breite Palette an Kontrollmöglichkeiten zur Verfügung, die eine angemessene Präventivsteuerung ermöglichen.

Die erforderliche Art und der Umfang der besagten Sicherungsstrukturen in Form von Kontroll- und Einwirkungsrechten, lassen sich dabei nicht pauschal bestimmen. Kriterien für die erforderliche Regelungsdichte sind vor allem das „Verantwortungsniveau" der outgesourcten Tätigkeit, etwaige eingeräumte Wertungsspielräume und im Falle einer Datenverarbeitung die Qualität der privat verarbeiteten Daten, die Art einer etwaigen Speicherung, der personelle Zugangskreis und die Organisation des datenverarbeitenden Privaten.

Oder anders gewendet: Je unmittelbarer sich die Tätigkeit des Privaten auf die Erfüllung der Staatsaufgabe auswirkt, umso umfassendere vertragliche Sicherungsstrukturen sind zu etablieren. Für den vorliegenden Fall sind danach unstreitig umfassende und detaillierte vertragliche Sicherungsstrukturen zu vereinbaren, die weitreichende Kontroll- und Einwirkungsrechte des Auftraggebers verbriefen.

c.   Haftung

aa.   Beleihung

Soweit der Beliehene oder einer seiner Angestellten öffentlich-rechtlich Befugnisse ausübt, ist er Beamter im haftungsrechtlichen Sinne und Amtsträger im Sinne des § 11 Abs. 1 Nr. 2 c StGB. Verletzt er einem Dritten gegenüber schuldhaft seine Amtspflicht, so haftet für den verursachten Schaden nach § 839 BGB i. V. m. Art. 34 GG die Person des öffentlichen Rechts, die ihn beliehen

---

534 *Becker*, in: ZRP 2002, S. 303 ff., S. 308; *Schulze-Fielitz*, in: Hoffmann-Riem/ Schmidt-Aßmann (Hg.), Innovation und Flexibilität des Verwaltungshandelns, S. 139 ff., S. 194.

535 Ausführlich hierzu *Vosskuhle*, in: VVDStRL 62, 2003, S. 266 ff., S. 321 ff.

hat, soweit die Haftung nicht kraft Gesetzes ausgeschlossen ist[536]. Der Umstand, dass der Beliehene sowohl Behörde als auch zugleich Verwaltungsträger ist, führt vereinzelt zu der Argumentation, dass der Beliehene selbst[537] bzw. der beschäftigte Angestellte Anspruchsgegner sei. Dies überzeugt insbesondere vor dem Hintergrund nicht, dass Art. 34 GG als Ausdruck der fortbestehenden staatlichen Erfüllungsverantwortung im Staatshaftungsrecht zu verstehen ist[538]. Der Amtshaftungsanspruch des § 839 BGB i. V. m. Art. 34 GG beschränkt sich auf solche Leistungen, die der Beamte bzw. Amtswalter als Privatperson erbringen kann und ist somit auf Geldersatz einschließlich solcher Hilfs- und Nebenansprüche gerichtet, die der Durchsetzung des Schadensersatzanspruchs dienen. Die Vornahme hoheitlicher Handlungen und damit eine Naturalrestitution scheiden aus und sind im Rahmen eines Folgenbeseitigungsanspruchs geltend zu machen[539].

bb. Verwaltungshilfe

Da die Amtshaftung durch das Tatbestandsmerkmal des öffentlichen Amtes begründet wird, ist fraglich, inwieweit sich eine Staatshaftung nach § 839 BGB i. V. m. Art. 34 GG auch bei einer Schadensverursachung durch einen Verwaltungshelfer begründen lässt. Unter welchen Voraussetzungen bei der Einschaltung Privater ein öffentliches Amt ausgeübt wird, ist umstritten. Ursprünglich verlangte die Rechtsprechung für die Begründung einer Amtspflicht einen so engen inneren und äußeren Zusammenhang zwischen der schädigenden Handlung und der Zielsetzung der Behörde, dass die Schädigungshandlung des Privaten ebenfalls dem hoheitlichen Bereich zuzurechnen ist und schloss damit einen Amtshaftungsanspruch in den Fällen aus, in denen dem beauftragten Privaten eine gewisse Selbstständigkeit eingeräumt wurde[540]. Diese Rechtsprechung modifizierte der BGH in einem der zahlreichen Abschleppfälle insoweit, als er feststellte, dass sich die öffentliche Hand im Bereich der Eingriffsverwaltung der Amtshaftung für fehlerhaftes Verhalten ihrer Bediensteten nicht dadurch

---

536 BGH, NJW 1973, S. 458 und NJW 2003, S. 1184, 1185 f.; *Kluth*, in: Stober/Olschok (Hg.), Handbuch des Sicherheitsgewerberechts, 2004, J IV Rn. 10 ff., 52 ff.; *Burgi*, in: Stober/Olschok (Hg.), Handbuch des Sicherheitsgewerberechts, 2004, J II Rn. 28; kritisch *Freitag*, Das Beleihungsrechtsverhältnis, 2005, S. 201. S. näher *Frenz*, Die Staatshaftung in den Beleihungstatbeständen, 1992.

537 *Frenz*, Die Staatshaftung in den Beleihungstatbeständen, 1992.

538 *Burgi*, in: Stober/Olschok (Hg.), Handbuch des Sicherheitsgewerberechts, 2004, J II Rn.28.

539 Näher zum Umfang des Amtshaftungsanspruchs *Kluth*, in: Stober/Olschok (Hg.), Handbuch des Sicherheitsgewerberechts, 2004, J IV Rn. 48 ff. Davon zu unterscheiden ist die innerbetriebliche Haftung im Recht des Sicherheitsgewerbes, ausführlich dazu *Salje*, in: Stober/Olschok (Hg.), Handbuch des Sicherheitsgewerberechts, 2004, H I Rn. 1 ff.

540 Vgl. BGH, NJW 1980, S. 1679.

entziehen könne, dass sie die Durchführung einem privaten Unternehmer überträgt[541]. Nunmehr geht die Rechtsprechung noch einen Schritt weiter, indem sie betont, dass ein möglicherweise zivilrechtlich ausgestaltetes Innenverhältnis zwischen der beauftragten Behörde und dem Verwaltungshelfer für die Beurteilung der Tätigkeit des Verwaltungshelfers im Verhältnis zum betroffenen Bürger nicht von Belang sei[542]. Sie hat zugleich klargestellt, dass für die Amtshaftung des Verwaltungshelfers nicht mehr erforderlich ist, dass es sich bei diesem um ein Werkzeug handelt[543].Die Amtshaftung tritt daher unabhängig davon ein, ob es sich um einen selbstständigen oder unselbstständigen Verwaltungshelfer handelt mit der Folge, dass Adressat des Amtshaftungsanspruchs die den Verwaltungshelfer zum Tätigwerden veranlassende staatliche Stelle ist.

Soweit also private Sicherheitsdienstleister als Verwaltungshelfer in die Wahrnehmung einer staatlichen Aufgabe eingeschaltet sind, ist ihr schadensverursachendes Handeln unabhängig von der Ausgestaltung des Innenverhältnisses haftungsrechtlich grundsätzlich der beauftragenden Körperschaft zuzurechnen. Ausschlaggebend ist zum einen, dass es sich im konkreten Fall überhaupt um die Wahrnehmung einer staatlichen Aufgabe im Sinne eines öffentlichen Amtes handelt und zum anderen, dass der Schaden auch in Ausübung und nicht nur bei Gelegenheit der Ausübung des öffentlichen Amtes verursacht wurde.

d.   Datenschutz bei Auftragsverarbeitung

aa.   Die Anforderungen des § 11 BDSG

Bei der Geschwindigkeitsüberwachung werden – wie bereits dargelegt (s. o. H III 5 und H V 5 ff.) – zahlreiche Daten erhoben, verarbeitet und gespeichert. Bei dem Umgang mit diesen Daten sind die zuständigen Polizei- und Ordnungsbehörden zur Einhaltung der maßgeblichen Datenschutzvorschriften verpflichtet. Werden private Dritte an der Geschwindigkeitsüberwachung beteiligt, dann hat das insoweit datenschutzrechtliche Konsequenzen, als auch die herangezogenen Hilfskräfte als Verwaltungshelfer oder Beliehene in den Datenschutz einbezogen werden müssen. Das ergibt sich bereits aus dem ausführlich erörterten § 11 BDSG (s. o. H III 5), dem der allgemeine Grundsatz zugrundeliegt, dass jeder Auftraggeber umfassend für die Rechtmäßigkeit der Datenerhebung und Datenverarbeitung verantwortlich ist und sich dieser Verpflichtung nicht durch die

---

541 Siehe BGHZ 121, 161, 165 ff.
542 BGH, NJW 1996, S. 2431 f. und NJW 2003, S. 1184, 1185 f.
543 Siehe BGH, NJW 1996, S. 2431 f. Ausführlich zur Haftung des Verwaltungshelfers; *Kluth*, in: Stober/Olschok (Hg.), Handbuch des Sicherheitsgewerberechts, 2004, J IV Rn. 48; *Remmert*, Private Dienstleistungen in staatlichen Verwaltungsverfahren, 2003, S. 264 ff.; *Burgi*, Funktionale Privatisierung und Verwaltungshilfe, 1999, S. 388 ff.; *Nünke*, Verwaltungshilfe und Inpflichtnahme des Sicherheitsgewerbes, 2005, S. 77 ff.

Einschaltung anderer Stellen befreien kann[544]. Dementsprechend sieht § 11 BDSG umfassende Vorkehrungen vor, die sich in Pflichten des Auftraggebers sowie des Auftragnehmers spiegeln und die Gegenstand vertraglicher Vereinbarungen über die Auftragsvergabe sind. Man kann nach der Lektüre des § 11 BDSG sogar davon ausgehen, dass die Bedingungen einer Auftragsvergabe an Private im Mittelpunkt dieser Vorschrift stehen. Das fängt schon damit an, dass der Auftragnehmer unter Berücksichtigung der Eignung der von ihm getroffenen technischen und organisatorischen Maßnahmen sorgfältig auszuwählen ist und dass sich die öffentliche Stelle vor Beginn der Datenverarbeitung und dann regelmäßig von der Einhaltung der beim Auftragnehmer getroffenen technischen und organisatorischen Maßnahmen zu überzeugen hat.

In diesem Kontext bestimmt § 11 Abs. 3 Satz 1 BDSG, dass der Auftragnehmer Daten nur im Rahmen der Weisungen des Auftraggebers erheben, verarbeiten oder nutzen darf. Der Auftragnehmer darf von sich aus keine Berichtigung oder Löschung von Daten vornehmen, sondern nur auf entsprechende Weisung des Auftraggebers hin handeln.[545] Während der Auftraggeber dementsprechend dazu verpflichtet ist, hinreichend konkrete Anweisungen zu erteilen, gehört es zum Pflichtenkreis des Auftragnehmers, sicherzustellen, dass in seinem Tätigkeitsbereich nur weisungsgemäße Verarbeitungen oder Nutzungen stattfinden.[546] Ist der Auftragnehmer der Ansicht, dass eine Weisung des Auftraggebers gegen Vorschriften des BDSG oder andere Vorschriften über den Datenschutz verstößt, hat er den Auftraggeber unverzüglich darauf hinzuweisen (§ 11 Abs. 3 Satz 2 BDSG).

Darüber hinaus enthält § 11 BDSG hinsichtlich der Vergabe eines Datenverarbeitungsauftrags zusätzlich formale und inhaltliche Vorgaben:

Zum einen muss der Datenverarbeitungsauftrag schriftlich erteilt werden (§ 11 Abs. 2 Satz 2 BDSG). Die Schriftform ist für den Abschluss des dem Auftrag zugrundeliegenden Vertragsverhältnisses konstitutiv (§ 125 BGB). Sie dient maßgeblich dem Zweck, sicherzustellen, dass der Auftraggeber auch tatsächlich Weisungen erteilt und der Auftragnehmer nachweisen kann, dass er weisungsgemäß verfahren ist.[547]

Welche Rechtsform das Auftragsverhältnis i. S. d. § 11 BDSG gewählt wird, ist indes für dessen datenschutzrechtliche Zulässigkeit unerheblich. Insbesondere darf der Begriff „Auftrag" nicht als Auftrag i. S. d. BGB (§§ 662 ff.) missverstanden werden.[548] Neben der Gestaltung durch privatrechtlichen Vertrag (in Betracht kommen insbesondere Dienstverträge, Werkverträge, Ge-

---

544 *Wedde*, in: Däubler u.a., Kompaktkommentar zum BDSG, 3. Aufl. § 11 Rn 1.

545 *Schultze-Melling*, in: Bräutigam, IT-Outsourcing, S. 343; *Gola/Schomerus*, Bundesdatenschutzgesetz, 10. Aufl. 2010, § 11 Rn. 4.

546 *Gola/Schomerus*, Bundesdatenschutzgesetz, 10. Aufl. 2010, § 11 Rn. 24.

547 *Gola/Schomerus*, Bundesdatenschutzgesetz, 10. Aufl. 2010, § 11 Rn. 17.

548 *Gola/Schomerus*, Bundesdatenschutzgesetz, 10. Aufl. 2010, § 11 Rn. 6.

schäftsbesorgungsverträge) ist auch eine Vereinbarung in Form eines öffentlich-rechtlichen Vertrags denkbar.

Zum anderen sind im Datenverarbeitungsauftrag gemäß dem „10-Punkte-Katalog" des § 11 Abs. 2 Satz 2 BDSG mindestens folgende Details im Einzelnen festzulegen:

- Der Gegenstand und die Dauer des Auftrags,

- der Umfang, die Art und der Zweck der vorgesehenen Erhebung, Verarbeitung oder Nutzung von Daten, die Art der Daten und der Kreis der Betroffenen,

- die nach § 9 BDSG zu treffenden technischen und organisatorischen Maßnahmen,

- die Berichtigung, Löschung und Sperrung von Daten,

- die nach § 9 Abs. 4 BDSG bestehenden Pflichten des Auftragnehmers, insbesondere die von ihm vorzunehmenden Kontrollen,

- die etwaige Berechtigung zur Begründung von Unterauftragsverhältnissen,

- die Kontrollrechte des Auftraggebers und die entsprechenden Duldungs- und Mitwirkungspflichten des Auftragnehmers,

- mitzuteilende Verstöße des Auftragnehmers oder der bei ihm beschäftigten Personen gegen Vorschriften zum Schutz personenbezogener Daten oder gegen die im Auftrag getroffenen Festlegungen,

- der Umfang der Weisungsbefugnisse, die sich der Auftraggeber gegenüber dem Auftragnehmer vorbehält,

- die Rückgabe überlassener Datenträger und die Löschung beim Auftragnehmer gespeicherter Daten nach Beendigung des Auftrags.

Eine unzureichende Auftragserteilung kann nach § 43 Abs. 1 Nr. 2b BDSG als Ordnungswidrigkeit geahndet werden. Ein mangelhaftes Auftragsdatenverarbeitungskonzept kann aber darüber hinaus weitreichende Auswirkungen auf die grundsätzliche Zulässigkeit eines Outsourcing aus der öffentlichen Verwaltung haben:

So ist es ganz entscheidend für die Zulässigkeit der Übertragung einzelner Prozessschritte und Tätigkeiten auf private Dienstleister, dass der öffentliche Auftraggeber der „verantwortliche Herr der Daten" bleibt. Demgegenüber darf der Private stets nur unterstützender Auftragnehmer sein. Eine weitergehende Funktionsübertragung unzulässig, Bereits durch die inhaltliche Ausgestaltung der Auftragserteilung muss daher eine klare Abgrenzung zur weitergehenden Funktionsübertragung erfolgen. Insbesondere muss es aufgrund der rechtlichen Verantwortung des Hoheitsträgers von vornherein ausgeschlossen sein, dass

dieser auf Dauer in ein rechtliches oder faktisches Abhängigkeitsverhältnis zum Auftragnehmer gerät.[549]
In diesem Zusammenhang ist zu beachten, dass § 11 Abs. 2 Satz 1 BDSG lediglich das schriftlich zu fixierende Minimum regelt[550]. Es versteht sich von selbst, dass die strengen Anforderungen an ein Outsourcing im Bereich hoheitlicher Tätigkeit weitergehende Vertragsbestimmungen mit höherer Regelungsdichte und Regelungsbestimmtheit erfordern.
Von Bedeutung ist daher, dass insbesondere die umfänglichen Weisungsbefugnisse im Datenverarbeitungsauftrag klar herausgestellt werden. Weiterhin ist im Rahmen der vertraglichen Gestaltung sicherzustellen, dass der öffentliche Auftraggeber die datenschutzrechtlich relevanten Aufgaben jederzeit wieder an sich ziehen kann, wenn und soweit es zu einer Beendigung des Leistungsverhältnisses kommt. Damit einher geht beispielsweise auch die Pflicht des Auftragnehmers, soweit wie möglich standardisierte, nicht proprietäre Verfahren zu verwenden.[551]

bb.   Datengeheimnis, Datenschutzbeauftragter und Einhaltung technischer Anforderungen

Auf folgende ausgewählte Pflichten Privater, die vertraglich festzuhalten sind, wird hingewiesen:
Den bei der Datenverarbeitung beschäftigten Personen ist untersagt, personenbezogene Daten unbefugt zu erheben, zu verarbeiten oder zu nutzen (Datengeheimnis, § 5 Satz 1 BDSG). Dies gilt auch für die bei dem Auftragsdatenverarbeiter beschäftigten Personen (§ 11 Abs. 4). Diese Personen sind von der im Auftrag datenverarbeitenden Stelle, sofern sie – wie hier – nicht-öffentlich ist, bei der Aufnahme ihrer Tätigkeit auf das Datengeheimnis zu verpflichten.
Im Übrigen ist bei Vorliegen der Voraussetzungen des § 4g BDSG auch vom Auftragnehmer einer Auftragsdatenverarbeitung ein eigener Datenschutzbeauftragter zu bestellen, der die zur Erfüllung seiner Aufgaben erforderliche Zuverlässigkeit sowie Fach- und Sachkunde besitzt, § 4f BDSG.[552]
Von herausragender Bedeutung ist für die Wahrnehmung der Datenverarbeitung im Auftrag die Einhaltung technischer und organisatorischer Vorkehrungen zur Gewährleistung der Informationssicherheit. Auch für den Auftragnehmer einer Auftragsdatenverarbeitung gilt die Verpflichtung, technische und organisatorische Maßnahmen zu treffen, die erforderlich sind, um die Ausführung der Vorschriften des BDSG, insbesondere die in der Anlage zu § 9 BDSG genannten Anforderungen, zu gewährleisten (§ 9 Satz 1 BDSG).

---

549 *Heinbuch*, in: Söbbing, Handbuch IT-Outsourcing, S. 784.
550 *Gola/Schomerus*, Bundesdatenschutzgesetz, 10. Auflage 2010, § 11 Rn. 19.
551 *Heinbuch*, in: Söbbing, Handbuch IT-Outsourcing, S. 784.
552 Zur Fach- und Sachkunde des Datenschutzbeauftragten ausführlich *Albrecht/ Dienst*, JurPC Web-Dok. 19/2011, Abs. 1-36.

Diese Pflicht beschränkt sich zwar auf Maßnahmen, deren Aufwand in einem angemessenen Verhältnis zum Schutzzweck stehen (§ 9 Satz 2 BDSG). Nicht jede erdenkliche geeignete Schutzmaßnahme ist also notwendigerweise auch wahrzunehmen. Die vorgenommene Einschränkung erfordert indes eher eine jeweils im Einzelfall vorzunehmende Risikoanalyse, bei denen man sich an den Bezugsgrößen „Aufwand" und „Schutzweck" zu orientieren haben wird. In diese Einzelfallabwägung sind zum einen die Sensitivität der Daten und zum anderen die Intensität des Umgangs mit denselben einzustellen.[553]

Spezifische Handlungsanweisungen im Hinblick auf die in Bezug genommenen technischen und organisatorischen Maßnahmen sind der Anlage zu § 9 Satz 1 BDSG zu entnehmen.

cc.   Zum Datenschutz nach der Erlasslage

Diese Anforderungen sind partiell bereits in bestehende Erlasse eingearbeitet. Dabei ist allerdings zu beachten, dass die Pflichtenpräzisierung in Gestalt der zehn Unterpunkte des § 11 Abs. 2 Satz 1 BDSG erst im Rahmen der BDSG-Novelle II 2009 in den Gesetzestext aufgenommen wurde. Das bedeutet, dass ältere Erlasse möglicherweise zu ergänzen sind. Unabhängig davon bleibt es den Auftraggebern angesichts des Wortlauts „insbesondere" unbenommen, durch weiteres internes Organisationsrecht über § 11 BDSG hinaus restriktive Vorrausetzungen für die Vergabe von Datenverarbeitungsaufträgen zu normieren, sofern das für die Einschaltung nicht öffentlicher Auftragnehmer für die Verarbeitung sensibler Daten aus Geschwindigkeitsverstößen erforderlich erscheint[554]. § 11 Abs. 2 Satz 1 BDSG setzt insofern lediglich das schriftlich zu fixierende Minimum fest[555]. Wie oben bereits dargestellt, werden weitergehende Vertragsbestimmungen mit höherer Regelungsdichte und Regelungsbestimmtheit angesichts der strengen Anforderungen an ein Outsourcing im Bereich hoheitlicher Tätigkeit regelmäßig nicht nur empfehlenswert, sondern dringend geboten sein.

Vergleicht man diese datenschutzrechtliche Ausgangslage mit der gegenwärtigen Erlasslage, so kann man folgenden Befund erkennen. So sieht etwa der brandenburgische Erlass des Innenministeriums zur Überwachung der Einhaltung zulässiger Höchstgeschwindigkeiten[556] vor, dass die Kommunen durch vertragliche Vereinbarungen gewährleisten müssen, dass bei der Inanspruchnahme privater Dritter für Leistungen diese die Vorschriften des brandenburgischen Datenschutzes zu beachten haben. Ferner heißt es in dem Erlass, dass die

---

553 *Schultze-Melling*, in: Bräutigam (Hg.), IT-Outsourcing, 2. Aufl. 2008 S. 364.
554 *Walz*, in: Simitis (Hg.). Kommentar zum BDSG, 6. Aufl., § 11 Rn. 39; *Wedde*, in: Däubler, Kompaktkommentar zum BDSG, 3. Aufl, § 11, Rn. 33.
555 *Gola/Schomerus*, Bundesdatenschutzgesetz, 10. Aufl. 2010, § 11 Rn. 19.
556 Erlass des Innenministeriums zur Überwachung der Einhaltung zulässiger Höchstgeschwindigkeiten v. 15.09.1996.

als technische Hilfskräfte eingesetzten Mitarbeiter privater Dritter zur Wahrung des Datengeheimnisses nach § 6 BbgDSG zu verpflichten sind (Punkt 8.2 und 8.3).

Ähnlich verhält es sich mit dem bayerischen Erlass zur Verfolgung und Ahndung u.a. von Geschwindigkeitsverstößen durch Gemeinden, der von den Kommunen verlangt, dass sie sich vor Vertragsabschluss von den Bewerbern darlegen lassen, welche technischen und organisatorischen Maßnahmen sie zum Schutz der zu verarbeitenden Daten ergreifen. Ferner sind die Gemeinden verpflichtet, in den Vertrag eine Textpassage aufnehmen zu lassen, wonach sich das Privatunternehmen der Datenschutzkontrolle des Datenschutzbeauftragten unterwirft (Punkt 1.15.2 und Punkt 2.2). Außerdem sind in der schriftlichen Auftragserteilung insbesondere Regelungen über die Abholung der Filme und des Zugriffschutzes im Entwicklungslabor zu treffen. Zur Sicherstellung des Datenschutzes wird die Festlegung von Vertragsstrafen empfohlen.

Diese exemplarischen Ausführungen sind verallgemeinerungsfähig, weil sie deklaratorisch nur wiederholen, was aus rechtsstaatlichen und grundrechtlichen Überlegungen generell geboten ist. Datenschutzrechtlich relevant ist in diesem Zusammenhang vor allem die Behandlung der Daten, die als Beweismittel fungieren, und ihre Übergabe an die Behörde. Insoweit wird zu Recht in Erlassen darauf hingewiesen, dass diese Thematik in dem zu schließenden Vertrag zwischen der Behörde und dem privaten Dritten zu vereinbaren ist (Erlass Mecklenburg-Vorpommern Punkt 6.3). Dazu gehört auch eine Klausel, die sicherstellt, dass sämtliche Beweismittel der Behörde übergeben werden, um Manipulationen seitens des privaten Dienstleisters auszuschließen. Dazu empfiehlt es sich, ein Übergabeprotokoll zu fertigen, wie es etwa in dem Erlass von Mecklenburg-Vorpommern vorgesehen ist (Punkt 7). Die Vermeidung der Manipulationsgefahr ist auch der Grund dafür, dass mehrere Erlasse in Konkretisierung des § 11 Abs. 2 Nr. 6 BDSG Unterauftragsverhältnisse ausschließen (s. etwa Erlass Mecklenburg-Vorpommern Punkt 7). Teilweise enthalten die Anhänge zu den einschlägigen Erlassen verbindliche Vorgaben zur Vertragsgestaltung und Verpflichtungserklärung, die in einem Abschnitt „Datenschutz/Datensicherung" zu vereinbaren sind (s. etwa Erlass Mecklenburg-Vorpommern Punkt 7).

e.   Finanzierung und Aufwendungsersatzanspruch

aa.   Beleihung

Hinsichtlich der Finanzierung des Einsatzes privater Sicherheitsdienstleister zum Schutz der öffentlichen Sicherheit und Ordnung wurde bereits darauf hingewiesen, dass sowohl Verwaltungshelfer als auch Beliehene finanziell leistungsfähig sein müssen, um die dauerhafte Gewähr für eine ordnungsgemäße Aufgabenerfüllung sicherzustellen. Als Kehrseite der Zulassungsvoraussetzung und Betriebspflicht muss der Beliehene dafür sorgen, dass die privaten Sicherheitsdienstleister für ihre staatliche Tätigkeit einen finanziellen Ausgleich erhalten[557]. Das gilt umso mehr für den sensiblen Bereich des Schutzes der öffentlichen Sicherheit und Ordnung, weil andernfalls die Gefahr besteht, dass sich die privaten Dienstleister gegenüber den Aufgabenbetroffenen möglicherweise von finanziellen oder kommerziellen Erwägungen leiten lassen[558]. Dieser Aspekt ist insbesondere bei der Geschwindigkeitsüberwachung unzulässig, da die Verkehrssicherheit im Vordergrund steht (s. o. H VI 8 b).

Von dieser Grundsatzentscheidung ist zu differenzieren, welche Finanzmodelle in Betracht kommen. Zu diesem Zweck muss zwischen den Rechtsinstituten der Beleihung und der Verwaltungshilfe unterschieden werden. Diese Problematik muss aus dem Blickwinkel einer Abgabenbeleihung hier nicht vertieft werden, da die Anwendbarkeit von entgeltlichen Geschäftsmodellen zur Diskussion steht[559].

Eine für alle Beleihungsrechtsverhältnisse geltende allgemeine, gesetzliche Kostentragungsregelung[560] existiert nicht. Soweit die Kostenlast für die Aufgabenwahrnehmung durch den Beliehenen nicht im Beleihungsgesetz bzw. dem die Beleihung umsetzenden Akt abschließend geregelt ist, kann der Beliehene gegenüber der beleihenden Behörde einen allgemeinen Aufwendungsersatzanspruch gemäß §§ 670, 1835 Abs. 3 BGB analog geltend machen. Unter solchen Aufwendungen sind alle freiwilligen Vermögensopfer zu verstehen, die aus der Wahrnehmung einer Aufgabe resultieren, wie Kosten für Personal oder Sachmittel. In Ausnahme zu dem zivilrechtlichen Grundsatz, die Arbeitsleistung des Beauftragten stelle keine Aufwendung nach § 670 BGB dar, sollen einvernehmlich tätig Beliehen, die vom Staat nachträglich und einseitig zum weitergehenden Einsatz verpflichtet werden, auch die Entlohnung ihrer eingesetzten Arbeitskraft verlangen können[561].

bb.   Verwaltungshilfe

Verwaltungshelfer werden auf der Grundlage eines Vertrages tätig[562]. Unabhängig von der Einordnung des Vertrages als Dienstleistungs- oder Werkvertrag bzw. als gemischter Vertrag entstehen die staatlichen Zahlungsverpflichtungen aus den vertraglichen Vereinbarungen. Die vertraglichen Abreden stellen die unmittelbare Grundlage für Primäransprüche dar. Insofern gelten die gleichen Vorgaben wie bei der Beauftragung privater Sicherheitsdienstleister durch Pri-

---

557   Siehe näher *Freitag*, Das Beleihungsrechtsverhältnis, 2005, S. 205 f.
558   *Burgi*, in: Stober (Hg.), Public-Private-Partnerships und Sicherheitspartnerschaften, 2000, S. 65, 83.
559   Siehe allgemein *Oschmann*, Die Finanzierung der inneren Sicherheit, 2005, S. 100 ff., 287; und speziell *Stober*, Gesetzlich normierte Kooperation, 2007, S. 193; *Fehling*, in: Jachmann/Stober (Hg.), Finanzierung der inneren Sicherheit unter Berücksichtigung des Sicherheitsgewerbes, 2003, S. 115.
560   *Freitag*, Das Beleihungsrechtsverhältnis. 2005, S. 205
561   Ausführlich dazu *Freitag*, Das Beleihungsrechtsverhältnis, 205, S. 2177 m. w. N.
562   *Peine*, DÖV 1997, S. 353, 358.

vate[563]. Allerdings gibt es einen gewichtigen Unterschied, der auch Regelungsgegenstand des einschlägigen brandenburgischen Erlasses des Innenministeriums[564] ist. Danach ist eine Vereinbarung, die eine finanzielle Beteiligung für private Dritte, zum Beispiel an dem Verwarn- oder Bußgeldaufkommen unzulässig (Punkt 5.7.5). Mit diesem Verbot soll eine Kommerzialisierung der Geschwindigkeitsüberwachung vermieden werden, die dem eigentlichen Zweck der Verkehrssicherheitsaufgabe entgegensteht (s. auch o. H VI 8). Die hier vorgestellten Entgeltmodelle verstoßen nicht gegen diesen Verwaltungsgrundsatz, weil das Unternehmen weder unmittelbar noch mittelbar an dem Aufkommen beteiligt wird. Denn zum Einen wird nur eine Vergütung für den aufbereiteten Vorgang in Rechnung gestellt, der seitens des Vertragspartners in das Ordnungswidrigkeitenverfahren übergeht. Zu diesem Zeitpunkt ist noch unklar, ob das Verfahren erfolgreich abgeschlossen werden kann und ob ein Bußgeld erhoben und eingetrieben werden kann. Folglich kann von einer ziffernmäßigen Beteiligung am Aufkommen nicht die Rede sein. Zum anderen kann der Vertrag so ausgestaltet sein, dass jeder Vorgang unabhängig davon berechnet wird, ob ein Ordnungswidrigkeitenverfahren eingeleitet wird.

Für den Fall, dass keine vertragliche Regelung über die Höhe und Zahlungsmodalitäten des Entgelts getroffen wurde, ist auf die gesetzlichen Regelungen und auf Erlasse zurückzugreifen. Der beauftragende Staat oder die beauftragende Kommune können sich durch gebührenverwandte Auslagentatbestände refinanzieren. In dem brandenburgischen Erlass des Innenministeriums zur Überwachung der Einhaltung zulässiger Höchstgeschwindigkeiten ist dazu unter Punkt 10 ausgeführt, dass die den Ordnungsbehörden entstehenden Personal- und Sachkosten in der Regel durch das Verwarn- und Bußgeld sowie durch das Gebührenaufkommen nach dem OWiG ausgeglichen werden. Die Behörden können die Kosten der Einbeziehung der Verwaltungshelfer entsprechend dem haushaltsrechtlichen Wirtschaftlichkeitsprinzip als Auslagen in Rechnung stellen und insoweit in die Vergütung des Verwaltungsaufwands einbeziehen[565]. Zweifelhaft ist, ob bzw. inwieweit die Kostenabwälzung über Auslagen auch den Unternehmergewinn der privaten Sicherheitsdienstleister umfassen darf. Auch wenn man dem Staat diesbezüglich einen Ermessensspielraum zugesteht, sind unter Berücksichtigung des Äquivalenzprinzips jedenfalls deutliche Mehrkosten nicht auf Private abwälzbar[566].

Keine Bedenken bestehen, die tatsächliche Abwicklung der Zahlung unmittelbar zwischen dem kostenpflichtigen Dritten und dem privaten Sicherheits-

---

563 Näher dazu *Oschmann*, Die Finanzierung der inneren Sicherheit, 2005, S. 263 f.
564 Erlasse des brandenburgischen Innenministeriums v. 15.9.1996.
565 *Stober*, in: Wolff/Bachof/Stober/Kluth, Verwaltungsrecht II, 7. Aufl. 2010, § 91 Rn. 44; *Peine*, DÖV 1997, S. 353, 358 ff.
566 *Oschmann*, Die Finanzierung der inneren Sicherheit, 2005, S. 288; *Burgi*, Funktionale Privatisierung und Verwaltungshilfe, 1999, S. 357 f.; A.A. *Peine*, DÖV 1997, S. 353, 359, der erhöhte Kosten vollumfänglich ablehnt.

dienstleister vorzunehmen. Festzuhalten ist somit, dass der Verwaltungshelfer nicht unmittelbar einen Gebührenanspruch gegen den aufgabenbetroffenen Dritten geltend machen kann und ihm nur gegenüber der beauftragenden Behörde ein unmittelbarer Vergütungsanspruch zusteht. Die Zahlung der Abgabe kann allerdings direkt vom Begünstigten an den Verwaltungshelfer erfolgen, so dass der Verwaltungshelfer explizit gesetzlich ermächtigt werden könnte, die Vergütung unmittelbar vom aufgabenbetroffenen Dritten zu verlangen[567].

cc.   Vorgaben für die Ermessensausübung

Bei der Einbeziehung privater Sicherheitsdienstleister in die staatliche Aufgabenerfüllung darf die pflichtgemäße Ausübung des Ermessens nicht beeinträchtigt werden. Weite Ermessensspielräume können mit Missbrauchsgefahren behaftet sein und ziehen zusätzlichen staatlichen Kontrollbedarf nach sich. Unzulässig ist in diesem Zusammenhang vor allem eine rein am Gewinn orientierte, fiskalische Aufgaben- und Ermessensausübung[568], die in einigen Erlassen deshalb ausdrücklich ausgeschlossen wird (s. etwa Erlass des Landes Brandenburg unter Punkt 2.1.1). Um dies zu vermeiden, sollte das jeweilige Gesetz, das eine Beleihung bzw. Verwaltungshilfe ermöglicht, detailliert Vorgaben für die Ermessensausübung vorsehen. Durch die Festlegung von Ermessensbindungen in Verwaltungsvorschriften und engmaschige Vorgaben kann einem Kompetenzmissbrauch der privaten Sicherheitsdienstleister wirksam vorgebeugt werden[569].

3.   *Ausgestaltung der Beendigung des Grund- und Betriebsverhältnisses*

a.   Auftragsbeendigung

Beleihung und Verwaltungshilfe enden durch Erlöschen. Mögliche Erlöschensgründe sind: der Tod einer beliehenen bzw. beauftragten natürlichen Person, der Eintritt eines gewillkürten Erlöschensgrundes wie zum Beispiel der Ablauf der zugrunde gelegten Frist oder der Eintritt einer auflösenden Bedin-

---

567   Mit einem Beispiel aus der Praxis *Fehling*, in: Jachmann/Stober (Hg.) Finanzierung der inneren Sicherheit unter Berücksichtigung des Sicherheitsgewerbes, 2003, S. 115, 123 in Fn. 36 m. w. N.

568   *Klüver*, Zur Beleihung des Sicherheitsgewerbes mit Aufgaben der öffentlichen Sicherheit und Ordnung, 2006, § 8 I. 1. a) aa) bbb); *Oschmann*, Die Finanzierung der inneren Sicherheit, 2005, S. 315 ff.; s. auch *Fehling*, in: Jachmann/Stober (Hg.) Finanzierung der inneren Sicherheit unter Berücksichtigung des Sicherheitsgewerbes, 2003, S. 115, 132 ff.

569   *Schnekenburger*, Rechtsstellung und Aufgaben des Privaten Sicherheitsgewerbes, 1999, S. 205; *Fehling*, in: Jachmann/Stober (Hg.) Finanzierung der inneren Sicherheit unter Berücksichtigung des Sicherheitsgewerbes, 2003, S. 115, 133 ff.

gung. Darüber hinaus stellt auch eine einverständliche Auftragsbeendigung einen Erlöschensgrund dar. Demgegenüber ist ein einseitiger Verzicht des Beliehenen wegen der ihm obliegenden Betriebspflicht nicht zulässig. Er kann allenfalls einen Antrag auf Entlassung stellen (vgl. insoweit § 48 BNotO). Im Falle einer Beleihung bzw. Verwaltungshilfe aufgrund Gesetzes durch Verwaltungsakt kommt auch eine Beseitigung der Beleihung gemäß der allgemeinen Regelungen für den Widerruf oder die Rücknahme begünstigender Verwaltungsakte gemäß §§ 48, 49 VwVfG in Betracht, soweit nicht Sondervorschriften eingreifen. Ein Widerruf ist insbesondere zulässig, soweit sich die beleihende Behörde einen Widerruf vorbehalten hat oder sofern der Fall der Schlecht- oder gar Nichterfüllung der Verpflichtungen des Beliehenen vorliegt.

b. Kündigung

Soweit die Beleihung bzw. Verwaltungshilfe aufgrund eines Verwaltungsvertrages erfolgt ist, kommt auch eine Kündigung in Betracht. Die Kündigung eines öffentlich-rechtlichen Vertrages ist als ultima ratio im Falle eines Wegfalls der Geschäftsgrundlage bzw. zur Verhütung schwerer Nachteile für das Gemeinwohl gesetzlich normiert. Nach § 60 Abs. 1 Satz 1 VwVfG besteht die Möglichkeit der Anpassung bzw. Kündigung eines öffentlich-rechtlichen Vertrages, wenn sich die Verhältnisse, die für die Festsetzung des Vertragsinhalts maßgeblich gewesen sind, seit Vertragsschluss so wesentlich geändert haben, dass einer Vertragspartei das Festhalten an der ursprünglichen vertraglichen Regelung nicht zumutbar ist. Darüber hinaus kann die Behörde nach Satz 2 den Vertrag auch kündigen, um schwere Nachteile für das Gemeinwohl zu verhüten oder zu beseitigen. Dieses Kündigungsrecht wird restriktiv ausgelegt und soll nur bei Vorliegen besonders gravierender Gefährdungen des Gemeinwohls unter Abwägungen zwischen Gemeinwohlbelangen und vertraglicher Bindung der Behörde zulässig sein. Nachteile, die allein die öffentlichen Haushalte belasten und solche, die lediglich zur Rechtswidrigkeit, nicht aber Nichtigkeit des Vertrages führen, berechtigen daher grundsätzlich nicht zur Kündigung[570].

Aufgrund dieses Verständnisses scheint es geboten, weitere Kündigungs- bzw. Rücktrittsrecht vertraglich zu normieren. Um eine ordnungsgemäße Aufgabenerfüllung des beauftragten Sicherheitsdienstleisters sicherzustellen, sollte in den Fällen des Verzuges, der Schlechterfüllung oder Nichterfüllung des Kooperationsvertrages sowie bei einem Verstoß gegen das Verbot, Unterauftragsverhältnisse zu begründen, ein Kündigungs- bzw. Rücktrittsrecht normiert werden. Mustergültig ist insofern der Erlass des brandenburgischen Innenministeri-

---

570 *Storr*, in: Peilert/Stober (Hg.), Die Regelung der Zusammenarbeit zwischen Polizei und privaten Sicherheitsdiensten als neue Herausforderung der Sicherheitsrechtsordnung, 2006, S. 129, 149 f. m. w. N.

ums zur Überwachung der Einhaltung zulässiger Höchstgeschwindigkeiten[571]. Er sieht zutreffend vor, dass private Dritte oder technische Hilfskräfte, welche bestimmten Anforderungen nicht entsprechen, zu kündigen und in den einschlägigen Verträgen eine entsprechende Klausel aufzunehmen ist (Punkt 6.3.2) Ähnliche Formulierungen finden sich in dem Erlass von Mecklenburg-Vorpommern (Punkt 5.2).

In den Fällen, in denen es tatsächlich zu einer Vertragsbeendigung kommt, muss der Staat dafür sorgen, dass die Sicherheit durchgängig gewahrt bleibt und keine Sicherheitslücken entstehen. Insoweit kommt die Einstands- und Auffangverantwortung zum Tragen, derer sich der Staat nicht begeben kann und darf. Auf den Streit, ob diese Einstands- und Auffangverantwortung des Staates eine neben der Gewährleistungsverantwortung stehende, von ihr verschieden Verantwortungsstufe darstellt oder eine von ihr notwendig mit enthaltene Verantwortungsart[572] darstellt, muss nicht näher eingegangen werden. Die öffentliche Hand muss für diese Fälle jedenfalls eine Reservekompetenz[573] vorhalten, wobei es im Einzelfall geboten sein kann, im Sinne einer adäquaten Leistungserbringung die Infrastruktureinrichtungen oder auch das Personal des privaten Sicherheitsdienstleisters vorübergehend in Anspruch zu nehmen.

c. Insolvenz

Unabdingbare Voraussetzung für die Übertragung einzelner Prozessschnitte und Tätigkeiten auf private Unternehmen ist die Sicherstellung hinreichender Qualitätsanforderungen und die Gewährleistung einer ordnungsgemäßen Aufgabenerfüllung[574]. Im Sinne der Sicherstellung von Kontinuität und Stabilität der Aufgabenerfüllung auf qualitativ hohem Niveau müssen die privaten Sicherheitsdienste – wie bereits erörtert (s. o. I II 1b) – leistungsfähig sein. Aus diesem Grunde sollte vertraglich oder gesetzlich geregelt werden, dass bereits die drohende Insolvenz des beliehenen oder beauftragten privaten Sicherheitsdienstleisters zur Beendigung der Beleihung bzw. Beauftragung führt.

---

571 Erlass des brandenburgischen Innenministeriums zur Überwachung der Einhaltung zulässiger Höchstgeschwindigkeiten v. 15.9.1996.
572 *Möstl*, Die staatliche Garantie für die Sicherheit und Ordnung, 2002, S. 327 ff. m. w. N. zum Streit.
573 *Pitschas*, DÖV 2002, S. 221, 225. S. auch *Möstl*, Die staatliche Garantie für die Sicherheit und Ordnung, 2002, S. 327 ff.
574 Vgl. *Stober*, in: Wolff/Bachof/Stober/Kluth, Verwaltungsrecht II, 7. Aufl., 2010, § 90 Rn 41 ff.; s. näher zum Beliehenen *Freitag*, Das Beleihungsrechtsverhältnis, 2005, S. 91 ff.

III. Antrags- und Zustimmungsverfahren für die kommunalen Ordnungsbehörden

Da die Aufgabe Verkehrssicherheit und die Geschwindigkeitsüberwachung originär staatliche Aufgaben der Polizei sind, erfolgt die Übertragung auf kommunale Ordnungsbehörden nur teilweise automatisch als Folge entsprechender Ermächtigungen in Verordnungen oder Erlassen. Einige Bundesländer haben der Übertragung der Aufgabe Geschwindigkeitsüberwachung ein Antragsverfahren vorgeschaltet, innerhalb dessen der Antragsteller die Einzelheiten der Durchführung der Aufgabenwahrnehmung, insbesondere in personeller und technischer Sicht, darzulegen hat[575]. In diesem Antrag wäre auch darauf hinzuweisen, ob und inwieweit private Dienstleister etwa als technische Hilfskräfte eingeschaltet werden sollen, weil insoweit möglicherweise Argumentationsbedarf besteht. Andere Erlasse beschränken sich auf Anzeige- und Meldepflichten, sofern Privatfirmen an der Verkehrsüberwachung beteiligt werden sollen[576].

Unabhängig davon sind partiell Zustimmungen einzuholen. Das kann auch dann der Fall sein, wenn private Dritte in die Geschwindigkeitsüberwachung einbezogen werden sollen[577] oder wenn geplant ist, die Datenverarbeitung durch private Dritte durchzuführen[578].

---

575 Vgl. etwa das Rundschreiben „Kommunale Geschwindigkeitsüberwachung" des Innenministeriums von Rheinland-Pfalz unter Punkt 2 oder den Erlass des saarländischen Ministeriums für Inneres und Sport über die Wahrnehmung der Verkehrsüberwachung durch Ortspolizeibehörden, Punkt 1.

576 Bayerischer Erlass zur Verfolgung und Ahndung von Geschwindigkeitsverstößen durch Gemeinden . 12.5.2006, Punkt 1.16.1.

577 Erlass des Ministeriums des Innern Brandenburg Punkt 8.5 und Erlass des Wirtschaftsministeriums Mecklenburg-Vorpommern unter Punkt 4.2.2.

578 Erlass Brandenburg, a. a. O., Punkt 8.5.

J. Zusammenfassung der Ergebnisse

I   Verkehrssicherheitspartnerschaften sind als Ausprägung von Public Private Partnerships und Police Private Partnerships eine moderne Form der kooperativen Aufgabenerledigung.

II   Privatisierungen öffentlicher Aufgaben und Public Private Partnerships stehen weniger rechtliche als politische Hürden im Weg. Einerseits hat das Thema Privatisierung auch für Verkehrssicherheitspartnerschaften Konjunktur. Andererseits wird der Rückzug von Staat und Kommunen moniert und das Gewaltmonopol reklamiert.

III   Es besteht Klärungsbedarf dahin, welche Aufgaben und Tätigkeiten als polizeiliche Muss- oder Kann-Aufgaben zu definieren sind und wo der Einsatz von Verwaltungshelfern, Hilfspolizisten und Beliehenen möglich und geboten ist.

IV   Die Aufgaben Verkehrssicherheit und Geschwindigkeitsüberwachung zählen zu den formellen Staatsaufgaben und zu dem festen Bestand der hoheitlich zu erledigenden Polizei- und Kommunalaufgaben.

V   Eine totale materielle Privatisierung der Aufgabe Verkehrssicherheit ist unzulässig. Hingegen kommt eine partielle Privatisierung „im" Sicherheitssektor in Betracht, um Staat und Kommunen im Rahmen ihrer Verkehrssicherheitsarbeit zu unterstützen. Das gilt vor allem, wenn der moderne Sicherheitsstaat nicht selbst in der Lage ist, spezifische Sicherheitsbedürfnisse mit eigenen Mitteln effizient zu befriedigen.

VI   Staat und Kommunen besitzen im Gewährleistungsstaat auf der Grundlage einer offenen Sicherheitsverfassung prinzipielle Wahlfreiheit dahin, wie sie Aufgaben erledigen und ob sie Private in die Verkehrssicherheitsarbeit einbeziehen wollen.

VII   Die herkömmlich angeführten verfassungsrechtlichen Bedenken gegen eine Einbeziehung Privater in die Aufgabe Verkehrssicherheit entpuppen sich bei näherer Betrachtung als nicht einschlägig, weil das Grundgesetz kaum Privatisierungs- und Kooperationsschranken aufweist. So sind Privatisierungen im Sicherheitssektor vor allem mit den Staatsstrukturprinzipien, den Grundrechten und dem Verwaltungsorganisationsrecht vereinbar. Insbesondere wird das staatliche Gewaltmonopol nicht tangiert, wenn Private bei vorbereitenden Tätigkeiten und technischen Unterstützungshandlungen mitwirken. Nichts Anderes gilt für den Beamtenvorbehalt, der bei der Einschaltung von Verwaltungshelfern, Hilfspolizeibeamten und Beliehenen in die Verkehrsüberwachung nicht berührt ist.

VIII   Der Beliehene ist eine Privatperson, die kraft Gesetzes ermächtigt ist, im eigenen Namen öffentlich-rechtliche Aufgaben wahrzunehmen und hoheitliche Befugnisse auszuüben. Er wird als Klassiker qualifiziert, der im Verwaltungsrecht eine Renaissance erlebt. Demgegenüber zeichnet sich der Status des Verwaltungshelfers dadurch aus, dass er vorbereitend und unterstützend einzelne Teilleistungen innerhalb einer Staatsaufgabe wie der Aufgabe Verkehrssicherheit erbringt, ohne über eigene Entscheidungsbefugnisse und Ermessensspielräume zu verfügen. Im Gegensatz zu dem Beliehenen ist der Verwaltungshelfer weisungsgebunden, weshalb die Exekutive stets „Herrin des Verfahrens" bleibt. Ähnlich verhält es sich mit dem Hilfspolizeibeamten, der zwar über bestimmte hoheitliche Befugnisse verfügt, aber weisungsgebunden ist.

IX   Verkehrssicherheitspartnerschaften sind nicht nur prinzipiell mit Beliehenen, Verwaltungshelfern und Hilfspolizeibeamten zulässig, sondern auch geboten. Das ist dann der Fall, wenn der für die Verkehrssicherheit verantwortliche Verwaltungsträger weder finanzielle, personelle oder technische Ressourcen besitzt, aber gleichwohl tätig werden muss, um Unfallzahlen zu minimieren und Geschwindigkeitsverstöße zu reduzieren. Hier ist zu berücksichtigen, dass die Rechtsprechung die Verkehrssicherheit als hohes Rechtsgut ansieht und für die Abwendung von Gefahren für die Sicherheit und Ordnung des Straßenverkehrs ein erhebliches öffentliches Interesse geltend macht.

X   Die konkrete Beurteilung der Zulässigkeit von Verkehrssicherheitspartnerschaften zur Geschwindigkeitsüberwachung kann sich nur auf einen unklaren Befund und eine lückenhafte Erlasslage stützen. Mehrere Erlass sind älteren Datums und berücksichtigen nicht die modernen Erkenntnisse von Rechtspolitik, Rechtswissenschaft und Verwaltungspraxis. Die Rechtsprechung stammt insbesondere aus den Jahren 1995 bis 1998 und nimmt nur zu bestimmten, den Gerichten vorgelegten Tätigkeiten und Prozessschritten innerhalb des weiten Spektrums der Geschwindigkeitsüberwachung Stellung. Das Schrifttum setzt sich insbesondere mit dieser einzelfallbezogenen und nicht verallgemeinerungsfähigen Spruchpraxis auseinander, ohne den Gesamtzusammenhang einzubeziehen.

XI   Legt man eine jüngst publizierte Übersicht über Richtlinien der Bundesländer zur Geschwindigkeitsüberwachung zugrunde, dann existieren hinsichtlich der Beteiligungsfähigkeit Privater drei Alternativen. Sie reichen von „Nein" über eine zulässige technische Unterstützung bis hin zu einem ausdrücklichen Ausschluss Privater. Dieser Befund ist unzutreffend, weil auch fehlende Regelungen als „Nein" interpretiert werden. Bei sorgfältiger Analyse schälen sich stattdessen vier Varianten heraus:

- Private können unterstützend mitwirken (BW, Bay, Bbg, He, MV, RP, Sachsen, Sachsen-Anhalt)

- Private können als Hilfspolizeibeamte unterstützend mitwirken (RP)

- Die Mitwirkung Privater ist nicht geregelt (Bln, Bre, HH, NW, Th)

- Die Mitwirkung Privater ist ausdrücklich ausgeschlossen (Nds, Saarland).

XII   Eine unterstützende Verwaltungshilfe scheidet nicht wegen eines angeblich unmittelbaren Zusammenhangs der Geschwindigkeitsüberwachung mit der funktionell originären Staatsaufgabe der Verfolgung und Ahndung von Ordnungswidrigkeiten aus, weil ein einheitlicher Vorgang wegen der allgemein anerkannten Zweiteilung und Wechselbezüglichkeit der Rechtsordnung in öffentliches Recht und Privatrecht aus mehreren rechtlich unterschiedlich zu qualifizierenden Tätigkeiten und Schritten bestehen kann. Erinnert sei nur an das Aufstellen, das Einstellen und den Betrieb von hoheitlich agierenden Ampelanlagen durch die Hersteller.

XIII   Die ausdrückliche Erwähnung technischer Unterstützungsleistungen durch Private in den Erlassen ist nicht konstitutiv, sondern deklaratorisch. Die Exekutive ist generell berechtigt, zur effizienten Erfüllung von Verwaltungsaufgaben bei der Vorbereitung und Durchführung private Hilfspersonen einzuschalten, ohne dass es dazu einer speziellen Ermächtigung bedarf, soweit nicht die hoheitliche Amtsausübung betroffen ist. Im Zweifelsfall ist zu empfehlen, auf die Rechtsfigur des Hilfspolizeibeamten zurückzugreifen, dessen Status im Polizeirecht allgemein anerkannt ist.

XIV   Bei einem durch Erlass angeordneten ausdrücklichen Verbot der Einbeziehung Privater in die Geschwindigkeitsüberwachung ist zu beachten, dass eine Unterstützung durch Private nicht gesetzlich ausgeschlossen ist. Erlasse können auf Intervention etwa von Kommunen oder Verbänden als unzweckmäßig aufgehoben werden. Unabhängig davon muss die erlassende Behörde ihr Ermessen gegenüber nachgeordneten Dienststellen oder Kommunen pflichtgemäß auszuüben. Sie hat Verständnis für die personelle, technische und finanzielle Situation der für die Geschwindigkeitsüberwachung zuständigen Behörden aufzubringen und darf die unterstützende Beteiligung Privater nicht untersagen, wenn dadurch das polizeiliche Ziel einer effektiven und optimalen Geschwindigkeitskontrolle gefährdet würde und grundrechtliche Schutzpflichten vernachlässigt würden.

XV   Die mittels Bildaufzeichnung vorgenommene Geschwindigkeitsüberwachung ist eine Erhebung persönlicher Daten und damit ein Eingriff in das Recht auf informationelle Selbstbestimmung. Mehrere Erlasse gehen ohne nähere Begründung davon aus, dass Private im Zusammenhang mit Geschwindigkeitsüberwachungen bei der Datengewinnung und Datenverarbeitung mitwirken können. Die vollständige Übertragung administrativer Datenverarbeitungsfunktionen, auf denen eine eigenverantwortliche Verwaltungsentscheidung aufbaut ist, wenn überhaupt, nur durch Beleihung eines Privaten auf gesetzlicher Grundlage zulässig.

XVI   Die existierenden Erlasse stellen darauf ab, dass die Behörde „Herrin des Ermittlungsverfahrens" bleibt, Private nur „Hilfstätigkeiten" vornehmen und weisungsgebunden sind. Insoweit kommen § 11 BDSG sowie die landesrechtlichen Entsprechungen in den Blick, die sich mit der Erhebung und Verarbeitung personenbezogener Daten im Auftrag befassen. Diese Bestimmungen sind jedoch nur anwendbar, soweit kein bereichsspezifisches Datenschutzrecht besteht. Das Polizei- und Ordnungsrecht der Bundesländer einschließlich der besonderen Datenschutzgesetze für die Polizei nehmen nur zur Übermittlung von Daten an Dritte und nicht zur Bearbeitung im Auftrag Stellung. Ähnlich verhält es sich mit der Vorrangnorm des § 49c OWiG, die diese Abgrenzungsproblematik ebenfalls nicht anspricht. Deshalb ist auf das allgemeine Datenschutzrecht in Gestalt des § 11 BDSG zurückzugreifen, der zwischen Beauftragung und Funktionsübertragung unterscheidet. Eine Beauftragung liegt dann vor, wenn sich eine Behörde eines Dienstleistungsunternehmens bedient, das weisungsgebunden als verlängerter Arm mit den Daten umgeht und der Behörde als „Herrin des Verfahrens" die alleinige Verfügungsmacht über die Datenerhebung und Datenverarbeitung belässt. Generell kann bei der Einschaltung Privater von einer Auftragsdatengewinnung- und -bearbeitung ausgegangen werden, weil sich der Auftraggeber die Entscheidungsbefugnis vorbehält und dem Dienstleister keinerlei inhaltlichen und sachlichen Bewertungs- und Ermessensspielraum zubilligt, sondern ihn lediglich für technische Hilfstätigkeiten einbezieht.

XVII Gegen einen Vertragsschluss von Polizei und kommunalen Ordnungsbehörden mit Privaten zur Durchführung von Geschwindigkeitsüberwachungen bestehen keine Bedenken.

XVIII Gegen eine Einschaltung Privater zur Finanzierung von Geschwindigkeitsüberwachungseinrichtungen existieren keine Einwände.

XIX Projektmanagement und Messplatzaufbau sind als Verwaltungshelfertätigkeit zulässig.

XX Bei der Inbetriebnahme und der Auslösung des CAL-Fotos handelt es sich um rein technische Vorgänge, bei denen der private Auftragnehmer lediglich als verlängerter Arm weisungsgebunden tätig wird.

XXI Hinsichtlich der Eichunterstützung bestehen keine rechtlichen Bedenken gegen eine Einbeziehung des sachkundigen Geräteherstellers.

XXII Die temporäre Datenspeicherung auf einem Server Privater ist gestattet, weil die Datenschutzgesetze eine Beauftragung Dritter erlauben und reine Speichervorgänge als schlichte Hilfstätigkeiten für den Auftraggeber zu qualifizieren sind, der die Herrschaft über die Daten behält. Der Auftraggeber hat nur sicherzustellen, dass der eingeschaltete Verwaltungshelfer den Datenschutz beachtet.

XXIII Bei der Aufbereitung und Ergänzung der Rohdatensätze wird der private Auftragnehmer lediglich als Service-Rechenzentrum eingeschaltet, der für die letztverantwortliche Ordnungsbehörde nach deren Vorgaben bestimmte Daten aufbereitet und der Behörde anschließend zur Verfügung stellt, damit sie aus den Datensätzen weitere Schlüsse hinsichtlich einer Verfolgung und Ahndung eines Verstoßes ziehen kann.

XXIV Bei der Korrektur von Daten nach Vorgaben der zuständigen Behörde handelt es sich lediglich um eine Wiederholung der Datenaufbereitung.

XXV Das Löschen von Rohdaten und aufgearbeiteten Daten ist essentieller Bestandteil und Abschluss des Auftragsverhältnisses zwischen Behörde und Privatunternehmen als Verwaltungshelfer. Allerdings sind längere Löschungsfristen unverhältnismäßig, weil eine „unverzügliche" Löschung aller bei dem privaten Dienstleister gespeicherten Daten zu erfolgen hat.

XXVI Angesichts der Kompetenz des Geräteherstellers bietet es sich an, ihn zur Unterstützung bei der Eichung von Messplätzen und Messanlagen als Verwaltungshelfer zu beteiligen.

XXVII   Ebenso wie technischer Aufbau und Inbetriebnahme keine ord-
          nungsbehördliche Kernaufgaben sind, gehört auch die Instandhal-
          tung und Wartung von Geschwindigkeitsmesseinrichtungen nicht
          zu den Tätigkeiten, die von der öffentlicher Hand selbst erledigt
          werden müssen. Vielmehr bedienen sich die zuständigen Stellen
          ähnlich wie bei der Instandhaltung und Wartung von Ampelanla-
          gen der technischen Unterstützung privater Herstellerfirmen.

XXVIII   Die Demontage von Geschwindigkeitsmesseinrichtungen ist das
          Gegenstück des Messplatzaufbau und der Inbetriebnahme, weshalb
          private Verwaltungshelfer eingeschaltet werden dürfen.

XXIX   Die Festlegung des Messortes ist eine originär polizeiliche Aufga-
          be, bei der zahlreiche Ermessensüberlegungen und -abwägungen
          vorzunehmen sind. Deshalb scheidet eine Tätigkeit als Verwal-
          tungshelfer aus und Private können allenfalls als Beliehene agieren,
          wofür aber gegenwärtig die entsprechende gesetzliche Ermächti-
          gungsgrundlage fehlt.

XXX   Die Prüfung der Beschilderung einschließlich der Festlegung von
          Abständen zu Messplätzen ist eine typische hoheitliche Tätigkeit
          als Bestandteil der Verkehrssicherheitsarbeit, bei der auch Ermes-
          senserwägungen eine Rolle spielen. Folglich ist eine gesetzliche
          Beleihung erforderlich, die allerdings nur sinnvoll ist, wenn Private
          über die notwendige Sachkunde verfügen.

XXXI   Die Überprüfung der Eichsiegel ist keine untergeordnete unselbst-
          ständige Tätigkeit, sondern gipfelt in einer verantwortlichen Fest-
          stellung, weshalb nur eine Beleihung in Betracht kommt. Hingegen
          kann die Prüfung des Messplatzzustandes auf Private übertragen
          werden, da es sich um eine Serviceleistung handelt, die von einem
          Verwaltungshelfer erbracht werden kann.

XXXII   Von der hoheitlichen Entscheidung über die Festlegung ist die tat-
          sächliche Einstellung am Gerät mittels Software zu unterscheiden,
          die als technischer Vorgang nach Vorgaben der Polizei und Ord-
          nungsbehörden, die „Herrin des Verfahrens" bleibt, von privaten
          Verwaltungshelfern vorgenommen werden kann.

XXXIII   Das Erkennen und Registrieren einer Geschwindigkeitsübertretung
          und damit die Auslösung einer Messung ist ein technischer Vor-
          gang im Auftrag und nach Weisung der zuständigen Behörde. An-
          gesichts seiner Vorbereitungsfunktion für späteres hoheitliches
          Handeln kann er auf Verwaltungshelfer übertragen werden.

XXXIV   Die Datenabholung im Auftrag der Behörde ist keine selbstständi-
          ge, sondern eine untergeordnete Tätigkeit in Gestalt eines Boten-
          dienstes, bei der die private Hilfskraft als verlängerter Arm der Be-

hörde agiert. Deshalb sind Verwaltungshelfer einsetzbar, die auf die Einhaltung des Datenschutzes zu verpflichten sind.

XXXV   Bei der Übergabe der Datenträger an die Bußgeldstelle zur Prüfung der Datenintegrität und Datenauthentizität nach vorgeschriebenem Programm handelt es sich um eine Serviceleistung, die von Verwaltungshelfern als Auftragnehmer unter Beachtung der Regeln der Auftragsdatenverarbeitung ausgeführt werden kann.

XXXVI   Da Verwaltungshelfer im Auftrag Daten speichern dürfen, besteht gegen eine Archivierung von Rohdaten und deren Sicherung keine Bedenken.

XXXVII   Die Kontrollauswertung ist jedenfalls soweit sie auf die Feststellung von Geschwindigkeitsverstößen begrenzt ist, unter dem Gesichtspunkt der „Vorab-Ermessensausübung" als bloße Verwaltungshilfe organisierbar. Dagegen soll die Kontrollauswertung nach der Rechtsprechung undifferenziert eine behördliche Tätigkeit darstellen, bei der amtliche Ermittlungen sowie Ermessenserwägungen angestellt werden. Danach fiele die Datenauswertung als Grundlage für spätere Verfahren in die hoheitliche Kernkompetenz von Polizei und örtlichen Ordnungsbehörden.

Aber auch wenn man von einer hoheitlichen Tätigkeit ausgeht, können im Wege der Arbeitnehmerüberlassung private Dienstleister selbständig die Kontrollauswertung vornehmen. Zudem ist eine Beleihung zur Ermittlung und Sanktionierung auf gesetzlicher Grundlage möglich, weil das Ordnungswidrigkeitenverfahren kein Strafverfahren ist. Bei einer Beleihung wäre zu beachten, dass sich die Einnahmeseite nicht am Erfolg Geschwindigkeitsüberwachung orientiert. Fiskalische Interessen sind mit der Aufgabe Verkehrssicherheitsarbeit nicht zu vereinen. Gewinnmotivierte Überwachungen entfallen, wenn sich die Vergütung des Beliehenen nach erfolgsunabhängigen Vergütungsmodellen richtet.

XXXVIII   Der Daten-Download zwecks Übernahme in das Ordnungswidrigkeitenverfahren ist ein Abschnitt innerhalb eines Verwaltungsverfahrens, dessen Einleitung und Durchführung eine hoheitliche Aufgabe ist.

XXXIX   Halteranfragen bei dem Kraftfahrtbundesamt sind ausschließlich technischer Natur und unselbstständiger Teil der Vorbereitung eines Ordnungswidrigkeitenverfahren, soweit sie sich auf unterstützende Hilfstätigkeiten wie automatisierte Schreibarbeiten beschränken. In diesem Umfang ist die Einbeziehung von Verwaltungshelfern gestattet.

XL   Eine automatisierte Erstellung des Anhörungsbogens oder eines Verwarnungsangebotes durch Private ist zulässig, sofern der Versand nach Prüfung durch die zuständige Stelle erfolgt. Bei dieser Arbeitsteilung ist sichergestellt, dass die Behörde „Herrin des Verfahrens" bleibt. Dementsprechend kann auch ein Bußgeldbescheid durch einen privaten Verwaltungshelfer erstellt bzw. geschrieben werden, während sich die Übersendung des Bußgeldbescheides nach dem Verwaltungszustellungsrecht richtet. Hier bleibt der Weg, dass Privatunternehmen im Auftrage der Behörde als Verrichtungs- oder Erfüllungsgehilfe und damit als Verwaltungshelfer die Zustellung gegen Empfangsbekenntnis vornehmen können.

XLI   Hinsichtlich der Fristenüberwachung sowie der Vereinnahmung von Verwarnungs- oder Bußgeld handelt es sich um eine hoheitliche Tätigkeit, für die eine Beleihung gegenwärtig nicht empfohlen wird.

XLII   Jede funktionelle Privatisierung von Sicherheitsaufgaben muss die funktionelle Äquivalenz der Aufgabenerfüllung sicherstellen. Deshalb sind Verwaltung und Gesetzgeber im Rahmen ihrer Gewährleistungsverantwortung für den Sektor Sicherheit und insbesondere der Verkehrssicherheit zur Schaffung eines angemessenen Privatisierungsfolgenrechts verpflichtet. Das betrifft sowohl die Einräumung entsprechender Ermächtigungen, als auch die Ausgestaltung des Grund- und Betriebsverhältnisses einschließlich der Beendigung der Einschaltung Privater in die Verkehrsüberwachung.

Anhang

I. Programm Innere Sicherheit – Fortschreibung 2008/2009 der Ständigen Konferenz der Innenminister und -senatoren der Länder (Auszug)

V. Gewaltmonopol des Staates, Verhältnis von Polizei und privaten Sicherheitsdienstleistern (Auszug)

1. Grundsätze

– Die Gewährleistung der Inneren Sicherheit ist staatliche Aufgabe. Ein Rückzug des Staates aus diesem Kernbereich hoheitlichen Handelns kommt nicht in Betracht.

– Das Grundgesetz weist dem Staat das Gewaltmonopol zu; es steht nicht zur Disposition.

– Allerdings steht dem Staat bei der Entscheidung Ober die Regelungen und Maßnahmen zur Gewährleistung der Inneren Sicherheit ein Einschätzungs-, Wertungs- und Gestaltungsspielraum zu.

2. Kooperation mit privaten Sicherheitsdienstleistern

– Die Unternehmen aus dem Dienstleistungsspektrum der privaten Sicherheit sind ein wichtiger Bestandteil der Sicherheitsarchitektur in Deutschland. Sie bieten neben fachlichem Wissen ein breites Produktportfolio und sind in der Prävention auf vielfältige Weise tätig.

– Spezialgesetzliche Regelungen, nach denen private Sicherheitsdienstleister in einem eng umgrenzten Feld unter staatlicher Aufsicht hoheitliche Befugnisse wahrnehmen, etwa im Bereich der Luftsicherheit, sollen Ausnahmen bleiben.

– Im Rahmen der komplexen Aufgabenwahrnehmung ergeben sich für die staatlichen Sicherheitsbehörden Schnittstellen zu privaten Sicherheitsdienstleistern. Die Polizei arbeitet konstruktiv mit ihnen zusammen, soweit insbesondere polizeitaktische oder rechtliche Hinderungsgründe nicht bestehen. Dafür sind die Seriosität, die fachliche Qualifikation und das Vorhandensein angemessener Ressourcen bei den Sicherheitsdienstleistern Voraussetzung.

II. Auszug aus dem Abschlussbericht der Expertenkommission Staatsaufgabenkritik v. 23.11.2001 (S. 111–115)

XVI. Vorschläge für den Bereich der Polizei

Vorbemerkung:

Auf Basis eines umfangreichen Fragenkataloges vom 7.12.2000 fand am 19.1.2001 eine mehrstündige Besprechung der Expertenkommission mit der Berliner Polizeiführung in Anwesenheit des Senators für Inneres statt.

Der Polizeipräsident übergab eine 36-seitige Stellungnahme zum Fragenkatalog und erläuterte im Rahmen eines Folienvortrages die Entwicklung und Perspektive der Berliner Polizei seit der Wiedervereinigung. Im Einzelnen wurde hierbei auf die veränderte Sicherheitslage, den qualitativ wie quantitativ angestiegenen Aufgabenbestand bei kontinuierlich zurückgehenden Personal- und Sachressourcen hingewiesen. Des weiteren wurden die zentralen Modernisierungsvorhaben der Berliner Polizei (Polizeistrukturreform, Berliner Modell und Verwaltungsreform) in ihren Grundzügen dargestellt.

Die Expertenkommission Staatsaufgabenkritik hat die Polizeiführung gebeten, ergänzende Unterlagen zu folgenden Fragestellungen vorzulegen:

- Kriterien zur Bemessung der Polizeidichte in Berlin,

- vergleichende Kennzahlen zu anderen Kommunen,

- Daten zur Personalausstattung im Bereich der Polizeiverwaltung,

- Übersicht der Ordnungsaufgaben, die heute von der Polizei wahrgenommen werden,

- Erläuterungen zum Investitionsstau bei Polizeidienstgebäuden,

- Darstellung der Verwaltungsaufgaben, die in Organisationseinheiten des Polizeivollzuges wahrgenommen werden.

Diese Unterlagen sind am 28.2.2001 bei der Expertenkommission Staatsaufgabenkritik eingegangen.

Grundsätzliche Feststellung:

Es ist festzustellen, dass die Berliner Polizei als unmittelbarer und sichtbarer Träger der öffentlichen Sicherheit und Ordnung von vielfältigen gesellschaftspolitischen Ereignissen und Entwicklungen konfrontiert ist und es ihr bereits heute nur unter äußerster Kraftanstrengung gelingt, das Lagebild der inneren Sicherheit noch ausreichend zu kontrollieren. Die Sicherheitsanforderungen sind seit 1990 quantitativ und qualitativ enorm gestiegen; es sind auch zusätzliche und neuartige Aufgaben hinzugekommen. Seit 1990 wurden rund 5.500 Stellen bei der Polizei abgebaut (vorrangig in den Bereichen Verwaltung und Wachpolizei, Vollzugsbereich nur gering betroffen) und auch im Bereich der Investitionen mussten in den letzten zehn Jahren erhebliche Kürzungen vorgenommen werden: Während im Jahr 1991 noch rund DM 91 Mio. zur Verfügung standen, waren im Haushalt 2000 lediglich DM 41,1 Mio. veranschlagt, was ein Minus von etwa 54% bedeutet.

Dieser Zustand droht sich weiterhin zu verschlechtern, wenn es nicht gelingt, die gegenwärtigen Organisationsstrukturen und tradierten Verfahrensabläufe dem veränderten Lagebild anzupassen und eine Konzentration auf polizeiliche Kernaufgaben zu bewirken. Hierfür ist die Polizei von weitgehend polizeifremden Sekundäraufgaben zu befreien und die Fertigungstiefe bei polizeiinternen Servicefunktionen deutlich zu verringern.

In diesem Zusammenhang hat die Berliner Polizei in den letzten Jahren erhebliche Anstrengungen unternommen: Seit 1995 wird die Umsetzung der Polizeistrukturreform (37 Teilprojekte, 450 Umsetzungsvorgaben) durch ein externes Beratungsunternehmen begleitet, wobei die Umsetzung in einigen Bereichen noch Reserven bietet; seit 1997 werden im Rahmen des Berliner Modells eine ganzheitliche Vorgangsbearbeitung und prozessoptimierende Maßnahmen umgesetzt, es wurde in Pilotbereichen ein erstes Vollzugscontrolling eingeführt und seit 1.1.2001 ist man mit Pilotdienststellen in den Prozess der inneren Verwaltungsreform (Einführung und Umsetzung dezentraler Fach- und Ressourcenverantwortungen) eingestiegen.

Auch wenn viele Aufgaben der Polizei auf Bundes- oder landesgesetzlichen Regelungen beruhen, gilt das Leitmotiv der Expertenkommission Staatsaufgabenkritik, wonach die Wahrnehmung öffentlicher Aufgaben durch den Staat in jedem Falle gewährleistet, aber nicht in allen Fällen durch staatliche Organe vollzogen werden muss. Der Grundsatz der staatlichen Gewährleistungsverantwortung bei privater Aufgabendurchführung muss auch für polizeivollzugliche Sekundäraufgaben und die umfangreichen internen Dienstleistungen innerhalb der Polizei Anwendung finden.

Durch die Befreiung der Polizei von Sekundäraufgaben, die ihrerseits durch eine geringe Nähe zum unmittelbaren Polizeivollzug gekennzeichnet sind und überdies auch nicht mit einer zeitgemäßen polizeilichen Schwerpunktsetzung in Einklang zu bringen sind, wird es möglich, Freiräume für die Kernaufgaben der

Polizei, wie z. B. aktive Kriminalprävention, Gefahrenabwehr, Strafverfolgung und Opferschutz bzw. -betreuung zu schaffen.

Vor diesem Hintergrund ist eine Neubeschreibung der Aufgabenverteilung auf dem Gebiet der inneren Sicherheit unter stärkerer Einbeziehung privater Schutz- und Wachdienste und der sonstigen Ordnungsbehörden Berlins vorzunehmen.

Der Grundgedanke eines polizeilichen public-private-partnership (PPP) sollte sich nicht nur auf polizeiliche Sekundäraufgaben (Beispiele: Bestimmte Präsenz- und Streifendienste, Objektschutz, Parkraum- und Verkehrsüberwachung, ordnungsrechtliche Überwachungsaufgaben, Aufnahme leichter Verkehrsunfälle, Bearbeitung bestimmter Fälle von Verkehrsbehinderungen, KfZ-Umsetzungen bzw. -Stilllegungen, Schutzmaßnahmen bei Versammlungen und Veranstaltungen etc.) beziehen, sondern auch die internen Dienstleistungen (Beispiele: KfZ-Werkstätten, Fuhrparkmanagement, Beschaffungsaufgaben, Fortbildung, Bekleidungswesen, polizeitechnische Untersuchungen, Bau- und Liegenschaftsangelegenheiten, ärztlicher Dienst, informationstechnische Dienste etc.) umfassen.

Vorschlag 1: Erweiterung und Verbesserung des arbeitsteiligen Verbundes zwischen Polizei und privaten Sicherheitsdiensten

Ausgangslage:

Die Innenministerkonferenz hat am 2.2.2000 folgenden Grundsatzbeschluss zum Themenkomplex „Partnerschaft für mehr Sicherheit in unseren Städten und Gemeinden" gefasst:

»Kriminalprävention ist eine gesamtgesellschaftliche Aufgabe, die in enger Kooperation von allen staatlichen und privaten Institutionen der Bevölkerung und insbesondere auf kommunaler Ebene wahrzunehmen ist.«

In dieser Richtung hat auch das Landeskriminalamt Baden-Württemberg im November 1999 Leitlinien über die Zusammenarbeit mit privaten Sicherheitsdiensten formuliert, die vom AK II der IMK zustimmend zur Kenntnis genommen wurden:

»Private Sicherheitsdienste können professionelle Polizeiarbeit nicht ersetzen, aber außerhalb des hoheitlichen Bereiches einen wirksamen Beitrag zur Kriminalprävention leisten. Dies gilt insbesondere für den Schutz von Wirtschaftsunternehmen und Veranstaltungen sowie Sicherheitsmaßnahmen im öffentlichen Personennahverkehr. Möglichkeiten ihrer Einbeziehung in Maßnahmen und Projekte der kommunalen Kriminalprävention sind zu prüfen.«

Damit wird die Grundlage, private Sicherheitsdienste mit öffentlichen Aufgaben zu betrauen, gelegt. Die Privaten agieren hierbei -sofern im Einzelfall geregelt - unter der Federführung der Landespolizei in Form eines Verwaltungshelfers, mittelfristig könnte ein nächster Schritt in Form eines beliehenen Hoheitsträgers gegangen werden, was im Einzelfall rechtlich geregelt werden muss.

Das grundgesetzlich garantierte Gewaltmonopol des Staates bleibt in jedem Fall nur diesem vorbehalten und steht für private Sicherheitsdienste nicht zur Disposition. Ihnen stehen nur die »Jedermannsrechte« zur Verfügung.

In Berlin nehmen private Sicherheitsdienste seit längerem wichtige Aufgaben bei der Aufrechterhaltung der Sicherheit wahr. Insbesondere durch die Übertragung der Hausrechte bei Schutzmaßnahmen erfüllen die Privaten bereits heute eine nicht mehr wegzudenkende Funktion *(Beispiele)*:

- U- und S-Bahn
- Sozialämter der Bezirke
- Sportveranstaltungen
- Messen, Veranstaltungen
- Öffentlich zugängliche private Einkaufszentren
- Märkte, Kaufhäuser
- Flughäfen
- Berliner Abgeordnetenhaus

Anderenorts erbringen private Sicherheitsdienste seit Jahren Überwachungs- und Kontrollleistungen auch in klassisch sicherheitsrelevanten Bereichen: Kerntechnische Anlagen, Kasernen, Munitionsdepots und weitere militärische Einrichtungen der Bundeswehr.

Für eine Erweiterung und Verbesserung des Verbundes zwischen Polizei und privaten Sicherheitsdiensten ist es zunächst unerlässlich, dass die Vorbehalte, die im Bereich der Politik, der Gewerkschaften und auch der Polizei immer noch bestehen, überwunden werden. Die Integration der Privaten in ein arbeitsteiliges Verbundsystem mit der Polizei muss als Chance zur Entlastung der knappen und deshalb besonders wertvollen Polizeiressourcen begriffen werden. Auch muss die wirtschaftliche und damit auch arbeitsmarktpolitische Bedeutung dieses stetig expandierenden Dienstleistungsbereiches erkannt und genutzt werden.

Die Expertenkommission Staatsaufgabenkritik sieht folgende Ansatzpunkte für eine verstärkte Heranziehung privater Sicherheitsdienste für Unterstützungsleistungen bei der Gewährleistung bzw. Verbesserung der öffentlichen Sicherheit und Ordnung:

Unterstützung bei Präventionsmaßnahmen: Private Sicherheitsdienste sind schrittweise und flankierend in präventive Sicherheitsaufgaben einzubeziehen, damit die Polizei von nachrangigen Überwachungsaufgaben entlastet wird und somit das präventive Potential der Polizei effektiv für die »high-level Kriminalitätsbereiche« (z. B. OK, Wirtschaft, Jugend etc.) gebündelt vorgehalten wird und schlagkräftig zum Einsatz kommt.

Bekämpfung der Alltags- und Straßenkriminalität: Die wirksame Bekämpfung der Alltags- und Straßenkriminalität (Beispiele: Alexanderplatz, Breitscheidplatz, Hermannplatz etc.) ist ohne dauerhafte Präventionsmaßnahmen, wie z. B. die regelmäßige und flächendeckende Präsenz von uniformierten Sicherheitskräften nicht erreichbar. Private Sicherheitsdienste können im erweiterten Verbund mit der Polizei unterstützende Dienste in öffentlichen Räumen leisten. Ein geregeltes Nebeneinander von Polizei und privaten Sicherheitsdiensten wirkt erhöhend auf das subjektive Sicherheitsgefühl der Bevölkerung, weil die Polizei alleine nicht mehr in der Lage ist, gegen die massenhaften Rechtsbrüche im Alltag wirkungsvoll vorzugehen.

Überwachung von Ordnungsrecht: Die massenhaften täglichen Verstöße gegen ordnungsrechtliche Regelungen (Beispiele: illegale Müllablagerungen auf Straßen und Grünflächen, Graffiti, Sachbeschädigungen, Vandalismus, Rowdytum, Bettelei, illegaler Handel, Leinenpflicht u. v. m.) können allein durch den Polizeivollzugsdienst, zumal nur in subsidiärer Zuständigkeit, nicht wirksam bekämpft werden, um die öffentliche Sicherheit und Ordnung in diesen Bereichen zufriedenstellend zu gewährleisten. Hierbei ist der Rückgriff auf private Sicherheitsdienste unausweichlich, die als Verwaltungshelfer oder beliehene Hoheitsträger Unterstützungsleistungen für Polizei und Ordnungsbehörden leisten können. Hierzu bedarf es einschlägiger landesgesetzlicher Regelungen. Überdies ist durch Wirtschaftlichkeitsrechnungen darzulegen, ob die Zusatzkosten für die privaten Sicherheitsdienste in angemessenen Zeiträumen durch entsprechende Minderausgaben für die Instandsetzung bzw. Neubeschaffung beschädigter Anlagen und Sachen amortisiert werden können.

Entlastung bei Verkehrsaufgaben: Die Bearbeitung leichter Verkehrsunfalle (ohne Personen- oder schwere Sachschäden, in 1999 ca. 130.000 Fälle von insgesamt 153.000 Unfällen insgesamt; Angaben VU-Statistik des Statistischen Landesamtes) und die Überwachung im ruhenden und fließenden Verkehr belastet die Berliner Polizei in erheblichem Maße. Durch die Hinzuziehung privater Sicherheitsdienste ergäben sich deutliche Entlastungen vom »Massengeschäft«, auch die Einsatzbelastung der Funkwagen könnte um ein Drittel reduziert werden. Die Polizei könnte sich dann auf die Bekämpfung von Verkehrsstraftaten und herausgehobene Ordnungswidrigkeiten konzentrieren; es ist zu klären, wie die Ahndung »kleiner« Ordnungswidrigkeiten erfolgen soll. Durch die erweiterte Verbundlösung von Privaten und Polizei kann die allgemeine Straßenverkehrsgefährdungslage stabilisiert bzw. verbessert und die sinkende Moral der Bevölkerung im Straßenverkehr wieder gehoben werden. Hierzu ist die Zusammenarbeit der Polizei mit den privaten Sicherheitsdiensten und Kraftfahrzeugversicherern bzw. Beweissicherungsdiensten zu regeln. Der Schutz privater Rechte ist zu gewährleisten. Ähnliche Überlegungen wurden bereits 1993 im Rahmen eines Pilotprojektes im Saarland aufgegriffen, wo sogenannte Bagatellunfalle von einem privaten Dienstleister als Beweissicherungsdienst aufgenommen und den jeweiligen Versicherungsunternehmen zugeleitet werden.

Veranstaltungen und Versammlungen: Die Belastung der Polizei durch Demonstrationen und Versammlungen wird auch in den nächsten Jahren qualitativ und quantitativ zunehmen. Auch auf diesem Felde werden die staatlichen Sicherheitsorgane auf die verstärkte Unterstützung privater Sicherheitsdienste angewiesen sein, insbesondere bei den zahlreichen Aufgaben, die nicht in unmittelbarem Zusammenhang mit diesen Aufzügen stehen, wie z. B. nachrangige Kontroll- und Bewachungsdienste der Veranstaltungsobjekte, Innen- und Außenabsperrungen, Einlassdienste, Verkehrsregelung im Nahbereich etc. Dies gilt in gleicher Weise für unpolitische Veranstaltungen, wie z. B. Sport, Kultur und Brauchtum. Private Sicherheitsdienste könnten auf diesem Felde erhebliche Entlastungen bei der Polizei bewirken. Hoheitliche Befugnisse sind nicht erforderlich.

Vorschlag:

1.1 Der Senat wird aufgefordert, bis zum 31.12.2001 ein integriertes Gesamtkonzept »Verbund Polizei und private Sicherheitsdienste« auf der Grundlage der vorgenannten Leitlinien vorzulegen. Es sollte gemeinsam von den Senatsverwaltungen für Inneres und für Justiz und externen Sachverständigen erstellt werden. Das Gesamtkonzept enthält auch einen detaillierten Katalog von den Aufgaben, die private Sicherheitsdienste zusätzlich übernehmen sollten bzw. könnten. Die daraus für die Polizei resultierenden möglichen Entlastungspotentiale sind zu beziffern, die ggf. erforderlichen Rechtsänderungen sind darzustellen. In diesem Zusammenhang ist auch eine Konzeption zur Regelung von Kostenübernahmen durch Dritte (z. B. Sportveranstalter) vorzulegen.

1.2 In diesem Gesamtkonzept sind verbindliche Maßstäbe hinsichtlich der Aus- und Fortbildung und den Qualitätsanforderungen bzw. Leistungsstandards an private Sicherheitsdienste festzulegen, um zukünftig potentiellen Auftragnehmern auf dem Gebiet der inneren Sicherheit eine entsprechende Zertifizierung (z. B. DIN ISO 9001 ff.) erteilen zu können bzw. diese abzuverlangen.

1.3 Die Aus- und Fortbildung der privaten Sicherheitsdienste sollte in enger Abstimmung und Kooperation mit der Polizei erfolgen. Es ist zu prüfen, inwieweit die Aus- und Fortbildungseinrichtungen der Polizei geeignete Qualifizierungsangebote entwickeln und in die Lage versetzt werden können, Zertifizierungen für private Sicherheitsdienste (z. B. nach DIN ISO 9001 ff.) zu erteilen. Des weiteren ist zu prüfen, wie durch die Polizei Zertifizierungen an andere Fortbildungseinrichtungen bzw. -träger erteilt werden können, damit diese ihrerseits Zertifizierungen für die privaten Sicherheitsdienste vornehmen können.

1.4 Der Senat wird aufgefordert, einen Gesetzentwurf, der die berufliche Qualifikation von privaten Sicherheitsdiensten regelt und zu einem Anerkennungsverfahren führt, zu erstellen und diesen im Rahmen einer Bundesratsinitiative einzubringen bzw. gegebenenfalls bereits anhängige Initiativen zu unterstützen.

1.5 Des weiteren ist zu klären, inwieweit eine Beleihung von privaten Sicherheitsdiensten als Verwaltungshelfer vorgenommen werden kann. Die hierfür erforderlichen gesetzlichen Regelungen sind darzustellen.

1.6 Zwecks der Entlastung der Polizei von Sekundäraufgaben ist unter Berücksichtigung der vorgenannten Leitlinien auch die Möglichkeit einer verstärkten Heranziehung ehrenamtlichen Engagements im Rahmen des Freiwilligen Polizeidienstes (FPD) zu prüfen. In diesem Zusammenhang sind auch Maßnahmen zur Erhöhung der Anzahl der Angehörigen des Freiwilligen Polizeidienstes darzulegen.

III. Sicherheits- und Ordnungsrecht

1. § 29 HmbSOG – Hilfspolizisten und Feuerwehrhelfer

(1) Die zuständige Behörde kann Personen mit deren Einwilligung

a) zur Überwachung und Regelung des Straßenverkehrs,

b) zur Unterstützung der Vollzugspolizei oder der Feuerwehr bei Notfällen, die durch Naturereignisse, Seuchen, Brände, Explosionen, Unfälle oder ähnliche Vorkommnisse verursacht worden sind,

zu Hilfspolizisten oder Feuerwehrhelfern bestellen.

(2) Hilfspolizisten und Feuerwehrhelfer haben im Rahmen ihres Auftrags die den Beamten des Polizeivollzugsdienstes oder den Feuerwehrbeamten zustehenden Befugnisse. Dies gilt jedoch nicht für die Befugnis gemäß § 19 zum Waffengebrauch.

2. § 99 HeSOG – Hilfspolizeibeamtinnen und Hilfspolizeibeamte

(1) Zur Wahrnehmung bestimmter Aufgaben der Gefahrenabwehr oder zur hilfsweisen Wahrnehmung bestimmter polizeilicher Aufgaben können Hilfspolizeibeamtinnen und Hilfspolizeibeamte bestellt werden. Die Bestellung ist widerruflich.

(2) Hilfspolizeibeamtinnen und Hilfspolizeibeamte haben im Rahmen ihrer Aufgaben die Befugnisse von Polizeivollzugsbeamtinnen und Polizeivollzugsbeamten. Zur Anwendung unmittelbaren Zwanges durch Hilfsmittel der körperlichen Gewalt oder durch Waffen (§ 55 Abs. 3 und 4) sind sie nur befugt, wenn sie hierzu ermächtigt werden. Soweit die Ermächtigung nicht durch Rechtsverordnung erfolgt, kann sie mit der Bestellung zur Hilfspolizeibeamtin oder zum Hilfspolizeibeamten oder zu einem späteren Zeitpunkt vorgenommen werden. Die Ermächtigung ist widerruflich.

(3) Zu Hilfspolizeibeamtinnen und Hilfspolizeibeamten können bestellen

1. die kreisfreien Städte und Landkreise eigene Bedienstete,

2. die Polizeibehörden eigene Bedienstete,

3. die Landräte eigene Bedienstete und Bedienstete, kreisangehöriger Gemeinden,

4. die Regierungspräsidien

   a) Bedienstete sonstiger Körperschaften oder Anstalten des öffentlichen Rechts,

   b) Privatforstbedienstete, die als Forstschutzbedienstete amtlich bestätigt worden sind, und, soweit in sonstigen Rechtsvorschriften nichts anderes bestimmt ist, Bedienstete von Unternehmen, die dem öffentlichen Verkehr dienen,

   c) amtlich verpflichtete Fischereiaufseherinnen und Fischereiaufseher,

   d) sonstige Bedienstete des Landes,

   e) andere Personen.

Bestellung von Bediensteten kreisangehöriger Gemeinden sowie Bestellungen nach Satz 1 Nr. 4 Buchst. a bis c erfolgen auf Antrag.

(4) Die Ministerin oder der Minister des Innern kann durch Rechtsverordnung

1. bestimmen, dass Bedienstete der Gemeinden, sonstiger Körperschaften oder von Anstalten des öffentlichen Rechts sowie Bedienstete des Landes allgemein die Befugnisse von Hilfspolizeibeamtinnen und Hilfspolizeibeamten haben,

2. Hilfspolizeibeamtinnen und Hilfspolizeibeamte zur Anwendung unmittelbaren Zwanges, durch Hilfsmittel der körperlichen Gewalt oder durch Waffen (§ 55 Abs. 3 und 4) ermächtigen,

3. die Zusammenarbeit der Hilfspolizeibeamtinnen und Hilfspolizeibeamten mit den Polizeidienststellen und die Ausbildung der Hilfspolizeibeamtinnen und Hilfspolizeibeamten regeln, soweit dies nicht in Laufbahnvorschriften festgelegt ist.

IV. Ausgewählte Erlasse und Auskünfte

1. **Erlass zur Verfolgung und Ahndung von Verstößen im ruhenden Verkehr sowie von Geschwindigkeitsverstößen durch Gemeinden des Bayerischen Staatsministeriums des Innern v. 12.5.2006. Az.: I C 4– 3618.3011–13 – (AllMBl 2006 S. 161)**

An die Regierungen

    die Landratsämter

    die Gemeinden

    die Präsidien der Landespolizei

    die Zentrale Bußgeldstelle im Bayerischen Polizeiverwaltungsamt

nachrichtlich an

    das Präsidium der Bayerischen Bereitschaftspolizei

    die Fachhochschule für öffentliche Verwaltung und Rechtspflege in Bayern

    die Bayerische Verwaltungsschule

    den Bayerischen Gemeindetag

    den Bayerischen Städtetag

    den Bayerischen Landkreistag

    den Bayerischen Landesbeauftragten für den Datenschutz

1. *Allgemeine Bestimmungen*

1.1   Zu beachtende Bestimmungen

Die Gemeinden verfolgen und ahnden im übertragenen Wirkungskreis Verkehrsordnungswidrigkeiten nach § 24 des Straßenverkehrsgesetzes (StVG), die im ruhenden Verkehr festgestellt werden oder Verstöße gegen die Vorschriften über die zulässige Geschwindigkeit von Fahrzeugen betreffen. Die Verfolgung rein fiskalischer Interessen ist unzulässig. Die Gemeinden beachten:

– die Richtlinien über die polizeiliche Verkehrsüberwachung, Bekanntmachung vom 12. Mai 2006 (AllMBl S. 155). Ergänzende Weisungen, insbesondere zur technischen Durchführung einzelner Kontrollarten, bleiben vorbehalten.

- die Bekanntmachung über die Erteilung von Verwarnungen wegen Verkehrsordnungswidrigkeiten vom 7. Dezember 1989 (AllMBl S. 1133), geändert durch Bekanntmachung vom 15. Mai 1997 (AllMBl S. 387)
- die Bekanntmachung über die Aufgaben der Polizei bei der Verfolgung von Verkehrsverstößen vom 7. Dezember 1989 (AllMBl S. 1147), zuletzt geändert durch Bekanntmachung vom 12. November 2001 (AllMBl S. 676)
- die Bekanntmachung über die Aufgaben der Polizei bei der Ahndung von Verkehrsordnungswidrigkeiten vom 7. Dezember 1989 (AllMBl S. 1163), zuletzt geändert durch Bekanntmachung vom 28. August 2002 (AllMBl S. 710)
- die Sammlung der Rundschreiben zur Verfolgung und Ahndung von Verkehrsordnungswidrigkeiten (RdS) der Zentralen Bußgeldstelle im Bayerischen Polizeiverwaltungsamt (in der jeweils geltenden Fassung).

1.2 Zuständigkeit/Rechtspflicht/Kosten

Die Verordnung über Zuständigkeiten im Ordnungswidrigkeitenrecht (ZuVOWiG) vom 21. Oktober 1997 (GVBl S. 727, BayRS 454-1-I) wurde durch die Verordnung zur Änderung der Verordnung über Zuständigkeiten im Ordnungswidrigkeitenrecht vom 15. Mai 2001 (GVBl S. 238) zum 1. Juni 2001 geändert. Mit dieser Verordnung zur Änderung der ZuVOWiG wurden die Gemeinden ermächtigt, Ordnungswidrigkeiten nach § 24 des Straßenverkehrsgesetzes (StVG), die im ruhenden Verkehr festgestellt werden oder Verstöße gegen die Vorschriften über die zulässige Geschwindigkeit von Fahrzeugen betreffen, zu verfolgen und zu ahnden (§ 2 Abs. 3 ZuVOWiG). Die Schaffung einer generellen Zuständigkeit der Gemeinden zur Verfolgung und Ahndung der vorstehend aufgeführten Ordnungswidrigkeiten ist nicht mit einer Verpflichtung zur – auch nur teilweisen – Wahrnehmung der Verkehrsüberwachung verbunden. Finanzzuweisungen, die über die Vorschrift des Art. 7 Abs. 2 Nr. 2 Finanzausgleichsgesetz (FAG) hinausgehen, werden nicht gewährt.

1.3 Verhältnis Gemeinde – Polizei

Die Zuständigkeit der Polizei zur Ermittlung, Verfolgung und Ahndung von Ordnungswidrigkeiten nach § 24 StVG, die im ruhenden Verkehr festgestellt werden oder Verstöße gegen die Vorschriften über die zulässige Geschwindigkeit von Fahrzeugen betreffen, bleibt unberührt. Um eine reibungslose und effiziente Zusammenarbeit zwischen der Bayerischen Polizei und den Gemeinden zu gewährleisten, soll die räumliche und zeitliche Abgrenzung der Tätigkeiten der Gemeinde und der Polizei (Polizeipräsidien oder von diesen bestimmten Polizeidienststellen) durch schriftliche Vereinbarung erfolgen. Bei Meinungsverschiedenheiten zwischen Gemeinde und den örtlichen Polizeidienststellen über die räumliche und zeitliche Abgrenzung der Tätigkeiten soll ein Gespräch – unter Vermittlung der Fachaufsichtsbehörde der Gemeinde – stattfinden. Können sich Gemeinde und örtliche Polizeidienststelle nicht einigen, entscheidet die Fachaufsichtsbehörde, soweit die Zuständigkeit der Gemeinde betroffen ist. Unbeschadet der Zuständigkeit der Gemeinden führen die Dienststellen der Bayerischen Landespolizei und das Bayerische Polizeiverwaltungsamt ihre Tätigkeiten im bisherigen Umfang fort, wenn bzw. soweit die Gemeinden von ihrer Zuständigkeit keinen Gebrauch machen.

1.4 Ermittlungsbehörden

Die Gemeinden nehmen bei Ausübung der Verkehrsüberwachung im Rahmen ihrer örtlichen Zuständigkeit nach § 37 OWiG die Aufgaben als Verfolgungs- und Ahndungsbehörde wahr.

1.5 Ermittlungen

Zur Angabe der Personalien sind die Betroffenen auch gegenüber den zuständigen Gemeinden verpflichtet (§ 111 OWiG). Sind zusätzliche Ermittlungen am Wohn- oder Aufenthaltsort der/des Betroffenen erforderlich, liegt dieser aber nicht im Gebiet der Gemeinde, die den Geschwindigkeitsverstoß oder den Verstoß im ruhenden Verkehr festgestellt hat und ist die Gemeinde des Wohnsitzes oder des Aufenthaltsorts des Betroffenen eine bayerische Gemeinde, so führt diese – ausgenommen in besonders schwierigen Einzelfällen – im Rahmen einer Hilfeleistung innerhalb eines bestehenden Weisungsverhältnisses (vgl. § 46 Abs. 1 und 2 OWiG in Verbindung mit § 161 Abs. 1 StPO) auch die Ermittlungen für andere bayerische kommunale Verfolgungsbehörden durch, wenn sie selbst die kommunale Verkehrsüberwachung (Überwachung des ruhenden Verkehrs und/oder Überwachung der zulässigen Höchstgeschwindigkeit von Fahrzeugen) betreibt. D.h., bayerische Gemeinden, die den ruhenden Verkehr überwachen, müssen auch Ermittlungsersuchen von Gemeinden erledigen, die sich auf Geschwindigkeitsverstöße beziehen (und umgekehrt). Bei Gemeinden, die keine Verkehrsüberwachung durchführen, werden die Dienststellen der Bayerischen Polizei nach Maßgabe des Art. 9 Polizeiorganisationsgesetz (POG) bzw. nach § 46 Abs. 1 und 2 OWiG in Verbindung mit § 161 Abs. 1 StPO tätig, soweit im Einzelfall nicht vorrangige andere Aufgaben entgegenstehen. Ermittlungsersuchen außerbayerischer kommunaler Verkehrsüberwachungsbehörden können von der Polizei an die zuständigen bayerischen Wohnortgemeinden abgegeben werden, soweit diese die kommunale Verkehrsüberwachung selbst betreiben.

1.6 Außendienst

Zur Erteilung von Verwarnungen können die Gemeinden auch Dienstkräfte des Außendienstes ermächtigen (§§ 56 bis 58 OWiG).

1.7 Uniform

Die Uniform der Außendienstkräfte der Gemeinden muss sich deutlich von der Uniform der Bayerischen Landespolizei unterscheiden.

1.8 Verbleib der Sanktionen

Bußgelder und Gebühren aus rechtskräftig gewordenen Bußgeldbescheiden wegen Verkehrsverstößen, die die Gemeinden selbst ahnden, verbleiben den Kommunen. Soweit die Gemeinden Verwarnungen mit Verwarnungsgeld erteilen, verbleiben die bezahlten Verwarnungsgelder den Kommunen.

1.9 Bußgeldbescheide

Gemeinden, die Verkehrsverstöße selbst ahnden, erlassen den Bußgeldbescheid selbst und führen auch das Vorverfahren nach §§ 53ff. OWiG und das Zwischenverfahren nach § 69 OWiG durch. Die erforderlichen Ermittlungen führen die Gemeinden grundsätzlich mit eigenen Dienstkräften durch.

1.10 Fahrverbot

Erlässt eine Gemeinde einen Bußgeldbescheid mit Fahrverbot gegen einen Betroffenen mit Wohnsitz in Bayern, teilt sie dies unverzüglich nach Wirksamkeit des Fahrverbots der Zentralen Bußgeldstelle im Bayerischen Polizeiverwaltungsamt mit. Im Übrigen teilt die Gemeinde den Beginn und das Ende des Fahrverbots mit. Zuständig für die Entgegennahme, die Aufbewahrung und die Aushändigung des Führerscheins ist die Verfolgungsbehörde.

1.11 Mitteilungen an das Verkehrszentralregister

Die Gemeinden, die einen Bußgeldbescheid mit Fahrverbot oder mit einer Geldbuße von mindestens 40 EUR erlassen, teilen dies gemäß § 28 Abs. 4 StVG unverzüglich dem Kraftfahrt-Bundesamt (Verkehrszentralregister) mit. Darüber hinaus ist § 28a StVG zu beachten.

1.12   Verdacht einer Straftat

Werden einer Gemeinde bei Durchführung der Ermittlungen Umstände bekannt, die den Verdacht einer Straftat des Betroffenen (z. B. Fahren ohne Fahrerlaubnis) begründen, unterrichtet die Gemeinde unverzüglich die zuständige Polizeidienststelle.

1.13   Anforderungen an das Überwachungspersonal

Die Gemeinden achten darauf, dass bei der Verfolgung von Verstößen gegen die zulässige Höchstgeschwindigkeit von Fahrzeugen sowie von Verstößen, die im ruhenden Verkehr festgestellt werden, die rechtlichen und technischen Anforderungen sorgfältig erfüllt werden. Sie setzen für die Feststellung der Verstöße im ruhenden Verkehr, für Geschwindigkeitsmessungen sowie für die Durchführung des weiteren Verfahrens nur besonders geschultes Personal ein. Die Leitung der entsprechenden Organisationseinheit der Gemeinde soll einem Beamten des gehobenen Dienstes oder einem Angestellten mit vergleichbarer Qualifikation übertragen werden. Den Gemeinden wird zudem empfohlen, die bei der Verfolgung von Verkehrsverstößen eingesetzten Dienstkräfte bei der Bayerischen Verwaltungsschule unterweisen zu lassen. Bei der Aufnahme des Verfahrens und während der ersten Monate der Tätigkeit der Gemeinden bei der Verkehrsüberwachung unterstützt die Polizei die gemeindlichen Dienstkräfte. Ein ständiger Erfahrungsaustausch zwischen der Polizei und den Gemeinden ist erwünscht.

1.14   Verwaltungsgemeinschaften

Bei Mitgliedsgemeinden von Verwaltungsgemeinschaften ist gemäß Art. 4 Abs. 1 Satz 1 Verwaltungsgemeinschaftsordnung (VGemO) die Verwaltungsgemeinschaft Verfolgungs- und Ahndungsbehörde.

1.15   Beteiligung Privater an der kommunalen Verkehrsüberwachung

1.15.1 Allgemeines

Die Beauftragung Privater mit der eigenständigen Feststellung und Verfolgung von Verstößen im Rahmen der kommunalen Verkehrsüberwachung ist unzulässig. Auf die Beschlüsse des BayObLG vom 5. März 1997 (Az.: 1ObOWi 785/97) und vom 11. Juli 1997 (Az.: 1ObOWi 282/97), die den Regierungen mit Schreiben vom 26. März und 11. August 1997, Az.: IC4-3618.3011-13-Krä, und vom 30. Mai 1997, Az.: IC4-3618.3011-13-Ben, übermittelt wurden, wird hingewiesen. Die Einbeziehung Privater in die kommunale Verkehrsüberwachung ist nur gemäß den nachstehend geregelten Modalitäten zulässig. Dabei muss sichergestellt sein, dass die Gemeinde „Herrin" des Ermittlungsverfahrens bleibt.

1.15.2 Hilfstätigkeiten

Die Gemeinden können im Rahmen der Verfolgung und Ahndung von Verkehrsverstößen reine Schreibtätigkeiten (z. B. automatisierte Erstellung von Anfragen an das Kraftfahrt-Bundesamt (KBA), Anhörungsbögen, Verwarnungsangeboten oder Bußgeldbescheiden) auf private Schreibbüros übertragen, wenn sichergestellt ist, dass die verfahrensrechtlichen Entscheidungen (nach innen und nach außen) von Gemeindebediensteten getroffen werden und insbesondere alle hoheitlichen Maßnahmen (wie Versand von Anhörungsbögen, Erlass und Zustellung von Bußgeldbescheiden etc.) durch die jeweilige Gemeinde selbst erfolgen. So ist z. B. nachstehend aufgeführter Verfahrensablauf denkbar:

– Feststellung des Verstoßes durch einen Gemeindebediensteten

– Automatisierte Erstellung der Halteranfrage an das Kraftfahrt-Bundesamt (KBA) durch ein privates Schreibbüro

– Übersendung an die Gemeinde, die sachbearbeitend tätig wird

– Eingang der Antwort des KBA bei der Gemeinde. Die Gemeinde prüft und entscheidet, ob ein Anhörungsbogen oder ein Verwarnungsangebot zu erstellen ist oder das Verfahren eingestellt wird

– ggf. automatisierte Erstellung des Anhörungsbogens oder des Verwarnungsangebots durch das private Schreibbüro

– Weiterleitung an die Gemeinde, die den Anhörungsbogen bzw. das Verwarnungsangebot nach Prüfung und Beantwortung ggf. unter Verwendung des Dienstsiegels versendet

– Rücklauf des Anhörungsbogens oder Eingang evtl. anderer Schriftstücke bei der Gemeinde, die diese prüft und über den Erlass eines Bußgeldbescheides entscheidet

– ggf. automatische Erstellung des Bußgeldbescheids durch das private Schreibbüro

– Überprüfung, Bearbeitung, Erlass und Versand des Bußgeldbescheids durch die Gemeinde.

Entsprechend sind alle anderen verfahrenserheblichen Entscheidungen und Arbeiten, bei denen es sich nicht um reine Schreibtätigkeiten handelt, stets durch die Gemeinde selbst vorzunehmen (z. B. Einholung von Auskünften vom Verkehrszentralregister (VZR) beim Kraftfahrt-Bundesamt oder Versendung von Mitteilungen an das VZR; Durchführung von Ermittlungen; Erledigung des Schriftverkehrs mit Halter, Fahrer, Rechtsanwalt usw.; Führerscheinaufbewahrung u. Ä.). Mit der Schreibbürotätigkeit kann die Gemeinde auch das private

Unternehmen beauftragen, mit dem es schon bei der Geschwindigkeitsmessung zusammenarbeitet. Das private Unternehmen sollte räumlich getrennt von der Gemeinde tätig sein. Es ist sicherzustellen, dass die beauftragten Unternehmen keine Daten aus dem Verfahren speichern bzw. Unterlagen oder Duplikate behalten, nutzen oder sonst verarbeiten, und dass sie die dem Stand der Technik entsprechenden technischen und organisatorischen Maßnahmen treffen, die erforderlich sind, um die Belange des Datenschutzes zu wahren. Mitarbeiter privater Schreibbüros, die im Rahmen der kommunalen Verkehrsüberwachung Schreibaufträge für Gemeinden durchführen, sind nach § 1 des Gesetzes über die förmliche Verpflichtung nichtbeamteter Personen (Verpflichtungsgesetz) in der Fassung vom 2. März 1974 (BGBl. I S. 547 – 548) einschl. Änderungsgesetz vom 15. August 1974 (BGBl. I S. 1942) zu verpflichten. Dies könnte z. B. mit dem Formblatt „Niederschrift über die Verpflichtung zur gewissenhaften Erfüllung von Obliegenheiten" nach dem Verpflichtungsgesetz erfolgen. Das Formblatt ist abgedruckt im AllMBl 2004, S. 100 (Bekanntmachung der Bayerischen Staatsregierung vom 13. April 2004, AllMBl S. 87, StAnz Nr. 17). In den zwischen den Gemeinden und privaten Unternehmen abzuschließenden Verträgen ist eine Textpassage aufzunehmen, wonach sich das Privatunternehmen der datenschutzrechtlichen Kontrolle des Bayerischen Landesbeauftragten für den Datenschutz ausdrücklich unterwirft und sich gleichzeitig verpflichtet, ihm bzw. seinen Mitarbeitern jederzeit Zugang zu seinen Arbeitsräumen zu gewähren. Dies gilt für alle auf Privatunternehmen übertragenen Hilfstätigkeiten. Auf Art. 6 Bayerisches Datenschutzgesetz (Bayerisches Datenschutzgesetz), insbesondere die Verantwortlichkeit der Gemeinden für die Einhaltung der vertraglich vereinbarten Vorgaben wird hingewiesen. Im Übrigen haben sich die Gemeinden vor Vertragsabschluss von den Bewerbern darlegen zu lassen, welche technischen und organisatorischen Maßnahmen sie zum Schutz der zu verarbeitenden Daten ergreifen wollen.

1.15.3 Arbeitnehmerüberlassung

Private Firmen, z. B. Überwachungsunternehmen, können den Gemeinden Personal nach Maßgabe der jeweils aktuellen Fassung des Gesetzes zur Regelung der gewerbsmäßigen Arbeitnehmerüberlassung (AÜG), derzeit in der Fassung der Bekanntmachung vom 3. Februar 1995 (BGBl. I S. 158), zuletzt geändert am 14. März 2005 (BGBl. I S. 721), überlassen. Die privaten Unternehmen bedürfen hierfür einer Erlaubnis der Bundesagentur für Arbeit. Das Verfahren hierzu ist in §§ 1 bis 8 AÜG geregelt. Ein Leiharbeitnehmer darf seit dem 1. Januar 2004 ohne zeitliche Begrenzung ununterbrochen bei einem Entleiher beschäftigt werden. Arbeitsschutzvorschriften, wie z. B. das Arbeitszeitgesetz, sind zu beachten. Diese Pflichten treffen den Verleiher (= derjenige, der bei ihm eingestellte Leiharbeitnehmer einem anderen Unternehmer [Entleiher] gewerbsmäßig zur Arbeitsleistung zur Verfügung stellt] und den Entleiher [nimmt die Dienste des Leiharbeitnehmers in Anspruch und zahlt an den Verleiher das vorher vereinbarte Entgelt). Zwar hat nur der Verleiher mit dem Leiharbeitnehmer einen Arbeitsvertrag abgeschlossen. Der Entleiher erhält jedoch durch den Verleiher die Befugnis, den Leiharbeitnehmer nach eigenen Weisungen einzusetzen. Dadurch sind die Arbeitgeberbefugnisse und Verpflichtungen, insbesondere das Direktions- und Weisungsrecht sowie die Schutz- und Fürsorgepflichten des Arbeitgebers zwischen Verleiher und Entleiher aufgespalten. Das AÜG in der derzeitigen Fassung steht einer gleichzeitigen Verleihung eines Leiharbeitnehmers an verschiedene Entleiher nicht entgegen. So ist es zum Beispiel möglich, dass ein Leiharbeitnehmer tageweise bei verschiedenen Gemeinden arbeitet. Zudem ist der Einsatz eines Leiharbeitnehmers an einem Tag bei verschiedenen Gemeinden möglich. Hierbei ist jedoch darauf zu achten, dass Wegezeiten des Leiharbeitnehmers von einer Gemeinde zur anderen Gemeinde nicht zu Lasten des Leiharbeitnehmers gehen. Nicht zulässig im Rahmen des AÜG ist jedoch ein so genannter Ketten- bzw. Zwischenverleih. Eine entleihende Gemeinde ist demnach nicht befugt, einen Leiharbeitnehmer einer anderen Gemeinde zu überlassen. Die Verleihbefugnisse stehen nur dem Verleiher zu. Die überlassenen Arbeitnehmer müssen sowohl organisatorisch als auch räumlich in die jeweilige Gemeinde integriert werden. Sie müssen der für das Verfahren zuständigen Organisationseinheit der Gemeinde zugeordnet und deren Leiter unterstellt werden. Keinesfalls ist es möglich, dass die Leiharbeitnehmer die gemeindlichen Aufgaben vom Sitz der Verleihfirma aus erledigen. Wenn der Leiharbeitnehmer in Räumlichkeiten tätig werden muss, die zwar innerhalb des Gemeindebereichs liegen, aber nicht in Gemeindeeigentum stehen, so hat die Gemeinde, nicht die Verleihfirma, die Räumlichkeiten anzumieten und zu unterhalten. In der Regel hat der Leiharbeitnehmer seine Tätigkeit in einem Büro in der Gemeindeverwaltung bzw. von diesem Büro aus zu verrichten. Teilzeitbeschäftigungen sind möglich. Verleiher müssen grundsätzlich vom ersten Tag der Überlassung an, die für einen vergleichbaren Arbeitnehmer im Entleiherbereich geltenden wesentlichen Arbeitsbedingungen, also auch das Arbeitsentgelt, gewähren. Lediglich durch Tarifvertrag oder auf Grund eines Tarifvertrages können hiervon abweichende Regelungen getroffen werden. Ausnahmen gelten auch für die Dauer von insgesamt höchstens sechs Wochen für zuvor arbeitslose Leiharbeitnehmer, es sei denn, es hat bereits zuvor mit demselben Verleiher ein Leiharbeitsverhältnis bestanden. Dem Arbeitnehmer ist in diesem Fall mindestens ein Nettoarbeitsentgelt in Höhe des zuletzt erhaltenen Arbeitslosengeldes zu gewähren. Der Arbeitnehmer hat gegenüber den Entleihern einen Anspruch auf Auskunft über die im Betrieb des Entleihers für vergleichbare Arbeitnehmer des Entleihers geltenden Arbeitsbedingungen einschließlich des Arbeitsentgelts. Modelle, gemäß denen ein privater Bediensteter bei mehreren Kommunen gleichzeitig beschäftigt sein soll, sind im Rahmen der kommunalen Geschwindigkeitsüberwachung auch nach Maßgabe der in Nr. 2.5 geregelten Variante zulässig. Die Überwachung des ruhenden Verkehrs durch Private ist lediglich im Rahmen der Arbeitnehmerüberlassung möglich.

1.16 Meldepflichten/Amtliche Bekanntmachung

1.16.1 Allgemeine Meldepflichten

Da ein bayernweiter Überblick über die in der kommunalen Verkehrsüberwachung tätigen Gemeinden wegen deren Verpflichtung zur Amtshilfe (§ 46 Abs. 1, 2 OWiG i.V.m. § 161 Abs. 1 StPO) im Rahmen der kommunalen Verkehrsüberwachung unerlässlich ist, melden die Gemeinden die Aufnahme, die Änderung der Tätigkeiten bzw. die Einstellung der kommunalen Verkehrsüberwachung auf dem Dienstweg an die Regierungen. Die Meldung enthält:

– Art der Überwachung (fließender/ruhender Verkehr)

– Verfolgung und Ahndung (Tätigkeit als Bußgeldstelle)

– Beteiligung von Privatfirmen mit Benennung der Firma.

Die Regierungen übersenden jährlich jeweils zum 1. Januar, 1. April, 1. Juli und 1. Oktober die eingehenden Meldungen in Form von Übersichten an das Bayerische Staatsministerium des Innern. Das Staatsministerium des Innern erstellt eine entsprechende Übersicht über alle auf dem Gebiet der kommunalen Verkehrsüberwachung tätigen Gemeinden und leitet diese den Gemeinden und Polizeidienststellen zu.

1.16.2 Jährliche Meldepflichten

Die Gemeinden berichten jährlich zum 1. März, beginnend ab dem Jahr 2007, auf dem Dienstweg an die Regierungen über das Ergebnis der kommunalen Verkehrsüberwachung nach folgendem Muster:

– Anzahl der Verwarnungen mit Verwarnungsgeld bzw. Anzeigen/Bußgeldbescheide für fließenden und ruhenden Verkehr, getrennt nach Verwarnungs- und Bußgeldhöhe

– Fahrverbote

– Gnadenverfahren

– Anzahl der Verfahrenseinstellungen.

Die Regierungen sammeln die eingehenden Meldungen und übersenden diese jährlich bis spätestens 1. April, beginnend ab dem Jahr 2007, in Form einer Tabelle an das Bayerische Staatsministerium des Innern. Dem Bayerischen Polizeiverwaltungsamt ist ein Abdruck dieser Meldungen durch die Regierungen zuzuleiten.

1.16.3 Amtliche Bekanntmachung

Nach § 2 Abs. 5 ZuVOWiG sind die Gemeinden verpflichtet, die Aufnahme sowie die Beendigung der Tätigkeiten im Rahmen der kommunalen Verkehrsüberwachung entsprechend den Vorschriften, die für die Bekanntmachung von Satzungen der Gemeinden gelten, amtlich bekannt zu machen. Diese Verpflichtung zur amtlichen Bekanntmachung betrifft auch die Gemeinden, die bereits die kommunale Verkehrsüberwachung betreiben.

2. *Zusätzliche Bestimmungen für die kommunale Überwachung der zulässigen Höchstgeschwindigkeit von Fahrzeugen*

2.1 Autobahnen, Straßen außerhalb geschlossener Ortschaften u.a.

Geschwindigkeitskontrollen auf Autobahnen und Straßen mit Fahrbahnen für eine Richtung, die durch Mittelstreifen oder sonstige bauliche Einrichtungen getrennt sind, oder Straßen, die mindestens zwei durch Fahrstreifenbegrenzung (Zeichen 295) oder durch Leitlinien (Zeichen 340) markierte Fahrstreifen für jede Richtung haben, bleiben ausschließlich der Überwachung durch die Polizei vorbehalten. Die Geschwindigkeitsmessungen der Gemeinden sollen innerhalb geschlossener Ortschaften stattfinden. In begründeten Ausnahmefällen (an einem Unfallbrennpunkt [Stelle(n), an der/denen sich häufig Unfälle ereignen/ereignet haben) bzw. einem Unfallgefahrenpunkt (Stelle(n), an denen nach den örtlichen Umständen eine erhöhte Wahrscheinlichkeit dafür besteht, dass sich Unfälle ereignen werden]) können auf Grund einer Vereinbarung zwischen der Gemeinde und der Polizei auch außerhalb geschlossener Ortschaften Geschwindigkeitskontrollen durch die Gemeinden durchgeführt werden. Ausnahmen von Satz 1 und 2 sind in der unter Nr. 1.3 genannten Vereinbarung festzuhalten. Dieses Procedere ist erforderlich, um Doppelüberwachungen zu vermeiden.

2.2 Überwachungsörtlichkeiten

In den Vereinbarungen zwischen den Gemeinden und der Polizei kann festgelegt werden, dass abweichend von den Richtlinien über die polizeiliche Verkehrsüberwachung die Gemeinden Zonen und Strecken mit einer durch Verkehrszeichen angeordneten Höchstgeschwindigkeit sowie verkehrsberuhigte Bereiche auch dann primär überwachen dürfen, wenn es sich weder um einen Unfallbrennpunkt noch um einen Unfallgefahrenpunkt handelt.

2.3 Benehmen

Die Gemeinden legen die Kontrollstellen im Benehmen mit der Polizei fest.

2.4 Eichung

Als Geschwindigkeitsmessgeräte dürfen nur von der Physikalisch Technischen-Bundesanstalt zugelassene und geeichte Messgeräte eingesetzt werden.

2.5 Modalitäten der Beteiligung Privater

Bei der Durchführung der Geschwindigkeitsüberwachung können die Gemeinden die Dienste privater Firmen oder Institutionen in Anspruch nehmen, z. B. durch die Anmietung, das Leasing oder die Wartung von Überwachungsgerät. Dabei kann auch vereinbart werden, dass der private Vertragspartner der Gemeinde das Bedienungspersonal des Überwachungsgeräts zur Verfügung stellt sowie die aufgenommenen Filme entwickelt und auswertet. Voraussetzung ist dann jedoch, dass die Tätigkeit des privaten Personals vor Ort ständig von einem fachkundigen Bediensteten der jeweiligen Gemeinde beaufsichtigt wird, der mit den technischen Details vertraut sein muss und die Messungen sowie ggf. auch die Folgetätigkeiten verantwortlich leiten muss. Die Bestimmungen des Datenschutzes, insbesondere Art. 6 Abs. 1 und 2 BayDSG, sind strikt zu beachten. In der geforderten schriftlichen Auftragserteilung sind insbesondere Regelungen über die Art der Anlieferung bzw. die Abholung der Filme, des Zugriffsschutzes im Entwicklungslabor und des Ausschlusses von Unterauftragsverhältnissen zu treffen. Die eingesetzten Mitarbeiter sind im Hinblick auf § 203 Abs. 2 Satz 1 Nr. 2 Strafgesetzbuch (StGB) besonders zu verpflichten. Die Festlegung von Vertragsstrafen wird empfohlen. Bei der Auswertung der Filme muss sichergestellt sein, dass der Bedienstete der Gemeinde über die Beweiseignung einer Aufnahme und die Frage, ob ein Ordnungswidrigkeitenverfahren eingeleitet wird, entscheidet. Dies bedeutet, dass ihm auch Aufnahmen zur Entscheidung vorgelegt werden, bei denen – nach Auffassung des privaten Personals – eine Beweiseignung fehlt. Die Festlegung von Ort, Zeit und Umfang der Kontrolle ist ausschließlich der Gemeinde vorbehalten. Die Gemeinde ist auch allein verantwortlich für die Durchführung der Kontrollen. Die Gemeinden können privaten Vertragspartnern hoheitliche Aufgaben in keinem Falle zur eigenständigen Erledigung übertragen.

3. *Zusätzliche Bestimmungen für die kommunale Überwachung von Verstößen, die im ruhenden Verkehr festgestellt werden*

3.1 Abschleppen

Die Anordnung zum Abschleppen von Fahrzeugen als Maßnahme nach dem Gesetz über die Aufgaben und Befugnisse der Bayerischen Staatlichen Polizei (Polizeiaufgabengesetz – PAG) ist der Bayerischen Polizei vorbehalten. Soweit im Einzelfall eine solche Maßnahme angebracht erscheint, verständigt die Gemeinde bzw. die/der Angestellte der kommunalen Verkehrsüberwachung die Polizei, die unverzüglich prüft, ob die Voraussetzungen für das Abschleppen gegeben sind. Die Abschleppanordnung trifft die Polizei nach Maßgabe des Polizeiaufgabengesetzes. Rechtsbehelfe der Betroffenen gegen Abschleppmaßnahmen richten sich daher ausschließlich an die Polizei. Die persönliche Anwesenheit eines Polizeibeamten während des Abschleppvorganges ist nicht erforderlich. Einzelheiten vereinbaren Gemeinde und Polizei unmittelbar. Dabei können in einem Katalog die Voraussetzungen festgelegt werden, bei deren Vorliegen die Polizei regelmäßig das Abschleppen anordnet.

3.2 Mängelbericht

Der Mängelbericht ist Ausfluss polizeirechtlicher Befugnisse und deshalb durch die Gemeinden nicht anwendbar. Unabhängig davon sollen die Gemeinden dafür sorgen, dass die Zulassungsstellen in geeigneter Weise von nicht vorschriftsgemäß abgestellten Fahrzeugen (§§ 29, 47a StVZO) Kenntnis erlangen.

4. Zweckverbände

Die vorstehenden Bestimmungen, in denen die Gemeinde benannt wird, gelten entsprechend für Zweckverbände, soweit ihnen Aufgaben der kommunalen Verkehrsüberwachung übertragen worden sind.

5. Aufhebung von Verwaltungsvorschriften

Die bisherige vorläufige Bekanntmachung des Bayerischen Staatsministeriums des Innern für die Verfolgung und Ahndung von Verstößen im ruhenden Verkehr sowie von Geschwindigkeitsverstößen durch Gemeinden (IMS vom 1. Juni 2001 – Az.: IC4-3618.3011-13) wird aufgehoben.

6. In-Kraft-Treten

Diese Bekanntmachung tritt am 1. Juni 2006 in Kraft.

2. Überwachung der Einhaltung zulässiger Höchstgeschwindigkeiten... im Straßenverkehr durch die Ordnungsbehörden im Land Brandenburg, Runderlass des Ministerium des Innern v. 15.9.1996

Runderlass des Ministeriums des Innern zu § 47 Abs. 3 und Abs. 3 a OBG

Vom 15. September 1996

1. Rechtslage

1.1 § 47 Abs. 3 des Ordnungsbehördengesetzes (OBG) erweitert die Zuständigkeit der Kreisordnungsbehörden und der örtlichen Ordnungsbehörden der Großen kreisangehörigen Städte für die schlichthoheitliche Tätigkeit an Gefahrenstellen im Zusammenhang mit der Überwachung des Einhaltens zulässiger Höchstgeschwindigkeiten und der Befolgung von Lichtzeichenanlagen im Straßenverkehr. Durch den neuen § 47 Abs. 3 a OBG wird der Minister des Innern ermächtigt, diese Zuständigkeiten durch Rechtsverordnung auf die örtliche Ordnungsbehörde einer amtsfreien Gemeinde oder eines Amtes zu übertragen, wenn diese in einem vorhergehenden Antragsverfahren ihre Leistungsfähigkeit nachgewiesen hat. Die für das Antragsverfahren erforderlichen Kriterien ergeben sich aus Anlage 5. Das OBG regelt allerdings nicht die Zuständigkeit für die Verfolgung und Ahndung der festgestellten Verkehrsordnungswidrigkeiten. Diese richtet sich nach den §§ 26 Abs. 1 des Straßenverkehrsgesetzes (StVG); 36 Abs. 2 des Ordnungswidrigkeitengesetzes (OWiG) und § 2 der Verkehrsordnungswidrigkeitenzuständigkeitsverordnung (VOWiZustV) vom 18. Juni 1996 (GVBl. II S. 412).

1.2 Zeichen und Weisungen zur Verkehrslenkung und zur Verkehrskontrolle, insbesondere die Anhaltebefugnis nach § 36 Abs. 5 Straßenverkehrsordnung (StVO) und Messungen aus fahrenden Fahrzeugen sowie Messungen von Geschwindigkeitsüberschreitungen nach § 3 Abs. 1 Satz 3 StVO (Sichtweite weniger als 50 Meter), bleiben ausschließlich der Polizei vorbehalten.

1.3 Dieser Erlass regelt die Durchführung von stationären Geschwindigkeitsmessungen an Gefahrenstellen. Stationäre Geschwindigkeitsmesseinrichtungen sind solche, die während des Messvorganges nicht in Bewegung sind.

Stationäre Messungen können sowohl mit mobilen Anlagen, bei denen die Messeinrichtungen nach dem Messvorgang leicht umsetzbar sind (zum Beispiel Stativbetrieb), als auch mit fest installierten Anlagen (sog. Starenkästen), bei denen die Messeinrichtung auf Dauer fest mit dem Untergrund verbunden ist, durchgeführt werden.

1.4 Dieser Erlass gilt sinngemäß für die Überwachung von Lichtzeichenanlagen an Gefahrenstellen.

2. *Grundsätze*

2.1 Die Verkehrsunfallentwicklung im Land Brandenburg gibt weiterhin Anlass zur Besorgnis. Die Zahl der Verkehrsunfälle ist seit 1990 erheblich angestiegen. Hauptunfallursache ist – nach wie vor mit steigender Tendenz – überhöhte oder nicht angepasste Geschwindigkeit.

2.2 Der Überwachungsbedarf an Unfallhäufungsstellen, an Stellen mit besonderen Gefährdungen und in Tempo 30-Zonen nimmt in dem Maße zu, in dem flankierende Maßnahmen der Verkehrsberuhigung nicht ausreichen.

2.3 Neben der polizeilichen Verkehrsüberwachung erhält die Verkehrsüberwachung durch die Ordnungsbehörden zunehmende Bedeutung. Die Ordnungsbehörden übernehmen vorrangig die Überwachung der zulässigen Höchstgeschwindigkeit in Straßenbereichen, in denen ein Anhalten der Fahrzeuge nicht möglich ist oder unverhältnismäßig aufwendig wäre.

3. *Möglichkeiten der kommunalen Zusammenarbeit*

3.1 Die Änderung des § 47 OBG lässt die Möglichkeiten der kommunalen Zusammenarbeit nach dem Gesetz über kommunale Gemeinschaftsarbeit (GKG) im Land Brandenburg vom 19. Dezember 1991 (GVBl. S. 685) unberührt. Die Regelung des § 47 Abs. 3 a OBG macht zwar die Übertragung der Zuständigkeit auf eine örtliche Ordnungsbehörde davon abhängig, dass die Leistungsfähigkeit in einem Antragsverfahren nachgewiesen wird. Durch die Formulierung ist aber nicht ausgeschlossen, dass in dem Antragsverfahren mehrere örtliche Ordnungsbehörden ihre Leistungsfähigkeit durch die Möglichkeit einer kommunalen Zusammenarbeit nachweisen. Nach Übertragung der Zuständigkeit an die örtlichen Ordnungsbehörden müssen diese nach § 23 GKG vereinbaren, dass ein Beteiligter die Aufgaben für die übrigen durchführt. Diese Vereinbarung bedarf der kommunalaufsichtsrechtlichen Genehmigung.

3.2 Die öffentlich-rechtliche Vereinbarung kann nur als Durchführungsregelung (§ 23 Abs. 1, zweite Alternative GKG) ausgestaltet werden. Eine Zuständigkeitsübertragung (§ 23 Abs. 1, erste Alternative GKG) kommt nicht in Betracht und kann kommunalaufsichtsrechtlich nicht genehmigt werden.

Grund für die Beschränkung auf eine Durchführungsregelung ist, dass eine Übertragung der Zuständigkeit nach § 47 Abs. 3 a OBG den Nachweis einer sachgerechten, wirtschaftlichen und wirksamen Aufgabenwahrnehmung voraussetzt. Die derart umschriebene Leistungsfähigkeit des Amtes oder der amtsfreien Gemeinde wäre aber gerade dann nicht nachgewiesen, wenn die Antragstellerin beabsichtigt, sich der Aufgabe, deren Zuständigkeit sie gerade durch eine Rechtsverordnung erhalten hat, wieder durch eine (weitere) Zuständigkeitsübertragung im Wege einer öffentlich-rechtlichen Vereinbarung zu entledigen (vgl. § 23 Abs. 2 GKG). Zudem würde eine Zuständigkeitsübertragung auch im Hinblick auf § 2 Abs. 2 VOWiZustV nicht zweckmäßig sein, da für den Bürger die Aufgabenverteilung durch Rechtsverordnung und nachfolgende Zuständigkeitsvereinbarung nicht mehr hinreichend deutlich erkennbar wäre.

Die Kommunalaufsichtsbehörde hat deshalb darauf zu achten, dass lediglich die Durchführung der Aufgabe vereinbart wird.

3.3 Inhalt einer Durchführungsregelung kann zum Beispiel die Beschaffung und der Einsatz der Messtechnik, aber auch das nachfolgende Verfahren in der Bußgeldstelle sein. § 2 Abs. 2 VOWiZustV steht der Betreibung einer gemeinsamen Bußgeldstelle nicht entgegen, da im Falle einer Durchführungsregelung jeder der an der öffentlich-rechtlichen Vereinbarung Beteiligten Aufgabenträger mit allen Rechten und Pflichten bleibt (§ 23 Abs. 2 Satz 2 GKG). Die gemeinsame Bußgeldstelle muss in einer für den Betroffenen eindeutig erkennbaren Weise klarstellen, für welche örtliche Ordnungsbehörde der an der öffentlich-rechtlichen Vereinbarung Beteiligten sie im jeweiligen Einzelfall handelt. Sie kann dies z. B. durch einen entsprechenden Zusatz im Kopfbogen des Bußgeldbescheides oder des Verwarnungsgeldangebotes tun. Entsprechend entscheidet über Einsprüche im Außenverhältnis die jeweils im Kopfbogen genannte Behörde. Die interne Vorbereitung der Einspruchsentscheidung kann in der öffentlich-rechtlichen Vereinbarung geregelt werden.

Hinsichtlich der Haftung gilt bei einer Durchführungsregelung, dass sich der Übertragende die Handlungen des Durchführenden als eigene zurechnen lassen muss. Es handelt also jeweils das Amt oder die amtsfreie Gemeinde, für das oder für die die Bußgeldstelle tätig geworden ist. Da durch die §§ 47 OBG; 2 VOWiZustV bereits eine Zuständigkeit von Kreisordnungsbehörden und örtlichen Ordnungsbehörden begründet wird, bestehen auch keine Bedenken, wenn die Durchführungsregelung nach § 23 Abs. 1, zweite Alternative GKG zwischen einem Landkreis und einem Amt oder einer amtsfreien Gemeinde abgeschlossen wird.

4. Ziel der Verkehrsüberwachung

Vorrangiges Ziel der Verkehrsüberwachung ist die Verkehrsunfallprävention. Durch die Verkehrsüberwachung sollen Unfälle verhütet und Unfallfolgen gemindert sowie auch schädliche Umwelteinflüsse begrenzt werden. Die Fahrzeugführer sollen zu verkehrsgerechtem und rücksichtsvollem Verhalten veranlasst werden. Aus den Messungen sollen darüber hinaus Anregungen für die Straßenverkehrs- und Straßenbaubehörden zur Änderung der Beschilderung sowie zur verkehrssicheren Straßenraumgestaltung abgeleitet werden.

5. Durchführung der Geschwindigkeitskontrollen

5.1 Allgemeines

Die Überwachung der Einhaltung zulässiger Höchstgeschwindigkeiten stellt eine hoheitliche Aufgabe dar, die nur durch die dafür zuständigen Hoheitsträger (Polizei und Ordnungsbehörden) wahrgenommen werden kann. Beschäftigte privater Dritter dürfen als technische Hilfskräfte nur für nichthoheitliche Aufgaben nach Maßgabe der Nummer 5.7 eingesetzt werden.

5.2 Messorte

5.2.1 Auswahl der Messorte

5.2.1.1 Verkehrsüberwachung wird von der Bevölkerung nur dann akzeptiert, wenn sie sich an den Erfordernissen der Verkehrssicherheit ausrichtet. Es sind daher Prioritäten zu setzen und Schwerpunkte zu bilden. Kommerzielle Gesichtspunkte dürfen hier keine Berücksichtigung finden.

5.2.1.2 Überwachungsmaßnahmen sind speziell dort durchzuführen, wo sich häufig Unfälle ereignen (Unfallhäufungsstellen mit vielen schweren Unfällen, die Folge von überhöhten Geschwindigkeiten sind) oder wo die Wahrscheinlichkeit besteht, dass sich Unfälle ereignen werden (Stellen mit besonderen Gefährdungen). Eine verstärkte Überwachung soll insbesondere an Stellen erfolgen, an denen erfahrungsgemäß wiederholt wichtige Verkehrsregeln missachtet und die Wahrscheinlichkeit groß ist, das sich Unfälle ereignen werden, sofern diese Stellen nicht durch verkehrsregelnde und bauliche Maßnahmen entschärft werden können.

5.2.1.3 Grundlage für die Verkehrsüberwachung sind die Ergebnisse der Unfallauswertung, insbesondere die örtliche Unfalluntersuchung und die Empfehlungen der Verkehrsunfallkommissionen.

5.2.1.4 Die Messorte sollen aus Gründen der Rechtssicherheit (Anerkennung der Messungen durch Gerichte) mit dem örtlich zuständigen Polizeischutzbereich unter Beteiligung der Verkehrsunfallkommission festgelegt, dokumentiert und in einer formlosen Übersicht geordnet werden.

5.2.1.5 Mit der Festlegung von Messorten für mobile Anlagen sollen vorhandene Messorte mit fest installierten Anlagen ergänzt und damit eine jederzeit sachgerechte Geschwindigkeitsüberwachung erreicht werden.

5.2.1.6 Kontrollen sollen nicht kurz vor oder hinter geschwindigkeitsregelnden Verkehrszeichen (einschließlich Ortstafeln) durchgeführt werden. Der Abstand bis zur Messstelle soll nicht kleiner als 150 Meter sein. Besonderheiten, die zu Abweichungen vom Regelabstand unter 150 Meter führen, sind im Messprotokoll nachzuweisen und zu begründen.

5.2.2 Messorte für fest installierte Anlagen

Fest installierte Anlagen sollen dort eingesetzt werden, wo eine langfristige Einflussnahme auf das Verkehrsverhalten erforderlich ist und wo die Einhaltung der zulässigen Höchstgeschwindigkeit auch zu verkehrsschwachen Tageszeiten durchgesetzt werden muss. Der Einsatz für fest installierte Messgeräte kann auch dort angezeigt sein, wo die Aufstellung mobiler Anlagen aus Platzgründen, aufgrund erschwerten Zuganges oder unzumutbarer Aufenthaltsbedingungen des Bedienungspersonals mobiler Anlagen nicht vertretbar ist.

5.2.3 Messorte für mobile Anlagen

5.2.3.1 Mobiles Messgerät und Fahrzeug müssen so sicher aufgestellt werden, dass insbesondere die Gefährdung von Verkehrsteilnehmern oder des Überwachungspersonals ausgeschlossen ist. Geschwindigkeitskontrollen mit mobilen Anlagen auf Bundesautobahnen bleiben der Polizei vorbehalten. Dies sollte auch bei sonstigen Straßen mit einer zulässigen Höchstgeschwindigkeit von mehr als 100 Kilometer in der Stunde Beachtung finden.

5.2.3.2 Als Messorte für mobile Messgeräte sind vorzugsweise Stellen auszuwählen, an denen zum Beispiel

a. die Einsatzbedingungen für fest installierte Anlagen zur Geschwindigkeitsüberwachung nicht gegeben sind oder derartige Anlagen nicht kurzfristig errichtet werden können (Übergangsmaßnahme),

b. bedingt durch Kindertagesstätten, Grundschulen, Altenheime und ähnliche Einrichtungen bestimmte Straßenabschnitte überdurchschnittlich häufig durch Verkehrsteilnehmer überquert und Fahrbahnen benutzt werden,

c. in Wohngebieten flächenhafte Unfallkonzentrationen aufgetreten sind und bauliche Maßnahmen zur Geschwindigkeitsdämpfung bisher nicht verwirklicht werden konnten.

5.3 Messgeräte, Fahrzeuge und andere Mittel

Kontrollen zur Feststellung von Geschwindigkeitsüberschreitungen dürfen nur mit den von der Physikalisch-Technischen Bundesanstalt (PTB) und nach den Bestimmungen des Eichgesetzes zugelassenen Geräten durchgeführt und ausgewertet werden. Beim Einsatz der Geräte sind die Betriebsanweisung des Herstellers und die innerstaatliche Zulassung der PTB einzuhalten. Diese Geräte müssen nach den Zulassungsbestimmungen geeicht sein. Nachweise darüber sind bei den zuständigen Behörden aufzubewahren.

5.4   Planung der Kontrollen

Die Kontrollen sollen hinsichtlich Ort, Zeit und Dauer mit den zuständigen Polizeischutzbereichen unter Beteiligung der Verkehrsunfallkommissionen abgestimmt werden.

5.5   Anfertigung von Beweismitteln

5.5.1 Die Fahrzeuge sind von vorne, und wenn erforderlich zusätzlich auch von hinten zu fotografieren. Beim Einsatz von Fotogeräten ist eine ausreichende Ausleuchtung durch diese Geräte zugelassene Blitzanlagen sicherzustellen. Es sind nur dafür zugelassene Blitzanlagen zu verwenden.

5.5.2 Der Fahrernachweis ist durch Fotodokumentation sicherzustellen.

5.6   Nachweis der Kontrollen

Aus Gründen der Rechtssicherheit wird empfohlen, über jede durchgeführte Geschwindigkeitskontrolle (auch durch fest installierte Anlagen) Protokolle zu fertigen. Hierfür können die Vordrucke der Anlagen 3 und 4 verwendet werden. Die Protokolle sind zusammen mit den Negativfilmen aufzubewahren.

5.7   Aufgabenabgrenzung zu technischen Hilfskräften privater Dritter

5.7.1 Die allgemeine Verantwortung für die Durchführung der Geschwindigkeitskontrolle obliegt den Bediensteten der Ordnungsbehörden.

5.7.2 Sie führen die Messungen persönlich durch. Sie haben dafür zu sorgen, dass die Kontrollen nur an und zu den dafür vorgesehenen und abgestimmten Messorten und Zeiten erfolgen.

5.7.3 Die Bediensteten der Ordnungsbehörden zeichnen bei Verwendung der Vordrucke der Anlagen 3 und 4 im Protokoll für die Richtigkeit der Geräteaufstellung gemäß Nummer 5.6. Eventuell eingesetzte technische Hilfskräfte privater Dritter können als Zeugen nur für die Gewährleistung der Funktionssicherheit der Messgeräte gegenzeichnen.

5.7.4 Ordnungsbehörden dürfen sich technischer Hilfskräfte privater Dritter nur für die nachstehend abschließend aufgeführten Handlungen bedienen:

a. Führung der Messfahrzeuge,

b. Hilfe bei der Aufstellung, Justierung und Abbau der Messgeräte,

c. Überprüfung der Funktionssicherheit und Übergabe der Messgeräte im betriebsbereiten Zustand,

d. Filmwechsel und Beseitigung technischer Ausfälle, soweit es am Messort möglich und zulässig ist,

e. Aufbau und Wartung ortsfester Anlagen, (siehe Beschluss des OLG Frankfurt a.M. vom 10.05.1995 – 2 Ws (B) 210/95 OWiG, veröffentlicht in NJW 1995 S. 2570 f).

5.7.5 Eine Vereinbarung, die eine finanzielle Beteiligung für private Dritte, zum Beispiel an dem Verwarn- oder Bußgeldaufkommen vorsieht, ist nicht zulässig.

6. Personal

6.1 Gesundheitliche Eignung

Die Bediensteten der Ordnungsbehörden haben sicherzustellen, dass ihr Seh- und Hörvermögen den Anforderungen für die Überwachung des fließenden Verkehrs entspricht. Der Dienstherr ist berechtigt, sich einen Nachweis über die nicht eingeschränkte Seh- und Hörfähigkeit vorlegen zu lassen.

6.2. Aus- und Fortbildung

6.2.1 Die zur Durchführung von Geschwindigkeitskontrollen eingesetzten Bediensteten der Behörden müssen über ausreichende Kenntnisse der geltenden straßenverkehrsrechtlichen und ordnungswidrigkeitsrechtlichen Bestimmungen verfügen. Sie müssen für die Aufstellung und Bedienung der Geräte nach den Auflagen der PTB und der Hersteller der Mess- und Auswertegeräte ausgebildet werden und über entsprechende Zertifikate verfügen.

Zur Einweisung in technische Neuerungen und zur Vermeidung möglicher Bedienungsfehler haben die eingesetzten Kräfte an Fortbildungsmaßnahmen der Gerätehersteller teilzunehmen und sich eine erfolgreiche Teilnahme bestätigen zu lassen.

6.2.2 Bedienstete, die die Auswertung der Geschwindigkeitsmessung durchführen, sollen die Anforderungen für die Befähigung des mittleren allgemeinen Verwaltungsdienstes erfüllen oder über gleichwertige Fähigkeiten und Erfahrungen verfügen.

6.3 Einbeziehung von technischen Hilfskräften privater Dritter

6.3.1 Private Dritte haben für sich und für ihre technischen Hilfskräfte durch Führungszeugnis nach § 30 des Bundeszentralregistergesetzes in der Fassung der Bekanntmachung vom 21. September 1984 (BGBl. I S. 1229, ber. 1985 I S.195) nachzuweisen, dass keine Tatsachen vorliegen, die sie für die Tätigkeit als Unternehmen oder als technische Hilfskräfte bei der Geschwindigkeitskontrolle als unzuverlässig erscheinen lassen.

6.3.2 Sie haben zu gewährleisten, dass die eingesetzten technischen Hilfskräfte privater Dritter zu den in Nummer 5.7 genannten Tätigkeiten befähigt sind und gemäß dem technischen Standard fortgebildet werden. Entsprechen private Dritte oder technische Hilfskräfte diesen Anforderungen nicht, sind sie nicht mehr einzusetzen, gegebenenfalls sind die Verträge mit den privaten Dritten zu kündigen. In den Verträgen ist eine entsprechende Kündigungsklausel aufzunehmen. Nummer 6.2 gilt entsprechend auch für private Dritte und für die Ausführung von Aufgaben nach Nummern 7.2 und 7.3.

7. *Verwertung der Messungen*

7.1 Beweismittel

Beweismittel sind der unversehrte Messfilm, die Fotoserie, das Messprotokoll und die Datensätze, die im Rahmen der Messung erfasst und ausgewertet werden. Es ist sicherzustellen, dass eine Einsichtnahme Dritter in die Beweismittel nicht möglich ist. Wenn private Dritte Filme bis zum Negativ entwickeln oder bei der Erstellung des Messprotokolls oder andere Datensätze beteiligt sind, ist sicherzustellen, dass keine Daten beim Auftragnehmer zurückbleiben (weitere Voraussetzungen unter Nummer 8).

7.2 Filmentwicklung

Stehen den Ordnungsbehörden keine Geräte zur Entwicklung der Messfilme zur Verfügung, können die Filme bis zum Negativ auf der Grundlage eines Vertrages von privaten Anbietern entwickelt werden.

7.3 Übergabe der Beweismittel

Die Behandlung und Übergabe der Beweismittel ist bei Hinzuziehung privater Dritter gemäß Nummer 8 der Anlagen 1 und 2 im Vertrag zu vereinbaren. Es ist sicherzustellen, dass sämtliche Beweismittel der Ordnungsbehörde übergeben werden.

7.4 Auswertung der Beweismittel

7.4.1 Die Auswertung der Beweismittel (Ermessungsentscheidung, ob und wie ein festgestellter Verkehrsverstoß verfolgt und geahndet wird) sowie die Anfertigung von Einzelabbildungen ist nur von den Ordnungsbehörden vorzunehmen.

7.4.2 Exakte Messergebnisse und eine eindeutige Zuordnung rechtfertigen im Rahmen einer pflichtgemäßen Ermessensausübung die Einleitung eines Ordnungswidrigkeitsverfahrens. Die festgestellten Verkehrsverstöße sind für jede Geschwindigkeitskontrolle in zeitlicher Reihenfolge nach der Auswertung zu erfassen. Es sind die von der PTB festgelegten Toleranzwerte bei der Ermittlung der vorwerfbaren Geschwindigkeitsüberschreitung zu berücksichtigen. Jede Überschreitung der zulässigen Höchstgeschwindigkeit stellt eine Ordnungswidrigkeit dar. Verbleibt nach Abzug der herstellerseitig vorgegebenen Toleranzwerte eine Überschreitung der zulässigen Höchstgeschwindigkeit von nicht mehr als fünf Kilometer in der Stunde (Opportunitätstoleranz), so soll die Geschwindigkeitsüberschreitung als unbedeutender Verstoß gewertet und nicht weiter verfolgt werden.

7.5 Fahrerermittlung

7.5.1 Die zuständigen Bußgeldstellen haben die personellen und organisatorischen Voraussetzungen zu schaffen, dass der gesamte Verwaltungsaufwand – einschließlich der erforderlichen Fahrerermittlung – mit eigenen Kräften bewältigt werden kann.

Die Grundsätze der Amtshilfe durch die Polizei bleiben unberührt.

7.5.2 Im Interesse der Vereinfachung und Beschleunigung des Verfahrens sind Ermittlungen aufgrund eigener Geschwindigkeitskontrollen grundsätzlich von den Bußgeldstellen selbst zu führen und notwendige Ermittlungsersuchen an die für den Wohnsitz der oder des Betroffenen zuständige kommunale Behörde zu richten.

7.5.3 Nach § 35 Abs. 1 Nr. 3 StVG ist eine Datenübermittlung vom Kraftfahrtbundesamt an Behörden und sonstige öffentliche Stellen für Aufgaben des Empfängers zur Verfolgung von Ordnungswidrigkeiten zulässig, wenn dies für Zwecke nach § 32 Abs. 2 StVG erforderlich ist. Einschränkungen gelten lediglich für das automatisierte Verfahren nach § 36 Abs. 2 StVG.

8. Datenschutz/Verpflichtung (Anlagen 1 und 2)

8.1 Beim Umgang mit Daten im Zusammenhang mit der Verkehrsüberwachung, Verfolgung und Ahndung von Verkehrsordnungswidrigkeiten sind die Landräte, Oberbürgermeister und Bürgermeister für die Einhaltung der Datenschutzvorschriften verantwortlich. Die Nutzung personenbezogener Daten und die Dauer der Speicherung ist auf das erforderliche Maß zu beschränken. Die Vorschriften des Brandenburgischen Polizeigesetzes über die Datenverarbeitung gelten nach § 23 OBG für die Ordnungsbehörden, soweit dies zur Erfüllung ihrer Aufgaben erforderlich ist, entsprechend. Insbesondere sind nach § 37 des Brandenburgischen Polizeigesetzes für automatisierte Dateien Termine festzulegen, zu denen spätestens überprüft werden muss, ob die suchfähige Speicherung von Dateien weiterhin erforderlich ist (Prüfungstermine).

8.2 Die Kommunen haben durch vertragliche Vereinbarungen zu gewährleisten, dass bei der Inanspruchnahme privater Dritter für Leistungen nach diesem

Runderlass diese die Vorschriften des Brandenburgischen Datenschutzgesetzes (BbgDSG) vom 20. Januar 1992 (GVBl. I S. 2), geändert durch das Erste Gesetz zur Änderung des BbgDSG vom 8. Februar 1996 (GVBl. I S. 17), befolgen. Unterauftragsverhältnisse sind auszuschließen.

8.3 Die als technische Hilfskräfte eingesetzten Mitarbeiter privater Dritter sind zur Wahrung des Datengeheimnisses nach § 6 BbgDSG zu verpflichten.

8.4 Die Anlagen 1 und 2 enthalten verbindliche Vorgaben zur Vertragsgestaltung und Verpflichtungserklärung, die in einem Abschnitt „Datenschutz/Datensicherung" des Vertrages zu vereinbaren sind.

8.5 Gemäß § 11 Abs. 1 BbgDSG unterliegt die Auftragserteilung, soweit der Auftragnehmer keine öffentliche Stelle im Sinne des § 2 Abs. 1 BbgDSG ist, der Zustimmung. Darüber hinaus hat der Auftraggeber den Brandenburgischen Landesbeauftragten für den Datenschutz von der Datenverarbeitung im Auftrag (§ 11 Abs. 3 BbgDSG) über die Beauftragung zu unterrichten. Bei öffentlichen Stellen des Landes erteilt die zuständige oberste Landesbehörde die Zustimmung, bei Gemeinden und Gemeindeverbänden der Minister des Innern.

9. Statistik

Ergebnisse aus kommunalen Geschwindigkeitskontrollen sind in einer statistischen Erfassung nachzuweisen und bis zum 31. März des Folgejahres auszuwerten und dem Ministerium des Innern zu übersenden. Formvorgabe und Inhalt der zu übersendenden Statistik verfügt das Ministerium des Innern.

10. Kosten/Verwarngeld- und Bußgeldeinnahmen

Die den Ordnungsbehörden entstehenden Personal- und Sachkosten werden in der Regel durch das Verwarn- und Bußgeld sowie durch das Gebührenaufkommen nach dem Ordnungswidrigkeitengesetz ausgeglichen. Im übrigen gilt § 44 Abs. 2 OBG.

11. Wirksamkeit der Geschwindigkeitskontrollen

Es wird empfohlen, die Wirksamkeit der Geschwindigkeitskontrollen mindestens einmal im Jahr zu bewerten.
Dabei sind folgende Ziele zu verfolgen:
a. Analyse der Überwachungstätigkeit (Erforderlichkeit/Zweckmäßigkeit),

b. äußere Effektivitätskontrolle im Hinblick auf das Verkehrsunfallgeschehen und das Verhalten der Verkehrsteilnehmer (Auswertung in der Verkehrsunfallkommission),

c. innere Effektivitätskontrolle im Hinblick auf taktische, organisatorische, methodische, personelle und materielle Durchführung,

d. Verarbeitung von Hinweisen und Beschwerden aus der Bevölkerung,

e. Anregungen für Straßenverkehrsbehörden und Straßenbaubehörden, zum Beispiel Änderungsvorschläge für die Beschilderung, Straßengestaltung,

f. Schlussfolgerungen für die Verkehrsaufklärungsarbeit, zum Beispiel in Betrieben, Schulen, gegenüber der Presse.

12. Öffentlichkeitsarbeit

12.1 Die präventive Wirkung von Verkehrsüberwachungsmaßnahmen ist durch umfassende Unterrichtung der Öffentlichkeit zu unterstützen.

12.2 Soweit es zweckmäßig erscheint, können bevorstehende Maßnahmen angekündigt werden. Bei der Berichterstattung sollte darauf geachtet werden, dass nicht nur Ergebnisse, sondern auch die Gründe für die Erforderlichkeit der Verkehrsüberwachung herausgestellt werden.

13. Inkrafttreten

Dieser Erlass tritt am 15. September 1996 in Kraft.

3. Erlass zur Geschwindigkeitsüberwachung im öffentlichen Straßenverkehr des Wirtschaftsministeriums Mecklenburg-Vorpommerns v. 22.12.1995 i. d. F. v. 1.3.2003 einschließlich Anhang 1 bis 3 (Az.: V 510-621-24-603)

1. Rechtslage

Das Ministerium für Wirtschaft und Angelegenheiten der Europäischen Union hat aufgrund des § 26 Abs. 1 des Straßenverkehrsgesetzes in Verbindung mit Artikel 19 des Gesetzes über die Funktionalreform vom 05. Mai 1994 (GVO Bl. M-V S. 566) mit der Zuständigkeitsverordnung-Verkehrsordnungswidrigkeiten vom 14.03.1995 (GVO Bl. M-V S. 222) den Landräten, Oberbürgermeistern und Bürgermeistern der kreisfreien Städte Zuständigkeiten für die Verkehrsüberwachung, unbeschadet der Zuständigkeit der Polizei, übertragen. Damit bezweckt ist eine größtmögliche Zentralisation der Zuständigkeit bei entsprechend qualifizierten Behörden, die einheitlichen Weisungen zugänglich sind und bei denen Aufklärung und Ahndung in denselben Händen liegen.

Eine einheitliche und rasche Erledigung der Folgemaßnahmen wird unter Verwendung moderner technischer Einrichtungen und unter Einhaltung datenschutzrechtlicher Bestimmungen im Interesse einer effektiven Verwaltung gewährleistet.

Eingriffe in den fließenden Verkehr, die Anhaltebefugnis nach § 36 Abs. 5 Straßenverkehrs-Ordnung und Messungen auf fahrenden Fahrzeugen sowie Messungen von Geschwindigkeitsüberschreitungen nach § 3 Abs. 1 Satz 3 StVO (Sichtweite weniger als 50 m) bleiben ausschließlich der Polizei vorbehalten.

Dieser Erlass regelt die Durchführung von stationären Geschwindigkeitsmessungen. Bei diesen ist die Messeinrichtung während des Messvorganges nicht in Bewegung. Die stationären Messungen können sowohl mit mobilen Anlagen, bei denen die Messeinrichtungen nach dem Messvorgang leicht umsetzbar sind, als auch mit ortsfesten Anlagen, "sog. Starkästen", bei denen die Messeinrichtung fest mit dem Untergrund verbunden ist, durchgeführt werden.

2. Grundsätze

Die Verkehrsunfallentwicklung in Mecklenburg-Vorpommern gibt nach wie vor Anlass zu Besorgnis. Überhöhte Geschwindigkeit ist weiterhin eine der Hauptunfallursachen.

Der Überwachungsbedarf an Unfallhäufungsstellen, an Stellen mit besonderen Gefährdungen und in Tempo-30-Zonen nimmt in dem Maße zu, in dem flankierende Maßnahmen der Verkehrsberuhigung nicht ausreichen.

Neben der polizeilichen Verkehrsüberwachung erhält die Verkehrsüberwachung durch die Kreisordnungsbehörden zunehmende Bedeutung. Kreisordnungsbehörden übernehmen vorrangig die Überwachung der zulässigen Höchstgeschwindigkeit in Straßenbereichen, in denen ein Anhalten der Fahrzeuge nicht möglich ist oder unverhältnismäßig aufwendig wäre.

3. Ziel der Verkehrsüberwachung

Vorrangiges Ziel der Verkehrsüberwachung ist die Verkehrsunfallprävention. Durch die Verkehrsüberwachung sollen Unfälle verhütet und Unfallfolgen geminderte sowie auch schädliche Umwelteinflüsse begrenzt werden. Die Fahrzeugführer sollen zu verkehrsgerechtem und rücksichtsvollem Verhalten veranlasst werden.

Aus den Messungen sollen Anregungen für die Straßenverkehrsbehörden zur Änderung der Beschilderung und für die Straßenbaubehörden zur Straßengestaltung abgeleitet werden.

4. Durchführung der Geschwindigkeitskontrollen

4.1 Allgemeines

Die Geschwindigkeitsüberwachung ist eine hoheitliche Aufgabe. Sie obliegt der Polizei und den Kreisordnungs- oder Straßenverkehrsbehörden. Zu ihrer Durchführung können Geräte und Fahrzeuge gemietet werden. Beschäftigte privater Dienstleister dürfen nur für nichthoheitliche Aufgaben als technische Hilfskräfte nach Maßgabe der Ziff. 4.7 eingesetzt werden. Für die Durchführung von Geschwindigkeitskontrollen können weitergehende Einzelheiten mit Anleitungen des Wirtschaftsministeriums geregelt werden.

4.2 Messorte

4.2.1 Auswahl der Messorte

Eine lückenlose Verkehrsüberwachung findet keine Akzeptanz bei der Bevölkerung, sie ist weder sinnvoll noch möglich. Es sind Prioritäten zu setzen und Schwerpunkte zu bilden.

Überwachungsmaßnahmen sind dort zu konzentrieren, wo sich Unfälle ereignen (Unfallhäufungen und sonstige Unfallauffälligkeiten, die Folge von überhöhten Geschwindigkeiten sind) oder wo die Wahrscheinlichkeit besteht, daß sich Unfälle ereignen werden (Stellen mit besonderen Gefährdungen). Das sind insbesondere solche Stellen, an denen wiederholt wichtige Verkehrsregeln missachtet werden und die Wahrscheinlichkeit groß ist, dass sich Unfälle mit schwachen Verkehrsteilnehmern ereignen werden und die nicht durch verkehrsregelnde und bauliche Maßnahmen entschärft werden können.

Überwachungsmaßnahmen an Autobahnen und Kraftfahrstraßen sind insbesondere an Unfallhäufungen und sonstigen Unfallauffälligkeiten i. V. m. der Unfallursache Geschwindigkeit oder bei konkret dokumentiertem Bedarf in Bereichen mit Beschränkungen gemäß § 45 Abs. 1 Nm. 1 bis 6 StVO durchzuführen, für Arbeitsstellen bedarf es keiner Begründung.

Grundlage für die Verkehrsüberwachung sind die Ergebnisse der Unfallauswertung, insbesondere die örtliche Unfalluntersuchung und die Empfehlungen der Verkehrsunfallkommissionen.

Die Messorte sind einvernehmlich mit den örtlich zuständigen Polizeiinspektionen festzulegen, zu dokumentieren und in einer Übersicht zu ordnen.

Mit der Festlegung von Messorten für mobile Anlagen sollen Messorte für ortsfeste Anlagen ergänzt, und damit eine jederzeit lagegerechte Geschwindigkeitsüberwachung erreicht werden.

Kontrollen sollen nicht kurz vor oder hinter geschwindigkeitsregelnden Verkehrszeichen durchgeführt werden. Der Abstand bis zur Messstelle soll nicht kleiner als 100 m sein. Abweichungen vom Regelabstand unter 100 m sind zu begründen und in der Dokumentation zum Messort nachzuweisen. Auf Autobahnen und Kraftfahrstraßen ist zu geschwindigkeitsregelnden Verkehrszeichen ein Abstand von 250 m nicht zu unterschreiten.

Geschwindigkeitskontrollen sind auch dort durchzuführen, wo innerhalb geschlossener Ortschaften eine Geschwindigkeit über 50 km/h zugelassen ist (z. B. Ausfallstraßen).

4.2.2 Messorte für ortsfeste Anlagen

Ortsfeste Messgeräte sollen dort eingesetzt werden, wo eine langfristige Einflussnahme auf das Verkehrsverhalten erforderlich ist und wo vor allem die Einhaltung der zulässigen Höchstgeschwindigkeit auch in verkehrsschwachen Tageszeiten durchgesetzt werden muss.

Ihr Einsatz kann dort erforderlich werden, wo die Aufstellung mobiler Anlagen aus Platzgründen, wegen erschwerten Zuganges oder wegen unzumutbaren Aufenthaltes des Bedienungspersonals mobiler Anlagen nicht vertretbar ist.

Die Errichtung von ortsfesten Anlagen hat gemäß der „Anleitung zur Aufstellung von ortsfesten Geschwindigkeitsüberwachungsanlagen in Mecklenburg-Vorpommern (Anl oGÜA M-V)", des Landesamtes für Straßenbau und Verkehr Mecklenburg-Vorpommern vom 30. November 2001, Az.: 0331-621-25-824-2 zu erfolgen.

Die Einrichtung, der Abbau und die Umsetzung von ortsfesten Messanlagen bedarf der Zustimmung des Landesamtes für Straßenbau und Verkehr Mecklenburg-Vorpommern.

4.2.3   Messorte für mobile Anlagen

Messorte für mobile Anlagen sollen ergänzend zur punktuellen Wirkung ortsfester Anlagen eingerichtet werden. Mobiles Messgerät und Fahrzeug müssen sicher aufgestellt werden können. Bei Messungen an Autobahnen und Kraftfahrstraßen ist das Betreten und die Benutzung von Fahrbahnen und deren Seitenstreifen zum Zwecke der Vorbereitung, der Durchführung und den Abschluss von Überwachungsmaßnahmen nicht zulässig. Das gilt auch für Geschwindigkeitsmessungen in Verbindung mit der Abstandsüberwachung. Im Übrigen ist die Anleitung des Wirtschaftsministeriums vom 1. März 2003 einzuhalten.

Messorte für mobile Messgeräte sind vorzugsweise dort vorzusehen, wo die Einsatzbedingungen ortsfester Anlagen zur Geschwindigkeitsüberwachung nicht gegeben sind oder derartige Anlagen nicht kurzfristig erstellt werden können (Übergangsmaßnahme).

Die Messorte und die Einsatzzeiten für mobile Geschwindigkeitsmessungen sind auf der Grundlage des Erlasses des Wirtschaftsministeriums und des Innenministeriums Mecklenburg-Vorpommern vom 5. Februar 2001 zur gemeinsamen Strategie kommunaler und polizeilicher Maßnahmen zur Überwachung der zulässigen Fahrgeschwindigkeit im öffentlichen Straßenverkehr, zu bestimmen.

Durch den Einsatz mobiler Messgeräte ist flexibel auf den ständig steigenden Überwachungsbedarf in Schwerpunktzeiten und auf sich örtlich verändernde Konfliktpunkte zu reagieren.

4.3   Messgeräte. Fahrzeuge und andere Mittel

Kontrollen zur Feststellung von Geschwindigkeitsüberschreitungen dürfen nur mit den von der Physikalisch-Technischen Bundesanstalt (PTB) und nach den Bestimmungen des Eichgesetzes zugelassenen Geräten durchgeführt und ausgewertet werden.

Beim Einsatz der Geräte sind die Betriebsanweisung des Herstellers und die innerstaatliche Zulassung der PTB einzuhalten. Sie müssen gemäß ihren Zulassungsbestimmungen geeicht sein. Urkunden darüber sind bei den zuständigen Behörden aufzubewahren.

4.4   Planung der Kontrollen

Die Polizei verfügt über die zur Beurteilung der Verkehrssicherheitslage dienlichen Informationen. Es wird empfohlen, bei der Vorbereitung und Durchführung von Geschwindigkeitskontrollen diese Erfahrungen zu nutzen.

Auf der Grundlage der Erkenntnisse aus der örtlichen Unfalluntersuchung und Konfliktbeobachtungen an Gefahrenpunkten sind die Messzeiten und die Durchführung von Schwerpunkteinsätzen mit den zuständigen Polizeidienststellen bzw. mit den Unfallkommissionen einvernehmlich festzulegen.

4.5   Anfertigung von Beweismitteln

Die Fahrzeuge sind von vorne und, wenn erforderlich, auch von hinten zu fotografieren. Ist beim Einsatz von Fotogeräten die Ausleuchtung durch Blitzlicht-
geräte notwendig, ist darauf zu achten, daß Fahrzeugführer nicht geblendet werden. Es sind nur dafür zugelassene Blitzanlagen zu verwenden. Der Fahrernachweis ist durch Fotodokumentation sicherzustellen.

4.6   Nachweis der Kontrollen

Über jede durchgeführte Geschwindigkeitskontrolle (auch für ortsfeste Anlagen) sind Protokolle (Urkunden LS. des § 267 StGB) entsprechend Anhang 3 zu
fertigen und zusammen mit den Negativfilmen aufzubewahren.

4.7   Aufgabenabgrenzung zu privaten technischen Hilfskräften

Die alleinige Verantwortung für die Durchführung der Geschwindigkeitskontrolle obliegt den Bediensteten der Behörden.
   Sie führen die Messungen persönlich durch. Sie haben dafür zu sorgen, dass
die Kontrollen nur in den dafür vorgesehenen und abgestimmten Messorten und
Zeiten erfolgen.
   Sie zeichnen für die Richtigkeit der Geräteaufstellung im Protokoll gemäß
4.6; eventuell eingesetzte private technische Hilfskräfte können als Zeuge gegenzeichnen. Privater technischer Hilfskräfte dürfen sich Behörden nur für
nachstehend abschließend aufgeführte Handlungen bedienen:

–   Führung der Messfahrzeuge,

–   Hilfe bei der Aufstellung, Justierung und beim Abbau der Messgeräte,

–   Überprüfung der Funktionssicherheit und Übergabe der Messgeräte im be-
    triebsbereiten Zustand,

–   Filmwechsel und Beseitigung technischer Ausfälle, soweit es am Messort
    möglich und zulässig ist,

–   Aufbau und Wartung ortsfester Anlagen.

5.   *Personal*

5.1   Gesundheitliche Eignung

Der Dienstherr gewährleistet, daß das Seh- und Hörvermögen der in der Überwachung des fließenden Verkehrs eingesetzten Bediensteten nicht eingeschränkt ist.

5.2   Einbeziehung privater technischer Hilfskräfte

Private Anbieter haben für sich und für ihre technischen Hilfskräfte durch Führungszeugnis nach § 30 Bundeszentralregistergesetz (BZRG) nachzuweisen, dass keine Tatsachen vorliegen, die sie für die Tätigkeit als Unternehmen oder als technische Hilfskräfte bei der Geschwindigkeitskontrolle als unzuverlässig erscheinen lassen. Sie haben zu gewährleisten, dass die eingesetzten technischen Hilfskräfte zu den in Ziff. 4.7 genannten Tätigkeiten befähigt sind und gemäß der technischen Ausstattung fortgebildet werden. Entsprechen Anbieter oder technische Hilfskräfte diesen Anforderungen nicht, sind sie nicht mehr einzusetzen, ggf. sind die Verträge mit den privaten Anbietern zu kündigen. Ziffer 5.2 gilt auch für Anbieter und für die Ausführung von Aufgaben nach Ziffer 6.2 und 6.3.

5.3   Aus- und Fortbildung

Die zur Durchführung von Geschwindigkeitskontrollen eingesetzten Bediensteten der Behörden müssen über Kenntnisse im Straßenverkehrsrecht und Ordnungswidrigkeitenrecht verfügen und haben sich entsprechend fortzubilden. Sie müssen für die Aufstellung und Bedienung der Geräte nach den Auflagen der Physikalisch-Technischen Bundesanstalt und der Gerätehersteller ausgebildet sein. Zur Einweisung in technische Neuerungen und zur Vermeidung möglicher Bedienungsfehler haben die eingesetzten Kräfte an Fortbildungsmaßnahmen teilzunehmen und sich eine erfolgreiche Teilnahme bestätigen zu lassen. Anerkannt werden Zertifikate von Polizeischulen oder Herstellern der Mess- und Auswertetechnik oder von Händlern und Vermietern dieser Technik, wenn sie vom Hersteller ausdrücklich zur Durchführung von Aus- und Fortbildungsmaßnahmen bei Ordnungsbehörden autorisiert worden sind und eine vom Hersteller erworbene Befähigung hierfür nachweisen können.

Die Bediensteten, die die Auswertung der Geschwindigkeitsmessung durchführen, sollen die Befähigung zum mittleren allgemeinen Verwaltungsdienst nachgewiesen haben.

6.   *Verwertung der Messungen*

6.1   Beweismittel

Beweismittel sind der unversehrte Messfilm, die Fotoserie, das Messprotokoll und die Datensätze, die im Rahmen der Messung erfasst und aufbereitet werden. Es ist sicherzustellen, dass eine Einsichtnahme Dritter in die Beweismittel nicht möglich ist. Wenn private Anbieter das Beweismaterial aufbereiten, ist sicherzustellen, dass keine Daten beim Auftragnehmer zurückbleiben (weitere Voraussetzungen Ziff. 7.).

6.2   Filmentwicklung

Stehen den Behörden keine Geräte zur Entwicklung der Messfilme zur Verfügung, können die Filme auf der Grundlage eines Vertrages von privaten Anbietern entwickelt werden. Das gleiche gilt für die Anfertigung von Fotoserien. Insbesondere ist dann von jedem gemessenen Fahrzeug eine Fotoserie anzufertigen, auch von nicht verwertbaren Aufnahmen.

6.3   Übergabe der Beweismittel

Die Behandlung und Übergabe der Beweismittel ist bei Hinzuziehung privater Anbieter, gemäß Ziff. 7 und der Anhänge 1 und 2 im Vertrag zu vereinbaren. Es ist sicherzustellen, dass sämtliche Beweismittel der Behörde übergeben werden.

6.4   Auswertung der Beweismittel

Die Auswertung der Beweismittel ist nur von den Behörden vorzunehmen.
    Nur zweifelsfreie Fälle und einwandfreie Messergebnisse dürfen zur Anzeige einer Verkehrsordnungswidrigkeit führen. Die zu beanstandenden Kraftfahrzeuge sind für jede Geschwindigkeitskontrolle in zeitlicher Reihenfolge nach der Auswertung zu erfassen. Es sind die von der PTB festgelegten Toleranzwerte bei der Ermittlung der vorwerfbaren Geschwindigkeitsüberschreitung zu berücksichtigen. Jede Überschreitung der zulässigen Höchstgeschwindigkeit stellt eine Ordnungswidrigkeit dar. Verbleibt nach Abzug der herstellerseitig vorgegebenen Toleranzwerte eine Überschreitung der zulässigen Höchstgeschwindigkeit von nicht mehr als 5 km/h (Opportunitätstoleranz), so soll die Geschwindigkeitsüberschreitung als unbedeutender Verstoß gewertet werden.

6.5   Fahrerermittlung

Im Interesse der Vereinfachung und Beschleunigung des Verfahrens sind Ermittlungen zu eigenen Messungen grundsätzlich von den Bußgeldbehörden selbst zu führen und notwendige Ermittlungsersuchen an die für den Wohnsitz der Betroffenen oder des Betroffenen zuständige Behörde zu richten. Eine Inanspruchnahme der Polizei kommt nur in begründeten Ausnahmefällen in Betracht, wenn die Schwere und die Bedeutung der Ordnungswidrigkeit diesen Verwaltungsaufwand rechtfertigt und alle Möglichkeiten der zuständigen Ordnungsbehörde ausgeschöpft sind. Ermittlungsersuchen an andere Bundesländer sind in der Regel unter Beachtung des vorgenannten Grundsatzes an die Polizei zu richten.

7. Datenschutz/Verpflichtung (Anhang 1 und 2)

Beim Umgang mit Daten im Zusammenhang mit der Verkehrsüberwachung, Verfolgung und Ahndung von Verkehrsordnungswidrigkeiten sind die Landräte, Oberbürgermeister (Bürgermeister) kreisfreier Städte für die Einhaltung der Datenschutzvorschriften verantwortlich.

Sie haben zu gewährleisten, dass in Verträge mit privaten Anbietern die Regelungen des Landesdatenschutzgesetzes Mecklenburg-Vorpommern vom 24.7.1992 in der zur Zeit gültigen Fassung, zum Umgang mit personenbezogenen Daten im Auftrag, zum Datengeheimnis und zu technisch organisatorischen Maßnahmen einbezogen werden. Unterauftragsverhältnisse sind auszuschließen.

Es ist sicherzustellen, dass nach Aufbereitung der Messung – dazu gehört die Filmentwicklung, die Anfertigung der Fotoserien und der Datensätze – die Beweismittel unverzüglich und im gesamten Umfang. an die Ordnungsbehörde übergeben werden. Hierzu ist ein Übergabeprotokoll zu fertigen

Die als technische Hilfskräfte eingesetzten Mitarbeiter privater Anbieter sind zum Datengeheimnis zu verpflichten.

Die Anhänge 1 und 2 enthalten verbindliche Vorgaben zur Vertragsgestaltung und Verpflichtungserklärung, die in einem Abschnitt „Datenschutz/Datensicherung" des Vertrages zu vereinbaren sind.

8. Statistik

Ergebnisse aus Geschwindigkeitskontrollen (außer Polizei) sind in einer statistischen Erfassung nachzuweisen und auszuwerten sowie für eine Landesauswertung dem Landesamt für Straßenbau und Verkehr bis zum 31. März des Folgejahres zu übersenden. Formvorgabe und Inhalt der zu übersendenden Statistik verfügt das Landesamt.

Die Gesamtstatistik des Landes MV über die Ahndung von Verkehrsordnungswidrigkeiten wird gesondert geregelt.

9. Kosten/Verwarngeld- und Bußgeldeinnahmen

Die den Kreisen und kreisfreien Städten als Kreisordnungsbehörden entstehenden Personal- und Sachkosten werden durch das Buß- und Verwarngeld sowie durch das Gebührenaufkommen nach dem Ordnungswidrigkeitengesetz ausgeglichen (§ 1 Finanzausgleichsgesetz i. d. F. der Bekanntmachung vom 01.06. 1993, GVO Bl. M-V 1993 S. 618).

10. *Wirksamkeit der Geschwindigkeitskontrollen*

Die Wirksamkeit der Geschwindigkeitskontrollen ist mindestens einmal im Jahr zu bewerten. Dabei sind folgende Ziele zu verfolgen:

- Analyse der Überwachungstätigkeit (Erforderlichkeit/Zweckmäßigkeit),
- äußere Effektivitätskontrolle im Hinblick auf das Verkehrsunfallgeschehen und das Verhalten der Verkehrsteilnehmer (Auswertung in der Verkehrsunfallkommission),
- innere Effektivitätskontrolle im Hinblick auf taktische, organisatorische, methodische, personelle und materielle Durchführung,
- Verarbeitung von Hinweisen und Beschwerden aus der Bevölkerung,
- Anregungen für Straßenverkehrsbehörden und Straßenbaubehörden, z. B. Änderungsvorschläge für die Beschilderung, Straßengestaltung,
- Schlussfolgerungen für die Verkehrsaufklärungsarbeit, z. B. in Betrieben, Schulen, gegenüber der Presse.

11. *Öffentlichkeitsarbeit*

Die präventive Wirkung von Verkehrsüberwachungsmaßnahmen ist durch umfassende Unterrichtung der Öffentlichkeit zu unterstützen.

Soweit es zweckmäßig erscheint, können bevorstehende Maßnahmen angekündigt werden. Ortsgenaue Angaben zu Verkehrsüberwachungsmaßnahmen sind jedoch nicht mitzuteilen. Bei der Berichterstattung ist darauf zu achten, dass nicht nur Ergebnisse sondern auch die Gründe für die Erforderlichkeit der Verkehrsüberwachung herausgestellt werden.

12. *Inkrafttreten*

Dieser Erlass tritt am 01.12.1995 in Kraft. Gleichzeitig werden die Erlasse Az.: V670a-621.303 vom 16.03.1992, vom 27.07.1992 und der Erlass Az.: 670a-521.5-2-4 vom 14.10.1992 aufgehoben.

Im Auftrag

Berthold Witting

Anhang 1

Die schriftliche Vereinbarung bzw. der Vertrag sollte (ggf. in einem Abschnitt Datenschutz/Datensicherung) auf folgende Punkte eingehen:

- Art und Umfang des Umgangs mit den Daten (insbesondere konkrete Angaben zu den einzelnen Phasen der Datenverarbeitung, verwendeten Anlagen, Systemen und Programmen)
- Zeitpunkt, Ort, Protokollierung und Berechtigte für die Datenübermittlung (Anlieferung und Ausgabe der Daten)
- Versandformen und Transport
- Art und Aufbewahrung der Datenträger (Belege, Filme, Magnetbänder, Disketten u.ä.) beim Auftragnehmer (AN)
- Maßnahmen zur Rückführung oder Beseitigung der angelieferten Datenträger
- Maßnahmen zur Löschung nicht mehr benötigter Daten (Löschart, Zeitpunkt u.a.)
- Maßnahmen zur Entsorgung von Fehldrucken bzw. Ausschussmaterial
- Maßnahmen bei Verlust von Datenträgern
- Vereinbarungen über die Verfahrensabnahme und Programmfreigabe
- Art der Gewährleistung der Kontrolle des Umgangs mit den Daten und der Datenschutzmaßnahmen durch den Auftraggeber (AG) (Zutritt zu Räumen, Einsicht in Anlagen)
- unverzügliche Mitteilung des AN an den AG über eingetretene Veränderungen in den o.g. Punkten
- Vereinbarung der fristlosen Kündigung bei Verletzungen der Datenschutz-/ Datensicherheitsmaßnahmen

Ist der AN eine private Stelle bzw. ein öffentlich-rechtliches Wettbewerbsunternehmen, sollten zusätzlich folgende Punkte vertraglich geregelt werden:

- Verpflichtung des AN, Weisungen des AG zum Umgang mit den Daten auszuführen und sich schließlich an dessen Weisungen zu halten
- Verpflichtung des AN zur Unterwerfung unter die Kontrolle des Landesbeauftragten für den Datenschutz (entfällt bei öffentlich-rechtlichen Wettbewerbsunternehmen)
- Verpflichtung des AN, den AG unverzüglich über alle Verstöße gegen bestehende Datenschutzbestimmungen beim Umgang mit den Daten oder bei Weisungen des AG zum Umgang mit den Daten zu unterrichten

– Verpflichtung aller Mitarbeiter des AN, die Zugang zu den Daten haben, auf das Datengeheimnis

– Bereitstellung der Dateibeschreibung und des Geräteverzeichnisses nach § 16 durch den AN

– Sicherstellung der Anmeldung der Datenverarbeitung des AN bei der zuständigen Aufsichtsbehörde für den Datenschutz nach dem BDSG

– Regelmäßige Kontrolle des Umgangs mit den Daten durch den Datenschutzbeauftragten des AN (betrieblicher Datenschutzbeauftragter nach dem BDSG)

4.   Grundsätze für die Verkehrsüberwachung durch Polizei und Kommunen, Runderlass des Ministeriums des Innern Sachsen-Anhalt v. 6.3.2009, Punkt 12. RdErl. des MI vom 6. März 2009 (MBl. LSA S. 208) – 23.3-12320

I.   Verkehrsüberwachung durch die Polizei

Die vom Straßenverkehr ausgehenden vielfältigen Gefahren für alle Verkehrsteilnehmer erfordern permanent höchste Anstrengungen zur Verbesserung der Verkehrssicherheit. Hohe polizeiliche Präsenz im Verkehrsraum und jegliche Maßnahmen der Verkehrsüberwachung, die auf der Grundlage sorgfältiger Analysen der aktuellen Verkehrssicherheitslage zielgerichtet geplant und durchgeführt werden, sind ein wesentlicher Beitrag zur Gewährleistung der öffentlichen Sicherheit und Ordnung, Kriminalitätsprävention und -bekämpfung. Sie verlangen ein Höchstmaß an fachlicher, sozialer und persönlicher Kompetenz von allen mit dieser Aufgabe betrauten Bediensteten. Im Interesse eines effektiven Einsatzes in diesem Aufgabenfeld ist eine umfassende und enge Abstimmung der polizeilichen und kommunalen Verkehrsüberwachungstätigkeit unter Berücksichtigung der jeweils bestehenden Zuständigkeiten sicherzustellen. Die Möglichkeit, im Rahmen von Verkehrskontrollen Fahndungsabgleich durchzuführen, Verdachtsansätze zu erlangen oder konkrete Straftaten aufzuklären, ist konsequent zu nutzen.

1.   Ziel der Verkehrsüberwachung

Vornehmliches Ziel der Verkehrsüberwachung ist die Verbesserung der objektiven Verkehrssicherheitslage und die Stärkung der subjektiven Sicherheit im Straßenverkehr. Sie ist daher insbesondere darauf auszurichten, Verkehrsunfalle zu vermeiden oder deren erhebliche Folgen zu minimieren sowie sonstigen Verkehrsgefahren entgegenzuwirken.

Mit zielgerichteten Verkehrsüberwachungsmaßnahmen sollen Straftaten und Ordnungswidrigkeiten im Straßenverkehr festgestellt und verhindert werden. Daneben sollen Verkehrsverstoße verfolgt, der allgemeine Verkehrsraum sicherer gestaltet und konkrete Verkehrsabläufe verbessert werden. Einem möglichst hohen Überwachungsdruck, verbunden mit einer hohen Entdeckungswahrscheinlichkeit, kommt hierbei unter Berücksichtigung von Aspekten der allgemeinen Gefahrenabwehr und der Kriminalitätsbekämpfung besondere Bedeutung zu, da hierdurch die Verkehrsteilnehmer zu verkehrsgerechtem und rücksichtsvollem Verhalten angehalten werden können. Konsequentes, nachvollziehbares und transparentes Handeln im Bereich der Verkehrsüberwachung ist geeignet, die Verkehrsmoral der Verkehrsteilnehmer langfristig und nachhaltig zu verbessern.

Die Verkehrsüberwachung dient darüber hinaus der Minderung von verkehrsbedingten Umweltbeeinträchtigungen und der Verbesserung des sicherheits- und umweltbewussten Verkehrsverhaltens.

2. Grundlagen der Verkehrsüberwachung

Umfassende Analysen der Verkehrssicherheitslage sind die primäre Grundlage für die Verkehrsüberwachung. Für eine strategische und zielgruppenorientierte Verkehrsüberwachung sind insbesondere erforderlich,

a) eine regelmäßige, zielgerichtete und detaillierte Analyse der Elektronischen Unfalltypensteckkarte „EUSKa" und der im Rahmen der örtlichen Unfalluntersuchung festgestellten Unfallhäufungsstellen und Unfallhäufungslinien,

b) Kenntnisse von bestimmten sich abzeichnenden Tendenzen in der Unfallentwicklung,

c) Kenntnisse über die unterschiedlichen Verkehrs- und Unfallcharakteristiken an Wochentagen, Wochenenden und Feiertagen, zu bestimmten Tageszeiten sowie innerhalb und außerhalb von Ortschaften sowie

d) Kenntnisse von Arten und Auswirkungen verschiedener Eignungsmängel bei Verkehrsteilnehmern.

Weitere Aspekte und Anhaltspunkte wie z. B.

e) Auswertungen und Erkenntnisse bisheriger Verkehrsüberwachungsmaßnahmen

f) Bürgerinformationen oder Medienauswertungen,

g) straßenverkehrsbehördliche Informationen,

h) temporäre Besonderheiten (Schulbeginn, Großveranstaltungen und so weiter)

i) politische, konzeptionelle und fachliche Vorgaben des Ministeriums oder

j) allgemeine polizeiliche Beobachtungen

können daneben ebenso Grundlage von Verkehrsüberwachungsmaßnahmen sein.

Im Interesse einer wirkungsvollen Unfallverhütung soll hauptsächlich den besonders gefährlichen, zu den Hauptunfallursachen gehörenden Verhaltensweisen entgegengewirkt werden. Dazu zählen insbesondere die überhöhte oder unangepasste Geschwindigkeit, Fahruntüchtigkeit infolge von Alkohol-, Drogen- oder Mischkonsum sowie das Nichtbeachten der Vorfahrt oder des Vorrangs. Darüber hinaus ist vorrangig den Unfällen mit schweren Unfallfolgen zu begegnen, die z. B. durch die ungenügende Nutzung von Rückhaltesystemen und bei Unfällen unter Beteiligung von Fahrzeugen des gewerblichen Personen- und Güterverkehrs zu verzeichnen sind.

3.   Transparenz und Öffentlichkeitsarbeit

Viele Maßnahmen der Verkehrsüberwachung erfahren eine hohe Beachtung in der Öffentlichkeit, ein erhebliches Medieninteresse sowie eine kritische Beobachtung und Bewertung. Deshalb sind nachhaltige Bemühungen um eine höchstmögliche gesellschaftliche Akzeptanz permanent erforderlich. Dazu ist eine professionelle Planung und Ausführung des Überwachungsauftrages unabdingbar. Eine umfassende und qualitativ hochwertige Bürgeransprache, mit der dem betroffenen Verkehrsteilnehmer das Ziel und die Notwendigkeit der jeweiligen Maßnahme umfassend erläutert wird, sowie eine im Einzelfall erforderliche zielgerichtete und transparente Öffentlichkeitsarbeit tragen hierzu bei.

Insbesondere im Rahmen der Ermessensausübung ist beim Einschreiten wegen Ordnungswidrigkeiten grundsätzlich zu berücksichtigen, dass sich der überwiegende Teil der Verkehrsteilnehmer im Wesentlichen normen treu verhält, sich eine Vielzahl der Verkehrsverstöße im Bagatellbereich bewegen und sich eine völlig konfliktfreie, normentreue Verkehrsteilnahme nicht realisieren lässt.

Gezielte Öffentlichkeitsarbeit trägt entscheidend dazu bei, die präventiven Wirkung von Verkehrsüberwachungsmaßnahmen zu verbessern. Soweit es zweckmäßig erscheint, können Verkehrsüberwachungsmaßnahmen (z. B. Schwerpunktaktionen oder Ähnliches) ohne konkrete Angaben über Ort und Zeit in der Öffentlichkeit angekündigt werden.

4.   Verkehrsüberwachung als Führungsaufgabe

Die Sicherung einer qualitativ anspruchsvollen Durchführung der Verkehrsüberwachung erfordert besondere Aufmerksamkeit und Führungsverantwortung. Vorgesetzte haben eine strategische Ausrichtung, zielbewusste Planung, Durchführung und ein begleitendes Controlling von Verkehrsüberwachungsmaßnahmen vorzunehmen und für sachgerechten Einsatz des Personals (z. B. der Kräfte der spezialisierten Verkehrsüberwachung zu sorgen.

4.1.   Planung und strategische Ausrichtung

Die Behörden erstellen, orientiert an Verkehrsbildern, delikts- und zielgruppenorientierte Kontrollpläne und stimmen diese bei Bedarf behördenübergreifend ab. Werden Kräfte der Landesbereitschaftspolizei zur Unterstützung des polizeilichen Einzeldienstes (UPED) eingebunden, stellen diese keine eigenen Lagebeurteilungen an, sondern unterstützen die Dienststellen im jeweiligen Bereich und in erforderlichem Umfang.

Die vom Ministerium jährlich vorgegebenen europa-, bundes- oder landesweiten Schwerpunktaktionen im Bereich der Verkehrsüberwachung sind durch die Behörden und ihre nachgeordneten Bereiche in die Planung der Überwachungspraxis einzubeziehen.

4.2　Durchführungskontrollen

Durch zweckdienliche Kontroll- und Controllingmechanismen ist eine geeignete, sachgerechte und rechtmäßige Überwachungspraxis sicherzustellen. Dazu sind durch Vorgesetzte aller Führungsebenen die vorhandenen Controllinginstrumente intensiv zu nutzen. Dabei sind insbesondere die Auswertungen der Zentralen Bußgeldstelle einzubeziehen.

4.3　Evaluation der Maßnahmen

Die Maßnahmen der Verkehrsüberwachung und ihre Auswirkungen sind permanent und systematisch insbesondere dahingehend zu evaluieren, Einfluss sie auf Verkehrsunfallgeschehen und das Verhalten der Verkehrsteilnehmer ausüben. Diese Bewertungen stellen zugleich eine Entscheidungsgrundlage für künftige konzeptionelle Maßnahmenplanungen dar. Sie sollten daneben insbesondere taktische organisatorische, methodische, personelle und materielle Aspekte berücksichtigen.

4.4　Informationspflicht

Die jeweiligen Vorgesetzten haben sicherzustellen, dass allen zur Verkehrsüberwachung eingesetzten Kräften regelmäßig aufgabenbezogene und aktualisierte Informationen zur Unfallsituation, aber auch zu den Ergebnissen der Evaluation in geeigneter Form zur Verfügung stehen. Diese stellen unabdingbare Voraussetzungen für eine zielgerichtete Bürgeransprache nach festgestellten Verkehrsverstößen dar. Soweit UPED-Kräfte zum Einsatz kommen, sind diesen von der unterstützten Dienststelle die erforderlichen Lagebeurteilungen und Informationen vor dem Maßnahmebeginn bekannt zu geben.

5.　*Umfang der Verkehrsüberwachung*

Verkehrsüberwachung ist unter anderem im Einzelfall ständige Aufgabe aller Beamten des Polizeivollzugsdienstes. Sie umfasst nach dem Prinzip der ganzheitlichen Kontrolle alle polizeilichen Maßnahmen, die zur Gewährleistung der Verkehrssicherheit beitragen. Dazu gehören

a)　Überprüfungen der Verkehrsteilnehmer (z. B. die Einhaltung von Verhaltensvorschriften oder Mitführungspflichten, Fahrtüchtigkeit),

b)　Überprüfungen der Verkehrsmittel (z. B. Zulassung, fahrzeugbezogene Unterlagen, technischer Zustand, Ausrüstung, Beladung, Abmessung),

c)　Überprüfung und Beobachtung des Verkehrsraumes auch außerhalb der Mitwirkung bei Verkehrsschauen (z. B. Straßenzustand, Leistungsfähigkeit,

Knoten- und Streckenbelastungen, Zustand, Erkennbarkeit, Wirksamkeit von Verkehrszeichen).

Die Überwachung des ruhenden Verkehrs ist auch regelmäßig Sache der Polizei, wenn in Folge von Verkehrsverstößen unmittelbare Gefahren entstehen oder konkrete Verkehrsbehinderungen zu erwarten sind. Die grundsätzliche Zuständigkeit zur Überwachung des ruhenden Verkehrs m Sachsen-Anhalt obliegt gemäß § 16 Abs. 1 der Verordnung über die Zuständigkeiten auf verschiedenen Gebieten der Gefahrenabwehr (ZustVO SOG) den Verwaltungsgemeinschaften sowie Gemeinden, die keiner Verwaltungsgemeinschaft angehören.

6.   Mittel und Methoden

Mittel und Methoden der polizeilichen Verkehrsüberwachung sind grundsätzlich der Eigenart des Verkehrsverstoßes anzupassen. In Betracht kommen beispielsweise die

a) Überwachung in Form von Durchfahrts- oder Anhaltekontrollen,

b) Überwachung durch automatische Verkehrsüberwachungstechnik sowie

c) Überwachung durch motorisierte Streifen, Fuß- oder Fahrradstreifen.

Die verschiedenen Einsatzformen können allein oder in einsatztaktisch sinnvollen Kombinationen und je nach Lagebeurteilung offen oder verdeckt erfolgen. Unter Berücksichtigung des Überwachungsziels kann dabei ein Einsatz von Kräften in Uniform, ziviler Kleidung oder ein kombinierter Einsatz sachgerecht sein.

Vor dem Hintergrund, dass Verkehrsüberwachungsmaßnahmen stets ordnungspolitische Entscheidungen zu Grunde liegen, ist die Verwendung tarnender Mittel in der Regel nicht erforderlich. Soweit dennoch im Ausnahmefall die Verwendung solcher Mittel unumgänglich erscheint, ist parallel durch eine umfassende begleitende Öffentlichkeitsarbeit auf deren Erforderlichkeit hinzuweisen.

5. **Auskunft zur Geschwindigkeitsüberwachung im öffentlichen Verkehrsraum des baden-württembergischen Ministeriums für Umwelt, Naturschutz und Verkehr v. 26.1.2010.**

Verkehrsüberwachung – Privatisierung der Geschwindigkeitsüberwachung im öffentlichen Verkehrsraum

Ihr Schreiben vom 17.01.2011

zu Ihrer Anfrage teilen wir Ihnen Folgendes mit:

Bei der Verkehrsüberwachung sind der Beteiligung privater Unternehmen enge Grenzen gesetzt. Verstöße gegen die materiellen Verhaltensnormen des Straßenverkehrsrechts sind unter den Sanktionsvorbehalt des Straf- und Ordnungswidrigkeitenrechts gestellt. Dieses Sanktionssystem ist der öffentlichen Sicherheit zuzurechnen, welche zum Kern der originären Staatsaufgaben zählt. Die Feststellung und Verfolgung von Verkehrsverstößen ist damit eine hoheitliche Aufgabe, die grundsätzlich nicht von Privaten vorgenommen werden darf.

Die für die Verkehrsüberwachung zuständigen Behörden müssen deshalb die Verfolgung von Ordnungswidrigkeiten von Beginn an eigenverantwortlich und mit eigenem Personal durchführen und stets "Herrin des Verfahrens" sein. Die Bußgeldbehörden können deshalb Privatfirmen nur zur Erledigung einfacher technischer Hilfeleistungen beauftragen. So kann beispielsweise das Aufstellen von Geschwindigkeits- oder Rotlichtüberwachungsanlagen, das – abhängig vom eingesetzten Verfahren – Wechseln und Entwickeln von Filmen oder das Fertigen von Fotoabzügen durch Private erledigt werden. Auch können die Behörden die erforderlichen Geräte bzw. Messfahrzeuge von Privatfirmen mieten oder leasen.

Diese Vorgehensweise, die der ständigen Rechtsprechung entspricht, ist von den für straßenverkehrsrechtliche Bußgeldverfahren zuständigen Behörden zu beachten.

Wir bitten Sie um Verständnis, dass wir von einer Übersendung von innerdienstlichen Anweisungen absehen.

Literatur

Albrecht, Florian	Automatisierung des Anfangsverdachts? – Straßenver-kehrsüberwachung am Scheideweg zwischen Rechts- und Überwachungsstaat, jurisPR-ITR 11/2010, Anm. 5.
Albrecht, Florian/ Dienst, Sebastian	Fach- und Sachkunde der Beauftragten für den Daten-schutz Praktische Hinweise zu § 4f BDSG, JurPC Web-Dok. 19/2011, Abs. 1-36.
Artelt, Jens	Verwaltungskooperationsrecht, 2009.
Arzt, Clemens/Eier, Jana	SectionControl und allgemeine Videoüberwachung im Straßenverkehr – Neue und alte Maßnahmen ohne Rechtsgrundlage, NZV 2010, 113.
Auernhammer, Herbert	Bundesdatenschutzgesetz, Kommentar, 3. Aufl., 1993.
Baer, Susanne	Verwaltungsaufgaben, in: Hoffmann-Riem/Schmidt-Aßmann/Voßkuhle (Hg.), Grundlagen des Verwal-tungsrechts, Band I, 2006, § 11, S. 717 ff.
Battis, Ulrich/Kersten, Jens	Das Outsourcing der Beihilfebearbeitung, ZBR 2000, 145.
Bauer, Hartmut	Privatisierung von Verwaltungsaufgaben, VVDStRL 54 (1995), S. 243 ff.
ders.	Public Private Partnerships als Erscheinungsform der kooperativen Verwaltung – Zugleich ein Beitrag zu Police Private Partnership, in: Stober (Hg.), Public-Private-Partnerships und Sicherheitspartnerschaften, 2000, S. 21 ff.
ders.	Verwaltungskooperation – Public Private Partnerships und Public Public Partnerships, in: Bauer/Büchner/ Brosius-Gersdorf (Hg.), Verwaltungskooperation, 2008, S. 9 ff.
ders.	Verwaltungsrechtliche und verwaltungswissenschaftli-che Aspekte der Gestaltung von Kooperationsverträgen bei Public Private Partnership, DÖV 1998, 89.
Bäuerle, Michael	Polizei- und Verwaltungsrecht, http://www.uni-giessen. de/~g11003/datenschutz.pdf.
Baumann, Karsten	Private Luftfahrtverwaltung, 2002.

Becker, Joachim	Das Demokratieprinzip und die Mitwirkung Privater an der Erfüllung öffentlicher Aufgaben – Zum Beschluß des Bundesverfassungsgerichts „Lippeverband und Emschergenossenschaft" vom 5. Dezember 2002, DÖV 2004, 910.
ders.	Rechtsrahmen für Public Private Partnership – Regelungsbedarf für neue Kooperationsformen zwischen Verwaltung und Privaten?, ZRP 2002, 303.
Becker, Klaus P.	Geschwindigkeitsüberschreitung im Straßenverkehr: Messmethoden und Fehlerquellen, Verwaltungs- und Gerichtsverfahren, 7. Aufl., 2010.
Benker, Hermann	Kommunale Verkehrsüberwachung in Bayern, Kommunalpraxis 1999, 369.
Bergmann, Lutz/Möhrle, Roland/Herb, Armin	Datenschutzrecht, 2009.
Bernstein, Frank	Zur Rechtsnatur von Geschwindigkeitskontrollen, NZV 1999, 316.
Bertrams, Michael	Aus der Rechtsprechung des OVG NRW zum Polizei- und Ordnungsrecht, NWVBl. 2003, 289.
Bick, Ulrike/Kiepe, Folkert	Geschwindigkeitsüberwachung – Neue Tendenzen in Nordrhein-Westfalen und Baden-Württemberg, NZV 1990, 329.
Bieback, Karin	Zertifizierung und Akkreditierung, 2008.
Bohnert, Joachim	Kommentar zum Ordnungswidrigkeitengesetz 3. Aufl., 2010.
Bonk,Heinz Joachim	Fortentwicklung des öffentlich-rechtlichen Vertrags unter besonderer Berücksichtigung der Public Private Partnerships, DVBl. 2004, 141.
Braun, Frank	IT-Outsourcing der öffentlichen Hand, juris AZO 16/2008.
Brauser-Jung, Gerrit	Die DIN 77200 als Ersatz oder Ergänzung des § 34 a GewO ? – Eine Untersuchung zur indirekten Risikosteuerung durch marktwirtschaftliche Elemente im Bereich traditionellen Gefahrenabwehrrechts, in: Stober (Hg.), Sicherheitsqualität durch Sicherheitsqualifikation, 2004, S. 29 ff.
Bräutigam, Peter	IT-Outsourcing, 2. Aufl. 2008.
Brenner, Michael	Überwachung des ruhenden Verkehrs durch Private, SVR 2011, 129ff.
Budäus, Dieter/Grande, Edgar/Kißler, Leo	in: Gusy (Hg.), Privatisierung von Staatsaufgaben, 1998, S. 12 ff.

Budäus, Dietrich	Organisationswandel öffentlicher Aufgabenwahrnehmung, 1998.
Büllesbach, Alfred/ Rieß, Joachim	Outsourcing in der öffentlichen Verwaltung, NVwZ 1995, 444.
Burgi, Martin	Beleihung und Verwaltungshilfe, in: Stober/Olschok (Hg.), Handbuch des Sicherheitsgewerberechts, 2004, JII Rn. 1 ff.
ders.	Der Beliehene – Ein Klassiker im modernen Verwaltungsrecht, in: Staat, Kirche, Verwaltung: Festschrift für Hartmut Maurer zum 70. Geburtstag.
ders.	Funktionale Privatisierung und Verwaltungshilfe, 1999.
ders.	Möglichkeiten und Schranken der Zusammenarbeit im Rahmen von Sicherheitspartnerschaften, in: Stober (Hg.), Public-Private-Partnerships und Sicherheitspartnerschaften, 2000, S. 65 ff.
ders.	Privat vorbereitete Verwaltungsentscheidungen und staatliche Strukturschaffungspflicht, Die Verwaltung 33 (2000), 184.
ders.	Privatisierung öffentlicher Aufgaben, Gutachten für den 67. Deutschen Juristentag, 2008.
ders.	Privatisierung, in: Isensee/Kirchhof (Hg.), Handbuch des Staatsrechts IV, 3. Aufl., 2006, § 75.
Burhoff, Detlev/Neidel, Olaf/ Grün, Hans-Peter (Hg.)	Messungen im Straßenverkehr, 2. Aufl., 2010.
Di Fabio, Udo	Privatisierung und Staatsvorbehalt, JZ 1999, S. 585 ff.
ders.	Sicherheit in Freiheit, NJW 2008, 421 ff.
ders.	Verwaltung und Verwaltungsrecht zwischen gesellschaftlicher Selbstregulierung und staatlicher Steuerung, VVDStRL 56 (1997), 235.
Döhler, Christian	Rechtliche Möglichkeiten und Grenzen der Privatisierung der Verkehrsüberwachung, ZAP Nr. 20 v. 21.10.1998, Fach 9, S. 489 ff.
Dreier, Horst	Die drei Staatsgewalten im Zeichen von Europäisierung und Privatisierung, DÖV 2002, 537 ff.
ders.	Hierarchische Verwaltung im demokratischen Staat, 1991.
Dreier, Horst (Hg.)	Grundgesetz, Kommentar, 5. Aufl., 2010.
Durner, Wolfgang	Rechtsfragen der Privatisierung in der Bundesverwaltung unter besonderer Berücksichtigung der Vorgaben des Art 87 b GG, VerwArch 96 (2005), 18 ff.

Emde, Thomas	Die demokratische Legitimation in der funktionalen Selbstverantwortung, 1991.
Erbguth, Wilfried	Die Zulässigkeit der funktionalen Privatisierung im Genehmigungsrecht, UPR 1995, 369.
Fehling, Michael	Zur Abgabenbeleihung des Sicherheitsgewerbes, in: Jachmann/Stober (Hg.), Finanzierung der inneren Sicherheit unter Berücksichtigung des Sicherheitsgewerbes, 2003, S. 115 ff.
Feltes, Thomas	Zusammenarbeit zwischen privaten Sicherheitsdienstleistern und Polizei bei der FIFA-WM 2006, Vortrag bei einer VdS-Fachtagung am 21.9.2006 in Köln.
Feuerstein, Franz	Standardisierung und Zertifizierung im Sicherheitsgewerbe, in: Stober/Olschok (Hg.), Handbuch des Sicherheitsgewerberechts, 2004, I-III Rn. 1 ff.
ders.	Zur Bedeutung des DIN 77200 „Anforderungen an Sicherungsdienstleistungen" für das Sicherheitsgewerbe, in: Stober (Hg.), Sicherheitsqualität durch Sicherheitsqualifkation, 2004, S. 15 ff.
Fickenscher, Guido	Polizeilicher Streifendienst mit Hoheitsbefugnissen, 2006.
Fischer, Uwe Christian	Sicherheitspartnerschaften zwischen Staat und Wirtschaft, in: Heiko Borchert (Hg.), Wettbewerbsfaktor Sicherheit, 2008, S. 27 ff.
Freiberg, Konrad	Zur Situation und Zukunft des privaten Sicherheitsgewerbes, DSD 2/2000, S. 11 ff.
Freitag, Oliver	Das Beleihungsrechtsverhältnis, 2005.
Frenz, Walter	Die Staatshaftung in den Beleihungstatbeständen, 1992.
Gabel, Detlev	in: Taeger/Gabel (Hg.), Kommentar zum BDSG, 2010.
Gesemann, Frank	Öffentliche Sicherheit durch private Dienste, 2004.
Göhler, Erich/Gürtler, Franz/Seitz, Helmut	Gesetz über Ordnungswidrigkeiten, 15. Aufl., 2009.
Gola, Peter u.a.	Bundesdatenschutzgesetz, Kommentar, 10. Aufl., 2010 § 11.
Götz, Volkmar	Allgemeines Polizei- und Ordnungsrecht, 14. Aufl., 2008.
ders.	Zur Privatisierung von Polizeiaufgaben, in: Pitschas/Stober (Hg.), Quo vadis Sicherheitsgewerberecht?, 1998, S. 235 ff.

Gramm, Christof	Privatisierung bei der Bundeswehr, DVBl. 2003, 1366 ff.
ders.	Privatisierung und notwendige Staatsaufgaben, 2001.
Gusy, Christoph	Polizeirecht, 7. Aufl. 2009.
Gutmann, Thomas/ Pieroth, Bodo (Hg.)	Die Zukunft des staatlichen Gewaltmonopols, 2011, S. 53ff.
Hartmann, Bernd J.	Warnung vor der Radarkontrolle, JuS 2008, 984.
Haug, Volker	Funktionsvorbehalt und Berufsbeamtentum als Privatisierungsschranken, NVwZ 1999, 816.
Heck, Daniel	Grenzen der Privatisierung militärischer Aufgaben, 2010.
Heckmann, Dirk	„Security Outsourcing" und Qualitätsmanagement in: Peilert/Stober (Hg.), Die Regelung der Zusammenarbeit zwischen Polizei und privaten Sicherheitsdiensten, 2006, S. 109 ff.
ders.	IT-Einsatz und Gefahrenabwehr, KommunalpraxisSpezial 2/2005 S. 52.
ders.	juris Praxiskommentar Internetrecht, 2. Aufl. 2009.
Heckmann, Dirk/ Braun, Frank	Datenverarbeitung durch private IT-Dienstleister im Meldewesen, BayVBl. 2009, 581.
Heesen, Dietrich/Hönle, Jürgen/Peilert, Andreas (Hg.)	Bundesgrenzschutzgesetz, 4. Aufl., 2002.
Heintzen, Markus	Beteiligung Privater an der Wahrnehmung öffentlicher Aufgaben und staatlicher Verantwortung, VVDStRL 62 (2003), S. 220 ff.
Hoeren, Thomas	Das neue BDSG und die Auftragsdatenverarbeitung, DuD 2010, 688.
Hoffmann-Riem, Wolfgang	Innovationssteuerung durch die Verwaltung: Rahmenbedingungen und Beispiele, Die Verwaltung 33 (2000), 155 ff.
Hoffmann-Riem, Wolfgang/ Eifert, Martin	Polizei- und Ordnungsrecht, in: Hoffmann-Riem/Koch (Hg.), Hamburgisches Staats- und Verwaltungsrecht, 3. Aufl. 2006, S. 161 ff.
Hoffmann-Riem, Wolfgang/ Schmidt-Aßmann, Eberhard	Innovation und Flexibilität des Verwaltungshandelns, 1994.
Hornmann, Gerhard	Die Verfolgung von Ordnungswidrigkeiten durch Private ist unzulässig, DAR 1999, S. 158 ff.

Huber, Peter M.	Die entfesselte Verwaltung, StWiss 8 (1998), 430.
ders.	Die Renaissance des Staates, in: Christian Calliess/Paque, Karl-Heinz (Hg.), Deutschland in der EU, 2010, S. 25 ff.
Humboldt von Wilhelm	Ideen zu einem Versuch die Grenzen der Wirksamkeit des Staates zu bestimmen, Reclam Ausgabe, 1995 S. 59.
Janker, Helmut	Verkehrsüberwachung durch Kommunen und Privatunternehmen – rechtlich unbedenklich? , DAR 1989, S. 172 ff.
Jarass, Hans/Pieroth, Bodo	Grundgesetz, Kommentar, 9. Aufl., 2007.
Joachim, Norbert/ Radtke, Henning	Kommunale Geschwindigkeitsüberwachung und die Beweisverwertung im Ordnungswidrigkeitenverfahren, NZV 1993, 95 ff.
Jungk, Fabian	Police Private Partnership, 2002.
ders.	Police Private Partnership, in: Stober/Olschok (Hg.), Handbuch des Sicherheitsgewerberechts, 2004, JI Rn. 1 ff.
Kämmerer, Jörn-Axel	Der lange Abschied vom staatlichen Gewaltmonopol, in: FS Stober, 2008, S. 595 ff.
ders.	Privatisierung und Staatsaufgaben: Versuch einer Zwischenbilanz, DVBl. 2008, 1005 ff.
ders.	Privatisierung, 2001.
ders.	Privatisierungsmöglichkeiten und -grenzen im Sicherheitsbereich, in: Stober/Olschok (Hg.), Handbuch des Sicherheitsgewerberechts, 2004, DII Rn. 1 ff.
Kirchhof, Gregor	Rechtsfolgen der Privatisierung: Jede Privatisierung lockert, löst öffentlich-rechtliche Bindungen, AöR 132 (2007), S. 215 ff.
Klein, Eckart	Staatliches Gewaltmonopol, in: Depenheuer/Grabenwarter (Hg.), Verfassungstheorie, 2010, § 19, S. 635 ff.
Klessler, Clemens	Outsourcing von Sozialdaten zur Kostenreduzierung, DuD 2004, 40 ff.
Klüver, Meike	Zur Beleihung des Sicherheitsgewerbes mit Aufgaben der öffentlichen Sicherheit und Ordnung, 2006.
Kluth, Winfried	Staatshaftung bei Einschaltung des Sicherheitsgewerbes, in: Stober/Olschok (Hg.), Handbuch des Sicherheitsgewerberechts, 2004, JIV Rn. 1 ff.
Knauff, Matthias	Regulierungsverwaltungsrechtlicher Rechtsschutz, VerwArch 98 (2007), S. 382 ff.

König, Michael	Kodifizierung von Leitlinien der Verwaltungsmodernisierung, VerwArch 96 (2005), S. 44 ff.
Köster, Bernd/ *Schulz, Philipp*	Die Einrichtung von (privaten) Bestattungswäldern in NW, DÖV 2008, 362 ff.
Kramer, Philipp/ *Herrmann, Michael*	Auftragsdatenverarbeitung, CR 2003, 938.
Krebs, Walter	in: Isensee/Kirchhof (Hg.), Handbuch des Staatsrechts V, 3. Aufl., 2007, § 108.
Kröger, Detlef/ *Hoffmann, Dirk*	Rechtshandbuch zum E-Government, 2005.
Kruis, Konrad	Haftvollzug als Staatsaufgabe, ZRP 2000, 1.
Kühne, Hans-Heiner	Strafprozessrecht, 7. Aufl., 2007.
Kunert, Oliver	Vergaberecht und öffentliches Recht, 2002.
Lämmerzahl, Torsten	Die Beteiligung Privater an der Erledigung öffentlicher Aufgaben, 2007.
Lampe, Joachim	Karlsruher Kommentar zum OWiG 3. Aufl. 2006.
Legler, Alexander	Kommunale Verkehrsüberwachung in Bayern, 2008.
Lisken, Hans/Denninger, *Erhard*	Handbuch des Polizeirechts, 4. Aufl. 2007.
Lorse, Jürgen	Ist die Bundeswehr privatisierbar?, RiA 2002, S. 16 ff.
Mangoldt, Hermann v./Klein, *Friedrich/Starck, Christian*	Kommentar zum Grundgesetz, 6. Aufl., 2010.
Manssen, Gerrit	Der Funktionsvorbehalt des Art. 33 Abs. 4 GG, ZBR 1999, 253.
Meyer-Goßner, Lutz	StPO, 52. Aufl., 2009.
Mohrdieck, Inga	Privatisierung im Bereich öffentlicher Verkehrsräume, 2004.
Möstl, Markus	Die staatliche Garantie für die öffentliche Sicherheit und Ordnung, 2002.
Müller, Martin	Sanktionsrecht und Ahndung von Verwaltungsunrecht, in: Wolff/Bachof/Stober/Kluth (Hg.), Verwaltungsrecht I, § 65.
Müller, Werner	Unverzichtbare Dienstleistungen, DSD 2/2001, S. 3.
Müller-Sönsken, Burkhardt	Welche Rolle spielt das Sicherheitsgewerbe in der Sicherheitspolitik, in: Stober (Hg.), Sicherheitsgewerbe und Sicherheitspolitik, 2008, S. 11 ff.
Müthlein, Thomas	Abgrenzungsprobleme bei der Auftragsdatenverarbeitung, RDV 1992, 165.

Müthlein, Thomas/ Heck, Jürgen	Outsourcing und Datenschutz, 2006.
Musil, Andreas	Das Bundesverfassungsgericht und die demokratische Legitimation der funktionalen Selbstverwaltung, DÖV 2004, 116.
Niedermeier, Robert/ Schröcker, Stefan	Die "Homogene Datenschutzzelle", RDV 2001, 90.
Nitz, Gerhard	Neuere Rechtsprechung zur Privatisierung der Verkehrsüberwachung, NZW 1998, S. 11 ff.
Nünke, Anja	Verwaltungshilfe und Inpflichtnahme des Sicherheitsgewerbes, 2005.
Oehlerking, Jürgen	Private Auslegung von Funktionen der Justiz und Gefahrenabwehr, 2008.
Öhlinger, Theo	Überlegungen zu den rechtlichen Möglichkeiten und Grenzen der Verkehrsüberwachung durch Private, Zeitschrift für Verkehrsrecht, 1992, 144 ff.
Oschmann, Frank	Die Finanzierung der inneren Sicherheit, 2005.
Ossenbühl, Fritz	Eigensicherung und hoheitliche Gefahrenabwehr, 1981.
Osterloh, Lerke	Privatisierung von Verwaltungsaufgaben, VVDStRL 54 (1995), 204 ff.
Otten, Wolfgang	Eigensicherung, 2006.
Peilert, Andreas	Auskunfteien und Detekteien im System der privaten Gefahrenabwehr, in: Pitschas/Stober (Hg.), Quo vadis Sicherheitsgewerberecht?, 1998, S. 123 ff.
ders.	Das Datenschutzrecht des Sicherheitsgewerbes und Videoüberwachung, in: Stober/Olschok (Hg.), Handbuch des Sicherheitsgewerberechts, 2004, FI Rn. 1 ff.
ders.	Datenschutzrechtliche Probleme im privaten Sicherheitsgewerbe und in Sicherheitspartnerschaften, in: Peilert (Hg.), Private Sicherheitsdienstleistungen und Datenschutz, 2006, S. 15 ff.
ders.	Police Private Partnership, DVBl. 1999, S. 282 ff.
ders.	Praxis und Bedarf an Zusammenarbeit zwischen Polizei und Akteuren der privaten Sicherheit, in: Peilert/Stober (Hg.), Die Regelung der Zusammenarbeit zwischen Polizei und privaten Sicherheitsdiensten als neue Herausforderung der Sicherheitsrechtsordnung, 2006, S. 15 ff.
Peilert, Andreas/Artelt, Jens/Stober, Rolf (Hg.)	Der Studiengang Sicherheitsmanagement an der Hochschule der Polizei Hamburg, 2008.

dies.	Sicherheitsmanagement an der Hochschule der Polizei – Das Modell Hamburg, 2007.
Peilert, Andreas/Stober, Rolf	Zur Qualifizierung von Sicherheitsgewerbe und Sicherheitsmanagement, 2008.
Peine, Franz-Josef	Grenzen der Privatisierung – verwaltungsrechtliche Aspekte, DÖV 1997, S. 353 ff.
Pewestorf, Adrian/Söllner, Sebastian/Tölle, Oliver	Polizei- und Ordnungsrecht Berliner Kommentar, 10. Aufl., 2009.
Pielow, Johann-Christian	Straßenrecht und Sicherheitsgewerbe, in: Stober/Olschok (Hg.), Handbuch des Sicherheitsgewerberechts, 2004, FIII Rn. 1 ff.
Pieper, Stefan	Ulrich, Aufsicht, 2006.
Pitschas, Rainer	Polizei- und Sicherheitsgewerbe, Rechtsgutachten zu verfassungs- und verwaltungsrechtlichen Aspekten der Aufgabenverteilung zwischen Polizei und privaten Sicherheitsunternehmen, 2000.
ders.	Polizeirecht im kooperativen Staat – Innere Sicherheit zwischen Gefahrenabwehr und kriminalpräventiver Risikovorsorge, DÖV 2002, S. 221 ff.
Radtke, Henning	Privatisierung von Geschwindigkeitsüberwachung, NZV 1995, 428 ff.
Rebler, Adolf	Verkehrsüberwachung durch Private, SVR 2011, 1ff.
Rebmann, Kurt/Roth, Werner/ Herrmann, Siegfried (Hg.)	Gesetz über Ordnungswidrigkeiten, Kommentar, 3. Aufl., Stand März 2010.
Reidt, Olaf	Verfassungsrechtliche Aspekte der Mautfinanzierung von Fernstraßen, NVwZ 1996, 1156.
Remmert, Barbara	Private Dienstleistungen in staatlichen Verwaltungsverfahren, 2003.
Rittner, Fritz/ Dreher, Meinrad	Europäisches und deutsches Wirtschaftsrecht, 3. Aufl. 2008.
Rixen, Stephan	Vom Polizeirecht über das Gewerberecht zurück zum Policeyrecht?, DVBl. 2007, S. 221 ff.
Röder, Hans-Werner	Neue Sicherheitsdienste, in: Glavic (Hg.), Handbuch des Sicherheitsgewerbes 1995, S. 367.
Roggan, Frederik	Rechtsgrundlage für bildgebende Messverfahren in der Verkehrsüberwachung, NJW 2010, 1042 ff.
Rudolf, Walter	Der öffentliche Dienst im Staat der Gegenwart, VVDStRL 37 (1979), 175.
Sachs, Michael	Grundgesetz, Kommentar, 5. Aufl., 2009.

Salje, Peter	Grundlagen der Unternehmens- und Mitarbeiterhaftung im Recht des Sicherheitsgewerbes, in: Stober/Olschok (Hg.), Handbuch des Sicherheitsgewerberechts, 2004, HI Rn. 1 ff.
Sanden, Joachim	Die Privatisierungsprüfpflicht als Einstieg in die Verwaltungsprivatisierung, Die Verwaltung 38 (2005), 367 ff.
Schaffland, Hans-Jürgen/ Wiltfang, Noeme	Bundesdatenschutzgesetz, Kommentar, 2010.
Schaub, Günter	Arbeitsrecht-Handbuch, 11. Aufl. 2005.
Schenke, Wolf-Rüdiger	Polizei- und Ordnungsrecht, 7. Aufl. 2011.
ders.	Rechtliche Zulässigkeit und Grenzen der allgemeinen und konkreten Übertragung von Sicherheits- und Ordnungsaufgaben auf private Sicherheitsdienste, in: Peilert/Stober (Hg.), Die Regelung der Zusammenarbeit zwischen Polizei und privaten Sicherheitsdiensten als neue Herausforderung der Sicherheitsrechtsordnung, 2006, S. 1 ff.
Schenkelberg, Herbert	Kurzvortrag aus der Sicht eines Verwaltungspraktikers, in: Weiß/Plate (Hg.), Privatisierung von polizeilichen Aufgaben, 1996, S. 51 ff.
Scherer, Joachim	Vom nationalen zum einheitlichen europäischen Luftraum, EuZW 2005, S. 268 ff.
ders.	Vom staatlichen zum staatlich regulierten Maßregelvollzug, in: Festschrift für Frotscher, 2007, S. 617 ff.
Scherzberg, Arno	Wozu und wie überhaupt noch öffentliches Recht?, 2003.
Schewe, Christoph S.	Das Sicherheitsgefühl und die Polizei, 2009.
Schlatzer, Johann	Verkehrsüberwachung durch Private, 2007 (Diplomarbeit Österreich).
Schmidt, Reiner	Die Reform von Verwaltung und Verwaltungsrecht, VerwArch. 71 (2000), 149 ff.
Schneider, Jochen	Handbuch des EDV-Rechts, 4. Aufl., 2008.
Schnekenburger, Franz	Rechtsstellung und Aufgaben des Privaten Sicherheitsgewerbes, 1999.
Schober, Wilfried	Raser und Parksünder endlich wirkungsvoll verfolgen, BayGT 1999, 237.
Schoch, Friedrich	Privatisierung polizeilicher Aufgaben, in: Kluth/Müller/Peilert (Hg.), Festschrift für Stober, 2008, S. 559 ff.

ders.	Vereinbarkeit des Gesetzes zur Neuregelung der Flugsicherheit mit Art. 87 d GG, Die Verwaltung 39 (2006), Beiheft 6.
Scholz, Rupert	Verkehrsüberwachung durch Private?, NJW 1997, S. 14 ff.
Schönbohm, Arne	Deutschlands Sicherheit, 2010.
Schönbohm, Jörg	20 Jahre private Sicherheit, in: Stober (Hg.), Jahrbuch des Sicherheitsgewerbes 2010, 2011, S. 63 ff.
Schrey, Joachim/ Haug, Thomas Walter	Der Umfang gerichtlicher Kontrolle bei Entscheidungen über Geschwindigkeitsverstöße, NJW 2010, 2917 ff.
Schröder, Meinhard	Grundfragen der Staatsaufsicht, JuS 1986, 371.
Schulte, Martin	Schlichtes Verwaltungshandeln, 1995.
Schuppert, Gunnar-Folke	Staatswissenschaft, 2003.
ders.	Verwaltungswissenschaft, 2000.
Seitz, Helmut	in: Göhler/Gürtler/Seitz, Gesetz über Ordnungswidrigkeiten, 15. Aufl., § 49 c.
Sellmann, Christian	Privatisierung mit und ohne gesetzliche Ermächtigung, NVwZ 2008, 817 ff.
Simitis, Spiros	Bundesdatenschutzgesetz, 6. Aufl. 2006.
Söbbing, Thomas	Handbuch IT-Outsourcing, 3. Aufl., 2006.
Sobisch, Jens	Richtlinien der Bundesländer zur Geschwindigkeitsüberwachung, DAR 2010, S. 48 ff.
Sofski, Wolfgang	Das Prinzip Sicherheit, 2006, S. 84.
Steegmann, Christoph	Verkehrsüberwachung durch Private, NJW 1997, S. 2157 ff.
Stein, Katrin	Privatisierung kommunaler Aufgaben, DVBl. 2010, 563 ff.
Steinbach, Christoph	Das Millionengeschäft mit Bußgeldern, NJW-aktuell 7/2011, S.14.
Steiner, Udo	Möglichkeiten und Grenzen kommunaler und privater Verkehrsüberwachung, DAR 1996, S. 272 ff.
Stern, Klaus	Staatsrecht III/1, Allgemeine Lehren der Grundrechte, 1988.
Stienen, Ludger	Privatisierung und Entstaatlichung der inneren Sicherheit, 2011.

Stober, Rolf	Allgemeines Wirtschaftverwaltungsrecht, 17. Aufl., 2011.
ders.	Gesetzlich normierte Kooperation zwischen Polizei und privaten Sicherheitsdiensten 2007.
ders.	Leitbild eines modernen Regulierungsverwaltungsrechts, in: Festschrift für Rupert Scholz, 2007.
ders.	Police-Private-Partnership aus juristischer Sicht, DÖV 2000, S. 261 ff.
ders.	Privatisierung im Strafvollzug, 2001.
ders.	Privatisierung öffentlicher Aufgaben, NJW 2008, 2289 ff.
ders.	Schüler als Amtshelfer, 1972.
ders.	Staatliches Gewaltmonopol und privates Sicherheitsgewerbe – Plädoyer für eine Police-Private-Partnership, NJW 1997, S. 889 ff.
Stober, Rolf (Hg.)	Privatisierung im Strafvollzug, 2001.
Stober, Rolf/ Kochen, Stephan (Hg.)	Kooperationsvereinbarungen zwischen Polizei, Sicherheitsdiensten und Unternehmen, 2011.
Stober, Rolf/ Olschok, Harald (Hg.)	Handbuch des Sicherheitsgewerberechts, 2004.
Stober, Rolf/Olschok, Harald/Gundel, Stephan/ Buhl, Manfred (Hg.)	Managementhandbuch Sicherheitswirtschaft und Unternehmenssicherheit, 2012.
Stolzlechner, Harald/ Horvath, Harald	Sicherheitsverwaltung und Privatwirtschaft, in: Stober (Hg.), Jahrbuch des Sicherheitsgewerberechts 2008/2009, 2010, S. 3 ff.
Storr, Stefan	Zu einer gesetzlichen Regelung für eine Kooperation des Staates mit privaten Sicherheitsunternehmen im Bereich polizeilicher Aufgaben, DÖV 2005, S. 101 ff.
ders.	Zur Formulierung eines Kooperationsgesetzes bzw. eines Abschnitts „Zusammenarbeit mit privaten Sicherheitsdiensten" in Sicherheits-, Polizei- und Ordnungsgesetzen, in: Peilert/Stober (Hg.), Die Regelung der Zusammenarbeit zwischen Polizei und privaten Sicherheitsdiensten als neue Herausforderung der Sicherheitsrechtsordnung, 2006, S. 129 ff.
Stüllenberg, Klaus	Zukunft Sicherheit, in: Kreissl/Barthel/Ostermeier (Hg.), Policing im Kontext, 2008, S. 17 ff.
Szczekalla, Peter	Die sogenannten grundrechtlichen Schutzpflichten, 2002.

Taeger, Jürgen/ *Gabel, Detlev*	Kommentar zum Bundesdatenschutzgesetz, 2010.
Tettinger, Peter	Public Private Partnership, Möglichkeiten und Grenzen – ein Sachstandsbericht, NWVB1, 2005, S. 1 ff.
Theobald, Christian	Zur Ökonomik des Staates, 2000, S. 231 ff.
Thiel, Markus	Die „Entgrenzung" der Gefahrenabwehr, 2011.
Ulmer, Claus D.	IT-Outsourcing und Datenschutz bei der Erfüllung öffentlicher Aufgaben, CR 2003,701.
Ungerbieler, Günther	Der Hilfspolizeibeamte im deutschen Polizeirecht, DVB1. 1980, S. 409 ff.
Voßkuhle, Andreas	Beteiligung Privater an der Wahrnehmung öffentlicher Aufgaben und staatliche Verantwortung, VVDStRL 62 (2003), S. 266 ff.
Wächter, Michael	Rechtliche Grundstrukturen der Datenverarbeitung im Auftrag, CR 1991, 333.
Waechter, Kay	Die Organisation der Verkehrsüberwachung – Auch zur Auslegung des Art. 33 Abs. 4 GG, NZV 1997, S.329 ff.
Walz, Stefan	in: Simitis Spiros (Hg.), Bundesdatenschutz, Kommentar, 6. Aufl. 2006, § 11.
Weber, Martin/Schäfer, *Michael/Hausmann,* *Friedrich-Ludwig*	Public Private Partnership, 2006.
Weber, Max	Wirtschaft und Gesellschaft, 5. Aufl., 1972.
Wedde, Peter	in: Däubler, Wolfgang u.a., Bundesdatenschutzgesetz, 3. Aufl., 2010, § 11.
Weiner, Bernhard	Privatisierung von staatlichen Sicherheitsaufgaben, 2001.
Weiß, Wolfgang	Privatisierung und Staatsaufgaben, 2002.
ders.	Verfassungsrechtliche Möglichkeiten einer Privatisierung von öffentlichen Aufgaben der inneren Sicherheit, in: Stober (Hg.), Neues Sicherheitsdenken und neue Sicherheitsmärkte, 2005, S. 9 ff.
Werres, Stefan	Das Outsourcing der Beihilfebearbeitung aus verfassungsrechtlicher Sicht, ZBR 2001, 429.
Wieland, Joachim	Privatisierung öffentlicher Aufgaben, Referat auf dem 67. Deutschen Juristentag, 2008, Sitzungsbericht Band II 1/Teil M.
Wolff, Hans/Bachof, Otto/ *Stober, Rolf/Kluth, Winfried*	Verwaltungsrecht I, 12. Aufl., 2007.
dies.	Verwaltungsrecht II, 7. Aufl., 2010.

Ziercke, Jörg   Die Rolle der privaten Sicherheitsunternehmen in der künftigen Sicherheitsarchitektur in Deutschland, in: Stober (Hg.), Jahrbuch des Sicherheitsgewerberechts, 2007, 1 ff.

ders.   Sicherheitsstrategische Grundlagen des Sicherheitsgewerbes im Rahmen staatlicher Sicherheitsgewährleistung, in: Stober/Olschok (Hg.), Handbuch des Sicherheitsgewerberechts, 2004, BII Rn. 1 ff.

Zippelius, Reinhold/   Deutsches Staatsrecht, 32. Aufl., 2008.
Würtenberger, Thomas

Zundel, Frank R.   Outsourcing in der öffentlichen Verwaltung, CR 1996, 763 ff.

Recht des Sicherheitsgewerbes

Jahrbuch des Sicherheitsgewerberechts 1999/2000
Hrsg. von Prof. Dr. jur. Dr. rer. pol. h. c. Rolf Stober
2000. IX, 330 Seiten. Kartoniert   ISBN 3-452-24583-7

Empfiehlt es sich, das Recht des Privaten Sicherheitsgewerbes zu kodifizieren?
Tagungsband zum 1. Hamburger Sicherheitsgewerberechtstag
Hrsg. von Prof. Dr. jur. Dr. rer. pol. h. c. Rolf Stober
2000. VIII, 125 Seiten. Kartoniert   ISBN 3-452-24723-6

Public-Private-Partnerships und Sicherheitspartnerschaften
Ergebnisse des Professorengesprächs vom 13. April 2000
Hrsg. von Prof. Dr. jur. Dr. rer. pol. h. c. Rolf Stober
2000. VII, 140 Seiten. Kartoniert   ISBN 3-452-24860-7

Vergesellschaftung polizeilicher Sicherheitsvorsorge und gewerblicher Kriminalprävention
Hrsg. von Prof. Dr. jur. Dr. rer. pol. h. c. Rolf Stober und Prof. Dr. jur. Rainer Pitschas
2001. VIII, 196 Seiten. Kartoniert   ISBN 3-452-24937-9

Fachkundenachweis für das Sicherheitsgewerbe?
Hrsg. von Prof. Dr. jur. Dr. rer. pol. h. c. Rolf Stober
2001. VIII, 98 Seiten. Kartoniert   ISBN 3-452-24986-7

Privatisierung im Strafvollzug?
Hrsg. von Prof. Dr. jur. Dr. rer. pol. h. c. Rolf Stober
2001. VIII, 122 Seiten. Kartoniert   ISBN 3-452-24996-4

Privatisierung hoheitlicher Verwaltung
Von Dr. Axel Kulas
2001. XI, 173 Seiten. Kartoniert   ISBN 3-452-25071-7

Ist das Recht der öffentlichen Auftragsvergabe für das Sicherheitsgewerbe sachgerecht?
Ergebnisse des 2. Hamburger Sicherheitsgewerberechtstages
Hrsg. von Prof. Dr. jur. Dr. rer. pol. h. c. Rolf Stober
2001. VII, 75 Seiten. Kartoniert   ISBN 3-452-25090-3

Privatrechtliche Haftung im Sicherheitsgewerbe
Ergebnisse des 2. Hamburger Professorengesprächs
Hrsg. von Prof. Dr. Wolfgang B. Schünemann
2001. VII, 104 Seiten. Kartoniert   ISBN 3-452-25073-3

Jahrbuch des Sicherheitsgewerberechts 2001
Hrsg. von Prof. Dr. jur. Dr. rer. pol. h. c. Rolf Stober
2001. XI, 402 Seiten. Kartoniert   ISBN 3-452-25118-7

Police Private Partnership
Eine Untersuchung anhand verschiedener Modelle
Von Dr. Fabian Jungk
2002. XIV, 318 Seiten. Kartoniert   ISBN 3-452-25147-0

Privates Sicherheitsgewerbe in Europa
Eine rechtsvergleichende Studie unter Berücksichtigung grenzüberschreitender
Aktivitäten und einer Harmonisierung des Sicherheitsgewerberechts
Von Dr. Meik Lange
2002. XX, 373 Seiten. Kartoniert   ISBN 3-452-25181-0

Übertragung von Aufgaben der staatlichen Gefahrenabwehr auf private Sicherheitsunternehmen
Ergebnisse des deutsch-österreichischen Symposiums zum Sicherheitsgewerberecht
Hrsg. von Prof. Dr. Harald Stolzlechner und Prof. Dr. Dr. h. c. Rolf Stober
2002. VII, 118 Seiten. Kartoniert   ISBN 3-452-25251-5

Haftungsgrundsätze und Haftungsgrenzen des Sicherheitsgewerbes
Ergebnisse des 3. Hamburger Sicherheitsgewerberechtstages
Hrsg. von Prof. Dr. Wolfgang B. Schünemann und
Prof. Dr. jur. Dr. rer. pol. h. c. Rolf Stober
2002. VII, 95 Seiten. Kartoniert   ISBN 3-452-25271-X

Der Beitrag des Sicherheitsgewerbes zur Kriminalprävention
Bestandsaufnahme, Problemfelder, Lösungswee
Hrsg. von Prof. Dr. jur. Dr. rer. pol. h. c. Rolf Stober
2003. VIII, 147 Seiten. Kartoniert   ISBN 3-452-25445-3

Jahrbuch des Sicherheitsgewerberechts 2002
Hrsg. von Prof. Dr. jur. Dr. rer. pol. h. c. Rolf Stober
2003. XI, 375 Seiten. Kartoniert   ISBN 3-452-25467-4

Finanzierung der inneren Sicherheit unter Berücksichtigung des Sicherheitsgewerbes
Hrsg. von Prof. Dr. Monika Jachmann und
Prof. Dr. jur. Dr. rer. pol. h. c. Rolf Stober
2003. VII, 148 Seiten. Kartoniert   ISBN 3-452-25507-7

Sicherheitsgewerberecht in Europa
Ergebnisse des 4. Hamburger Professorengespräches
Hrsg. von Prof. Dr. Stefan Oeter und
Prof. Dr. Dr. h. c. mult. Rolf Stober
2004. VIII, 176 Seiten. Kartoniert   ISBN 3-452-25616-2

Sicherheitsqualität durch Sicherheitsqualifikation
Neue Qualitätsentwicklungen im Sicherheitsgewerbe
Ergebnisse des 4. Hamburger Sicherheitsgewerberechtstages
Hrsg. von Prof. Dr. Dr. h. c. mult. Rolf Stober
2004. VIII, 151 Seiten. Kartoniert   ISBN 3-452-25725-8

Privatisierung im Bereich öffentlicher Verkehrsräume
Verkehrsüberwachung und Sicherung des öffentlichen Raumes durch private
Sicherheitsdienste
Von Dr. Inga Mohrdieck
2004. XVIII, 307 Seiten. Kartoniert   ISBN 3-452-25733-9

Jahrbuch des Sicherheitsgewerberechts 2003/2004
Hrsg. von Prof. Dr. Dr. h. c. mult. Rolf Stober
2004. XI, 350 Seiten. Kartoniert   ISBN 3-452-25872-6

Die Finanzierung der inneren Sicherheit
am Beispiel von Polizei und Sicherheitsgewerbe
Von Dr. Frank Oschmann
2005. XXIV, 380 Seiten. Kartoniert   ISBN 3-452-25913-7

Neues Sicherheitsdenken und neue Sicherheitsmärkte
Ergebnisse des 5. Hamburger Sicherheitsgewerbetages
Hrsg. von Prof. Dr. Dr. h. c. mult. Rolf Stober
2005. VII, 95 Seiten. Kartoniert   ISBN 3-452-25916-1

Private Sicherheitsdienstleistungen und Datenschutz
Ergebnisse des 5. Hamburger Professorengespräches
Hrsg. von Prof. Dr. Andreas Peilert
2006. VIII, 138 Seiten. Kartoniert   ISBN 3-452-25915-3

Eigensicherung
Möglichkeiten und Grenzen einer Verpflichtung Privater zur Sicherung gegen
Einwirkung Dritter.
Unter besonderer Berücksichtigung des Atomrechts
Von Dr. Wolfgang Otten
2006. XIX, 399 Seiten. Kartoniert   ISBN 3-452-26276-6

**Das Sicherheitsgewerbe und der Europäische Binnenmarkt –
Chancen und Risiken**
Ergebnisse des 6. Hamburger Sicherheitsgewerbetages
Hrsg. von Prof. Dr. Dr. h. c. mult. Rolf Stober
2006. VII, 81 Seiten. Kartoniert   ISBN 3-452-26470-X

Private Wertdienste und neuer Geldservice der Bundesbank
Ergebnisse des FORSI-Workshops
Hrsg. von Prof. Dr. Ulrich Häde und Prof. Dr. Dr. h. c. mult. Rolf Stober
2006. VIII, 174 Seiten. Kartoniert   ISBN 3-452-26571-5

**Die Regelung der Zusammenarbeit zwischen Polizei und
privaten Sicherheitsdiensten als neue Herausforderung
der Sicherheitsrechtsordnung**
Ergebnisse des 6. Hamburger Professorengespräches
Hrsg. von Prof. Dr. Andreas Peilert und Prof. Dr. Dr. h. c. mult. Rolf Stober
2006. VII, 153 Seiten. Kartoniert   ISBN 3-452-25914-1

**Zur Beleihung des Sicherheitsgewerbes mit Aufgaben der
öffentlichen Sicherheit und Ordnung**
Von Dr. Meike Klüver
2006. XIX, 390 Seiten. Kartoniert   ISBN 3-452-26432-7

Jahrbuch des Sicherheitsgewerberechts 2005/2006
Hrsg. von Prof. Dr. Dr. h. c. mult. Rolf Stober
2007. X, 425 Seiten. Kartoniert   ISBN 978-3-452-26618-7

Sicherheit in Seehäfen
Ergebnisse des FORSI-Workshops in Kooperation mit dem Institut für
Seerecht und der Handelskammer Hamburg
Hrsg. von Prof. Dr. Rainer Lagoni und Prof. Dr. Dr. h. c. mult. Rolf Stober
2007. VII, 94 Seiten. Kartoniert   ISBN 978-3-452-26624-8

Luftsicherheit
Luftsicherheit durch Staat und Privat. Der Faktor Sicherheitsgewerbe an Flughäfen.
Hrsg. von Dr. Frank Oschmann und Prof. Dr. Dr. h. c. mult. Rolf Stober
2007. X, 182 Seiten. Kartoniert   ISBN 978-3-452-26713-9

**Gesetzlich normierte Kooperation zwischen Polizei und
privaten Sicherheitsdiensten**
Zur Optimierung der Inneren Sicherheit in einer offenen Sicherheitsverfassung
Von Prof. Dr. Dr. h. c. mult. Rolf Stober unter Mitarbeit von Wiss. Mit. Assessorin jur.
Antje Trenkler
2007. XV, 389 Seiten. Kartoniert   ISBN 978-3-452-26721-4

Tätigkeit, Auswirkungen und Wahrnehmung privater Sicherheitsdienste im öffentlichen Raum
Eine empirische Untersuchung zu den Erfahrungen und Sichtweisen
unterschiedlicher Bevölkerungsgruppen und Funktionsträger
Von Dr. Alexander Wohlnick
2007. X, 344 Seiten. Kartoniert   ISBN 978-3-452-26720-7

Der Beitrag des Bewachungsgewerbes zur Sicherheit bei Großveranstaltungen
Ergebnisse des 7. Hamburger Sicherheitsgewerberechtstages und des
FORSI-Workshops »Private Sicherheitsdienste bei der WM 2006 –
Einsatzerfahrung und Evaluierung«
Hrsg. von Prof. Dr. Dr. h. c. mult. Rolf Stober
2007. VIII, 150 Seiten. Kartoniert   ISBN 978-3-452-26763-4

Waffenrecht im Sicherheitsgewerbe
Ergebnisse des FORSI-Workshops
Hrsg. von Reinhard Rupprecht und Prof. Dr. Dr. h. c. mult. Rolf Stober
2007. VII, 67 Seiten. Kartoniert   ISBN 978-3-452-26811-2

Sicherheitsgewerbe und Sicherheitspolitik-
Gewerbepolitische Herausforderungen im Präventions- und Gewährleistungsstaat
Ergebnisse des 8. Hamburger Sicherheitsgewerberechtstages
Herausgegeben von Prof. Dr. iur. Dr. h.c. mult. Rolf Stober
2008. X, 74 Seiten. Kartoniert   ISBN 978-3-452-26966-9

Der Studiengang Sicherheitsmanagement an der Hochschule der Polizei Hamburg
Das Modell eines gemeinsamen Studiums für Polizei und Sicherheitswirtschaft
Herausgegeben von Prof. Dr. Andreas Peilert, Jens Artelt
und Prof. Dr. iur. Dr. h.c. mult. Rolf Stober
2008. X, 230 Seiten. Kartoniert   ISBN 978-3-452-27022-1

Vergabe von Sicherheitsdienstleistungen – Stand und Perspektiven
Herausgegeben von Prof. Dr. Martin Burgi und
Prof. Dr. iur. Dr. h.c. mult. Rolf Stober
2008. VIII, 132 Seiten. Kartoniert   ISBN 978-3-452-27050-4

Sicherheitsgewerbe und Sicherheitstechnik – Von der Personalisierung
zur Technisierung –
Ergebnisse des 9. Hamburger Sicherheitsgewerberechtstages
Herausgegeben von Prof. Dr. iur. Dr. h.c. mult. Rolf Stober
2009. VIII, 84 Seiten. Kartoniert   ISBN 978-3-452-27069-6

Verwaltungskooperationsrecht – Zur Ausgestaltung der Zusammenarbeit von Polizei und Sicherheitswirtschaft
Von Dr. iur. Jens Artelt
2009. XVIII, 294 Seiten. Kartoniert   ISBN 978-3-452-27070-2

Privatisierung im Sicherheitssektor
Herausgegeben von Dr. Rudolf Adam und
Prof. Dr. iur. Dr. h.c. mult. Rolf Stober
2009. X, 80 Seiten. Kartoniert   ISBN 978-3-452-27118-1

Recht der Sicherheit

Band 40
Sicherheitsgewerbe und Public Relations –
Die Sicherheitswirtschaft in der Imagediskussion
Ergebnisse des 10. Hamburger Sicherheitsgewerberechtstages
Hrsg. von Prof. Dr. iur. Dr. h.c. mult. Rolf Stober
2010. VIII, 80 Seiten. Kartoniert   ISBN 978-3-452-27293-5

Band 41
Aktuelle sicherheitsrechtliche Fragen zwischen staatlicher und privater
Aufgabenerfüllung
Herausgegeben von Andreas Peilert /
Martin Müller / Winfried Kluth
2010. VIII, 146 Seiten. Kartoniert   ISBN 978-3-452-27402-1

Band 42
Ergänzende Harmonisierung des Rechts privater Sicherheitsdienste
gem. Art. 38 lit. b) der Europäischen Dienstleistungsrichtlinie
Von Dr. iur. Christoph Essert
2010. XVIII, 240 Seiten. Kartoniert   ISBN 978-3-452-27357-4

Band 43
Der Schutz vor Piraterie und maritimem Terrorismus zwischen internationaler,
nationaler und unternehmerischer Verantwortung
Brauchen wir zukünftig den Einsatz privater Sicherheitsdienste zum Schutz
vor Piraterie?
Hrsg. von Prof. Dr. iur. Dr. h.c. mult. Rolf Stober
2010. VIII, 94 Seiten. Kartoniert   ISBN 978-3-452-27443-4

Band 44
Sicherheitsgewerbe und Unternehmenssicherheit
Ergebnisse des 11. Sicherheitsgewerberechtstages
Hrsg. von Prof. Dr. iur. Dr. h.c. mult. Rolf Stober
2011. VII, 85 Seiten. Kartoniert   ISBN 978-3-452-27511-0

Band 45
Die Verpolizeilichung
Grenzen, Chancen und Risiken einer neuen Sicherheitsarchitektur
Von Dr. iur. Sebastian Söllner
2011. XII, 177 Seiten. Kartoniert   ISBN 978-3-452-27554-7

Band 46
Novellierung und Zertifizierung des Sicherheitsgewerbes im Dienstleistungsbinnenmarkt
Hrsg. von Prof. Dr. iur. Dr. h.c. mult. Rolf Stober
2011. VIII, 296 Seiten. Kartoniert   ISBN 978-3-452-27634-6

Band 47
Ökonomische Aspekte von Police Private Partnership
Von Dr. rer. pol. Alexander de Blois
2011. XII, 232 Seiten. Kartoniert   ISBN 978-3-452-27580-6

Band 48
Sicherheitsgewerbe und Human Resources
Ergebnisse des 12. Sicherheitsgewerberechtstages
Hrsg. von Prof. Dr. iur. Dr. h.c. mult. Rolf Stober
2012. VIII, 120 Seiten. Kartoniert   ISBN 978-3-452-27722-0

Band 49
Kooperationsvereinbarungenmit der öffentlichen Hand
Entwicklungsstand und Kooperationsbedarf
Hrsg. von Wolfgang Lohmann und Prof. Dr. iur. Dr. h.c. mult. Rolf Stober
2012. VIII, 103 Seiten. Kartoniert   ISBN 978-3-452-27723-7

Band 50
Verkehrssicherheitspartnerschaften
Zur Kooperation zwischen der öffentlichen Hand und Privaten
bei der Überwachung des fließenden Verkehrs
Von Prof. Dr. iur. Dr. h.c. mult. Rolf Stober
2012. XIV, 238 Seiten. Kartoniert   ISBN 978-3-452-27724-4

weitere Publikationen vom Carl Heymanns Verlag zum
Sicherheitsgewerberecht

Studien zum öffentlichen Wirtschaftsrecht

Band 35
Quo vadis Sicherheitsgewerberecht?
Hrsg. von Prof. Dr. jur. Rainer Pitschas und Prof. Dr. jur. Dr. rer. pol. h. c. Rolf Stober
1998. VIII, 288 Seiten. Kartoniert   ISBN 3-452-23955-1

Band 40
Rechtsstellung und Aufgaben des Privaten Sicherheitsgewerbes
Von Dr. jur. Franz Schnekenburger
1999. XV, 315 Seiten. Kartoniert   ISBN 3-452-24276-5

Band 44
Staat und Wirtschaft in Sicherheitsnetzwerken
Hrsg. von Prof. Dr. jur. Rainer Pitschas und Prof. Dr. jur. Dr. rer. pol. h. c. Rolf Stober
2000. VII, 120 Seiten. Kartoniert   ISBN 3-452-24563-2

Band 46
Kriminalprävention durch Sicherheitspartnerschaften
Hrsg. von Prof. Dr. jur. Rainer Pitschas und Prof. Dr. jur. Dr. rer. pol. h. c. Rolf Stober
2000. VII, 147 Seiten. Kartoniert   ISBN 3-452-24569-1

Unternehmenshandbücher

Unternehmenshandbuch Wach- und Sicherheitsgewerbe
Erläuterungen, Checklisten, Muster
Hrsg. von Dr. Harald Olschok
1999. XII, 295 Seiten. Kunststoff   ISBN 3-452-24110-6